昭通扶贫

昭通市脱贫攻坚大决战实录

镇雄卷

政协昭通市委员会 组编

中国文史出版社
CHINA CULTURAL AND HISTORICAL PRESS

图书在版编目（CIP）数据

昭通市脱贫攻坚大决战实录. 镇雄卷 / 政协昭通市委员会组编. -- 北京 : 中国文史出版社 , 2021.12

ISBN 978-7-5205-3176-4

Ⅰ . ①昭… Ⅱ . ①政… Ⅲ . ①扶贫—工作概况—镇雄县 Ⅳ . ① F127.743

中国版本图书馆 CIP 数据核字 (2021) 第 187191 号

责任编辑：窦忠如　秦千里　方云虎
特约编辑：窦广利　张幼平　邓文华

出版发行：中国文史出版社
社　　址：北京市海淀区西八里庄路 69 号院　邮编：100142
电　　话 : 010 – 81136606　81136602　81136603（发行部）
传　　真 : 010 – 81136655
印　　装：廊坊市海涛印刷有限公司
经　　销：全国新华书店
开　　本：787 毫米 × 1092 毫米　1/16
印　　张：27.25
字　　数：375 千字
版　　次：2021 年 12 月北京第 1 版
印　　次：2021 年 12 月第 1 次印刷
定　　价：1980.00 元（全 19 册）

《昭通市脱贫攻坚大决战实录》丛书

编　委　会

《昭通市脱贫攻坚大决战实录·镇雄卷》编撰委员会

总 序

成联远

贫困是人类社会的顽疾，消除贫困是人类梦寐以求的理想，人类发展史就是与贫困不懈斗争的历史。

中国共产党从成立之日起，始终高度重视解决贫困问题，持续向贫困宣战。党的十八大以来，以习近平同志为核心的党中央，把脱贫攻坚摆在治国理政的突出位置，团结带领全党全国各族人民打响了人类历史上规模最大、力度最强、惠及人口最多的脱贫攻坚战。经过 8 年持续奋斗，如期完成了新时代脱贫攻坚目标任务，现行标准下近 1 亿农村贫困人口全部脱贫，贫困县全部摘帽，消除了绝对贫困和区域性整体贫困，脱贫地区处处呈现山乡巨变、山河锦绣的时代画卷！这是中国共产党团结带领全国各族人民艰苦奋斗所创造的又一个彪炳史册的人间奇迹，生动展示了中华民族摆脱贫困、走向复兴的强大力量。

昭通地处云、贵、川三省接合部的乌蒙山区腹地，是集革命老区、地震灾区、散居民族地区、生态敏感脆弱地区为一体的深度贫困地区，是全国贫困人口最多、贫困程度最深、脱贫任务最重、攻坚压力最大的地级市。全市 11 个县（市、区）中有国家级贫困县 10 个，1379 个村（社区）中有贫困村 1235 个，629 万人口中有贫困人口 185.07 万人，正可谓全国脱贫看云南、云南脱贫看昭通。

历史的洪流浩浩荡荡，精彩的答卷壮阔恢宏。近年来，特别是习近平总书记于2015年视察昭通以来，市委、市政府始终铭记习近平总书记的殷殷嘱托，感恩党中央的亲切关怀，始终把脱贫攻坚作为最大的政治任务，全面落实精准扶贫、精准脱贫方略，团结带领全市各族干部群众，攻坚克难、感恩奋进，发扬钉钉子精神，敢于啃硬骨头，奋力夺取了脱贫攻坚大决战全面胜利。全市现行标准下185.07万农村贫困人口、1235个贫困村、10个贫困县全部退出贫困序列，贫困群众人均收入由2015年的2703元增加到9899元，昭通千百年来的绝对贫困问题历史性地画上句号，全面建成小康社会取得历史性成就。昭通的奋力崛起、华丽转身，是云南乃至全国扶贫开发事业的一个缩影。

荆棘载途，玉汝于成。一切向前走，都不能忘记走过的路。在脱贫攻坚工作中，数万名扶贫干部倾力奉献、苦干实干，将最美的年华无私奉献给了脱贫事业，涌现出许多感人肺腑、可歌可泣的先进事迹。“感动南网”的彝良县牛街镇水田村第一书记吴长碧，用柔弱肩膀扛起扶贫重任；把病情报告单“藏”起来去扶贫的女干部金碧琼，一直坚守在扶贫第一线；特别是即将结婚却没有等到婚礼那一刻的“90后”扶贫干部王秋婷、积劳成疾牺牲在扶贫一线的驻村工作队队长李永春等25名扶贫干部，更是用生命诠释了共产党人的初心使命；还有216对“父子兵”、1284对“夫妻档”，572名干部“轻伤不下火线”，他们用身影、心血和汗水，交出了让党和人民满意的答卷。为全面记录新时代昭通艰苦卓绝、波澜壮阔的脱贫攻坚历史进程，客观反映乌蒙大地发生的翻天覆地历史性巨变，真实记录各级干部群众在脱贫攻坚中的感人故事，经市委同意，我们组织相关县市区、部门、专家对2015年至2020年我市开展脱贫攻坚的重大事件、典型故事进行搜集整理，编写《昭通市脱贫攻坚大决战实录》，旨在通过回望昭通脱贫攻坚的壮阔历程，探索总结蕴含其中的宝贵经验和深刻启示，赓续传承伟大的脱贫攻坚精神，从历史回望中照见未来，以更坚定的信心、更昂扬的斗志，继续走好新时代的长征路，奋力谱写昭通高质量跨越发展新篇章。

以昭通脱贫攻坚的壮阔历程资鉴后世。回望昭通脱贫攻坚的壮阔历程，市委、市政府团结带领全市各族人民披荆斩棘、栉风沐雨，攻克了一个又一个贫中之贫、坚中之坚，脱贫攻坚取得了重大历史性成就。昭通脱贫攻坚任务之艰前所未有，全市基础条件薄弱、致贫原因复杂、发展滞后明显，贫困面积大、贫困人口多、贫困程度深，贫困发生率高达 34.8%，“大山大水大峡谷、天寒地冻不出种、人多地少矛盾多”是昭通最大的市情。昭通脱贫攻坚规模之大前所未有，全市 11 个县市区中有国家级贫困县 10 个，其中深度贫困县 7 个；1235 个贫困村中，有深度贫困村 691 个；农村贫困人口高达 185.07 万人，占全省贫困人口的 1/5 以上，平均每天脱贫人数达到 1000 人以上。昭通脱贫攻坚成效之巨前所未有，全市累计投资 1658 亿元，规划的 12 条高速公路全部落地建设，打通了 11 个“出滇入川进黔”大通道，通车里程达 750 公里；累计新建或改造农村住房 55.89 万户；215.4 万人饮水安全得到巩固提升，自来水普及率达 94%；累计硬化农村公路 1.86 万公里，建成公路安全生命防护工程 1.05 万公里；因地制宜规划建设集中安置区 23 个，35.47 万名搬迁群众全部搬入新居；全市生产总值 5 年连跨 5 个百亿级台阶，年均增长 8%，达 1289 亿元。脱贫地区经济社会发展大踏步赶上来，整体面貌发生历史性巨变，极大增强了人民群众的获得感、幸福感、安全感。我们通过收集广大奋战在一线同志的真实故事，以“当事人”的亲身经历，将昭通脱贫攻坚艰苦卓绝、成效卓著的壮阔历程系统完整地记载下来，形成档案性的历史资料，以资后人，以鉴后世。

探索总结昭通打赢脱贫攻坚大决战的深层逻辑。习近平总书记强调：“办好中国的事情，关键在党。”有了党的坚强领导，脱贫攻坚就有了坐镇中军帐的“帅”，亿万人民就有了众志成城的“主心骨”。面对夺取脱贫攻坚大决战全面胜利的历史重任，市委、市政府始终坚持把党的领导贯穿各项工作全过程，坚持以脱贫攻坚统领经济社会发展全局、以党的建设统领推动各项工作落实“双统领”，强化铁的纪律和硬的作风“双保障”，努力实现党的建设和脱贫攻坚“双推进”。始终坚持以人民为中心的发展思想，提出“坚持以人民为中心、以群众工作为主线，抓住精准、统筹、务实三个关键，实现思想、工作和情感三个认同”的“133”工作思路，让人民群众真正成为脱贫攻坚这棵参天大树的主干。始终坚持精准扶贫、精准脱贫方略，围绕“扶持谁”“怎么扶”“怎么退”“退出后怎么办”四个重点，着力扣好精准识别、精准施策、精准退出、巩固提升“四粒扣子”，构建了一整套行之有效的政策体系、工作体系、制度体系，用发展的办法消除贫困根源。始终深入贯彻落实“五级书记抓扶贫”“党政同责促攻坚”的要求，坚持“一把手”负总责，切实强化市县抓落实机制，着力构建各级领导干部责任上肩、挂甲上任的组织体系。始终坚持集中精锐力量投向脱贫攻坚主战场，累计选派4592名驻村工作队队员、823名驻村督导员、6.37万名各级帮扶干部充实到扶贫一线，鲜红的党旗始终在脱贫攻坚主战场上高高飘扬。这些宝贵经验、深刻启示，我们通过编撰实录的形式如实记录，推动脱贫攻坚的认识和实践实现一个新的飞跃，为以后的改革发展提供重要的历史借鉴和方法指导。

赓续传承新时代脱贫攻坚昭通精神。伟大事业孕育伟大精神，伟大精神引领伟大事业。脱贫攻坚伟大斗争，锻造形成了“上下同心、尽锐出战、精准务实、开拓创新、攻坚克难、不负人民”的脱贫攻坚精神，这是中国精神、中国价值、中国力量的充分彰显。回望昭通脱贫攻坚大决战的壮阔历程，市委、市政府团结带领全市各族人民风雨同舟、携手与共、砥砺奋斗，努力闯出了一条以脱贫攻坚统领经济社会发展全局，倒逼产业形态、基础设施、城乡建设、生态文明等各个领域创新突破的“昭通路径”，奋力跑出了争先进位、赶超跨越的“昭通速度”，锻造锤炼了为民务实、实干求真的“昭通作风”，树立展示了“文明友善、开放包容”的“昭通形象”，淬炼形成了敢打善拼、坚韧求成、再硬的骨头也要嚼碎的脱贫攻坚“昭通精神”，这是一笔昭通当代脱贫攻坚人留给后世的宝贵精神财富。我们着力做好时代的忠实记录者，发挥文史资料“存史、资政、团结、育人”功能，赓续传承、大力弘扬新时代脱贫攻坚昭通精神，激励全市600多万名各族儿女在新征程上再鼓干劲、再聚合力、再立新功。

引领我们不断从胜利走向新的更大胜利。春江浩荡暂徘徊，又踏层峰望眼开。脱贫摘帽不是终点，而是新生活、新奋斗的起点。我们如期完成新时代脱贫攻坚目标任务，为实现两个百年奋斗目标以坚定信心、强劲动力，必将激励我们不断从胜利走向新的更大胜利。站在新的历史交汇点上，推动滇东北开发提速和崛起的奋斗史诗正在书写，我们必须从决战决胜脱贫攻坚的实践中汲取智慧和力量，进一步增强“四个意识”、坚定“四个自信”、做到“两个维护”，不断提升政治判断力、政治领悟力、政治执行力，在以习近平同志为核心的党中央的坚强领导下，永远保持慎终如始、戒骄戒躁的清醒头脑，永远保持不畏艰险、锐意进取的奋斗韧劲，永远保持永不懈怠、一往无前的精神状态，真抓实干、埋头苦干，脚踏实地、久久为功，在推动昭通高质量跨越发展的新征程上奋勇前进！

（作者时任中共昭通市政协党组书记、政协昭通市委员会主席）

本卷序言：开弓谋雄图　亮剑拔穷根

尹朝勇

雄关重构，四野苍茫。

位于云南省东北、云、贵、川三省接合部的镇雄，素有“鸡鸣三省”之称，是享有“美酒河”“母亲河”美誉的赤水河发源地，集革命老区、高寒山区、贫困地区于一体，是云南 27 个深度贫困县之一。全县面积 3696 平方公里，辖 30 个乡镇（街道）263 个村（社区）5480 个村（居）民小组，有彝、苗、白、回等 17 个少数民族，总人口 171 万人，为云南省第一人口大县。

2014 年，全县人口总数 158 万人，GDP 总量仅 81 亿元，人均 5885 元，为全省人均水平的 22%、全市人均水平的 47%；全县地方公共财政预算收入仅 5 亿元，人均 369 元，为全省的 10%、全市的 39%，农村常住居民人均可支配收入 6396 元；全县公路等级化率仅为 38%（二级公路仅 156 公里、通乡油路仅 730 公里），农田有效灌溉保证率低至 31%，农网覆盖率仅为 53%。

在这块神奇而又美丽的土地上，一直以来，最显著的标签便是“贫穷”。

2013 年，全县有 235 个贫困村 42.24 万名贫困人口，贫困发生率为 32.97%。通过每年有进有出的精准动态管理，全县建档立卡贫困人口总规模达 117732 户 565800 人。

作为乌蒙山集中连片特困地区脱贫攻坚主战场，镇雄县山区占比高达 98.8%，山高谷深、土地贫瘠；年降水时间高达 221 天，年日照时间低于

1200 小时，仅占全年白昼时长的 27% 左右，常年气温以冷凉为主；地质灾害频发、生态环境脆弱、生产条件恶劣，扶贫开发成本极高、脱贫攻坚难度极大。2014 年，全县 147 个行政村没有通硬化路、4871 个村民小组不通公路或晴通雨阻，709 所学校“20 条底线”不达标，181 个村无标准化卫生室、94 个村卫生室老旧需要提质达标，235 个贫困村无文化活动广场，78 个村不通宽带；126 万人安全饮水没有保障或需要巩固提升，16 万户群众没有实施农网改造，6.5 万余户困难群众居住在“一方水土养不活一方人”的区域、8 万余户（含需搬迁户危房）困难群众居住危房，7 万余户群众没有增收门路。

行政资源的短缺与繁重的脱贫攻坚任务，决定全县扶贫干部长期处于高负荷、高强度攻坚状态。

万峰之上，旌旗蔽日。镇雄在脱贫攻坚七年大决战中，坚持整铁军、扬士气，勠力同心、团结一致，瞄准靶心、精准射击，攻陷了一座座堡垒，拿下了一座座城池；坚持团体会战与小队突击相结合，祛贫疾、斩穷根，兵分多路、合力突围，让“聚焦”之处所向无敌，让胜利之花永不萎靡。

聚民心，提士气，干群合力谋“精准”

脱贫攻坚七年大决战，镇雄始终注重在解决群众思想认同的同时实现情感认同，剑指群众工作“方法论”，锻造广大干部为群众解决问题的“本事”，千方百计摒弃群众“甘于贫困、认命现实，指望政府、不思进取，争当卡户、疑患不均，不服教化、不从鼓舞……”等“镇雄共享”问题，从“表象层面”着手，解决隐藏在群众中的矛盾、症结，防范每一个“扶贫”动作背后的现实隐患，畅通脱贫攻坚之路；始终把“民生情”挺在前面，在情感上打动群众，靠干事创业，靠“看得见、嗅得到、摸得着”的具体“物证”说服群众，化解群众“不理解政府，不理解干部，动辄上网谩骂、聚集‘吐槽’”等过激行为，利用为广大群众所办的一桩桩实事、解决的一个个难题作为情感端口，全力打通联系服务群众“最后一公里”，在消除“杂音”的同时，争取到广大群众的支持，形成“用群众做群众工作”的良好态势，为在脱贫攻坚中争取群众支持奠定了坚实的基础。

2016 年 6 月的“南博会”上，在镇雄展厅，县委书记翟玉龙与众多镇雄籍在昆企业家和创业能人“相遇”时，首次面对媒体提出“汇聚正能量，镇雄更向上”的号召，让广大镇雄人在内心树立“贫困本身并不可怕，可怕的是用贫困伤害贫困”的思想，让他们认识到，镇雄要发展，必须释放出具有镇雄色彩的“好声音”，必须把有助于镇雄“一翅冲天”的正能量汇聚起来，让广大群众不再热衷于扬家丑、摔破罐，从内心支持干部、支持政府、支持发展。同月下旬，在镇雄县委第十二次党代会上，翟玉龙代表县委所作的报告，直接将“汇聚正能量，镇雄更向上”十个字作为主标题。报告在委员讨论时引起强烈反响，广大干部更加坚定信心，认为镇雄的脱贫攻坚是能够“团结一切可以团结的力量”的，攻破群众工作的块垒，并非难事。

打赢脱贫攻坚战，关键在干部。“人口密度大，贫困程度深，似乎每走一步都得回过头来看看身后。”这是镇雄干部在脱贫攻坚工作中的实际处境。脱贫攻坚这场声势浩大的民生工程，必须依靠广大干部的无私作为。2018 年 12 月，县委书记翟玉龙在接受记者关于抓党建促脱贫主题采访时说：“要让群众听话，首先干部得像话；要让群众满意，首先得让群众受益；要让群众信任，首先干部得不任性。”这一朴素的群众工作理念，随后又被他引申、总结为“四不四要”，即不做“咬刺猬的狗”，要学会“有处下口”；不做“拿身子去顶牛屁股的人”，要学会“牵牛鼻子”；不做“等米下锅的人”，要学会做“无米之炊”；不做“群众的尾巴”，要学会“引导群众”。“四不四要”群众工作法很快在全县各级干部中生根发芽，成为检验群众工作的“对照标准”。

在脱贫攻坚工作中，镇雄县紧紧扭住领导干部带头这个“牛鼻子”，突出建好“制度”、结好“对子”、选好“人员”三个关键环节，坚持尽锐出战，干部队伍向脱贫一线集结，用机关沉下去带动基层动起来、实起来，用干部扎下去促进群众站起来、干起来，推动人人参与脱贫攻坚。脱贫攻坚战打响以来，镇雄广大干部身处的是一种紧迫的“战时状态”。“只要群众能脱贫，何惧干部脱层皮”，这不光是一句誓言，更是一种信念。第十二次党代会召开以来，县委历届全会都紧紧围绕“脱贫攻坚”这一核心任务铺排工作，无论是“奏响攻坚集结号，全民同心摘贫帽”“铆足干劲攻堡垒，背水一战夺全胜”这些鼓舞士气、激发斗志的报告标题，还是“唯有实干作风才能干实工作”“不把问题当问题就是最大的问题”等关于工作作风落实落细、工作方法底线思维的报告内容，都非常明确地指向一个具体的目标：无论付出多大的代价、无论面临多大的困难，都必须全力以赴，打赢脱贫攻坚战，确保镇雄与全国一道同步进入小康。

2014 年以来，镇雄县坚定不移以习近平新时代中国特色社会主义思想为指引，认真学习贯彻习近平总书记关于扶贫工作的重要论述，在党中央和省、市的大力关心下，聚焦“两不愁、三保障”目标，整合各类资源，凝聚各方力量，全面打响了一场战天斗地、攻城拔寨的脱贫攻坚大决战，构建起识真贫、扶真贫、脱真贫的工作闭环。

亮长剑，攻堡垒，“八大行动”斩贫疾

脱贫攻坚七年大决战，镇雄始终坚持“强眼力”“增脚力”“使臂力”，认真分析和研判县情，瞄准“山头”，对准“矛盾”，“撬动”支点，剔除全面建成小康社会进程中的一个个拦路虎，向着一个个目标持续精准发力，走出一条具有镇雄色彩的脱贫突围之路。

交通、水利、电力、通信等基础设施建设，教育、文化、医疗体系的重建，产业培育、住房保障、美丽乡村示范点建设……为了实现新时代的伟大梦想，170余万镇雄儿女以前所未有的精气神，兵分多路，高歌猛进，踩下了一串串踏实的脚印，擂响了一个个激越的鼓点，留下了一个个精彩的故事……

在脱贫致富奔小康的征途上，镇雄县始终坚持以脱贫攻坚统领经济社会发展全局，持之以恒实施“八大行动”，全力推进贫困村基础设施、基础产业、基本民生建设，大幅度改善贫困群众生产条件、生存环境、生活质量。一是开展基础设施扶贫破瓶颈。紧紧围绕以“1236”（1个机场、2条县城环线、3条铁路、6条高速公路）综合交通为重点的重大基础设施建设和以“四好”农村公路为重点的贫困村水、电、路、房等到村到户基础设施建设，破解资金难题，全面开展基础设施建设大会战，先后迈入了“高速经济”“高铁经济”时代，以基础设施全面改善来增强摆脱区域性整体贫困的内生动力。二是开展就业扶贫保增收。按照“一户一人、一人一技、一技促脱贫”的思路，制订了“五精准五解决”工作措施，即：精准摸底、解决“底数不清”的问题，精准培训、解决“实效性不强”的问题，精准转移、解决“组织化不高”的问题，精准服务、解决“就业不稳定”的问题，精准推动、解决“作风不实”的问题，大力推进农村富余劳动力转移就业，构建劳务经济“唱大戏”的“镇雄格局”。三是开展产业扶贫增后劲。按照“1+3+N”总体布局，把竹子作为“一县一业”大力发展，集中壮大马铃薯、生猪、蔬菜3大产业，因地制宜发展板栗、养牛、养蜂等种养特色产业，先后启动实施了60万头生猪屠宰项目和“双猪”公司50万头生猪养殖、根源农业30万头乌金猪、佑康集团25万头生猪养殖、10万亩订单蔬菜、6000头肉牛等一批重大特色产业扶贫项目，累计引进和培育农业龙头企业64家、组建各类专合组织1039个，新型经营模式全覆盖“卡户”群众。四是开展健康扶贫脱穷境。与四川大学华西医院合作创办四川大学华西医院区域联盟医院，极大提升了县域疑难杂症诊疗能力和危重病患者救治能力。在提升县级医疗水平的同时，统筹推进乡村医疗水平整体提高，实现30个乡镇卫生院业务用房和263个村社区卫生室达标全覆盖，有序推进紧密型医共体试点建设，切实提高乡村医疗服务水平、减轻群众看病负担。同时，全面抓好大病救治和慢病管理相关工作，目前全县贫困人口已全部参加基本医疗保险、大病保险，组建了925个家庭医生签约团队，目前已签约服务66.8万人，其中卡户43万人。五是开展教育扶贫除贫根。对标对表统筹推进义务教育均衡发展，多方发力推进控辍保学，千方百计加大教育投入，顺利通过义务教育均衡发展国家评估验收。成功与云南师范大学合作创办了云师大附属镇雄中学、与西南大学合作创办了西南大学镇雄第一中学、与浙江外国语学院合作创办了浙江外国语学院附属镇雄中学、与云南长水教育集团合作创办了云南衡水镇雄中学，发挥“鲶鱼效应”、带动整体提质，在每年为群众减少额外教育支出6亿元以上的同时，让更多家庭实现了“一人考上大学、改变一家命运”的教育脱贫目标。六是开展协作扶贫奔小康。与东莞市清溪等镇建立了东西部扶贫协作关系，按照“优势互补、互惠互利、长期合作、共同发展”原则，多方面、多领域、多角度开展扶贫协作，不断激发“携手奔小康”的巨大活力。无论是在资金支持、消费扶贫还是人才交流上，均得到东莞市方面的鼎力扶持。同时，招商局集团、中国五矿、中烟云南公司等央企也对我县进行了大力帮扶，累计投入资金6.4亿元，先后实施了一批特色产业培育、学校建设、贫困村道路建设等帮扶项目。七是开展社会扶贫聚合力。积极打好老乡牌和亲情牌，探索建立了广泛梳理镇雄籍在外企业家和能人、全面梳理上级暂无计划的建设项目，动员企业为脱贫攻坚出财力、聘请能人为家乡发展出智力的“两梳理、两出力”的社会扶贫工作机制，发动镇雄老乡积极弘扬“穷则独善其身、富则回报家乡”的精神，积极为家乡脱贫攻坚出财力献智力。同时，积极用好用活各种挂钩帮扶和对口帮扶资源，争取中央和省市52家单位直接投入资金2.2亿元、引进资金4.9亿元。八是开展思想扶贫增动力。累计建成村级文化活动广场235个、实现全县村级文化活动广场全覆盖，党员10人以上或人口200人以上的村民小组都有活动场所，大力改善了农村公共文化事业的发展条件。组建了包含1个县级中心、43个部门分中心、30个乡级所、254个村级站和246个点的新时代文明实践服务体系，初步实现群众在哪里，宣讲党的创新理论成果、宣传扶贫政策、开展文明实践就延伸到哪里。认真贯彻落实市委“133”工作思路，大力开展“自强、诚信、感恩”教育，将“三会一课”与群众工作等深度融合在一起，要求乡镇挂村干部和村“三委”干部、驻村工作队结合“三讲三评”每季度地毯式召开一轮群众会，宣讲扶贫政策、宣传正面典型，引导移风易俗、倡导文明习惯，回应群众合理诉求、疏导群众无理诉求，不断激发群众的内生动力。

掘活力，思巩固，“科学衔接”强发展

脱贫攻坚七年大决战，镇雄始终做到广大干部群众披挂齐整、摧城拔寨，取得了辉煌战绩，把饱含幸福信仰的鲜艳旗帜飘扬在广大人民群众的心坎上。3696平方公里的古邦大地上，干部走访的身影在居室院中、田畴垄下汇成一道道亮丽的风景线；县、乡镇（街道）、村（社区）的会议室里，深夜研判的人们在“倒计时”的钟摆里把疲惫的身影影印在飞速流逝的时光中……户户增收、户户安居、户户饮水达标、社会事业、基础设施、人居环境巩固提升——每一个专属于“战时状态”的条目，都有一个建立在“决战、决胜”基础上的前提，这个“前提”，就是如期高质量实现脱贫摘帽。

这些年来，百万镇雄人以冲锋号结集，以加速度发展，一路披荆斩棘、负重前行，建设乌蒙山片区扶贫攻坚先行区，云南对内开放的重要门户，毕节试验区、成渝经济圈、长江经济带的重要辐射交汇中心，云南重要的煤化工生产基地、生物资源加工基地、劳务经济发展示范基地、承接产业转移基地……一项项目标逐一完成，一个个梦想不断实现，一项项指标相

继清零，镇雄广大干部的态度自然只能是“屏息内视”；面对幸福生活的良好根基，镇雄广大百姓在高度认可的同时当然也倍加珍惜。脱贫攻坚是一场硝烟未尽的战争，脱贫攻坚镇雄战场的故事是一部需要长期坚持续写的“战事实录”。

每一个瞬间的力量都无比感动，每一个个体的无私作为都显得弥足珍贵。无数“镇雄好人”的动人事迹在大雄古邦传诵，一个个榜样的人格魅力在赤水河畔焕发光芒，一个个模范，一个个标杆，用感人的故事温润着古邦大地每一颗崇德向善的心，用自身的光芒凝聚了全县人民战贫祛困谋发展的旺盛活力。

无论是数据，还是做法，或许都可以统称为“镇雄模式”。不可否认，在“县大财政穷、事多人手少”的窘迫现实中，短短几年，镇雄人统筹推进以脱贫攻坚为引领的各项工作，取得了历史性、突破性成就，干成了一批全局性、标志性的大事——根本性解决了“两不愁、三保障”问题，6年完成GDP从100亿到200亿跨越、3年完成品牌中学和品牌医院从无到有创建、1年完成近5万人从大山深处到县城集镇搬迁、同一周期内完成从“省级卫生县城”到“国家卫生县城”创建，这是“镇雄新速度”；广大人民群众切身感到交通更便捷、县城更宜居、乡村更美丽、社会更安宁，这是“镇雄新变化”；斗“山崩”、战“洪水”、灭“猪瘟”、阻“疫情”……镇雄干部群众在困难面前勇于迎难而上、重任之下敢于负重进取，在关键时刻敢拼敢干、能战能胜，这是“镇雄新精神”。创造一连串“高光时刻”的背后，“镇雄模式”的诞生与升华是一个漫长而又艰难的过程，而这个过程的核心要义，其实就是“实干与干实”。

如何实干？怎样干实？决胜脱贫攻坚不是终点，而是开启现代化建设征程和美好生活的新起点。“十四五”开局，全县广大干部群众在回首“收官”的同时，仍然要继续做到“路过不放过、看破也说破、盘活不出错”，继续以“心中有事，眼中有活，手中有招”的战时状态挖掘活力，持续巩固精准扶贫精准脱贫成果、严防返贫致贫问题发生，着力推进“五个衔接”即脱贫攻坚与乡村振兴有机衔接、扶贫产业与现代产业有机衔接、人居环境提升与生态环境治理有机衔接、乡村振兴和新型城镇化有机衔接、新优势与新定位有机衔接，不断激发县域发展的持久动能，真正实现稳定脱贫。

蓝图宏铸，使命光荣。镇雄人在谱写中华民族伟大复兴的中国梦镇雄篇章的过程中，将继续攀登一段比“崎岖”更有“高度”的路，继续践行让一个遥边之地与全国一道同步发展、同步富裕的深刻诺言，描画出一条让 171 万各族人民迈向坦途、奔向世界的春风大道。

从边缘末梢到枢纽前沿，当经济社会实现绝地腾飞，一个积淀着厚重人文底蕴、站在新的历史起点上的镇雄，必将在脱贫攻坚战役的全力突围中，意气风发地迎来更加灿烂辉煌的明天。

（作者时任中共镇雄县委宣传部副部长、文联主席）

目　录

第一编　本卷综述

第二编　产业就业扶贫

第三编　基础设施建设

第四编　易地搬迁扶贫

第五编　教育文化健康扶贫

第六编　挂钩帮扶和社会扶贫

第七编　东西扶贫协作

第八编　组织保障

第一编　本卷综述

七年苦战担使命　今朝决胜践初心

翟玉龙

消除贫困，改善民生，是共产党人的初心使命。镇雄是全国扶贫开发重点县，云南省深度贫困县。2014 年 6 月，组织安排我主持中共镇雄县委全面工作，毅然扛起决战决胜脱贫攻坚的历史使命。回想当时的镇雄，正处在多重困难交织叠加的艰难时刻：贫情贫貌让人揪心，全县 263 个村社区中有 235 个属于贫困村，143 万农村人口中超过三分之一的群众属于建档立卡贫困人口。经济运行令人焦心，受宏观经济和煤炭产业转型升级政策双重影响，主要经济指标“断崖式”下跌，GDP 负增长 17.9%，地方公共财政预算收入负增长 13.8%。教育医疗使人忧心，每年有数千名学生为想上“好学校”而出县就读，群众因此额外支出高达 2 亿元，山区想要飞出“金凤凰”难上加难；群众患了重病只能背井离乡到县外医治，不但耽搁了最佳救治时间，还每年额外支出 4 亿余元，因病致贫现象突出。社会治安叫人闹心，不仅顶着“全国贫困县”的帽子，还顶着“全国外流贩毒重点关注地区”“全国外流盗抢骗犯罪挂牌重点整治地区”的帽子，“地域黑”导致很多客商不愿来镇雄投资兴业、很多企业不愿招用镇雄工人。我深刻地意识到：贫困是横亘在镇雄跨越发展征程上的一座最高最重的大山，落后是历史镌刻在每一位大雄古邦儿女头顶上最深最沉的标签，贫困这座大山不移、落后这个标签不除，镇雄就难以跟上全国全省同步小康的步伐，镇雄百姓就难以真正过上幸福而有尊严的生活。初心如磐、使命在肩，惟其艰难方显勇毅，惟其务实方显担当。在习近平新时代中国特色社会主义思想的指引下，在省委、市委坚强的领导下，中共镇雄县委认真学习贯彻落实习近平总书记关于扶贫工作的重要论述，积极抢抓国家高度重视深度贫困地区脱贫攻坚的历史性机遇，坚决贯彻中央和省、市关于精准扶贫精准脱贫的决策部署，坚持以脱贫攻坚统领经济社会发展全局，团结带领百万干部群众披风沐雨、战天斗地，在古邦大地打响了一场持续七年的脱贫攻坚大决战。七年间，镇雄大地经历了一场补短板还欠账的发展格局之变、城乡面貌之变，镇雄百姓实现了一次革陋习树新风的思想观念之变、文明风尚之变……

想得清楚　干得明白

思路决定出路，思考的深度决定工作的力度。面对扶贫成本极高、脱贫难度极大的县情，脱贫攻坚如何开局？如何推进？如何决胜？这是必须想清楚，才能干明白的事情。县委坚持把脱贫攻坚摆在全县“11234”发展思路的统领位置和全县“十三五”实施的“六大战略”之首，成立了由我和县长任“双组长”的扶贫开发领导小组，形成了常委会议大事、领导小组抓推进等组织领导体系，特别是县委十二届四次、五次、六次全体（扩大）会议连续专题研究部署，将脱贫攻坚提升到前所未有的高度，从顶层设计高位谋划和统筹推进，构建了“三位一体”与群众自力更生深度融合的攻坚格局，使脱贫攻坚思路越来越清晰，措施越来越有力，氛围越来越浓厚，资源越来越集中。

“四抓四解决”，下好专项扶贫先手棋。针对脱贫攻坚启动初期专项扶贫工作思路不清、方法简单落后、资金投入不足、工作空喊口号等问题，县委在充分调研和思考的基础上，及时提出了抓规划解决工作思路问题、抓整合解决项目资金问题、抓示范解决工作方法问题、抓落实解决空喊口号问题的“四抓四解决”工作思路，不仅迅速拉开了攻坚阵势，而且形成了高效推进格局。在规划方面，县级先后制订了《镇雄县“十三五”脱贫攻坚规划》《镇雄县革命老区精准扶贫精准脱贫三年行动计划（2016—2018）》《镇雄县打赢精准脱贫攻坚战三年行动的实施方案（2018—2020）》等规划，逐层制订了村级“施工图”、乡级“路线图”和县级“项目库”，将脱贫攻坚任务年度化、项目化、具体化。在整合方面，县委在全省率先大胆探索实践扶贫项目资金整合路径，迅速形成“多个龙头引水、一个龙头放水”的整合机制，有力破解了扶贫项目资金保障问题，累计整合投入各类扶贫资金317.4亿元，有力保障了扶贫项目的高效推进。在示范方面，快速形成以芒部镇松林村省级示范点、以古镇岩洞脚村市级示范点建设为引领，以雨河乐利等县级示范点为支撑的示范格局，用不到三年的时间建成5个脱贫攻坚示范村、8个易地扶贫搬迁示范点、36个农危改示范点和20余个脱贫攻坚示范项目，较好发挥了示范引路、大面推开的作用。在落实方面，通过开展比进度、比突破和看特色、看亮点的“两比两看”现场观摩，组建脱贫攻坚专项督查组“一旬一督查、一月一约谈”，盯住不落实的事、问责不落实的人，有力避免了“光打雷不下雨”等空喊口号的现象。

“六抓六见”，统筹行业扶贫攻靶心。针对脱贫攻坚推进中期，行业扶贫推进中部门担当不够、责任不强和干部大处不着眼、小处不着手、工作不着调等问题，县委及时提出“六抓六见”工作要求，统筹力量、聚焦靶心，有力有序攻克深度贫困堡垒。抓事抓项目、见事见问题，要求各行业主管部门聚焦退出标准、突出问题导向，不等不靠、主动作为，紧扣脱贫出列标准担当履职，精确推动贫困村水电路信和校医所等基础改善、危房改造、教育医疗、产业培育、转移就业等事项抓落实，从推进“五大攻坚战”，到打好“七个标志性战役”，再到打赢“一收入四保障三提升”问题歼灭战，全县始终保持“各炒一盘菜、共办一桌席”的攻坚局面。抓人抓责任、见人见名字，按照明确任务、措施、责任、时限“四个清单”思路，对每项任务、每个环节都明确谁分管、谁主抓、谁配合，明确责任领导、责任部门、责任人员，并根据脱贫攻坚的阶段性形势，先后建立落实“月督查、季约谈、年考核”“一月一走访、一月一研判、一月一解决”“白天分头工作、晚上集中会商、问题当天解决”等工作调度机制，推进每一项工作落到实处。抓细抓具体、见效见措施，坚持精准扶贫精准脱贫方略，要求各行业部门的扶贫工作必须精确到村到组、到户到人，坚决摒弃大而化之的粗放管理和大水漫灌的工作方式，以每一户、每一村的变化来检验脱贫攻坚成效，以户户清保组组清、以组组清保村村清、以村村清保乡镇清，确保每一户脱贫、每一村出列有实实在在的措施和成效做支撑。

“两梳理两出力”，凝聚社会扶贫大合力。打好打赢脱贫攻坚大决战，社会力量是不可或缺的动力之源。针对镇雄籍在外企业家和公职人员相对较多的实际，2014 年 11 月 12 日，我主持召开社会扶贫座谈会，初步建立起梳理镇雄籍在外企业家和能人、全面梳理上级暂无计划的建设项目，动员企业为脱贫攻坚出财力、聘请能人为家乡发展出智力的“两梳理、两出力”的社会扶贫工作机制。自 2015 年开始，县委、县政府每年都要前往镇雄籍在外人士较为集中的昆明、浙江、深圳、上海等地开展社会扶贫暨招商引资座谈会，各乡镇（街道）每年利用节假日外出人员返乡之机，以乡镇为单位召开企业家和能人座谈会、以村为单位召开返乡务工人员座谈会、以村级党组织为单位召开党员座谈会，用乡音叙乡情、以乡情动乡人，发动镇雄老乡积极弘扬“穷则独善其身、富则回报家乡”的精神。《家乡》一诗，便是我在前往浙江永康，召开社会扶贫座谈会时的有感之作。七年间，全县通过“两梳理两出力”募集无偿帮扶资金 4.7 亿元，引回创业投资 10 亿余元，建设社会扶贫项目 438 个，370 位能人受聘为家乡村级经济发展顾问。

“四不四要”，激发贫困群众内生力。脱贫攻坚是一场“人民战争”，群众才是真正的主体。针对“干部热群众冷、干部干群众看”等内生动力不足的老大难问题，县委认真贯彻落实市委“133”工作思路，坚持想让群众听话、首先得要干部像话，想让群众满意、首先得要让群众受益，想让群众信任、首先得要干部不任性的群众工作理念，提出不做咬刺猬的“狗”、要学会“有处下口”，不做拿身子去顶牛屁股的“人”、要学会“牵牛鼻子”，不做“等米下锅”的人、要学会做“无米之炊”，不做群众的“尾巴”、要学会“引导群众”的“四不四要”群众工作法，将“三会一课”“四议两公开”等与群众工作深度融合在一起，督促乡镇挂村干部和村“三委”干部、驻村工作队结合“三讲三评”每季度地毯式召开一轮群众会，宣讲扶贫政策、宣传正面典型，广泛开展“自强诚信感恩”教育，通过组织帮扶干部开展一轮又一轮的走访，组织镇村干部召开形式多样的群众会、院坝会、火塘会，有效激发了绝大多数群众的内生动力。

精准施治　立面突围

镇雄是绝对贫困问题和区域性整体贫困问题交织叠加的深度贫困县，县委紧紧聚焦“两不愁、三保障”，坚持“物质脱贫”和“精神脱贫”共同攻坚，全力推进贫困村基础设施、基础产业、基本民生建设，大幅度改善贫困群众生产条件、生存环境、生活质量，不仅使11.77万户56.58万建档立卡贫困群众全部脱贫，更为实施乡村振兴战略和推动县域经济高质量发展奠定了坚实的基础。

基础先行，除生存之“艰”。基础设施薄弱是导致镇雄区域性整体贫困和边远村组深度贫困的主要因素，其中困在路上、渴在水上、贵在电上、忧在房上等问题尤为突出。我到过很多偏远村庄，乡亲们总会用渴望的眼神或朴实的话语告诉我：只要修好路、通好电、引好水、建好房，我们就能自己脱贫致富了。县委坚持把以交通为重点的基础设施改善作为脱贫攻坚最急的事来抓，紧紧围绕以“1236”综合交通为重点的重大基础设施建设和以农村公路为重点的贫困村水、电、路、房等到村到户基础设施建设，勤争取、强保障、抓推进，全面开展基础设施建设大会战。2018 年镇毕高速正式通车，2019 年成贵高铁建成投用，千年古邦昂首迈进“高速、高铁时代”，迎来了基础设施大变革、交通发展大跨越的新时代，四通八达的现代化交通体系正在加速建成，云、贵、川三省接合部的发展“立交桥”正在加速构建，摆脱区域性整体贫困的内生动力越来越强劲。七年间，全县累计解决 126 万人农村安全饮水问题，完成 16 万户农网户表改造，完成 7.5 万户农村危房改造，硬化农村公路 5942 公里、串户路 1218 万平方米，2018 年获评“全国四好农村公路示范县”荣誉，2020 年以来“农危改”工作先后在全国决胜脱贫攻坚住房安全有保障工作推进会、国新办脱贫攻坚住房安全有保障新闻发布会上作经验交流。

易地搬迁，破大山之“困”。我曾经到过林口乡一个叫画眉沟的村民小组。村庄名字虽然好听，但实际景象令人揪心：受大山所困，人均土地仅有 0.5 亩，住房普遍低矮破烂，每年一半时间缺水，上学看病需步行 2 小时，贫困发生率高达 84%……画眉沟只是一个缩影，地处乌蒙腹地的镇雄，山区占比高达 98.8%，多数村庄“挂”在山上、“浮”在云端，“一方水土养不活一方人”的问题尤为突出，如果这些地方的群众搬不出来、搬不彻底，脱贫攻坚就难获全胜。县委抢抓机遇、迎难而上，切实把易地扶贫搬迁与新型城镇化结合起来，按照“不是建一个安置区，而是建一个幸福发展新家园”的定位，统筹开展进村入户宣传发动、奔走工地督促进度、多方协调破解难题的相关工作，采取统规联建、统规自建等模式建成 48 个中心村安置点，采取 EPC 总承包模式在县城优质地块高标准建设了万人安置区 3 个、中心城镇规划建设 5000 人安置区 3 个，不仅让 6.5 万余名群众彻底搬离“大山”，更是创造了 1 年完成 5 万人从大山深处到县城集镇搬迁的“镇雄速度”，77% 的搬迁群众实现了从山区到城镇、从农民到市民的直过式跨越，其中像画眉沟一样整村搬迁的自然村有 129 个。同时，按照搬得出稳得住、逐步能致富的要求，统筹谋划、综合施策，按照安置点必须配套产业园和扶贫车间、搬迁群众户均至少培训转移1人、进城入镇搬迁“卡户”人均配建5平方米商铺、全面盘活“三地”资源等路径强化后续扶持，以城镇标准均等完善教育、卫生、社区等公共服务，让搬迁群众不仅住上了“好房子”，更是过上了“好日子”。

转移就业，化人口之“压”。镇雄脱贫攻坚的压力在人口，优势在人力。脱贫攻坚以来，在充分调研思考的基础上，县委提出“五精准五解决”方法，连续两年以“县委一号文件”形式印发劳务输出指导意见，闯出了一条推动劳务输出高质量发展的镇雄之道。2018年5月10日，全省就业扶贫现场会在镇雄召开，我县作了经验交流。2020年，突如其来的新冠肺炎疫情对劳务输出工作带来了巨大冲击，面对贫困群众家庭务工收入占比高达83%的现实，如果不破解“输不出去”难题，收官之年镇雄的绝大多数群众脱贫必将失去收入支撑。县委提出：决不能消极地以疫情防控为借口而不作为，最终使镇雄成为“潮水”退去的“裸泳者”，务必在抓好疫情防控的基础上，想方设法把能够转出去的群众全部转移出去稳定就业。县级层面及时成立了疫情期间劳务输出工作指挥部，打出精准摸底、精准对接、精准转移、精准服务组合拳，2月9日起就组织开展“家门对车门、车门连厂门”点对点、组织化直输行动，有效避免了返乡过节人员大面积滞留，实现了转移就业不降反升的历史性成绩，全县农村劳动力转移人数同比增加6.7万人、增长11.2%，其中“卡户”劳动力转移人数同比增加3.6万人、增长16%。七年间，全县转移就业人员翻了一番，群众年务工收入从2013年的55亿元增至2020年的200亿元，劳务输出成为破解镇雄人口之困的制胜法宝之一。

培强育特，解产业之“难”。产业扶贫是镇雄脱贫攻坚最难的事情，难在如何搭建起绿水青山与金山银山的转化桥梁，使镇雄这个传统农业大县焕发出“凤凰涅槃”的勃勃生机？县委在经过充分调研和几轮自下而上、自上而下的论证后，出台了《加快推进农业产业扶贫的实施意见》，按照生态产业化、产业生态化的绿色发展理念和“确定好思路、建设好基地、打造好标准、创建好品牌、培育好龙头、开拓好市场”的“六好”路径，采取“党支部+能人+群众”和“党支部+合作社+群众”等高度组织化发展模式，把竹子作为“一县一业”大力发展，集中壮大马铃薯、生猪、蔬菜3大产业，因地制宜发展板栗、养牛、养蜂等种养特色产业，突出培育100万亩竹子、100万头生猪、100亿元生态产品加工“三个一百”特色产业工程，累计引进和培育农业龙头企业64家、组建各类专合组织1039个，成功培育云栗、云笋、云蜜、白茶等“一村一品”特色产业，构建起特色产业总体布局，实现了新型经营模式全覆盖“卡户”群众。

优教强医，治民心之“痛”。背井离乡求学，远走他乡求医，一度时期成了镇雄的民心之痛。县委坚持把推动教育、医疗事业高质量发展作为治本之策，在对标对表完成义务教育均衡发展和乡村医疗服务标准化建设任务的同时，锐意改革、创新机制，先后创办了云师大附属镇雄中学、西南大学镇雄第一中学、浙江外国语学院附属镇雄中学、云南衡水镇雄中学和四川大学华西医院区域联盟医院，极大提升了县内中学办学质量和县域危重病人救治能力。2019年，全县高考以4人考入清华北大的成绩，结束了19年来镇雄无县内学校就读学生考取清华北大的历史，成为镇雄教育事业跨越发展的里程碑；2020年，全县中考得分率90%以上的考生位列全市第一，高考综合上线率持续保持98%以上、7人分数达清华北大录取线，两年共有8人考取清华北大（其中“卡户”学生5人），云师大附属镇雄中学一本上线率稳定超过85%，比以往单校最好水平高出65个百分点。华西医院区域联盟医院已成功升级为三级综合医院，危重患者救治人次年均增速超过30%、转出县外就医人次年均降速在28%左右。有一次，我偶遇孩子就读云师大附属镇雄中学的一位老乡，他兴奋地告诉我：“翟书记，你给了我们家4万多块钱啊，我要感谢你！”疑惑中，老乡给我算出了这笔账，意思是如果孩子出县就读，家里就要至少多支出4万元费用。七年间，镇雄教育和医疗事业由落后者变成了领跑者，更多山村飞出了改变家庭命运的“金凤凰”，每年为群众减少6亿多元的额外支出，近万个家庭避免了因病致贫和返贫。

统筹治理，去名声之“耻”。社会环境不好，脱贫成色就不足。面对社会治安混乱、城乡环境脏乱差、镇雄人蛮横无理等“地域黑”带来的名声之耻，县委坚持自然、人文“两个生态”统筹抓，通过“改变自己”去“改变他人”，为顺利推进脱贫攻坚、同步建成全面小康营造良好环境。县委坚持不破法规破常规，创建了由“一区一校一基地一中心”构成的“四个一工程”，破解社会治安高危人员管控难问题，快速扭转社会治安混乱局面，先后摘除“全国外流贩毒重点关注地区”“全国外流盗抢骗犯罪挂牌重点整治地区”帽子，经验做法被公安部推广到全国，我两次受邀到公安部全国培训班做经验交流。县委统筹实施县城以“四城同创”和新区开发建设、乡村以“百村示范万村整治”为载体的城乡环境整治提升行动，提高城市精细化管理水平，成功创建“全国卫生县城”“全省文明城市”和一大批全国、全省、全市文明村寨。七年间，镇雄城乡面貌发生了翻天覆地的变化，经验做法吸引多地前来学习，实现了“去学别人”到“别人来学”的转变。如今，每当唱起《我是镇雄人》，老乡们总会用嘹亮而深沉的歌声，表达出百万古邦儿女共同的心：我家镇雄，找回了大雄古邦应有的“尊严”！

实干作风　干实工作

看似寻常最奇崛，成如容易却艰辛。回首镇雄高质量脱贫的艰辛历程，从“以泪水博取同情”到“用汗水赢得掌声”，县委始终坚持党建引领，激励各级党组织坚定“困难面前有我们、我们面前无困难”的攻坚意志，引导广大干部发扬“敢拼敢干敢担当、不负良心不负党”的拼搏精神，守初心担使命、转作风抓落实，用脚步丈量工作深度，以实干作风干实工作，党的政治优势、组织优势在脱贫攻坚战场不断转化成攻坚克难、攻城拔寨的强大动能。

学习教育强信念。县委坚持把政治教育、政策学习、业务培训作为打好打赢脱贫攻坚战的先导性工作，在“三严三实”专题教育、“两学一做”学习教育、“不忘初心、牢记使命”主题教育中，始终把脱贫攻坚作为不变的实践载体，推动学习贯彻习近平总书记关于扶贫工作的重要论述往心里走、往深里走、往实里走，引导各级党组织和广大党员干部把坚定“四个自信”、增强“四个意识”、做到“两个维护”的要求，具体化到“宁可自己脱皮、也要帮助群众脱贫”的决心和行动上来，不断增强脱贫攻坚只能胜利不能失败的责任意识和使命意识，做到时时有激情、天天在状态。七年来，县委结合脱贫攻坚实践不断创新学习教育载体，从推行“新提拔干部党性修养考试”到建立“第一议题”学习制度，从领导干部脱贫攻坚能力提升集训到“万名党员进党校”培训，从激发干部“示范意识”到唤醒农村党员“党员意识”，广大党员干部不断经历思想淬炼、政治历练、实践锻炼，理想信念得到了升华、思想素质得到了提升、干事能力得到了锻炼。

尽锐出征战前沿。精准扶贫、精准脱贫的前沿阵地，在村组农户。县委落实尽锐出征要求，将人员力量全部集结下沉攻坚一线。先后选派了42名县处级党员干部担任乡镇（街道）“党委第一书记”，每月驻乡镇工作10天以上，推动乡镇党委履行脱贫攻坚主体责任。中央、省、市、县通过驻村扶贫工作队队员、帮助队员、作战队员等途径，先后选派2870人次集结贫困村，与镇村干部形成“尖刀”力量，奋战脱贫攻坚一线。县委在全县推动建立“支部联到村、干部包到户”挂包帮机制，组织10300余名乡镇以上机关干部对建档立卡家庭全覆盖结对帮扶，形成了全员下沉、全面下沉、全力下沉的攻坚格局。同时，县委树立在脱贫攻坚一线考察识别和选拔任用干部的鲜明导向，累计从脱贫攻坚一线提拔干部398人、占提拔人数的71%，先后对在脱贫攻坚中敢闯敢干、不图私利的8名干部启用容错机制免于处分，形成干部沉心静气到前沿、主动请缨上火线的良好氛围。

夯实基层强堡垒。村级组织是脱贫攻坚第一线堡垒。县委紧紧围绕打造坚强有力的基层组织，统筹推进村级组织建设、队伍建设。制订并落实在脱贫攻坚中强化村（社区）建设的30条措施，深入推行村级事务综合“开放式”服务，实行“一站式”办理。对软弱涣散党组织实行县级挂牌作战、销号管理，七年累计实现212个村级党组织整顿提升。扎实开展“领头雁”工程、“双培养”工作和农村优秀人才回引计划，强化村“两委”班子建设，大力将信仰信念坚定、思想思路先进的创业能人、返乡大学生、退役军人等优秀群体发展为党员，七年针对村级班子成员空缺问题充实村干部864人，选派机关干部担任村（社区）“两委”负责人96人次。以“三个组织化”为着力点，在镇雄籍务工人员相对集中的输入地累计成立39个外出务工流动党组织，在农民专业合作社建立86个党支部，在6个进城入镇集中安置点成立9个社区党总支，充分发挥党建在攻坚克难中的组织保障作用。制订出台村（社区）脱贫攻坚专项考评办法，在落实每年1000万元村干部绩效奖励的基础上，2020年又挤出4000万元作为村级脱贫攻坚专项绩效奖励，全部用于提高村组干部待遇。

转变作风提效能。七年脱贫攻坚实践，我始终坚持亲力亲为、从严从实，用自己的脚步去丈量工作的深度和广度，在每年必须完成一轮当年计划出列村遍访调研的基础上，采取“四不两直”方式，常态化深入村组一线、施工现场突访、暗访、夜访，与一线干部职工及时发现问题、分析问题、解决问题、推动工作，示范推动全县上下以实干作风干实工作。针对村级组织服务质量不高、群众反映强烈、信访现象突出等基层治理难题，县委在全省率先推行村级“小微权力清单”制度，规范服务流程、公开办事权限，既让老百姓知道村干部哪些事能办、哪些事不能办、自己的事情怎么办，又让村干部知道哪些事情自己必须办、哪些事情要引导群众去哪办，推动了基层干部作风大转变、基层服务水平大提高，大幅度减少针对村干部的信访问题。坚持以己律带动他律形成共律、以己廉带动他廉形成共廉，精准用好“四种形态”，坚决纠正、严肃查处脱贫攻坚中弄虚作假、吃拿卡要、虚报冒领、优亲厚友等违规违纪问题，形成了风清气正干脱贫的良好氛围。

好风凭借力，扬帆正当时。脱贫攻坚是新时代赋予镇雄赶超跨越的新契机，经历了精准扶贫、精准脱贫七年决战的镇雄，不仅彻底终结了困扰千年的绝对贫困问题，还全面迈上高质量跨越发展的快车道，区位、资源、人力等传统优势和交通、城市、教育、医疗等新兴势能正在发生动力不断释放的“化学反应”。决胜脱贫攻坚不是终点，而是开启现代化建设征程和人民美好生活的新起点，乘着“滇东北崛起”的东风，镇雄正在推进脱贫攻坚与乡村振兴有序衔接、扶贫产业与现代产业有机相融、乡村振兴战略和新型城镇化战略有力互动，昂首朝着云、贵、川三省接合部交通枢纽和区域中心城市、区域教育中心、区域医疗中心的现代化目标阔步迈进！

（作者时任中共昭通市委常委、镇雄县委书记）

用实际行动践行初心使命

张洪坤

有些过往注定随风而逝，有些记忆必将终生铭记。曾忆起，2019 年 3 月我初到镇雄任职时，有人跟我开过一句玩笑话：“如果镇雄都能如期实现脱贫摘帽的话，那有些县背着一只手都能完成。”我当时只是不置可否地笑了笑。现在回想起来，才更能体会到这句话背后的压力与责任。是的，我就是带着这样一种压力、一种责任、一种使命开启镇雄之旅的。在这片 3696 平方公里的土地上，我将在县委的坚强领导及县人大、县政协的监督支持下，在全县 171 万各族人民特别是 11.77 万户 56.58 万贫困群众的热切期盼中，团结带领政府一班人，变压力为动力，变不可能为可能，决战脱贫攻坚，决胜全面小康，全面开启镇雄百万人民的幸福美好新生活。

坚定不移抓落实

2019 年 3 月，全县还有 169 个贫困村 23.24 万贫困人口未脱贫出列，贫困发生率高达 17.6%，未脱贫人口占全市、全省的比例分别高达 76.43% 和 27.65%，是云南 27 个深度贫困县之一。面对体量如此之大、任务如此之重的贫困现状，我们坚信：按照“中央统筹、省负总责、市县抓落实”的工作机制，只要有强烈的责任担当，就会有生动的脱贫实践；只要有高效的工作落实，就会有闪亮的脱贫成效。彼时，全县上上下下正在县委玉龙书记的坚强领导下，蓬蓬勃勃迸发出“敢拼敢干敢担当、不负良心不负党”的政治自觉和政治追求，大家团结一心、众志成城，砥砺奋进、顽强拼搏的精气神感染着我、激励着我：必须坚定不移抓落实，才能为镇雄的脱贫攻坚增添成色，才能助百姓的小康梦想早日实现，才能不负组织关心、不负群众期望、不负初心使命。

——率先垂范抓落实。行胜于言。作为县长，我既是县委决策部署的执行者，也是县政府一班人的带头落实者，只有自己实实在在的身体力行、率先垂范，才能引领和带动全县政府系统以实干精神干实工作。面对繁重的工作任务，我深知一个人的力量是单薄的、智慧是有限的，必须坚定不移把政府一班人打造成紧密团结的坚强集体，心往一处想、劲往一处使，才能形成强大的工作合力；面对有限的时间空间，我深知任何半点迟疑都会贻误战机，于是在心底悄悄为自己定下了“问题第一时间研究、工作第一时间安排、责任第一时间落实、成效第一时间推动”的“四个第一”工作要求，并坚持不懈用脚步追赶着时间，用身影践行着根植于内心的誓言，引领和带动大家争分夺秒、苦拼实干，逆势迸发、勇争一流，砥砺奋进、艰辛付出。回顾近两年白驹过隙般的日子，我们几乎没有陪过家人一个完整的节假日，而是把脚印深深地留在了镇雄的山山水水间，留在了薄弱学校改造、易地扶贫搬迁、农村危房改造、饮水安全建设的现场，留在了失辍学学生的家中，留在了疫情期间为外出务工群众送行的车站，留在了“6·29”洪灾灾民的眼前……

——压实责任抓落实。“一根筷子易折断，十根筷子抱成团。”我们深知率先垂范带头干的引领作用，更清楚团结协作抱团干的强大威力。因此，只有千方百计把责任压实，最大限度地把全县上上下下的动力激发出来、合力聚集起来，才能如期交出脱贫攻坚满意答卷。我们是这样想的，也始终坚定不移地在“压实责任”上努力着：2019年3月以来，先后26次召开县政府常务会、20次召开县长办公会、65次召开专题会研究推进脱贫攻坚工作，并坚持落实好县委“每月驻乡开展工作10天以上、每月开展一轮进村巡查”的脱贫攻坚工作要求，定时不定时听取工作汇报，着力解决工作中的困难和问题。同时，通过不打招呼直奔一线暗访抽查或电话抽查、视频调度等方式，随时了解和掌握县乡干部落实“六包责任”（包贫困户收入达标、住房安全、政策落实、饮水安全、档案完善、环境干净整洁）的情况，确保“两不愁、三保障”短板问题第一时间发现、第一时间解决。回想那段每天如急行军般行军打仗、战天斗地的日子，牛场诸宗、向乐，以古麦车、比道角，坪上屯上，黑树苏木，鱼洞瓜乌，坡头德隆、龙洞和亳都等边远乡村，都曾响起过自己或欣慰、或感动、或愤怒的声音……那是一段扛起责任奋力与时间赛跑的日子，那是一段担起使命不分白天黑夜的岁月，那更是一段苦着累着却倍感踏实的珍贵记忆。

——健全机制抓落实。健全完善的制度机制，是推动脱贫攻坚决策部署落地见效的根本保证。初到镇雄时，我便为当时已经行之有效的“四抓四解决”工作思路、“六抓六见”工作要求及“四不四要”群众工作法等制度机制而振奋，并坚定不移、不折不扣地带头实践着、推动着，也在工作中不断思考和谋划着决战冲刺阶段的制度机制保障，以便及时向县委提出相关意见建议。那时，自己脑海里每天浮现的，常常就是“短板在哪儿，怎么补齐，资金怎么筹措和整合，责任怎么压实，督查和考核怎么开展，考核结果怎么运用”等一系列问题。带着这一系列“才下眉头、却上心头”的问题，在县委玉龙书记的统筹安排下，那些饭后、晚上甚至下乡途中的空闲时间，都是班子成员相互交心、和部门领导深入交流、向基层干部群众真诚问计的宝贵机会，几易其稿，最终形成了《镇雄县脱贫攻坚“六个专项行动和一个保障”工作方案》，并同步健全完善一系列配套制度机制，为决战脱贫攻坚、决胜全面小康进一步强化了制度机制保障。

坚定不移抓调度

“道阻且长，行则将至”。当目标任务精准锁定之后，如何选择攻坚路径、系统安排时间、统筹各方力量、整合各类资金、整体补齐短板弱项，便是我们这个班子应该着力谋划和调度的事情了。我们坚信：“没有比人更高的山，也没有比脚更长的路”，只要坚持把县委政府的一系列调度机制落实到位，天天抓、步步紧、不放手，就一定能够全面攻克古邦大地上的贫困壁垒。

——围绕“户户安居”抓调度。忆往昔，每每到乡村调研时，那些散落在山坡上、水沟边、小路旁的破旧危房，那些“一方水土养不活一方人”的穷沟僻壤，总会成为我们心中隐隐的痛。所幸，国家大力实施的农村危房改造和易地扶贫搬迁工程，成了我们为民解困的“救命稻草”。

但说起来容易做起来难，在实施农村危房改造过程中，“为什么一些老百姓宁愿在破旧的房子里艰难度日，也不愿主动配合改造危旧房？”却成了我们百思不得其解的心头之问。带着疑问，我深入坡头龙洞等边远山村调研后发现，群众建房改造的积极性之所以不高，是因为总体上山高坡陡、沟壑纵横的居住环境，造成建材运输成本高，加之建材价格随风涨，导致群众建房成本加大、建房积极性受挫。之后，一系列关于建房补助标准、配套奖励措施、建材价格控制、建筑质量监管、工程质量验收、补助资金监管、实地督促检查、资金提前拨付等制度机制相继出台，彻底扭转了工作被动局面，在 2019 年如期完成了最后 1.8 万户农村危房改造任务。

易地扶贫搬迁是解决“一方水土养不活一方人”的有效途径，也是脱贫攻坚工作中难度最大、投入最多、工作链最长的“民心工程”。无论是动员群众、项目选址、规划设计、项目配套、建设进度、分房到户、搬迁入住、后续扶持、社区管理，还是人员调度、资金筹措，每一项都不可能一蹴而就，每一项都需要花费大量精力，每一项都必须精准压实责任。而我，则在县委玉龙书记的带领下，和玉龙书记一道主动担起了易地扶贫搬迁指挥部指挥长的重任，带领相关行业主管部门及县乡村干部，白天分点鏖战、晚上会商研判，硬是在不到一年的时间内，全面建成了6个大型安置区及配套的11所学校、扶贫车间、社区服务、卫生室等设施，实现了近5万人进城入镇、安居乐业的梦想。如今，每当走进安置点，那些忙碌在扶贫车间、产业园区的群众身影，那些响彻在配套学校里的朗朗读书声，那些洋溢在搬迁群众脸上的幸福笑容，已然成为镇雄战贫减贫史上一道道亮丽的风景，也常常会让我脑海中浮现出那时走村串户动员搬迁的画面、不分昼夜抢抓工期的场面，浮现出那时浩浩荡荡帮助群众转移家居、喜迁新居的干部和车队，浮现出当初“搬出大山天地宽、脱贫致富奔小康”的铮铮誓言，真切地感悟到中国共产党领导的政治优势和中国特色社会主义的制度优势。

——围绕“户户增收”抓调度。收入是群众赖以生存的最基本来源，是脱贫攻坚要长期解决的问题。如何帮助群众增收，是县委、县政府长期以来不断思考和探索的重要课题。

2019年5月，我到盐源、五德、牛场、碗厂、杉树等乡镇调研时发现，全县竹产业已有一定发展基础，但尚未形成规模、未成标准。当时，正值全省开展“一县一业”示范县创建，于是县委、县政府在聘请云南省林科院专家组实地考察论证的基础上，经过深入论证和反复研究，确定将竹产业作为“一县一业”规划上报。之后，又将退耕还林和竹产业结合起来发展，并制订了竹产业发展规划和实施意见。很快，一场关于竹产业的大规模“突围战”便在全县全面打响。今冬明春全县竹子将达到100万亩；再过3年，预计全县竹产业产值可达20亿元左右，覆盖贫困人口约19万人。作为三大主导产业之一的生猪产业，继2019年浙江民泰、福建佑康生猪养殖项目竣工运营，根源农业30万头乌金猪、双猪集团50万头生猪规模化养殖项目落地建设，县农投公司60万头生猪标准化屠宰项目投产运营之后，2020年又新建了7个扩繁场、35个代养场，启动实施了3000头规模中国原纯种猪优品基因镇雄研究基地及年产36万—48万吨无抗饲料加工项目。

自此，全县从种猪培育、仔猪繁育、肥猪养殖、生猪屠宰销售到饲料加工的生猪全产业链已初具雏形，生猪产业快速发展的广阔前景清晰可见。目前，全县生猪年出栏超过了 110 万头，直接受益贫困人口超过 11 万人。

务工收入是贫困群众脱贫的另一重要支撑，镇雄每年在外务工的人数超过 60 万人。但 2020 年突如其来的疫情，却瞬间困住了乡亲们外出务工的脚步，全县脱贫攻坚工作面临着严峻的挑战。面对严峻形势，我们主动放弃春节假期，立即投入这场战贫与战疫双推进的超常规战役中，创造性地开展“家门对车门、车门连厂门”的点对点、组织化直输行动，并及时帮助受疫情影响失业人员就地实现“二次就业”。全县外出务工规模逆势发展、不降反增，累计转移就业劳动力 66.61 万人，实现了有劳动力的贫困家庭至少 1 人就业的目标，为确保贫困群众收入达标打赢了关键一战。

——围绕“事业配套”抓调度。教育断穷根，医疗保健康。发展教育和医疗事业，花费再多的精力都值得，投入再多的资金都不为过。教育和医疗，历来都是县政府班子高度重视，并不遗余力支持的工作。

2019 年，正值镇雄即将接受国家义务教育均衡发展评估的关键时刻，但横亘在眼前的两道难题却常常让我夜不能寐：一是薄弱学校建设点多、面广、进度慢。二是失学辍学学生总数高达近 3000 人，引起省教育厅和国家教育部高度关注。使命在肩，奋斗有我。那段时间，为了加快学校建设，我和分管副县长及相关部门经常挑灯夜战、强化调度，仅用一年半的时间就完成了以往需 3 年才能完成的 13.2 亿元“改薄项目”建设，同时全面启动了投资 6.62 亿元县中等职业技术学校和投资 16.76 亿元的 6 所高中建设。为了失学辍学学生尽快回归教育，我先后 9 次召开专题会议，压实“双向四级”承包责任，强化“四步法”落地见效，也一次次直面学生及其家长，费尽口舌，为最终实现 2736 名失辍学学生回归教育、不让一个孩子因贫失学辍学尽了绵薄之力，义务教育均衡发展顺利通过评估验收。

为切实突破全县因病致贫、因病返贫人口占比高达 22% 的脱贫困境，县委、县政府每年为贫困群众代缴医保资金 1 亿元左右，确保贫困群众全部参加基本医疗保险和大病保险；严格落实“四重保障”政策，确保贫困群众住院报销比例达 90% 以上。2019 年，还顺利启动了县人民医院三期工程，完成了县中医院迁改升级，建成了泼机、中屯等 5 个乡镇卫生院，94 个村卫生室实现了提质达标。

华西医院区域联盟医院、云南师范大学附属镇雄中学、西南大学附属镇雄第一中学，是镇雄县委、县政府解放思想、开拓创新、大胆实践、坚实民生至上的教育医疗名片。为继续扩大战果、惠及更多人民群众，2020 年，县委、县政府决定，将相继建成的县第二人民医院和新建 6 所高中引进优质资源合作办医办学。因此，在建设初期，我便督促分管副县长及时研究合作条件，发布公告找寻合作伙伴。“苦心人，天不负”，最终，云南城投、浙江外国语学院、昆明长水教育集团先后进驻镇雄，为打造“区域医疗中心”和“区域教育中心”锦上添花。如今，回想起推进合作办医办学的那些日子，每一次谈判中的争执与共识、每一份合同里的字斟与句酌，都会让自己有一丝丝苦尽甘来的欣慰。

——围绕“基础改善”抓调度。在历任县委、县政府领导的不懈努力下，我到镇雄工作时，全县的基础设施已经有了极大的改善。但农村饮水保障不足和交通基础设施欠账大却仍然是我们脱贫攻坚战场上的两个最大壁垒，必须咬紧牙关全力攻破。

“早一天解决饮水安全问题，人民群众的生命健康就能早一天保障”，这是县委玉龙书记和我及全县各级干部广泛达成的共识。基于这样的共识，一场覆盖 30 乡镇（街道）、229 个村、总量达 1460 件农村饮水安全工程建设便紧锣密鼓全面展开，搞规划、找水源、筹资金、抓进度、强质量、建机制、重运营，环环相扣、刻不容缓、时不我待。2019 年，一次性整合资金 3.8 亿元，全面解决了 4.9 万户 21.43 万人的饮水困难，巩固提升了 9.7 万户 53.7 万人的饮水安全，彻底结束了镇雄人民饮水困难的历史。而我，也逐渐摒弃了下乡调研时常问的一个问题——“老乡，有没有干净水喝呢？”渐渐忘记了那个造访贫困群众家时经常使用的动作——拧拧水龙头，看看有没有水。

为了持续打破交通瓶颈制约，2019年，我们在启动镇七高速的同时，积极谋划并启动了投资总额达90余亿元的镇果一级公路。这是一条可以使镇雄县城形成环线，并连接镇雄通用机场、果珠火车站、宜毕高速，形成闭合路网的“主动脉”，加上之前启动的泸昭高速、叙毕铁路等一大批高速高铁项目，镇雄打造“区域综合交通枢纽”的战略目标将更加清晰可见。

“有志者，事竟成”。如今的镇雄，“高铁梦”圆了，高速里程更长了，乡村道路不再泥泞了，全县贫困村均实现了通动力电、通硬化路、通宽带网络、通广播电视和标准化卫生室、学校、活动广场全覆盖。一个基础大幅度改善、城镇日新月异、产业欣欣向荣、人民生活幸福的新镇雄，正在乌蒙山腹地强势崛起。

坚定不移抓发展

贫困之冰非一日之寒，破冰之功非一春之暖。县政府班子深刻地意识到，只有坚定不移把发展作为第一要务，持续打牢全县经济社会发展基础，才是破解贫困的根本路径和长久之策。

——抓项目、扩投资。“抓项目就是抓投资、抓项目就是抓增长、抓项目就是抓发展”是我和政府一班人的共同理念，我们也始终不渝地为之努力着，实践着。两年来，随着胡家山水库、坝口河水库、苏木水库、安尔水库、摆枝娃水库等一大批中小型水库项目的快速推进，随着南部新区新型城镇化建设项目、棚改、老旧小区改造、美丽县城建设、陆港新城等一大批城镇建设项目及交通、电力、能源等重大项目的顺利实施，县域经济持续呈现出蓬勃发展态势：2019年，全县生产总值首次突破200亿元大关，6大主要经济指标均保持在全市前列；2020年一至三季度，全县生产总值及规模以上固定资产投资均逆势上扬，分别达到152.6亿元和85.5亿元、同比分别增长 5.1% 和 9.5%，增速均位居全市前列。

——抓产业、促转型。县委、县政府始终坚持把产业作为改善民生、推动发展的重要抓手，突出重点、系统推进，持续发力、久久为功，确保产业减贫带贫效应不断凸显。农业方面，引进培育农业龙头企业 61 家，初步形成了“1+3+N”的农业产业布局（“1”即指“一县一业”竹产业，“3”是指马铃薯、生猪、蔬菜三大主导产业，“N”是指因地制宜发展板栗、养牛、养蜂等 N 类种养特色产业）。工业方面，大力推进工业转型升级，煤电产能加速释放。2020 年，火力发电超过了 35 亿度。全县煤矿由 51 个整合为 34 个，煤炭单井产能从 15 万吨 / 年提升到了 30 万吨 / 年以上，平均单井规模达到 60 万吨 / 年以上。三产方面，我们建设了中屯小山峡景区、大古里欢乐城、芒部侯龙山、雨河左家沟等旅游景区项目，批零住餐、房地产开发等快速增长，消费潜力得到了进一步释放。与此同时，在“十四五”规划中，基于对周边发展态势、背景、空间布局以及对镇雄独特地理区位和丰富资源优势的分析，规划布局了九大重点产业组团，并打算以差异化定位培育产业新亮点，有望成为支撑“十四五”乃至更长时期内镇雄产业经济的主载体、主抓手、主平台。

——抓改革、释活力。我们清醒地认识到，改革是催生发展动力、释放发展活力的源泉举措。因此，“解放思想、努力创新、大胆实践”便成了我和政府一班人坚定不移的思想共识。两年来，我们大力推进政府机构改革、“放管服”政务服务改革、财税管理改革、国有企业改革，深化医疗、养老等领域改革，进一步理顺了政府与市场的关系、调动了干部干事创业的积极性，全县开放包容、公平竞争、充满活力的发展氛围日益浓厚，大批有实力、有远见的企业和商家纷至沓来。2019 年，引进了第一个外资项目、第一批文旅项目和第一个百亿项目，招商引资实现了历史性突破；引进工商银行、市农担公司和再担公司等金融机构，成功破解了高铁站站前广场、连接线、以勒拆迁安置点、棚户区改造等项目建设资金难题。随着大量人才、资金和资源的涌入，镇雄经济社会发展正在源源不断释放出无尽的潜力。

坚定不移抓投入

“人口多、基础弱、财力穷、欠账大”一直是镇雄最基本的县情。作为行政一把手，我知道县情实际不可能一夜改变，更深信只有在项目谋划上先人一步，在争取支持上放勤一点，在整合投入上精准一些，在资金监管上严格到位，才能为打赢脱贫攻坚战，提供源源不断的财力保障。

——早谋划、勤争取。一方面，高度重视项目包装谋划。设立了5000万元的项目前期经费，有力保障了各级各部门顺利开展项目前期工作，储备了一大批成熟的项目，为争取上级支持打牢了坚实基础。另一方面，高度重视向上汇报争取工作。要求政府班子成员原则上每月必须带着分管县直部门，到上级部门去汇报一次工作，并制订了财政以奖代补“两个办法”，鼓励大家主动向上汇报工作，最大限度争取支持。目前，专项扶贫资金、涉农资金、金融资金、行业帮扶资金、社会资本、定点扶贫和东西部协作共同发力的稳定投入机制已基本形成。脱贫攻坚七年来，全县累计整合投入扶贫资金317.4亿元，其中，2019年以来整合投入114.8亿元，有力保证了脱贫攻坚资金需求。

——重整合、破难题。充分运用建档立卡贫困户精准识别成果，瞄准年度出列贫困村和贫困人口，按照“缺什么、补什么”的原则，综合考虑致贫原因及短板需求，抽调人员组建工作专班，对资金需求进行全面测算并强化项目调度，为资金整合使用提供了科学依据。同时，研究制订了《镇雄县统筹整合使用财政涉农资金管理办法（试行）》《镇雄县统筹整合使用财政涉农资金报账制管理办法（试行）》等系列文件，为确保有限财力握指成拳、精准发力、效益充分强化了制度保障。仅2019—2020年，全县整合涉农资金就达40.27亿元，有力保障了产业发展、农村危房改造、村组道路、农村饮水安全巩固提升等2715个项目的顺利实施，相关探索及做法2019年受到了国务院的通报表彰奖励，2020年被中央重点媒体广泛报道。

——强监管、求实效。“花钱必问效、无效必问责”。我们深知，扶贫资金是群众的“救命钱”，一分一厘都不能乱花。为确保资金支出方向，提高资金使用精度和效益，我们及时制订了项目资金的监督管理办法，并对资金分配、项目安排、资金用途和项目情况等，一律进行公开公示，接受各方监督，切实做到阳光扶贫、廉洁扶贫。为确保资金支出进度，提高资金拨付时效和资金使用效率，我们创新搭建财政扶贫资金拨付“绿色通道”，制订“以奖代补”两个管理办法，有效激发了县直部门和乡镇（街道）抓好扶贫项目实施和资金管理的积极性，着力破解了项目实施慢、支出不均衡、使用无效低效等问题。

艰难困苦，玉汝于成。在经历了七年披荆斩棘、风雨兼程的脱贫攻坚之后，2020 年 11 月 13 日，我们终于等来了省政府批准镇雄退出贫困县的通知，我们终于可以与压在镇雄百万人民头上的“贫困帽子”挥手作别、渐行渐远，我们终于可以与全国人民一道开启社会主义现代化建设的新征程。

“但愿苍生俱饱暖，不辞辛苦出山林”。作为镇雄脱贫攻坚战场上的一员，能够在这场艰苦卓绝的时代战役中带领全县广大干部倾尽所能、做些事情，用自己的汗水赢得群众的掌声，用自己的辛苦指数换取群众的幸福指数，是组织对我的信任，是群众对我的期盼，也是我个人宝贵的人生财富。但“脱贫摘帽不是终点，而是新生活、新奋斗的起点”，今后，我将团结带领政府一班人，以习近平新时代中国特色社会主义新思想为指引，不忘初心、牢记使命，解放思想、大胆实践，砥砺前行、接续努力，为建设百万镇雄人民更加幸福美好的明天而奋斗！

（作者时任中共镇雄县委副书记、县长）

硬账硬结　不胜不休

陈　韬

2018 年 5 月我从水富县调任中共镇雄县委常委、常务副县长，2019 年 3 月转任中共镇雄县委副书记。从非贫困县到深度贫困县工作，给我最大的感触是镇雄工作量真的大，脱贫攻坚任务可以用异常艰巨来形容，全县贫困面大、贫困程度深，263 个村社区中有 235 个属于贫困村，143 万农村人口中有 56.58 万人属于建档立卡贫困人口。在决战决胜脱贫攻坚的关键时刻，能够在深度贫困县赶上这场伟大战役，我深感自豪和荣耀，又有强烈的使命感和责任感。我始终坚持“功成不必在我”的奉献和“功成必定有我”的担当，将主要精力用在脱贫攻坚工作中，凡事必提脱贫攻坚、凡会必论脱贫攻坚，勇于担当、认真履职，冲在一线、干在实处，为镇雄高质量打赢脱贫攻坚战做出了自己的贡献，2020 年 10 月荣获“云南省 2020 年度脱贫攻坚先进工作者”称号。

抓统筹，做协调推进的“好参谋”

我充分发挥中枢纽带、承上启下作用，强化工作统筹，为有力有序打赢脱贫攻坚战贡献了智慧。一是坚持谋定后动抓推进。认真履行县扶贫开发领导小组常务副组长职责，在2019年、2020年年初分别牵头制订了“七个标志性战役”方案和户户增收查缺补漏、户户安居查缺补漏、户户饮水达标查缺补漏、社会事业查缺补漏、基础设施查缺补漏、人居环境巩固提升和决战决胜脱贫攻坚保障“6+1”工作方案。紧紧围绕方案落实，突出问题导向，科学谋划每月脱贫攻坚工作重点，牵头筹备每月扶贫开发领导小组会议，组织开展了“百日攻坚”“百日提升”专项行动，一波接一波发力、一轮接一轮攻坚，牢牢掌握脱贫攻坚主动权。二是坚持过程管控抓落实。牵头建立了“一月一走访、一月一研判、一月一解决”工作机制，组织所有帮扶力量，逐村逐户排查“两不愁、三保障”和饮水安全尚未解决的问题，一项一项整改、一户一户销号，做到户户清、村村清，保证了全县清，全县在2020年6月30日干净彻底扫尾，全面达到脱贫出列标准。三是坚持目标导向抓激励。牵头制订脱贫攻坚帮扶工作绩效考核办法和村（社区）脱贫攻坚专项督查考评办法，组建10个专项督查组，对全县所有贫困村（社区）开展全覆盖督查，将督查结果作为帮扶干部绩效工资和村干部脱贫攻坚绩效奖励的依据，确保全县脱贫攻坚政策落实落地。

抓关键，做攻坚克难的“执行者”

云南脱贫看昭通、昭通脱贫看镇雄。我始终坚持“困难面前有我们，我们面前无困难”的理念，针对一个个难啃的“硬骨头”，靶向对标、精准发力，用不胜不休的壮志豪情和苦干实干的具体行动，打赢了一场场苦战硬仗，把承诺化为了现实。一是坚决打赢劳务输出保卫战。作为劳务输出大县，全县贫困家庭80%以上的收入来自务工。我们努力稳定提升群众工资性收入，聚焦贫困户、“零就业”家庭、易地搬迁群众三类重点，按照能输则输、增加稳岗时间和开发公益性岗位和扶贫车间就近吸纳就业等方式，千方百计增加群众务工收入，筑牢脱贫支撑，近3年来，每年转移农村劳动力60万人以上、占农村劳动力80%以上，卡户劳动力20万人以上、占卡户劳动力85%以上，每年务工收入170亿元以上。2020年，脱贫攻坚收官之年遭遇新冠肺炎疫情，给劳务输出带来巨大冲击，在全国疫情形势平稳以后，我勇挑新冠肺炎疫情防控期间劳务输出指挥部常务副指挥长重担，带领广大干部群众精准摸底、精准对接、精准组织、精准服务，积极开展“家门对车门、车门连厂门”点对点、组织化直输行动，有效避免了返乡过节人员大面积滞留，千方百计稳住了群众的“钱袋子”，得到央视等国家级媒体的关注报道。目前镇雄全县已转移66.6万人、占农村总劳动力的86%，转移“卡户”劳动力26.4万人、占“卡户”总劳动力的88%。二是坚决打赢易地扶贫搬迁攻坚战。2019年新增6个进城入镇集中安置点，涉及搬迁对象9013户41533人，其中“卡户”8836户40766人、同步搬迁户177户767人。针对工程量大、工期紧等实际，我们采取倒排工期、挂图作战、驻点督导、穿插作业、压茬推进等方式，制订每周监理例会、每月安全大排查等措施，推动了镇雄县在2019年全县易地搬迁工作从拖全市后腿，走在了全市前列。在2019年用一年的时间完成了近5万人搬迁进城入镇的任务。搬迁后我坚持在产业就业上下功夫，围绕群众就业有平台、有岗位的目标，在各安置点组建劳务输出服务站，为每名易地扶贫搬迁劳动力至少精准提供3个岗位供选择，多次组织开展现场招聘会，帮助3.4万搬迁劳动力充分就业，消除“零就业”家庭。利用易地扶贫搬迁地下车库、闲置商铺开展招商引资，把贫困群众的“家”变成电子元件、服装加工等“扶贫车间”，实现“居住在楼上、工作在楼下”的就近就业目标。对搬迁进城入镇的贫困群众，还在安置点周边规划建设5个配套产业园，至少吸纳3000人就近就业，实现了搬得出、稳得住、逐步能致富的目标。三是坚决打好产业扶贫持久战。按照县委、县政府“1+3+N”产业总体布局，扎实推进60万头生猪屠宰项目和“双猪”公司50万头生猪养殖、根源农业30万头乌金猪、佑康集团25万头生猪养殖、10万亩订单蔬菜、2万头肉牛等一批重大特色产业扶贫项目，切实增强了发展后劲。截至目前，全县累计培育竹产业基地 65 万亩、正谋划推进今冬明春 35 万亩新植基地建设，马铃薯年种植面积已达 75 万亩，已建成年出栏 50 头以上规模生猪养殖场 468 个、全县生猪年出栏量可超过 100 万头，依托深圳望家欢集团等市场主体采取订单模式推进 32 万亩蔬菜基地建设，成功培育云栗、云笋、云蜜、白茶等“一村一品”特色产业。四是坚决打赢洪灾抢险突击战。2020 年 6 月 29 日，全县出现持续暴雨天气，最大雨量高达 216.7 毫米，一些乡镇发生了 70 年一遇的洪涝灾害，造成 5.9 万户 25 万人不同程度受灾，给脱贫攻坚带来一定的影响，在洪水退去后，我牵头负责灾后恢复重建任务，第一时间组织开展拉网式排查，全面核查群众受灾情况和水、电、路、房、通信、学校、医院等基础设施损坏情况，帮助贫困群众开展抗灾自救，有力有效化解洪灾对镇雄脱贫攻坚的不利影响，全力帮助贫困群众恢复正常生产生活，确保全县脱贫摘帽目标如期实现。

抓示范，做深入一线的“排头兵”

没有调查研究就没有发言权。我认真践行“一线工作法”，既当指挥员又当战斗员，要求镇村做的自己先“探路”，要求别人做到的自己先做到，只要一有空就按照“四不两直”的方式到贫困村组调研，做到经验在一线发现、工作在一线督促、问题在一线解决，以点上的“解剖麻雀”，指导带动全县脱贫攻坚工作。一方面，认真当好“第一书记”。按照县委的统一安排，我担任旧府街道党工委“第一书记”，负责督促指导街道党政班子抓好脱贫攻坚工作。任职以来，我坚持每月到街道开展工作 10 天以上，对街道贫困村开展 1 次以上的督导，对街道办事处的走访研判工作从来不缺席，帮助督促相关单位解决扶贫政策问题，通过努力，挂钩联系的旧府街道所有贫困人口和贫困村全部达到脱贫退出标准。另一方面，从严抓实“挂牌作战”。按照县委关于“挂牌作战”的相关决策部署，由于所挂钩联系的街道没有深度贫困村，我主动请缨，牵头作战罗坎镇麻地村，该村建档立卡贫困人口 1753 人、占全村人口的 68%，我每月至少到村开展 1 次工作，帮助该村做好小康村建设规划，明确了由驻村干部和村干部担任村民小组“第一组长”，对照村出列和户脱贫标准认真开展查缺补漏。通过建设生猪能繁场 1 个、种植 5000 亩竹子、养殖 9 亩冷水鱼发展壮大产业，提升发展后劲；通过群众会、院坝会等大力开展“自强诚信感恩”主题实践活动和“三讲三评”，积极参与村组人居环境提升活动，不断激发群众内生动力。通过努力，目前麻地村已达到出列标准，剩余未脱贫人口全部达到脱贫条件。

抓党建，做凝聚合力的“主推手”

我们牢固树立“围绕扶贫抓党建，抓好党建促脱贫”的理念，在脱贫攻坚伟大实践中，县委切实把党的政治优势、组织优势和群众工作优势转化为推进脱贫攻坚的强大动力。一是抓人员下沉促干劲提升。探索建立县直单位“支部联到村、干部包到户”责任落实机制，推动县、乡机关干部下沉在村、工作在户，落实包贫困户收入达标、住房安全、政策落实、饮水安全、档案完善、环境卫生“六包责任”，及时发现并帮助贫困群众解决“两不愁、三保障”短板问题。二是抓基层基础促功能提升。制订并落实在脱贫攻坚中强化村（社区）建设的 30 条措施，深入推行村级事务综合“开放式”服务，实行“一站式”办理。对软弱涣散党组织实行县级挂图作战、销号管理，实现软弱涣散党组织全部整顿提升。扎实开展“领头雁”工程、“双培养”工作和农村优秀人才回引计划，强化村“两委”班子建设，着力打造一批在脱贫攻坚中组织力、号召力、战斗力强的农村党支部。以提高就业扶贫组织化、产业扶贫组织化、易迁组织化“三个组织化”为着力点，大力扩大和提升基层党组织在脱贫攻坚领域的覆盖面、凝聚力和号召力。三是抓作风转变促效能提升。深入开展扶贫领域作风整治，持续深化脱贫攻坚专项巡察，强化重要节点管控，持续加强中央“八项规定”精神的监督检查，坚决纠正、严肃查处党员干部在脱贫攻坚中的形式主义、官僚主义问题。严肃查处脱贫攻坚中弄虚作假、吃拿卡要、虚报冒领、优亲厚友等扶贫领域微腐败问题。

时间的车轮滚滚，将脱贫攻坚战车不停推动向前。2020 年 11 月，镇雄顺利退出贫困县序列，235 个贫困村和 56.58 万建档立卡贫困人口全部实现脱贫。脱贫摘帽不是终点而是新生活新奋斗的起点，我们将持续推进全面脱贫与乡村振兴有效衔接，全面巩固、全面提升脱贫成果，更加注重产业精准、帮扶有效、增收有业、稳定脱贫，确保已脱贫的不返贫、边缘人口不致贫，做到小康路上不停步。

（作者时任中共镇雄县委副书记、党校校长）

将使命装进行囊　用铁肩助力古邦

徐　波

习近平总书记强调："务必深刻认识深度贫困地区如期完成脱贫攻坚任务的艰巨性、重要性、紧迫性，采取更加集中的支持、更加有效的举措、更加有力的工作，扎实推进深度贫困地区脱贫攻坚。"截至 2018 年年底，云南仍然是全国贫困人口和贫困县最多、贫困程度最深、脱贫难度最大的省份，云南脱贫攻坚任务能否如期完成，关系着全国脱贫攻坚工作的大局。而在全省 88 个贫困县（区）中，镇雄县贫困人口最多、脱贫任务最重，是云南打赢脱贫攻坚战最硬的堡垒之一。

集结：响应召唤踏征程

时任省委书记陈豪强调："到 2020 年与全国同步完成脱贫攻坚任务，是省委向党中央和全省人民立下的'军令状'，没有任何调整和回旋余地，如期完成脱贫攻坚目标是云南最大的政治、最大的任务、最大的民生。"特殊时期需要特殊举措，艰难困苦方显勇毅担当，尽锐出战增力量、整合资源促攻坚，被列为省委帮助支持镇雄脱贫攻坚的重要举措之一。

在省委的召唤下，来自省直部门、省属企业、昆明和玉溪市的50名优秀干部积极响应、踊跃报名，从四面八方赶到省委集结，组成一支新队伍——省委下派昭通市镇雄县帮助脱贫攻坚工作队。他们有的来自县乡基层，有的来自省直机关，有的是单位领导，或是工作骨干或行业专家，有的刚刚从扶贫一线得胜归来。“希望大家把握机遇，扑下身子，到最困难最艰苦的地方去，在脱贫攻坚一线，同当地干部群众一起追梦、圆梦，用你们的热血与奉献，诠释忠诚与担当，践行党中央提出的如期打赢脱贫攻坚战的庄严承诺，做出无愧于组织和人民的贡献，谱写出自己人生的华彩篇章。”2019年2月23日，省委组织部常务副部长李兴华在工作队动员出征会议上，对全体队员提出了殷切希望和工作要求。“能投身镇雄脱贫攻坚这场伟大的攻坚战，将是我人生成长的一段重要经历和宝贵财富，我将用务实、担当、敢为的工作作风来回报组织的关心和厚爱”，工作队队员、昆明市正处级领导干部成志东在动员会上，代表全体队员作出郑重承诺。一个嘱托一份期望，一句承诺一份责任。2月25日，50名同志带着组织的重托和家人的牵挂，把使命装进行囊，在冬意尚未褪去的初春时节，集体踏上了帮助镇雄脱贫攻坚之路。

融入：学习调研察实情

“请大家务必牢记组织的嘱托，竭力担当作为、严守纪律规矩、不辱光荣使命，用敢拼敢干敢担当、不负初心不负党的工作成绩向省委交上一份高质量答卷。”铁肩担道义，挥汗润古邦。随着镇雄县委副书记、工作队队长徐波同志在工作队镇雄见面会上的一声嘱咐落下，全体队员随即开赴16个乡镇50个深度贫困村主战场，牢记“五项职责”，定位“十大员”角色，心无旁骛拉开了一场合力攻克深度贫困的突围之战。

队员们所进驻的50个村，是镇雄154个深度贫困村中脱贫条件最艰辛、脱贫难度最大的村，有30个村贫困发生率高于30%，麻地村、石笋村甚至高达58.78%和60.62%。如何尽快掌握村情贫情和民风民俗，克服“水土不服”困难，及早进入工作状态，成为摆在全体队员面前的首要课题。为此，工作队与市县密切沟通、周密安排，采取集中调研、召开座谈会议、调阅相关资料、进村入户等方式开展学习调研，全面掌握全县和所在村脱贫攻坚工作现状和相关政策。2月26日至27日，全体队员深入云南师范大学附属镇雄中学、县城易地扶贫搬迁集中安置点、相关乡镇劳务输出、产业扶贫点集中开展为期2天的现场观摩调研，从实地了解和调阅资料入手，全面掌握镇雄的县情、贫情等，快速融入全县上下合力攻坚促脱贫的浓厚氛围。初到镇雄的几天里，工作队连续召开和参加了工作队座谈培训会、昆明市玉溪市下派工作队队员座谈会、全县扶贫开发领导小组2019年第一次全体会议、镇雄县2019年驻村扶贫工作会议等一系列会议，就脱贫攻坚的主要业务、重点抓好工作等开展业务培训，交流工作经验，部署安排2019年度7个标志性战役各项工作，让队员深入了解镇雄县情贫情，精准把握“两不愁、三保障”等政策标准，全面把握中央脱贫攻坚专项巡视和第三方评估发现问题整改要求。进驻村后，队员们一边宣讲“西畴精神”和脱贫攻坚先进事迹，让“等不是办法，干才有希望”入心入脑，用真情感染群众、用信念鼓舞群众；一边结合县委“清家底、补短板”工作要求开展为期1个月的入户调研，每天至少走访1个村民小组、访谈7至10户贫困户，对标对表脱贫出列标准，精准掌握所驻村的脱贫出列短板，为精准发力提供了翔实的“第一手资料”。

破局：精准施策补短板

随着工作的不断深入，50个村脱贫出列的问题清单全部清晰起来：贫困户收入户户有支撑方面仍然存在差距，约有4万户群众饮水保障存在短板，

7524户群众居住在“一方水土养不活一方人”的贫瘠地区，10140户“四类重点对象”农村危房改造没有竣工或搬迁入住，“危房不住人、住人不危房”的目标还有较大差距，义务教育阶段学生还有少数失学辍学，18642户32115人需要低保兜底或特困供养……

找准症结用良方，斩断“病根”拔“穷根”。工作队因地因人制宜，逐项逐户补短板强弱项，着力解决“两不愁、三保障”突出问题。针对贫困户收入支撑不足的困局，工作队队员将转移就业和稳岗就业作为保障收入的“关键一招”，化人口“压力”为人口“红利”，持续开展“出家门、上车门、进厂门”定向转移，不断提高劳务输出的组织化程度。2020年，50个村累计转移8.7万人、占劳动力总数的87%、同比增长11.3%，有劳动力的贫困家庭实现了至少1人就业的目标。针对危房改造和易地搬迁任务较重的难题，在精准识别、精准锁定基础上，工作队队员坚持一户一方案、一户一包保，提供精细化协调服务，高效完成10140户农危改建设任务，全面做通7524户易地搬迁思想工作，接续推进搬迁入住、建新拆旧、复垦复绿，以“广厦千万间”圆了“户户安居梦”。针对深度贫困地区教育落后、辍学现象突出的短板，工作队队员通过积极协助改善办学条件、设立奖学金等，多措并举帮助提高办学质量；同时，队员们与学校、村委、家长等协调联动、分析研究、出谋划策，反复入户动员、耐心细致发动，全力推进控辍保学工作，累计劝返疑似失学辍学学生633人，佐证或实施“四步法”学生数216名。针对季节性、管理性缺水的短板，工作队在寻找水源、强化管理、加快建设等方面狠下功夫。通过努力，50个村实现了安全饮水全面覆盖。

致远：着眼振兴强基础

习近平总书记强调：“脱贫摘帽不是终点，而是新生活新奋斗的起点。”针对50个村党建、产业和基层治理方面基础性工作薄弱的实际，工作队超前谋划、精心实施，抓党建、兴产业、美乡村、促善治，实现“一个引领、三个突破”，为50个村接续实施乡村振兴战略筑牢了坚实基础。一个引领：即建立了党建引领脱贫攻坚的格局。工作队队员坚持抓党建促脱贫，通过建机制、强队伍、整作风，全面开展示范党支部建设，有效增强了基层党组织的政治功能和组织力，2个村党委被命名为省级“规范化建设示范党支部”。三个突破：即产业发展、村容村貌、乡村治理实现了历史性突破。产业建设上，工作队队员认真践行“生态产业化、产业生态化”绿色发展理念，立足资源禀赋，发挥各自优势，紧紧围绕全县“1+3+N”的特色产业发展布局，宜养则养，宜种则种，大力发展“多村一品”和“一村一品”，实现了50个村特色产业发展全覆盖。村容村貌上，工作队队员们把提升农村人居环境作为增强脱贫成色的关键抓手，充分整合派出单位、东西部协作等帮扶资源，大力组织实施村庄“七改三清”“爱国卫生专项行动”及“亮化、净化、美化”工程，使所驻村的村容村貌发生了翻天覆地的变化。乡村治理上，通过培育和壮大村级集体经济，选优配强村“两委”班子，制订并组织实施群众接访、值班值守、定期走访等制度，有效提高了村级组织服务效能；监督落实“四议两公开”、小微权力清单等制度，让干部的不“任性”赢得群众信任。工作队队员还“各显神通”协调资源，突出政治功能、教育功能和服务功能，为所驻村新建或修整村委会办公楼、为民服务中心、党群活动中心等。

聚力：内培外引增动能

工作队队员坚持双向发力，对内持续激发群众内生动力，对外积极引智引力，汇聚成助力镇雄脱贫攻坚的磅礴力量。一方面，树牢“贫困群众既是扶贫对象，更是脱贫致富的主体”的工作理念，聚焦扶智与扶志，每季度进村入户召开座谈会、院坝会、火塘会，累计走访群众26.76万人次，召开群众会2741场，教育引导群众感谢共产党、感恩习主席，深度激发群众感恩奋进的内生动力，破解精神匮乏“不怕穷”的“硬骨头”，消除缠访、闹访、争戴贫困帽等不良现象。另一方面，认真按照时任省委书记陈豪2019年4月在镇雄调研座谈会上提出的“派出队员单位要发挥资源优势和工作队队员要发挥个人能力优势”指示要求，积极为镇雄县经济社会发展和所在村脱贫攻坚争取各类资源和支持。据统计，两年来，派出队员单位领导到镇雄或队员所驻村调研指导工作共计234人次，积极帮助解决队员所驻村遇到的困难问题439个，50名队员协调有关单位或社会力量帮扶镇雄及所驻村项目522个，涉及帮扶资金10亿余元，其中向50名队员所驻村安排帮扶资金达1.54亿元。同时，工作队队员在建设用地增加挂钩指标调剂、林业生态建设、土地占补平衡项目、农村公路建设指标、财政转移支付等方面为镇雄争取倾斜支持。

成效：吹尽黄沙始到金

两年来，全体队员始终坚守一线，每季度驻村工作时间人均达70.4天，每个节假日都有10余名同志坚守阵地，有的队员甚至2到3个月才回家一趟。全体队员坚持人到心到、力到绩到，栉风沐雨，战天斗地，以敢拼敢干敢担当、不负初心不负党的精神，团结带领所驻村干部群众向深度贫困堡垒发起持续总攻，帮助镇雄县解决了一些长期想解决而没有解决的难题，办成了许多长期想办而没有办成的事情，取得了经得起人民和历史检验的成绩，向组织交上了一份高质量的答卷。这份答卷，至少彰显着5个方面的巨变：贫困属性“裂变”，50个贫困村达到了高质量脱贫出列条件，村贫困发生率全部降为0，群众生产生活条件、精神面貌焕然一新，脱贫成色十足，“深度贫困村”的标签彻底被历史尘封；产业发展“蝶变”，50个村纷纷摘掉了产业“空心村”、集体经济“空壳村”等帽子，多数村甚至培育了2至3个支柱产业；基础设施“巨变”，50个村长期以来制约群众的出行难、就学难、看病难、饮水难、通信难等问题得到根本性解决，群众获得感和满意度大幅度提升；党群干群关系“质变”，工作队队员率先垂范，在高密度的走访和研判中，解群众之所盼，帮群众之所需，赢得了广大群众的点赞和信任，彻底改变了长期以来的群众满意度不高、干群关系紧张的被动局面；干事创业精气神“锐变”，全体队员与广大镇村干部群众团结一心、合力攻坚，创新了方法，积累了经验，开阔了视野，生动塑造了“敢干事、会干事、干成事”的干事创业精气神，为锻造“一支永不走的工作队”奠定了坚实基础。

两年的风霜雨雪、使命担当，两年的砥砺勠力、初心花开，全体队员思想受到一次深刻的洗礼，农业农村工作能力得到了一次大的提升；700多个日日夜夜的风雨同舟、并肩战斗，全体队员与镇雄广大干部群众结下了深厚友谊，两年镇雄人、一生镇雄情，那一曲曲奋进的歌，一张张挥汗的脸，一件件动人的事，深深地嵌入了大雄古邦史册，“敢拼敢干敢担当”的铮铮誓言，也必将成为全体工作队队员今后不竭的精神动力和宝贵财富。

（作者时任中共镇雄县委副书记、省委下派昭通市镇雄县帮助脱贫攻坚工作队队长）

牢记使命勇担当　凝心聚力促脱贫

朱启田

“到 2020 年确保我国现行标准下农村贫困人口实现脱贫、贫困县全部摘帽、解决区域性整体贫困问题，是我们党对人民、对历史的郑重承诺。”党的十八大以来，党中央把现行标准下 7000 多万贫困人口全部脱贫作为全面建成小康社会，实现第一个百年奋斗目标的底线任务和标志性指标，在全国范围内全面打响了脱贫攻坚战。在这场没有硝烟的战役中，镇雄县人大常委会积极落实中央、省、市、县委各项决策部署，不断提高政治站位，以抓铁留痕的精神、求真务实的工作作风，认真找准人大依法履职与脱贫攻坚的契合点，扎实履行人大职能，凝聚各方力量，积极参与和推动脱贫攻坚决战决胜，倾注真心、真情帮助贫困群众脱真贫、真脱贫，以实际行动和工作成效彰显了脱贫攻坚的人大担当。

主动作为，在服务大局中助力脱贫攻坚

我们始终坚持服从服务于县委工作大局，聚焦决战脱贫攻坚、决胜全面建成小康社会，紧盯重点难点，积极主动作为，凝心聚力推动县委重大

决策部署有效贯彻落实。

依法决策促脱贫。常委会始终把脱贫攻坚作为最大的政治任务，组织开展调研视察，作出决议决定，把县委决策转化为脱贫攻坚的生动实践。近年来，共召开人民代表大会 7 次、常委会议 42 次、主任会议 58 次，听取和审议“一府两院”专项工作报告及重大事项报告 37 项，依法作出决议决定和审议意见 43 项。其中 13 次常委会议专题聚焦脱贫攻坚主题，21 项决议决定和审议意见持续关注脱贫攻坚工作，推进脱贫攻坚专项监督常态化。

强化监督促脱贫。紧盯全县脱贫攻坚目标，把脱贫攻坚与人大工作深度融合，统筹协调、整合力量，强化措施、忠实履职，紧紧抓住脱贫出列这个压倒一切的任务不动摇，把精准扶贫、精准脱贫作为最大政治、最大任务、最大民生，扎实推动脱贫攻坚决策部署落实见效。配合省市人大常委会调研全县脱贫攻坚工作，详细了解易地扶贫搬迁、健康扶贫、教育扶贫、产业扶贫等工作开展情况，推动我县脱贫攻坚年度目标任务如期完成。配合市人大常委会视察杉树细沙河、果珠高坡等少数民族村脱贫攻坚工作，了解少数民族帮扶优惠政策落实情况，助推少数民族群众同步小康、共同富裕。听取审议县政府关于劳务输出工作情况的报告，大力推动技能扶贫，引导劳务输出脱贫，全面夯实贫困群众脱贫收入支撑。深入推动“1+3+N”产业布局，有效衔接乡村振兴战略，专题调研全县农业产业发展情况，全力推动农业发展、农民增收、农村繁荣，推动全县农业产业高质量绿色发展。扎实开展挂钩帮扶工作，聚焦“两不愁、三保障”目标和贫困退出“571”标准，认真落实“一月一走访、一月一研判、一月一解决”工作机制，抓重点、补短板、强弱项、提质量，加快推进帮扶村脱贫摘帽进程。

广聚民智促脱贫。按照“两个必建”要求和“七有五上墙三保障”建设标准，扎实推进人大代表活动阵地建设，补助资金 224.6 万元，建成“人大代表工作站”30 个、“人大代表联络室”254 个，实现了全县人大代表活动阵地建设全覆盖。“一站一室”也真正成为代表履职的平台、联系群众的枢纽、展示形象的窗口。截至目前，我们通过“一站一室”共收到群众建议、意见237条，内容涵盖基础设施建设、产业发展、生态文明建设、社会事业建设等事关脱贫攻坚工作的各方面。王家祥等人大代表通过实地调研，向塘房镇政府提出在顶拉村实施钻井找水工程，解决公路沿线19个村民组及草寇山等6个村民组群众饮水困难的建议，此项建议得到政府采纳，在县水务局的大力支持下，获批农村安全饮水项目，实施打井4口，群众饮水困难问题得到历史性终结。

身体力行，用辛勤和汗水书写人大担当

常委会领导班子率先垂范，积极投身脱贫攻坚主战场，在联镇挂村中，带头深入联系贫困村和贫困户，充分发挥牵头、督导、协调作用，千方百计协调解决实际问题，督促补齐工作短板，推动脱贫攻坚往深里走、往心里走、往实里走。严格督促人大机关干部认真履行帮扶责任，通过走访入户、分析研判、专题调度等方式，促进包保责任压紧压实。先后派出9名经验丰富的工委同志担任驻村工作队队长，机关干部全员参与，包村包组包户，倾力做好精准识别、建档立卡、联户帮扶等工作，协调资金项目推进基础设施建设，在谋划产业发展、完善基础设施、帮促脱贫致富、落实惠民政策等方面发挥了重要作用。

“自古圣贤之言学也，咸以躬行实践为先。”自开展挂钩帮扶工作以来，为全面详细了解各村村情贫情和脱贫短板，我通过实地走访调研，与镇村干部、帮扶工作人员进行座谈，多次召集由行业主管部门负责人、镇村干部、帮扶人员、群众代表参加的群众会，深入剖析致贫原因，探讨脱贫措施，制订脱贫计划，以钉钉子的精神一件一件抓落实，用亲情和汗水书写脱贫攻坚的责任与担当。

塘房镇顶拉村化坪岭、赵家麻塘、宋家麻塘3个村民组总人口837人，

共有建档立卡贫困户83户388人，由于交通闭塞，群众出行十分困难，脱贫任务异常艰巨。修路，势在必行！通过实地勘验和多方协调，筹集项目资金225万元，工程项目迅速启动。修建之初，部分群众因征地纠纷和担心工程质量不过关，阻工现象时有发生。如何化解纠纷，如何消除顾虑，如何保障项目进度和质量？时时萦绕在我脑海，挥之不去！经过多次深入村组，与施工队伍、群众代表面对面沟通协调，确定聘请村内1名德高望重的群众代表负责现场督导施工，保障道路硬化项目建设进度和质量。通过精确控制施工成本、强化施工管理、优化施工方案，原本规划宽度为3.5米的道路硬是提升至4.5米宽，群众看在眼里、乐在心里，出行便捷了、心情舒畅了，脱贫的积极性更加高涨了！

2019年3月8日，我们迎来了第109个“三八”国际妇女节，为丰富芒部山村妇女同胞们的精神生活和文化生活，增强帮扶单位与村组的联系，引导广大妇女群众自强不息奔小康。镇雄县人大机关所有工作人员与塘房镇芒部山村村两委工作人员共同组织策划，在芒部山村举办了一场以“倾情礼赞新中国，巾帼奋进新时代，同心协力促脱贫”为主题的“三八”妇女节活动。组织所有村组妇女代表参观学习人居环境提升创建示范家庭并召开座谈会。座谈会上，芒部山村党总支书记罗维忠针对人居环境提升存在的短板问题，倡导妇女同胞充分发挥新时代妇女作用，当好正能量信息宣传员，做好人居环境提升的责任人；人大机关驻村工作队队长周昌华提出妇女同胞们要当好热爱自己的“自信人”、当好遵纪守法的“明白人”、当好产业发展的“带头人”、当好团结邻里的“热心人”、当好尊老爱幼的“文明人”、当好操家理务的“勤快人”。此次活动丰富了村民们的精神文化生活，激发了芒部山村妇女追求美好生活的热情，更加珍惜来之不易的幸福生活，为农村妇女营造了一种“汇聚正能量、镇雄更向上”的新型农村文化氛围，进一步拉近了帮扶干部与村民的距离，在教育引导群众“感党恩、听党话、跟党走”的同时，也凝聚了芒部山村妇女同胞们奋力脱贫奔小康的向心力。

几年来，县人大常委会积极协调住建、交运、水利、电力等行业主管部门，高标准推进挂联村基础设施建设，为芒部山村累计修建硬化水泥公路 11 公里，村组路、串户路硬化率达 98% 以上；完成顶拉村办公场所、村卫生室改建，实现了包保村农网入户、道路硬化、网络通信、活动场所、村卫生室全覆盖，实现了所有群众户户收入有支撑、户户住房、饮水、教育、医疗有保障目标，村基础设施、产业发展、社会事业得到全面提升，各项扶贫惠民政策得到全面实施。

凝心聚力，在攻坚克难中彰显代表风采

县人大常委会充分发挥基层人大代表奋战一线、密切联系群众的优势，把脱贫攻坚与代表履职尽责有机结合，丰富代表履职内涵。依托代表联系选民制度，全县 2354 名各级人大代表与贫困户“结对连亲”，搭建起代表联系帮扶贫困户的“连心桥”，积极融入全县脱贫攻坚大局，各尽所能、各展所长，争做脱贫攻坚政策的宣传者、脱贫攻坚活动的参与者、脱贫攻坚工作的监督者、脱贫攻坚任务的担当者、脱贫攻坚战略的服务者，为全县脱贫攻坚注入了强大力量，用责任担当、深厚情怀书写了新时代人大代表的家国情怀和时代风采。

“单丝不成线，独木不成林。”在脱贫攻坚这场战役中，没有旁观者，更没有局外人。市四届人大代表刘以斌，以带动贫困家庭脱贫为己任，创办邦兴生态农业农民专业合作社，自 2016 年开始，积极探索并组织农民土地流转入股分红，创办了农民土地股份制合作社，使入股农民得到了更多实惠。他恪守“人民选我当代表，我当代表为人民”诺言，在脱贫攻坚的主战场中践行着人大代表的神圣职责，把吸纳入社的贫困户社员当作自己的亲人，真情实意、真帮实扶，让助力脱贫的细流温暖着合作社每一名贫

困户的心田。常茂、胡庆春、陈庭华、沈承昆等20余名企业界人大代表捐款捐物58万余元开展“捐资助学”“健康义诊”等活动，支持镇村新时代“爱心超市”和村级活动场所建设，积极为村组饮水工程、串户路硬化和危旧房改造修缮加固做出了积极贡献。

2020年11月13日，省政府公开发布《云南省人民政府关于批准镇雄等9个县市退出贫困县的通知》（云政发〔2020〕30号），全县人民决战决胜脱贫攻坚这场艰苦卓绝的战役，取得决定性胜利。镇雄摘帽了，但是摘帽不摘责任、摘帽不摘政策、摘帽不摘帮扶，镇雄县人大常委会将始终坚持以习近平新时代中国特色社会主义思想为指导，深入贯彻落实党的十九大和十九届二中、三中、四中、五中全会精神，拿出“咬定青山不放松”的恒心，保持“不破楼兰终不还”的韧劲，砥砺“不畏浮云遮望眼”的定力，用责任与担当诠释履职为民的生动实践，凝心聚力巩固拓展脱贫成果，在助力镇雄跨越发展的壮丽诗篇中展现人大作为。

（作者时任镇雄县人大常委会党组书记、主任）

担当显本色　实干助脱贫

朱恒辉

“坚决打赢脱贫攻坚战，如期实现现行标准下农村贫困人口全部脱贫、贫困县全部摘帽。”这是我们党向全国人民作出的庄严承诺。在这场践行初心和使命的时代大考中，作为县政协的主要负责人，我始终秉持敢拼敢干、不胜不休的精气神，积极发挥优势、聚力攻克堡垒，努力用实干与担当助力脱贫攻坚工作。

聚焦大局　聚力攻坚

作为深度贫困县的镇雄来说，脱贫攻坚是最大的政治、最急的民生、最重的大局。决战脱贫，政协义不容辞；决胜小康，政协责无旁贷。脱贫攻坚工作开展以来，县政协积极响应省市政协号召，按照县委的安排部署，把所有的履职重心聚焦脱贫攻坚、所有的视察调研盯紧脱贫攻坚、所有的协商议政服务脱贫攻坚、所有的委员力量助力脱贫攻坚，努力做镇雄脱贫摘帽的参与者、实干者、推动者。

全员参与、用心助推。作为县政协的班长，我积极带领班子和机关干部、委员共同为脱贫攻坚贡献力量。主席会议成员在全力完成好各自包保任务的同时，认真落实挂联乡镇党委“第一书记”职责，全力参与责任乡镇脱贫攻坚各项工作，对照村出列、户脱贫标准逐项抓好责任乡镇的查缺补漏、巩固提升工作。机关干部视包保群众为亲人，严格执行县政协机关挂包帮扶“八个一行动”，每个月走访一次帮扶户、到帮扶户家中和贫困对象一起吃一餐饭、与帮扶对象拉一次家常、指导帮扶户整理一次家务或参加一次劳动、给在外务工的帮扶对象打一次电话、为帮扶户解决一个难题、与村委挂片干部一起到帮扶户所在村民组开一次群众会、以村为单位集中研究解决一次帮扶户的困难，实现了帮扶群众对县政协帮扶干部的思想认同、工作认同、情感认同；严格落实包贫困户收入达标、住房安全、政策落实、饮水安全、档案完善、环境卫生“六包”责任，用心用情用力帮助群众解难题，确保帮扶户经得起脱贫检查、挂包村经得起出列考核。政协常委努力在助推行动中示范引领，争当创业的模范、扶贫济困的典型，带动委员主动投身脱贫攻坚主战场。全体委员积极投入产业扶贫、就业扶贫、健康扶贫、教育扶贫等重点工作，努力实现帮扶群众环境卫生好、孝老爱幼好、诚实守信好、移风易俗好、邻里团结好、勤劳致富好、爱国守法好“七好”目标。通过努力，主席会议成员挂联的4个乡镇、政协机关挂钩帮扶的2个村，机关干部结对帮扶的260户1232名贫困群众、委员对口帮扶的2250户10125名贫困群众全部高质量达到脱贫出列标准。

建言资政，全力助推。聚焦脱贫攻坚这一中心任务调研视察，努力为县委、县政府提出可行的建议方案一直是县政协的工作重点。脱贫攻坚工作开展以来，先后就全县综合交通建设、高原特色农业产业培育、城乡人居环境提升、易地扶贫搬迁、卡户劳动力技能培训和转移就业、职业教育和学前教育等30个与脱贫息息相关的课题进行深入、细致的调研，认真撰写专题调研报告，提出各项积极有效的意见建议150余条，为助推相关工作发挥着积极作用。同时，我们倾政协之力、展政协之长、尽政协之责，秉持发现问题、解决问题的态度，本着促进工作、促进发展的目的，组织委员聚焦全县重大项目、重要任务、重点工作，尤其是产业、就业、住房、教育、医疗、低保等直接影响群众“两不愁、三保障”脱贫成效的领域开展专项视察，努力为脱贫攻坚贡献政协智慧和力量。特别是2018年，县委、县政府决定将竹产业作为镇雄的“一县一业”来大力发展，为了打消部分群众对竹产业发展前景的疑虑，特地组织县政协常委和部分委员、群众代表等到杉树、碗厂等地视察竹产业发展，实地观摩了竹笋加工厂——黑颈鹤生物科技有限公司，让群众充分了解发展竹产业的广阔前景，坚定了发展竹产业的信心和决心。

抽丝剥茧　真情帮扶

按照县委“挂包帮”“转走访”工作要求，我挂联赤水源镇，担任赤水源镇党委“第一书记”。

善统筹，把脉定向。自任赤水源镇党委“第一书记”以来，坚持每月与镇党委书记、镇长开展一次交心谈心活动，了解他们的思想动态和工作计划，及时指出他们思想和工作中存在的不足，帮助理清全镇发展思路，以达到统一思想、推进工作的目的。坚持每月在赤水源镇召开一次党委会议，听取各挂村领导开展脱贫攻坚工作的情况汇报，实时了解各村脱贫攻坚工作推进及研判情况，掌握全镇脱贫攻坚现状、短板，及时制订相应的政策措施。坚持每月对全镇10个村开展一轮督查调研，聚焦贫困户“一收入、四保障、三提升”脱贫标准以及贫困村“七条”出列要求，深入村组农户、基层一线，实地了解各项工作的推进情况、客观存在问题、下步工作计划等，为更好帮助全镇制订发展规划、更快推进各项脱贫攻坚工作提供决策依据。在调研督查中，与赤水源镇党委书记、镇长多次商议、研判，对不胜任岗位的村党支部书记及其他班子成员进行了调整，增强了村“两委”和监委带领群众脱贫的战斗力；对镇党委、政府挂联10个村的挂村领导及干部职工进行了优化重组，实现了挂村领导、干部职工和村委班子的最优搭配。

勤指导，解忧纾困。在推进赤水源镇脱贫攻坚工作中，始终聚焦群众最关心、最直接、最现实的问题，奔着问题去、盯着问题改，实打实地解决群众的操心事、烦心事和揪心事。

2018年12月，针对倮倘村大坡易地搬迁点103户搬迁群众中，有54户群众反映房屋存在渗水的问题，及时带领县住建局、县扶投公司及镇党委、政府主要负责人一起研究整改方案，在报经县领导同意，并召开群众大会一致通过后，采用盖斜屋顶这一符合实际、节约成本、快速有效、有益于民的方式对渗水房屋进行整改。经过不断地指导、督促，整改工作于2019年4月圆满完成，切实保障了群众住房安全。

从2019年4月开始，赤水源镇农危改工作强势启动。为了在9月30日前全面完成893户农危改“清零”任务，通过召开会议发动、检查指导带动、干部职工签订承诺书推动、奖先罚后促动等方式，最终圆满实现了“清零”目标。布丈村是赤水源镇任务最重的村，仅一个村就需要完成488户农危改建设任务，其中发拉村民小组又是布丈村难度最大的村民小组。发拉小组有群众28户，其中危房改造对象就有25户，由于不通公路，所有建设材料全靠人背马驮，一块水泥砖3元，但人工运送费就高达6元，建房成本太高，群众难以承受。得知这一难题后，我特地安排镇长作为发拉村民小组农危改工作的责任人，要求尽快抢修一条毛路通道缓解当务之急。在镇长的带领下，通过镇村干部的不懈努力，终于克服了山高坡陡施工难、沿途征地协调难、抢修公路资金难等多重难题，抢通了1.9公里毛路，建筑材料得以顺利运输，发拉小组农危改任务最终按时按质完成。

2019年6月，市场行情不景气，导致螳螂村寨上、柒树湾、老街三个村民组22户群众种植的186亩蔬菜滞销，部分村民为了让自家种植的蔬菜能够卖出去，出现了压低价格抢卖乱象，甚至压低价格也无法卖出去，菜农收入面临巨大损失。得知这一情况后，我第一时间带领镇党委书记和镇长一起到三个村民组召开群众会议，现场为群众出谋划策、排忧解难。通过引进蔬菜采购商、安排 2 名村干部在当地组织有序销售的方式，有效化解了滞销难题。同时，协调县内蔬菜种植专业合作社帮助提供技术支持、指导 3 个村民小组成立蔬菜专业合作社，切实解决了 3 个村民小组部分农户靠种植蔬菜增收存在的问题。

真帮助，打造典型。作为县政协机关的挂钩扶贫村，以前的银厂村贫困程度深、基础欠账大、产业支撑弱，时任省委书记陈豪 2018 年 4 月 12 日到银厂村调研时，要求银厂村要努力践行“党支部＋合作社＋农户”大力发展产业的思路，确保所有卡户能够实现稳定脱贫。为了落实陈豪书记的要求，彻底改变银厂村的贫困面貌，我在认真调研、召开村民代表会议反复讨论的基础上，制订了银厂村产业发展规划，最终实现银厂村种植方竹 6800 亩、中药材 2013 亩、蔬菜 1500 亩、榛子 800 亩、刺老包 100 亩，养殖蜜蜂 600 桶，覆盖了全村所有卡户。2019 年，各项产业年产值已达 2400 万元，卡户人均收入增加了 2600 余元，有效解决了群众收入难题；全面推进银厂村基础设施改善工作，完成农危改 262 户、实施易地搬迁 74 户，争取协调到红星美凯龙集团捐赠 400 万元修建产业路、东莞清溪镇捐资 10 万元建成村级文化活动广场，从机关经费中安排 4 万元帮助农户安装水表等，有效补齐了硬件短板；牵头开展赤水源头生态保护治理工作，大力推进沿线河道清淤保洁、生活污水治理、路域环境提升、生态廊道打造等工作，将赤水源头打造成了全县最美自然景点。2020 年 10 月 28 日，省脱贫攻坚领导小组委托的第三方评估组到银厂村评估检查完毕后，给予了“银厂村的脱贫攻坚工作最务实、最坠底，群众认可度最高”的高度评价。此外，按照县委把竹产业作为“一县一业”支柱产业的安排，在赤水源镇发动群众种植了方竹 23500 亩，协调到茅台集团等知名酒企帮助赤水源镇采购了 13 辆垃圾车、建成两处垃圾填埋场、建成占地 19800 平方米的赤水河源美酒文化活动广场等。

聚沙成塔　集腋成裘

社会扶贫是扶贫工作“三位一体”大扶贫格局中的重要一环，能有效弥补行业扶贫、专项扶贫资金投入不足、覆盖范围不宽、合力汇聚不广等不足。2014年10月17日，全国首个社会扶贫工作日大会召开，11月12日，时任县长的翟玉龙书记主持召开了镇雄县第一个社会扶贫工作座谈会，成为全市第一家启动落实社会扶贫工作的县区，镇雄的社会扶贫工作自此正式开始。2017年年初，我担任县政协主席后，县委、县政府把社会扶贫工作的担子交到了我的手里。

临阵受命，认真筹备。根据县委、县政府的安排部署，我于2017年、2018年、2019年连续3年牵头筹备在深圳、东莞清溪、上海、昆明等地召开的社会扶贫暨招商引资座谈会。按照县委梳理镇雄籍在外企业家和能人、梳理上级暂无计划的建设项目，动员企业为脱贫攻坚出财力、聘请能人为家乡发展出智力的“两梳理、两出力”社会扶贫工作机制，一方面，带领县委统战部主动与会议召开地的昭通商会，昭通市驻深圳、厦门、杭州招商联络处对接，邀请他们共同参与我县的社会扶贫及招商引资工作，并帮助宣传推介镇雄，让更多的商会和企业家知道镇雄、了解镇雄、投资镇雄；邀请有一定号召力、影响力的镇雄老乡作为联络员，负责联络、邀请镇雄老乡参加会议；提前邀请有意向投资或捐赠的镇雄老乡座谈，商量投资或捐赠的具体事宜。另一方面，带领县投资服务中心对全县脱贫攻坚中暂无投资却迫切需要建设的基础设施项目和招商引资项目进行梳理，并提供给在外的企业家和能人，让企业家和能人根据各自实际情况对项目进行精准“点菜”，助力镇雄脱贫攻坚。同时，带领县委宣传部、县文广旅局将镇雄近年来翻天覆地的变化拍成专题片，让在外的老乡全面了解近年来镇雄的“蝶变”。三年来，分别拍摄了《老家镇雄》《月是故乡明》《古邦攻坚集结号》三部专题片。

精心谋划，周密组织。会议召开前，带领相关人员反复琢磨会议方案，认真准备会议材料；会议召开前三天提前到达会场，对会议流程、主持人、引导员等进行反复演练；会前一天，认真核验会场布置、音响设备、餐饮准备等后勤保障工作，确保万无一失。在大家的共同努力下，3 年的座谈会实现了“零失误”。特别是座谈会上，当专题片中逐渐褪去贫困外衣的镇雄新形象一幕幕展现在游子面前，加上播放的“我是镇雄人”这一充满浓郁乡情的歌声不断撞击着在外打拼的游子内心的乡愁时，会场内众多镇雄老乡难掩激动的心情，甚至热泪盈眶、哽咽失语。这一幕让人久久不能忘怀。

不辱使命，成果斐然。2017 年，在深圳座谈会和东莞清溪座谈会上，与农夫控股（香港）有限公司、深圳格诺集团、新中德教育集团等企业签订招商引资协议，协议引资 20 亿元，获得社会帮扶捐赠资金 210 余万元。2018 年，在上海座谈会上，与致公党嘉定区委、红星美凯龙、德力西电气有限公司等企业签订帮扶或招商引资协议，招商引资超过 44 亿元，获得社会帮扶捐赠资金 140 余万元。2019 年，在昆明座谈会上，与江西双胞胎集团投资发展中心、重庆猪猪侠集团、乌蒙印象生物科技有限公司、嘉兴市阳光制衣有限公司等签订投资发展协议，协议引资 11.5 亿元，获得社会帮扶捐赠资金 5085 万元。连续 3 年社会扶贫暨招商引资座谈会，凝聚着镇雄老乡对家乡的牵挂、热爱和回报，更为补齐全县脱贫攻坚短板、夯实脱贫攻坚基础做出了积极贡献，在镇雄决战决胜脱贫攻坚战役中书写了浓墨重彩的一笔。2018 年 2 月 12 日，习近平总书记在成都主持召开打好精准脱贫攻坚战座谈会，县委翟玉龙书记就我县社会扶贫工作开展情况向总书记做了汇报，得到了总书记的肯定。

勇挑重担　克难攻坚

2020 年，全县迎来脱贫攻坚大总攻、大决战的关键时刻，县委参照阻击新冠肺炎疫情的成功经验，决定成立脱贫摘帽指挥部，我担任脱贫摘帽指挥部副指挥长，并兼任指挥部下设办公室的常务副主任，全力参与全县脱贫攻坚工作。

认真研究，吃透政策。政策是一切工作的生命线，是开展工作的基础和行为准则。因此，指挥部一成立，我就与指挥部的相关人员一起，认真研究了中央、省市出台的关于脱贫攻坚的重要文件资料，并以电话或座谈等方式向相关行业部门、乡镇（街道）的业务骨干了解我县在贯彻、落实上级政策方面的具体情况。通过深入研究，有效解决了政策学习不够、机械理解、简单执行的问题，确保在推进脱贫攻坚工作时更有方向、更具针对性。

深入调研，掌握实情。没有调研就没有发言权。在调研、指导、帮助赤水源镇推进脱贫攻坚工作中，认真查找该镇存在的问题和困难，并将其他乡镇反馈的困难和问题与之进行比对，筛选出全县存在的共性问题与各乡镇的个性问题。同时，深入其他乡镇的镇村组进行调研，印证共性和个性问题的精准性，以此掌握全县脱贫攻坚工作的真实情况。此外，经常与脱贫攻坚工作有成效、有特色的乡镇党委书记沟通，了解工作开展情况，询问他们对脱贫攻坚工作的意见建议，特别是补齐短板、巩固提升方面的好方法、好举措等，为制订县级政策措施提供参考。

结合实际，出台措施。在充分了解政策和全县情况后，制订出台了有效推进全县脱贫攻坚工作的措施和办法。针对档案建设不规范的问题，召集省委下派帮助镇雄脱贫攻坚工作队队员与县指挥部相关人员一起，深入探讨明白卡和“户档案”建设的内容与要求，并形成我县“户档案”建设的 15 项目录清单。在第三方评估验收时，我县“户档案”建设得到了评估机构的高度认可。针对明白卡不精准的问题，在县级层面开发了贫困户信息采集平台，将行业部门提供的数据与帮扶干部走访后得到的数据进行比对，数据不一致的，再次走访核实后录入贫困户信息采集平台，最终形成统一数据后反馈给各乡镇（街道）打印张贴，实现了模板统一、标准统一、口径统一，有效解决了档案建设数据“打架”、不精准的问题。针对帮扶工作不坠底的问题，7 月份开始，建议安排帮扶干部全员下沉、全面下沉、全力下沉，每月保证入户工作 20 天以上，以随时走访、随时研判、随时解决的强有力机制，确保高质量补齐脱贫短板。同时，建议要求帮扶干部签订帮扶达标承诺书，让帮扶干部感受到压力，以压力促动力，确保更加用心帮扶。针对工作推进不理想的问题，指挥部根据县委安排，整合力量成立 10 个督查组，常态化对各乡镇（街道）脱贫攻坚工作进行督查，并将督查中发现的问题见人见姓名、见事见问题地在全县通报，并和绩效奖励挂钩，达到了立竿见影的效果，各类问题得到有效整改。指挥部成立以来，制订并下发了脱贫攻坚决策部署和业务指导类文件 101 份，高质量地组织召开了 9 次扶贫开发领导小组会议、4 次研判会议、3 次冲刺会议，工作步步为营、攻坚克难，查缺补漏、扎实推进，最终完成了脱贫摘帽的各项目标任务。

2020 年 9 月 23 日至 29 日，省扶贫开发领导小组委托第三方机构对镇雄县的脱贫攻坚工作进行了检查、评估。2020 年 11 月 2 日，省扶贫开发领导小组办公室发布了镇雄等 9 个县（市）退出贫困县序列的公示。11 月 13 日，省政府印发了《云南省人民政府关于批准镇雄等 9 个县（市）退出贫困县的通知》，标志着伴随镇雄人民千年的绝对贫困问题正式终结。

决战决胜脱贫攻坚是对党的初心使命的坚守和践行，是对社会主义制度的诠释和宣介，更是对世界减贫事业的担当和贡献。能够见证并参与脱贫攻坚这场战天斗地、气势恢宏的伟大战役，我感到无比荣幸与自豪，也让我更加理解了共产党员初心、使命的深刻内涵。脱贫攻坚只是万里长征第一步，中华民族伟大复兴仍需中华儿女不懈努力。在今后的工作岗位上，我将接续奔跑、继续奋斗，努力践行一名共产党员的初心和使命！

（作者时任镇雄县政协党组书记、主席）

用尺寸之功　尽非常之责

朱双凤

易地扶贫搬迁是脱贫攻坚“五个一批”的精准脱贫措施之一，是党中央、国务院在消除绝对贫困、逐步实现共同富裕的重要历史时期，着力改善民生作出的一项重大战略部署，是从根本上解决“一方水土养不活一方人”的搬迁区域群众贫困问题的最直接、最有效手段。大力实施易地扶贫搬迁工程，彻底解决伴随千年的绝对贫困问题，如期脱贫兑现庄严承诺，是县委、县政府必须完成的一项重大政治任务，也是新时代赋予每一位党员干部的历史使命和政治责任。

时间是忠实的记录者，也是历史的见证者。作为一名本乡本土的镇雄人，一直在镇雄工作，不管身处何职何岗，均有幸直接或间接参与了易地扶贫搬迁这场任务最艰巨、情况最复杂、矛盾最集中的攻坚之战，用自己的尺寸之功，尽非常之责，干非常之事，扑下身子与干部群众并肩作战，以舍我其谁的战斗之姿和不胜不休的忘我状态，克服一个又一个困难，解决一个又一个难题，帮助搬迁群众顺利搬出山沟沟、融入新城镇，全面开启脱贫致富幸福小康新生活。

聚焦“搬哪些”，迈好精准识别第一步。实施易地扶贫搬迁，关键的第一步是要锁定“搬什么人”，只有对象精准了，搬迁工作才能有的放矢、精准发力、有效实施。镇雄地处乌蒙山腹地，是云南省 27 个深度贫困县之一，作为本土干部，我非常清楚全县贫困村主要分布在山高坡陡、沟壑纵横的高寒山区、偏远地区，坝区仅占3696平方公里的1.2%，山区占比高达98.8%。很多区域贫困面大、贫困程度深，且土地资源贫瘠、地质灾害频发、生态环境脆弱、生存条件恶劣，一方水土根本养不活一方人，不“挪穷窝、换穷业”就“拔不了穷根、断不了穷路”，必须通过实施易地扶贫搬迁，把人搬迁到应待的地方，把产业配套在适宜的区域，才能帮助贫困群众逐步摆脱贫困、增收致富。为着力扣好精准识别第一粒扣子，2017年6月至8月，县委、县政府组织万名帮扶干部，对全县32万户143.2万农村户籍人口（含农转城人口）进行了全覆盖摸底调查；在此基础上，2017年12月，按照“能搬则搬、应搬尽搬、整村搬迁”的要求，由最熟悉村情、组情、户情的镇干部、村干部、驻村扶贫工作队、村民小组长四支队伍带路，以乡镇为单元将万民帮扶干部进行整合分配，组成569支工作队，从12月8日开始到12月30日结束，历时23天，全面深入开展易地扶贫搬迁对象摸底调查精准识别工作，精准锁定“一方水土养不活一方人”的六类搬迁区域对象，为下步精准实施搬迁迈出了坚实的第一步。

聚焦“搬哪里”，建好美丽宜居新家园。安居才能乐业，往哪里搬？搬到哪里？建成什么样子？等等，这些都是搬迁群众最关心、最关注的问题，若调研不充分、思考不周全、谋划不得当，往往就会导致搬迁群众意愿发生变化，为后续组织大规模的集中搬迁埋下后患、增加难度。在2016—2017年已建成54个小型集中安置点的基础上，为切实抓好2018年及新增搬迁安置点的项目建设，县委、县政府及时成立了易地扶贫搬迁工程建设指挥部。经过反复深入调研、科学论证，充分征求搬迁群众意见和建议，综合考虑资源环境承载能力、产业发展潜力、就业吸纳能力和基本公共服务保障能力等实际，拿出县城和乡镇集镇最具开发潜力和价值的黄金地块，规划建设6个大型安置点，紧紧围绕省委、省政府确定的“50个有”要求，按照“四同步”原则，立足当前、着眼长远，整合项目和资金，采取EPC工程总承包模式，一体规划、分期实施，高效、务实、精准推进安置点项目建设，用一年半时间，全部建成了6个大型安置点201栋安置房及配套基础设施。五年来，全县累计投入易地扶贫搬迁资金42.2亿元，建成集中安置点60个、分散安置点1个，2019年11月全面完成14752户65464人的项目建设任务。

聚焦“怎么搬”，打好搬迁入住组合拳。搬迁入住是一项烦琐而又细致的工作。“半年内必须完成4.8万人的大规模搬迁”，这是县委、县政府下达的军令，必须克服一切困难如期实现。搬迁前如何稳定搬迁意愿、如何分房到户、如何处置搬不走资产，搬迁中如何组织发动、如何保障安全，搬迁后如何衔接服务、如何加强管理……这些工作，都需要一项一项地去组织推动，一件一件地去抓好落实。为全面掌握搬迁对象情况，研究制订了“五清”工作方案，扎实开展易地扶贫搬迁“五清”专项行动，切实做到了政策清、就业清、产业清、配套清、家底清；为进一步稳定搬迁意愿，全面梳理印制了易地扶贫搬迁应知应会手册、进城入镇宣传手册等资料，组织帮扶干部进村入户宣讲，利用教育宣传阵地开展“小手牵大手”活动，推选搬迁群众代表实地现场观摩，通过与群众面对面宣讲政策、释疑解惑，消除了搬迁顾虑、坚定了搬迁信心；为抓好分房到户工作，切实制订“一点一方案”，按照县级选房源、乡级选房号的工作程序，组织分期分批召开县乡分房大会，将房号公平、公开、公正及时分配到户；为抓实搬迁前准备，将搬迁群众包保到户、责任到人，引导其通过入股、变卖、寄存等多种方式，提前妥善处理好不能搬迁的家畜家禽、农用生产工具等财产，按照搬迁时序将搬迁物品提前打包装袋，做好搬迁准备；为有序组织实施搬迁，整合工作力量，由所属乡镇1名主要领导带队，以5—10户为一个工作单元，全程护送、全程陪同，帮助群众熟悉安置点情况，落实搬迁期生活保障；为全面做好安保维稳工作，组织县公安局、县武警中队等力量，搬迁期间24小时在安置点轮班巡逻，确保平安搬迁、平稳过渡。通过做深每一项工作、做细每一个环节，在半年时间内，圆满完成了2018年及新增的10342户47671名群众搬迁入住工作，搬出了镇雄“加速度”，工作得到了上级的高度认可和好评。

聚焦“拔穷根”，下好产业就业先手棋。搬迁只是手段，致富才是目的。实施易地扶贫搬迁，不仅要让搬迁群众住上新房子，更重要的是要让他们过上好日子。想得清楚，才能干得明白。县委、县政府通过广泛深入调研、反复实践探索，紧扣“搬得出、稳得住、有就业、能致富”目标，坚持搬迁与脱贫两手抓，挪穷窝与“换穷业、拔穷根”两手硬，立足安置点资源禀赋和有利条件，因地制宜落实后续扶持措施，探索出了“六大增收路径”。一是稳定好一批劳动力就业。以安置点为单位，设立劳务输出服务站，大力开展搬迁劳动力技能培训，通过“五精准五解决”，切实做到能转尽转、能转必转、能转快转，确保有就业能力的搬迁贫困劳动力至少接受一次技能培训、至少有一人稳定就业。二是发展好一批特色产业。按照“确定好思路、建设好基地、培育好龙头、发展好品牌、开拓好市场”的思路，确定了“1+3+N”产业布局，采取“党支部+能人+群众”“党支部+合作社+群众”等组织化模式，引导搬迁贫困群众通过契约型、分红型、股权型等方式，参与扶贫龙头企业、农民专业合作社发展特色种植、高效养殖等，确保每个搬迁贫困家庭至少参与了一项脱贫致富产业。三是经营好一批配套商铺。按照人均不超过 5 平方米的标准，在 6 个大型安置点配建了 603 间（栋）、19.91 万平方米的商铺，通过统一管理、统一经营，所得收益按搬迁贫困群众面积占比进行分红，促进搬迁群众增收。四是培育好一批“扶贫工厂”。坚持“以岗定迁、以业促迁”，在大型安置点配建了 6 个产业园，利用现有资源大力发展扶贫车间，成功引进中润、宝涛、讯立通、锐锋、民心、宏胜等企业入驻，不断拓展就近就业渠道，帮助因特殊原因不能外输的搬迁劳动力实现“楼上居住、楼下就业”。五是盘活好一批闲置资源。积极探索搬迁对象变股民的资产收益扶贫模式，引导搬迁贫困人口以农村土地承包经营权、林权、宅基地使用权、大型农机具等，折价入股专业合作社和龙头企业，带动搬迁贫困人口增收。六是保障好一批特困群众。注重低保等社会保障政策与易地扶贫搬迁政策的有效衔接，让搬迁群众与迁入地居民享有同等教育、养老保险、社会救助、社会福利等社会保障政策；

搬迁后仍保留农村户籍的，在迁出地享受的最低生活保障、医疗救助、养老保险等政策不变，由迁出地、迁入地乡镇（街道）做好转移接续工作。

聚焦“怎么管”，用好各方力量暖民心。群众搬到安置点，只有引导好，才能管得好。为切实强化社区服务管理，让搬迁群众找到“家的感觉”，尽快融入新环境、开启新生活，探索建立了“三个强化”管理机制。一是强化党建引领。在6个大型安置点设立9个社区、9个党总支、18个党支部，构建了“党建+网格化”管理机制，以社区为单元，开发一批公益岗位，优选了201名文化程度较高、服务能力较强、热心公道、群众认可的搬迁群众担任楼栋长，参与社区服务管理，同步建立“楼栋长”“社区民约”等制度，发动搬迁群众主动参与自我管理、自我服务。二是强化优质服务。整合迁出地、迁入地、县直相关部门力量，组建社区综合服务窗口，高效衔接好就学就医、养老就业等群众最关心的问题，并充分发挥妇联、医院、志愿者、业主委员会、物管“五支队伍”作用，以妇女党员为骨干，成立妇女联合会，通过分栋召开座谈会，实地指导群众操家理屋；组建县内资深医疗专家团队，定期开展送健康义诊活动；动员青年志愿者，利用节假日或周末，组织群众跳广场舞、吹奏民族乐器，丰富群众文化生活；指导社区业主管理委员会，开展“牵手计划”“群众互助”“爱心学堂”“爱心超市”“慈善捐赠”等公益活动；依托社区物管，组建综治队伍，24小时不间断排查并消除各类风险隐患。三是强化网格管理。整合社区力量，通过党总支搭建社区网格化管理平台，以支部书记、居委主任为一级网格管理员，支委成员、居委会委员为二级网格管理员，在家党员、居民小组长、楼栋长为三级网格管理员，细化责任包片包栋包户到人，切实开展社区管理服务，用心用情用力给予生活照顾和情感关怀，不断提升搬迁群众的获得感、幸福感和安全感。

上下同欲者胜，风雨同舟者兴。五年来，面对易地扶贫搬迁这项脱贫攻坚之中最难啃的“硬骨头”，在县委、县政府的坚强领导下，在县人大、县政协的监督支持下，全县上下积沙成塔、并指成团，以滴水穿石的不舍之功，干成了史无前例的民生大事，取得了前所未有的历史性成就，如期向全县人民兑现“全面小康路上一个不能少、脱贫致富一个不能掉队”的庄严承诺。作为扶贫战线奔跑者、追梦人中的一员，让我倍感欣慰和自豪。雄关漫道真如铁，而今迈步从头越。站在“两个一百年奋斗目标”的历史交汇点上，“十三五”实现完美收官，“十四五”即将开局起步，巩固脱贫成果、实现乡村振兴等光荣而艰巨的任务，正等待着我们这一代人接续奋斗。奋进新征程，整装再出发，不忘初心、牢记使命，砥砺奋进、再创辉煌。

（作者时任中共镇雄县委常委、常务副县长）

如热爱家乡一样热爱这片土地

李昌荣

2018年2月，带着组织的重托，怀揣着一颗炽热的心，简单收拾行囊之后，我从省委办公厅到镇雄县担任驻村扶贫工作队总队长，开启了难忘的脱贫攻坚征程。镇雄地处乌蒙山腹地，气候条件恶劣，交通基础设施落后，集革命老区、高寒山区、贫困地区于一体，到2018年，还有172个贫困村没有脱贫出列，有29万余人没有脱贫，如何带领全县235支驻村扶贫工作队啃下硬骨头，攻克深度贫困堡垒，与全县干部群众一道决战决胜脱贫攻坚，如期实现脱贫摘帽目标，是驻村扶贫工作队总队长面临的一个重大课题。

破局：抓作风、聚合力

初到镇雄任职时，镇雄驻村扶贫工作虽然有序推进中，却也存在一些不容忽视的问题：一是思想认识不到位。部分驻村工作队队员仍抱有“临时驻村”“协助扶贫”“基层镀金”等思想，被动驻村、被迫驻村，工作上敷衍了事，静不下心，住不进村。二是政策学习不主动。部分驻村工作队队员对脱贫攻坚方针政策、决策部署等学习不主动、不积极，对农村工作、群众工作、基层党建工作等了解不深不透，到村开展工作思路不清，不知道干什么，不知道怎么干。三是派出单位不重视。部分派出单位对驻村工作重视不够，对队员的跟进管理不力。有的未严格落实驻村队员与单位业务脱钩的管理要求，驻村工作队队员乡村、单位两头跑，疲于奔命；有的对派出队员工作情况、思想状况了解不够，未及时解决队员遇到的困难和问题，导致部分队员出现抵触情绪，不能全心全意做好驻村工作。四是乡镇（街道）管理不严格。部分乡镇（街道）对队员的管理存在“怕麻烦”心理，不想管、不愿管、不敢管、不善管。少数工作队到村后“水土不服”，与村干部关系僵硬，存在“两张皮”“两口锅吃饭”等现象。少数工作队吃饭、洗澡、厕所等问题未得到妥善解决。五是县级跟踪督查不深入。抽查、督查还浮在面上，未一查到底、未全面覆盖，未能第一时间掌握工作队思想、生活、工作动态，存在队员私自更换，轮换压茬不紧，请假销假、离村报备不规范等情况。

如何尽快扭转局面、提振队伍信心，给组织的信任交上第一份合格的答卷，成为我到镇雄工作后需要解决的第一道难题。

没有调查就没有发言权。到任后，我跑村入组，从驻村扶贫工作队队员的派出类别（中央、省、市、县四级）、驻村地点的远近、人员结构等多维度分析调查，查找前期存在的问题。针对管理体系不健全的问题，结合各级要求，迅速成立镇雄县驻村工作领导小组，进一步健全“总队长（副总队长）—第一书记（工作队队长）—工作队队员”的管理责任体系，切实把工作队日常管理抓好抓实。针对管理措施不明确的问题，带头制订完善《关于进一步加强驻村扶贫工作队选派管理工作的实施方案》，制订“13条”硬措施，全面推行工作例会、考勤管理、队员更换调整、工作报告等制度，切实做到严立驻村纪律，严格工作要求。

针对管理手段不强硬的问题，制订下发县驻村工作督查方案，按照经常性随机督查和专项性常态督查相结合的思路，县驻村工作领导小组采取“四不两直”（不发通知、不打招呼、不听汇报、不用陪同，直奔基层、直查现场）工作法，随机深入各村实地督查工作队在岗履职情况。同时，县委统筹成立 5 个专项督查组，采取实地督查、电话视频随机抽查等方式，按照每日随机抽查、每月全面督查、月末集中通报的要求，对存在的问题一盯到底、决不姑息，对该追究的责任一查到底、决不手软，坚决确保驻村扶贫督查抓在日常、严在经常，倒逼全县驻村扶贫工作队伍压实责任。

通过全县各级领导干部的不懈努力，镇雄驻村扶贫工作队的面貌取得了明显转变。2019 年 3 月 11 日至 14 日，省委督查室到镇雄县就脱贫攻坚进展情况开展专题调研后指出：镇雄县驻村扶贫工作队队员的精神面貌、履职情况都发生了巨大变化。4 月 20 日至 21 日，时任省委书记陈豪到镇雄县调研时指出：每次到镇雄调研，都能看到一些新变化……也感到镇村干部、驻村扶贫工作队，包括群众对脱贫攻坚充满了信心、决心。

精雕：抓提升、强本领

打赢脱贫攻坚战关键在人、关键在干部，在脱贫攻坚的关键时期，强化驻村队伍建设，进一步优化驻村扶贫工作队伍至关重要，我始终坚持把驻村扶贫工作队伍建设作为打赢脱贫攻坚战的重要举措，着力打造一支能力强、业务精、敢担当、善作为的驻村扶贫工作队伍。

围绕合理布局队伍，综合考虑脱贫攻坚需要、行业部门优势、人员结构等各方面因素，整合下派的驻村扶贫工作力量，组建形成 235 支工作队精准派驻各贫困村，坚决杜绝和防止出现“小马拉大车”等力量配置不科学的情况。

围绕选优配强队伍，严格对照中央和省、市、县关于驻村扶贫工作队选派工作的相关规定，瞄准对选派工作不重视、标准执行不严格、精准选派不到位等问题，对全县驻村扶贫工作队伍进行集中清理整顿，对标对表全面排查年龄偏大、身患疾病、能力不强等客观上不适宜继续开展驻村扶贫工作的队员，在不影响新老衔接、工作延续的前提下，及时进行了调整更换，累计调整更换队员 243 名，坚决确保驻村扶贫尽锐出战。

围绕提能建强队伍，针对驻村扶贫工作队队员的能力素养短板，坚持集中轮训、新派队员岗前培训与日常学习相结合，按照“实战、实用、管用”的原则，2018 年 7 月，邀请省委组织部、省委党校、云南师范大学的名师专家到镇雄实地授课，对全县驻村扶贫工作队队员进行全覆盖培训。编制印发《镇雄县脱贫攻坚资料汇编》《镇雄县精准扶贫工作手册》，定期印发学习资料，提升队员理论知识。全县驻村扶贫工作队始终坚持认真学习习近平新时代中国特色社会主义思想，特别是习近平总书记关于脱贫攻坚的系列论述，全面丰富理论素养，提升政治素质。始终带着问题学、带着任务学、带着责任学，充分掌握现行政策程序，做到村情、贫情、扶贫政策“一口清”，不断提升业务水平。通过学习积累，把握方向、找准方法，做到胸中有数、眼中有活、手中有招，切实将所学所思转化为实实在在的驻村帮扶成效。

成果：抓重点、出亮点

全县驻村扶贫工作队队员牢记职责、真帮实扶，切实当好扶贫政策宣传员、脱贫致富组织员、脱贫攻坚战斗员、项目资金监督员、移风易俗引导员等，为镇雄脱贫攻坚贡献了不可磨灭的力量。

为切实提高群众认可度满意度，激发群众内生动力，我牵头制作“一张图带你了解‘三讲三评’”，印发《关于在贫困村开展“三讲三评”工作的实施方案》，坚持以点带面、点面结合、示范带动的工作思路，在全县优秀驻村工作队、党建示范点率先落实“三讲三评”活动。通过一村带着一村干、一村做给一村看，将“三讲三评”开到村民小组、开到田间地头，在全县迅速掀起“三讲三评”工作热潮。

2018年8月14日，我率全县各乡镇（街道）专职副书记及乡镇（街道）驻村扶贫工作队队长到赤水源镇螳螂村银厂坪现场观摩“三讲三评”工作院坝会时。因学致贫的建档立卡贫困户张兴强说道：“在政府的关心下，三个娃娃读书减免了书学杂费，还得到补助资金；新农合也是政府代缴的，我要感谢驻村扶贫工作队和村组干部对我们的关心。今后，我会在政府的帮助下，不等、不靠、不要，争取早日脱贫。”

“不等、不靠、不要”是全县驻村扶贫工作队和其他干部的不懈努力下，我下乡调研时经常听到群众发自肺腑的话。近年来，全县驻村扶贫工作队以常态化开展“三讲三评”为主抓手（两年多来，全县已累计召开“三讲三评”达2万余次），积极宣传党的政策，发动、组织群众自强不息、光荣脱贫，教育、引导群众感党恩听党话跟党走，提高了广大群众对脱贫政策的知晓度，对脱贫攻坚的认可度和满意度。同时，将贫困群众对驻村扶贫工作成效的评价作为工作队队员年终考核、评先评优的重要依据，将贫困群众对驻村扶贫工作队的满意度作为驻村工作督查的重要内容，促使驻村扶贫工作队树牢群众观念，干好为民实事。坚持按照基层党建责任与驻村帮扶责任一体压实、基层干部作风建设与驻村扶贫作风建设一体推进的思路，依托驻村例会、督查考核等制度，对脱贫攻坚和驻村扶贫中出现的问题一律倒查党建上的短板，将驻村作风整治作为村级软弱涣散党组织整顿的重要内容之一，列出问题清单，明确整改任务，确保见到实效。

走进芒部镇松林村的易地搬迁点，能看到工人忙于服装加工，那是省委办公厅派驻芒部镇松林村驻村扶贫工作队帮忙引进的扶贫车间，优先吸纳客观上不能外出务工的卡户剩余劳动力就地转移就业，有效解决了打工增收和在家照顾老人孩子的难题；现在开车到五德镇谷花村，再也不用经受以前的“坑坑洼洼”，那是市总工会派驻五德镇谷花村的驻村扶贫工作队，积极争取，协调投入2044万元，历时20个月，建成五德村到谷花村至军备村的油路，不仅结束了谷花自古以来无油路的历史，而且谷花还成为五德交通的“北大门”，成为目前五德、谷花、干沟通往四川、重庆最便捷的道路。

近年来，全县驻村扶贫工作队动真情、谋良策、出实招、办实事，扎扎实实开展驻村帮扶工作，充分发挥优势，针对所驻村实际困难和问题，及时研究解决办法，主动争取项目资金，为群众办成了一件件实事和好事，为全县解决了一个个困难和问题。

到镇雄工作的两年多时间里，我始终同全县235支驻村扶贫工作队一起为镇雄的脱贫攻坚而奋斗，无论工作环境和生活环境怎么变化，大家都始终保持初心不变，每个人都如热爱自己的家乡一样热爱这个帮扶的地方，用真心换真情、用实干赢民心，始终以“苦干实干拼命干，不破楼兰终不还”的决心和勇气，克服困难、迎难而上，为消灭困扰镇雄千年来的绝对贫困和全县实现高质量脱贫贡献力量！

镇雄近三载，回首不负韶华，未来以梦为马，如诗人艾青所说：为什么我的眼里常含泪水？因为我对这土地爱得深沉。

（作者时任镇雄县驻村扶贫工作队总队长）

汇能聚力　促进精神物质双脱贫

李恩翠

作为一名本地干部，我出生于农村，来自群众，对镇雄这块“边远之地”的闭塞、贫瘠、落后以及广大困于生计、疲于奔命的镇雄人民的艰难，我有着深刻的体会，并强烈期盼通过自己的努力，为家乡贫穷落后的现状带来些许改变。脱贫攻坚战打响后，我内心既充满期待，又深感压力重大。充满期待，是因为随着“十三五”规划的实施，党和政府将不遗余力消除长期以来横亘在全国各族人民通往“富裕而有尊严的幸福生活”道路上的贫困问题，全面建成小康社会，我的家乡镇雄县也将谱写出精彩的全面小康镇雄篇章；深感压力重大，是因为我才刚踏入新岗位，各方面的工作还不太熟悉，对于凡事都必须较真碰硬的我来说，性格让我必须竭尽所能，高标准严要求抓实抓好宣传思想文化工作，确保为脱贫攻坚营造浓厚的舆论氛围，为广大干部群众提供源源不断的精神动力。我想，这既是我对自己的要求，也是组织对我的要求，更是我作为一个共产党人的初心和使命。

想清楚才能干明白。经过认真的调研和思考，我得出结论：造成镇雄贫困的原因主要有三个方面，一是基础设施落后；二是外界普遍对镇雄及镇雄人存在地域性和群体性的认知偏差，不利于形成良好的发展氛围；三是部分贫困群众内生动力不足，依赖思想比较严重。面对如此现状，结合工作职责，我深刻认识到，必须紧紧把握住“文化扶贫”这个抓手，既要强化基础设施建设，也要构建大宣传格局，汇聚镇雄正能量，形成镇雄发展的浓厚利好氛围，还要广泛深入开展文明实践活动，激发贫困群众内生动力，促进精神物质双脱贫。

大力强化文化惠民基础设施建设

过去，全县文化活动载体较少，群众文化生活相对匮乏，已有的设施不能满足人民群众日益增长的对丰富多彩的文化生活的追求和向往。为进一步补齐短板，打造平台，我带领县委宣传部多方筹措资金、争取项目，在上级各部门的关心支持下，我县文化基础设施建设实现了新的突破，取得了新的成绩，这些成绩一定程度上“富”了群众脑袋，提升了群众的获得感和幸福指数。

——建设综合文化服务中心，保障群众基本文化生活权益。2016 年、2017 年，我带领县委宣传部主动争取由中宣部牵头、多家部门共同实施的“贫困地区百县万村综合文化服务中心示范工程”，成功争取到资金 780 万元，实现了全县 30 个乡镇（街道）百县万村综合文化服务中心全覆盖，有效保障了全县各族人民群众基本文化权益。如今，全县各乡镇综合文化服务中心管理运行良好，我也经常对其运行情况进行督查检查，看着群众在文化广场上跳舞、下棋、唱歌，脸上洋溢出的幸福笑容，我内心无比欣慰。

——攻坚克难，夯实广播电视基础设施建设。机构改革后，县广电局职能划入县委宣传部，为了推进我县广电事业蓬勃发展，丰富群众文化生活，2019 年，我向上级争取了 800 余万元资金，率先组织实施应急广播体系建设。截至目前，我县应急广播体系已实现 30 个乡镇（街道）全覆盖，254 个行政村、部分自然村和 6 个易地搬迁点覆盖到位。此外，为进一步提高广播电视覆盖率，完成“村村通”“户户通”目标任务，从县委宣传部和县广电局抽派精兵强将对存在问题进行查缺补漏，并于2019年完成了各项建设指标任务，实现了广播电视覆盖率达到99%的脱贫出列标准——这个硬指标，是全县脱贫摘帽的先决条件之一，完成这个任务，也算是卸下了压在我肩上的部分担子。

——规范管理并指导用好农家书屋。农家书屋始建于2011年，覆盖30个乡镇（街道），涵盖全县各村（社区），共计244个。在调研过程中，我发现农家书屋存在一些问题，主要体现在管理和使用上不够规范。为此，一方面是指导建立健全规范管理制度，全部按照统一的管理制度和考核督查制度，实行“星级化”规范管理，确保图书不遗失、书屋环境干净整洁；另一方面，指派县新闻出版局根据农村地区的发展需要和农民群众的文化需求，每年为每个农家书屋补充更新图书60册以上；并推出“农民点书我买单”的贴心服务，最大限度满足群众的意愿，丰富图书内容，发挥农家书屋的功能效应。

——配送电视机，保障贫困群众精神需求。在走访过程中，我发现相当一部分贫困群众精神文化生活贫瘠，家中甚至连一台电视机也没有。在得知上级部门政策后，我便于2018年、2019年成功向中央文明办、省文明办争取到电视机共计23189台，这些电视机到镇雄后全部分发到贫困群众家中，保障了贫困群众的精神文化需求。

构建大宣传格局，汇聚镇雄正能量，营造浓厚攻坚氛围

宣传宣讲是树立镇雄新形象、擦亮镇雄新名片，凝聚脱贫共识、营造攻坚氛围的有效有段。为抓好宣传宣讲工作，推动脱贫攻坚，从以下几个方面扎实开展工作。

——建好融媒体中心。2019年，根据机构改革要求，我县要在原有县

新闻中心的基础上建立县融媒体中心。经过周密思考，我将县融媒体中心建设定位为：建成党的新闻舆论重要阵地、县委、县政府主要信息发布平台、引导群众服务群众的重要载体。围绕这个定位，县融媒体中心一年多来不断促进电视电台、新闻网、手机 APP 等新媒体深度融合，特别是在脱贫攻坚工作中，已然成为传播中央、省、市、县政策知识，提升广大人民群众政策知晓率和扶贫工作满意度的重要平台。

——抓实理论学习，增强脱贫攻坚智慧。脱贫攻坚工作开展以来，我始终将理论学习宣讲作为指导扶贫实践的必要手段，认真组织开展县委理论学习中心组学习活动，并以县委理论学习中心组为引领，带动全县各级党组织开展学习 900 余次，不断提升全县各级各部门特别是党员干部对脱贫攻坚理论知识的学习掌握程度。

——对内宣传聚合力。鉴于部分干部群众对扶贫政策知识知晓率不高、脱贫攻坚氛围营造不够等各级巡视组指出的问题，2016 年以来，通过“镇雄电视台”“镇雄新闻网”“微镇雄”等平台发布和转载涉及扶贫信息 10 万余条，有效提高了全县各族群众对扶贫工作的认识和对扶贫政策的知晓率；指导各级各部门制作宣传海报、横幅、标语等 40 余万条（幅），借助应急广播体系，面向全县各自然村开展宣传 3000 余万次，有效营造了脱贫攻坚浓厚氛围；利用县、乡、村三级干部在走访过程中开展宣传千余万次，印发《脱贫攻坚——镇雄在行动》简报 17 期，印发《脱贫攻坚宣传手册》6 万余份。通过一系列宣传，营造了全县上下铆足干劲决胜脱贫攻坚的浓厚氛围。

——对外宣传树形象。由于历史原因，外界对镇雄和镇雄人存在认知偏差，为了扭转这种局面，为镇雄正名，经过认真思考，我主要从以下方面开展工作：一是千方百计上稿“大媒体”，在《人民日报》《半月谈》以及新华社（英文国际版）头条等中央权威媒体上刊发了《我的存款在山上》《冲出乌蒙山闯胜图——云南镇雄县的脱贫突围》《劳务输出助力中国县域扶贫》等脱贫攻坚文章，展现镇雄脱贫攻坚的积极作为；二是竭尽全力上映“大镜头”，争取中央、省级电视台支持，将镜头对准镇雄，在央视广告扶贫栏目播放了两个月的“云笋”广告，将“天坑群”等自然资源和优美风光推向了央视，投拍大电影《天坑》，让镇雄近年来翻天覆地的变化展现在世人眼前，为镇雄脱贫攻坚全面开展营造良好的舆论支持。三是不遗余力攻陷“大舆情”，引导县内外自媒体和民间力量正确看待镇雄“情况”、科学判断镇雄“对错”、合理宣传镇雄“格局”，抓好网络舆情应对处置工作，夯实“护城河”，为以脱贫攻坚为统领的经济社会发展各项事业保驾护航。

激发贫困群众内生动力，促进精神物质双脱贫

扶贫是“输血”的精准过程，更是“造血”的科学动作。针对我县部分贫困群众依赖思想严重、内生动力不足的实际，在文明创建工作中，我主要是着力抓好创文创卫、社会实践活动、文明实践超市等三个方面的工作，促进贫困群众精神物质双脱贫。

——抓创文促文明。成功创建省级文明城市，指导申报并成功创建了一批国家、省、市、县级文明单位；创造性提出并推广“十讲镇雄人”，组织编发《镇雄好人快报》，并成功将镇雄好人推介上榜“中国好人榜”，斩获“云岭楷模”奖项，不断引导干部群众提升精神文明修养；开展“最美教师”“最美司机”等评选活动，涵养并树立浓厚的城乡文明新风。

——抓社会实践活动树新风。着力将“自强、诚信、感恩”主题实践活动作为激发群众内生动力的有效载体，在全县上下不断掀起热潮，促进贫困群众主动摒弃等靠要思想；开设“曝光台”“光荣榜”，曝光不良行为80余起，大力提倡文明生活；制作印发“自强、诚信、感恩”活动“伴手礼”10余万册，分《政策法规篇》《脱贫故事篇》《道德文明篇》等5辑，引导形成讲文明、树新风的社会氛围。

——抓文明实践超市促自强。创建1个县级新时代文明实践中心，40

个部门分中心，30 个乡镇（街道）所，254 个村（社区）站和 238 个点；借鉴县外“爱心超市”和“幸福超市”建设运营的成功经验，在全县 235 个贫困村和 3 个易地搬迁县级安置点建“新时代文明实践超市”，组织群众参与脱贫攻坚行动，换取爱心积分，用爱心积分兑换生活用品，引导群众树牢自强致富的思想，形成脱贫攻坚强大合力，形成讲文明、除陋习的浓厚氛围，不断提升乡村整体文明程度；指导注册 3 万余名志愿者，组织各级各部门广泛开展各类志愿活动 1.2 万次，形成“有困难找志愿者，有时间做志愿者”的和谐互助风尚。

——抓文化建设强后劲。民族要振兴，国家要兴旺，天下要太平，人民要幸福，靠的是文化。文化不发展，经济社会肯定不能发展，脱贫攻坚就缺乏“情商”支持。2016 年以来，我对塑造镇雄“大文化格局”做了一些有力的尝试，也取得了不错的效果。一是积极支持县文联工作，在政策、经费上给予合理的倾斜，让“有文化”的地方“有成果”。5 年来，县文联推出《回乡时代》《天坑》《亲人来》《一个红包》等各个艺术门类的优秀作品，从思想上教化群众，从情感上争取群众，从精神上鼓舞群众。二是开展丰富多彩的文艺活动。在春节期间以举办“青歌赛”“才艺大比拼”“书画展”“送春联”等方式，释放文艺力量，开发脱贫攻坚智力。

县委翟玉龙书记讲过一句话：党员干部应该做到“敢拼敢干敢担当，不负良心不负党”。回想起来，对于这场伟大的初心之战，广大党员干部虽然嘴上没有说出这句话，但却用实际行动阐释了这句话的意义，而我也只是其中一个。

路漫漫其修远兮，吾将上下而求索。扶贫有尽时，初心无终点。我有幸参加了脱贫攻坚这场初心之战，并在此过程中发挥了自己的光和热，为脱贫攻坚做出了自己的贡献，这将是我一生中最值得珍藏的宝贵财富。

（作者时任中共镇雄县委常委、宣传部长）

履职尽责强担当　铆足干劲攻堡垒

丁　勇

罗坎镇位于镇雄县城西北部，地处“镇彝威”三县交界处，距离镇雄县城64公里，镇凤、凤大、柿凤三条二级公路穿境而过，境内白水江、白水河常年奔流不息，素有“柑橘之乡”称号，古有“罗汉关”“旱码头”之誉，历史悠久、人杰地灵。全镇面积225平方公里，辖18个村（社区），347个村（居）民小组，有17789户84760人，其中建档立卡贫困户6458户30880人，贫困人口占全县6%，占全市1.7%，贫困发生率一度高达36.9%，深度贫困村麻地贫困发生率61.7%，诸如麻地村白沙、海子，花园村杉树、坪头、石板、茶园、楠木等村民组贫困发生率甚至高达90%，是全县面积最宽，村办最多，工作战线最长，脱贫攻坚任务最艰巨的乡镇，属于典型的贫中之贫、困中之困、艰中之艰。

在脱贫攻坚深入推进之际，按照组织的安排，2016年6月，我于南台街道调至罗坎镇工作，并荣幸担任党委书记，有幸参加脱贫攻坚这场历史大考、世纪大考。初到罗坎，我便到深度贫困村桐坪五一片区走访群众，因几个村民组不通公路，步行了几个小时才抵达，沿途随处可见杈杈房、茅草房、烂瓦房；紧接着到同样是深度贫困村的麻地、花园、纸槽等村遍访，政府的公务用车是四驱猎豹，但几乎每次下乡回来都要大修一回。回忆起来，当时的情形历历在目，集镇还面临干旱天气无水吃、暴雨天气吃浑水的窘境，茶蔚村坳上、桐坪村长坪、半坡、埂上等村民组仍长期吃“望天水”“地窖水”；老百姓常说的“晴天一身灰，雨天一脚泥”一点不夸张，因交通闭塞，部分老龄群众几十年没到过集镇和县城；很多家庭家徒四壁，如麻地村海子组部分家庭，一家人所有财产价值不超过500元，贫穷落后的面貌可谓触目惊心。我们深知，想要改变落后的面貌、追上发展的步伐，急需一支敢于担当、作风过硬的攻坚铁军。然而，当时的镇村干部队伍中，“慵、懒、散”“不作为、慢作为、乱作为”等问题突出，致使干群关系异常紧张。工作中，一些干部职工长期以事假、病假为由不在岗，能拖则拖、能滑则滑、能躲则躲的情况十分普遍，作风整顿已是迫在眉睫。

面对罗坎点多面广战线长、基础设施欠账大、产业发展滞后、贫困面大、贫困程度深等实际，如何让罗坎人民过上幸福而有尊严的生活，如期与全县、全市、全省和全国一道脱贫出列奔小康，是我们新一届党政班子面临的最大难题。为此，通过一段时间的走访调研，在不断深化镇情、贫情认识的基础上，经广征意见，反复酝酿，凝聚共识，我们按照“六围绕”的工作思路掀开了一场史无前例的脱贫攻坚大决战。

围绕脱贫打基础。我们紧紧抓住脱贫攻坚深入推进的重大机遇，想方设法跑项目，创造机会争支持，推动全镇基础设施建设打了一个“翻身仗”。安全饮水全面达标。几年来，共实施水利工程288件，新建水池380个，安装各种饮水管道1638公里，群众安全饮水得到全面保障。电网建设全面铺开。累计争取投资9900余万元，全面实施了农村电网改造，全镇347个村（居）民小组均通了动力电，17789户群众用上了安全、稳定、低价的农网电。交通基础全面夯实。积极协调多方争取，累计投资3个多亿，硬化串户路76万平方米，新修维修并硬化黑化公路650余公里，几乎所有村民组均通了硬化路，罗坎广大人民群众结束了千百年来人背马驮的历史，小轿车开到了家门口，出行难、难出行的问题得到根本解决。安全住房全面保障。按照“危房不住人、住人不危房”要求，研究制订并提出“八要七落实”工作措施，即选址要安全、退让要到位、面积要管控、质量要保证、厨卫要入户、风貌要统一、建新要拆旧、档案要完善；落实责任、落实意愿、落实地基、落实工人、落实建材、落实时限、落实安全，共计实施危房改造5881户；研究拟定易地扶贫搬迁宣传手册，用易地搬迁“十问十答”引导群众算清“六笔账”，即经济账、就业账、就学账、就医账、保障账、儿孙账，坚定群众搬迁信心，984户群众顺利搬迁进城入镇，4515人在城区拥有价值不菲的商品房，3万多群众告别了过去杈杈房、茅草房、烂瓦房的历史，实现了从山沟到城市的根本性跨越，广大人民群众的“安居梦”变为现实。

围绕增收育产业。按照“近抓转移就业保脱贫、远抓产业培育促增收”的思路，紧扣“村村有亮点、组组有看点、户户有支撑”的要求，精准推进产业项目发展，努力探寻产业发展突破口。我们积极想办法、找路子，于2018年5月与工业重镇安徽芜湖湾沚镇建立了劳务双向协作关系，持续与浙江永康定向联系，将丰富的劳动力资源与安徽芜湖、浙江永康等地旺盛的用工需求进行有效对接，大力推进劳动力有序转移输出。截至2020年10月，全镇劳动力42500人中已转移就业36334人，卡户劳动力16610人中实现转移就业14602人，仅人均务工月收入达4200余元，实现群众稳定增收。同时，坚持“宜种则种、宜养则养”的原则，立足罗坎土地资源丰富、劳动力密集、气候条件适宜的优势，依托退耕还林政策，积极招商引资、引进龙头企业，全力推进白茶、竹子、枇杷，商品兔、生猪、冷水鱼等种植、养殖业发展。按照低海拔地区重点发展枇杷、合江方竹种植和柑橘改良，二半山区重点发展白茶、竹子和中药材种植，高海拔地区重点发展金佛山方竹种植的思路，寨上、军备、罗关、桐坪等村种植枇杷3000余亩，18个村（社区）适宜地区竹子种植5万余亩；为推动白茶产业蓬勃发展，提出“六个一”工作要求，即坚定一个信心、签订一份承诺、掌握一门技术、带动一片群众、兴旺一个产业、富裕一方百姓，在大庙村、花园村完成白茶种植近万亩；发达村商品兔养殖场已建成投入使用；麻地村冷水鱼养殖投放了鱼苗、军备村淡水鱼养殖初见成效；投资5000余万元的麻地村仔猪繁育基地和李子村生猪代养点建成验收并投入使用。通过因村因户施策，努力闯出了一条生态产业化和产业生态化的脱贫路子。

围绕宜居抓整治。我们坚持把爱国卫生运动和人居环境整治提升行动结合起来，始终把改善基础条件、促进乡风文明及提升人居环境作为重要内容来抓。几年来，持续推行“日清洁、周清扫、月评比”制度，深入开展“改房子、打坝子、拆棚子、栽树子、美院子、提升素质”的“五子一提升”行动，在全镇实打实打响农村人居环境整治提升人海战。为管好用活公益公服岗位，提出了发挥公益公服岗位“四大员”作用的要求，即护林员、保洁员、河道管理员、社会治理信息员的作用，确保公共区域干净整洁。在此基础上，我们采取“抓两头促中间”的措施，抓住卫生光荣户这类群体，通过每月卫生评比，采取积分兑换物品、“大喇叭”“红黑榜”等通报表扬，抓住每个村环境卫生脏乱差的50户农户，集中组织操家理屋培训，邀请卫生光荣户代表点对点、面对面对脏乱差群众进行培训引导，真正帮助其转变观念，养成良好卫生习惯。以“领导、干部、党员”的“三带头”，完成占全县近十分之一体量的拆违拆旧任务，累计拆除农村危旧房42.8万平方米，实现人居环境整体推进、全面提升。几年里，还顺利实施集镇“雨污分流”项目，扩宽黑化街道路面，过去垃圾乱扔、污水横流、占道经营的集镇面貌得到有效改善，从集镇到农村，从村组道路到千家万户的环境卫生都发生翻天覆地的变化。

围绕民生强保障。我们始终把教育作为最重要的民生工程，争取多方支持，设立教育扶贫基金，全力改造35个校点3万余平方米，全镇教育基础设施发生了翻天覆地的变化；坚持早安排、早部署，扎实推进“控辍保学”，2019年和全县一道顺利通过义教均衡验收；全力修建文化活动广场42个，千方百计建成集镇营顶广场和罗坎村、李子村易地搬迁广场，新修村卫生室14个、维修4个，群众精神文化生活和看病就医问题得到有效缓解；始终高度关注弱势群体，认真组织开展低保规范化专项治理，全面清退“关系保”“人情保”等，不断健全工作机制，实现应保尽保、精准施保，不断加强临时精准救助，对生活困难或家庭陷入困境的群众提供临时救助，保障水平不断提高，群众幸福感、获得感不断增强。

围绕和谐抓管理。我们以“平安罗坎”“和谐罗坎”建设为抓手，采取一系列行之有效的措施，狠抓安全稳定，确保社会安定和谐。始终把扫黑除恶专项斗争、以道路交通为重点的安全生产工作以及矛盾纠纷排查处理作为常规工作的重中之重来抓，高度重视矛盾纠纷排查调处，及时化解各类矛盾纠纷，没有发生集体性越级上访事件，确保了社会和谐稳定。针对群众认可度不高，争当卡户、低保户现象突出，信访上访不断等问题，在要求各村抓好“自强、诚信、感恩”教育及“三讲三评”的同时，我们提出了抓实拜访、接访、走访的“三访”工作要求，定期接访满意度低和上访信访的群众，定期拜访辖区内各村民组的党员、代表及退休老干部等在群众中有威望的人员，常态化走访普通群众，用党员干部的辛苦指数换取群众的满意度和认可度，促使广大群众更加自觉地听党话、跟党走、感党恩，为脱贫攻坚各项工作推进营造了风清气正的干事创业环境。

围绕党建整作风。我们坚持作风整顿不停步，持续不断抓班子、带队伍、管作风。针对罗坎村多面广战线长，脱贫攻坚任务重，领导班子职数与其他乡镇一样的实际，抓住“关键少数”，调整班子分工，将 9 名优秀的站所长充实到挂村领导队伍，有效解决了村办多、领导力量不够的问题。及时调整 11 个村（社区）主要负责人，选派 3 名优秀的镇干部担任村党组织书记，选优配强了村级班子；针对驻村工作队与镇村干部之间的一些微妙关系，创造性地提出“六要”要求，即思想要统一，工作要配合，生活要关心，难处要理解，任务要完成，友谊要长存。针对工作中存在的“慵、懒、散”“不作为、慢作为、乱作为”等突出问题，成立纪律作风专项小组，对镇村干部及驻村扶贫工作队实施严格的考勤管理，在全镇范围内以碰硬求过硬、以动真促认真的劲头整顿干部作风。几年来，全力新修维修 14 个村委会，基层组织活动场所破败不堪、功能不全的短板得到逐步补齐。全镇干事创业的良好氛围更加浓厚，清正廉洁的政治生态进一步涵养，全镇干部群众精神面貌和工作作风发生了根本性的转变。

看似寻常最奇崛，成如容易却艰辛。走过任务最艰巨、矛盾最复杂、困难最突出的时期，我们曾有过辗转反侧的彷徨和焦虑，但庆幸的是我们始终笃定为民情怀，坚定必胜信心，团结带领全镇各级干部群众与天斗、与地斗、与贫困斗，年复一年地奋进、日复一日地拼搏。时至今日，实现了平均每天 20 人脱贫，全镇 18 个村（社区）、6458 户 30880 人全部达到脱贫出列标准，全镇基础条件得到彻底改善、民生事业取得长足进步、产业培育迈出坚实步伐、乡村面貌发生根本改变。每当看见一栋栋新居拔地而起，一条条油路蜿蜒通到群众家门口，白茶、竹子等产业欣欣向荣，村级活动场所、卫生室、学校井然有序，老百姓都吃上了干净卫生的自来水，都用上了稳定、廉价的动力电，茶余饭后在广场载歌载舞，心底的幸福感和自豪感不禁油然而生。习近平总书记曾经指出："脱贫只是第一步，更好的日子还在后头。"作为基层党员干部，我们将继续不忘初心、牢记使命，一如既往巩固脱贫成效，不遗余力聚焦乡村振兴，确保罗坎广大人民群众与全县、全市、全省和全国一道阔步迈入小康社会，为实现中华民族伟大复兴的中国梦开启罗坎新征程、谱写罗坎新篇章、贡献罗坎新力量。

（作者时任中共镇雄县委常委、罗坎镇党委书记）

坚定不移把就业扶贫作为高质量打赢脱贫攻坚战的关键一招

吉　鸿

一人就业，全家脱贫。2020 年 3 月 6 日，习近平总书记在决战决胜脱贫攻坚座谈会上发表重要讲话强调，“到 2020 年现行标准下的农村贫困人口全部脱贫，是党中央向全国人民作出的郑重承诺，必须如期实现，没有任何退路和弹性。”全面建成小康社会、消除绝对贫困，圆满实现党的十八大提出的第一个百年奋斗目标，农村贫困人口全部脱贫既是一个标志性指标，也是改善民生、逐步实现共同富裕的社会主义本质要求，更是我们党成立以来一以贯之的重要使命。

我县位于云南省东北、云、贵、川三省接合部的乌蒙山腹地，素有“鸡鸣三省”之称，集革命老区、高寒山区、贫困地区于一体，属全国革命老区县和深度贫困县，是云南省 27 个深度贫困县之一，全县总人口达 171 万人，其中，建档立卡贫困人口总规模为 117732 户 565800 人。脱贫攻坚战打响以来，面对县域农业产业结构单一、工业基础薄弱、第三产业发展滞后的现状，我县坚持以习近平新时代中国特色社会主义思想为指引，认真学习贯彻习近平总书记关于扶贫工作的重要论述，坚决贯彻落实中央和省、市关于脱贫攻坚的系列安排部署，聚焦“两不愁、三保障”目标，落实“六个精准”要求，立足百万人口大县实际，坚持把农村富余劳动力作为就业扶贫的第一资源，把劳务输出作为推动脱贫攻坚的第一动力，把贫困群众务工增收视为如期脱贫摘帽的第一支撑，精准施策、善作善成，构建了“1154”（即1个组织领导机构、1个就业信息综合服务平台、5个驻外劳务输出工作站和精准摸底、精准对接、精准转移、精准服务“4个精准”）就业扶贫工作模式，走出了劳动力转移就业“输得出、稳得住、逐步能致富”的就业扶贫新路子。“十三五”以来，累计转移就业劳动力215.79万人次、实现务工收入500多亿元，有效推动了235个贫困村、56.58万贫困人口脱贫出列。

忆往昔，我们有“历经一番寒彻骨”的欣慰。“艰难困苦，玉汝于成。”2015年10月16日，习近平总书记在减贫与发展高层论坛上首次提出“五个一批”的脱贫措施，为打通脱贫“最后一公里”开出破题药方。在“五个一批”的引领下，我们立足县情贫情，将“劳务输出脱贫一批”列为县委“九个一批”重要内容，先后成立了“镇雄县技能扶贫工作领导小组”“镇雄县农村劳动力转移就业工作领导小组”，制订了镇雄县技能扶贫和农村贫困劳动力转移就业专项行动五年计划（2016—2020年），明确了“四个围绕、四个抓好”（围绕脱贫攻坚、抓好技能培训；围绕技能扶贫、抓好转移就业；围绕转移就业、抓好劳务输出；围绕劳务输出、抓好品牌打造）的工作思路，以“五个统筹”（统筹计划、统筹资金、统筹项目、统筹实施、统筹考核）为抓手，以提升贫困劳动力素质和转移增收为核心，广泛开展各类技术普及性培训和技能培训，全力向“一户一人、一人一技、一技促脱贫”目标迈进。自此，我县就业扶贫工作步入了有领导机构、有工作专班、有保障经费、有机制载体、有督查考核的规范轨道，仅2016年就完成“百场招聘进百村”巡回招聘33场、技能培训559期，培训农村劳动力44203人，劳务输出人数47.64万人。

2017年，按照党中央关于东西部扶贫协作的要求和省、市工作安排，我县与东莞市清溪镇建立了扶贫协作和对口支援帮扶机制，并首家在东莞市清溪镇成立劳务输出工作站，同步制订《镇雄县2017—2020年技能扶贫和农村劳动力转移就业扶贫专项行动实施方案》，为后续劳动力规模性、成建制转移就业奠定了坚实基础。在集中举办劳动力转移就业“百日行动”“春风行动”的基础上，我们全方位动员组织贫困劳动力参加技能培训，变被动培训为主动培训，变“害怕外出”为“踊跃走出”，许多贫困劳动力开启了崭新的人生：一些成为专业的电工焊工，一些进入餐馆、酒店当起了厨师，一些买起了汽车跑运输，一些搞起了生态养殖……正所谓“一技在手、脱贫不愁”，有效带动年度12903户63638人脱贫出列。

2018年，为深入贯彻习近平总书记“要继续抓紧抓实镇雄与东莞劳务协作工作”的重要指示精神，有效解决我县劳务产业发展存在的“三脱节”（培训与输出脱节、输出与服务脱节、政府与市场脱节）问题，把镇雄打造成劳务输出强县和全省重要的劳务经济示范基地，我县将“县农村劳动力转移就业工作领导小组”调整充实为县委、县政府主要领导任“双组长”的“镇雄县劳务输出工作领导小组”，计划用3年时间，实现组织化转移就业134万人次以上，转移就业组织化率提升至90%以上。在县委政府主要领导的亲自指导下，历经多轮商讨完善，县委一号文件“呼之欲出”，于3月28日印发了《关于进一步做强劳务产业助推脱贫攻坚的意见》，把县委劳务输出“五精准五解决”（精准摸底，解决“底数不清楚”的问题；精准培训，解决“实效性不强”的问题；精准转移，解决“组织化不高”的问题；精准服务，解决“就业不稳定”的问题；精准推进，解决“落实不到位”的问题）工作思路转化为具体行动，明确了2018年实施“组织化年”、2019年实施“增收年”、2020年实施“品牌年”的劳务输出“三年提升行动”。同时，我们还研究制订了务工人员报备制度、外出务工家庭“三留守”人员服务工作方案、“两后生”教育培训和就业工作实施方案等系列配套制度文件，全县劳务输出逐步实现了变无序输出为有序输出、变分散输出为集中输出、变短期输出为长期输出、变体能输出为技能输出、变无序培训为培训与转移紧密结合的“悄然蝶变”，县级劳务输出“定向爆破”，镇村转移就业“亮点纷呈”，先后于2月24日成功举办镇雄县2018年农村劳动力转移就业“百日行动”暨东莞专场招聘会，5月7日举办了全省就业扶贫工作现场会、2018年农村建档立卡劳动力转移就业芒部片区万人招聘会暨集中欢送仪式……全年完成各类培训12.52万人（卡户劳动力6.47万人），累计转移就业农村劳动力60.82万人（卡户劳动力23.35万人）。

“精诚所至，金石为开。”2019年，我县把“劳动力转移就业实现应转尽转”作为脱贫攻坚7个标志性战役之一，县委政府主要领导多次外出对接协调，我和人社部门负责人长期转战安徽、浙江、福建、江苏等地，与当地政府、企业座谈劳务工作站组建、洽谈转移就业事宜，成功新组建了安徽芜湖、浙江浦江2个驻外劳务输出工作站，继续拓展与东部沿海发达地区劳务协作，异地开辟“镇雄生产线”，全力唱响“镇雄劳务品牌”。为确保年底实现建档立卡贫困户、易地扶贫搬迁随迁户、非贫困户有劳动力的零就业家庭“三类群体”劳动力应转尽转、能稳尽稳和明显增收，实现全年新增转移就业3万人以上，累计转移农村劳动力57万人（建档立卡贫困劳动力转移就业24万人），转移就业组织化率和稳岗率达80%以上目标，县委《实施劳务输出“增收年”行动的22条意见》一号文件“应运而生”，明确了劳务输出实施以“培”促增、以“转”促增、以“稳”促增、有“序”促增“四大工程”，2月13日举办的2019年农村劳动力转移就业“百日行动”暨“春风行动”欢送仪式上，2600余名贫困劳动力踏上前往东莞、永康、芜湖等长三角、珠三角地区务工之路，实现“就业一人、脱贫一户”。7月21日，在林口乡召开的就业扶贫工作推进会上，结合政策掌握和工作思考，我提出了站位要高远、目标要明确、台账要精准、研判要到人、信息要畅通、培训要有用、外输要对口、内转要破局、“五站”要作为、政策要吃透、任务要完成、责任要追究等12个方面的工作意见建议，有效破解了当时劳务输出工作中政策执行、工作机制、组织保障、经费保障、工作作风等方面存在的问题。至2019年年底，全县共开展农村劳动力各类培训14.02万人（卡户8.26万人），转移就业农村劳动力61.49万人（卡户23.5万人），实现务工收入188.32亿元（卡户76.85亿元），农村有劳动力贫困家庭实现至少1人就业目标，有力保障了全县68个贫困村、25465户117409人如期退出贫困序列。

看今朝，我们有“梅花香自苦寒来”的美好。时间无言，却能书写最雄壮的历史。2020年年初，突如其来的新冠肺炎疫情肆虐神州大地，迫使企业停产、工地停工、商铺停业、市场“停摆”，也给全县劳务输出工作带来了巨大挑战，如何把农村贫困家庭劳动力第一时间转移外输，如何保障长期外出务工贫困群众持续稳定增收，成为当时我们除抓好疫情防控外夜不能寐、寝食难安的头等大事。为全力应对疫情对劳动力外出就业的冲击和影响，我县迅速成立“镇雄县新冠肺炎疫情防控期间劳务输出工作指挥部”，制订印发《镇雄县应对疫情影响稳定就业工作方案》，把“户户增收查缺补漏”作为年度脱贫攻坚首要任务，坚持精准摸底、精准对接、精准转移、精准服务，每日召开会议分析研判劳务输出情况，并组建由4名县处级领导带队的对接专班，抢抓疫情防控形势下各地劳动力市场重新“洗牌”的窗口期，以“抢占先机、虎口夺饥”之势，外出至浙江、广东、安徽等地对接转移就业工作，全力帮助返乡人员返岗就业，确保疫情防控与务工就业“两不误、双推进”。

“历尽天华成此景，人间万事出艰辛”。2月13日，全县气温连日骤降并持续保持在零度以下，天空大雪纷飞、地上白雪皑皑、行人寒风侵骨，全县30个乡镇（街道）干部职工通宵达旦、昼夜联络，精准调度、全面保障，组织上千名群众顶风冒雪、长途跋涉，集中入城参加疫情防控期间劳务输出专场招聘会。经过县乡村三级密切配合，近5000名农民工在工作人员和医务人员的全程护送下，搭乘返岗专车奔赴安徽、浙江、广州、福建等地返岗就业，拉开了我县务工人员“家门对车门、车门连厂门”点对点、一站式劳务输出序幕。2月23日，搭乘有500名镇雄籍务工人员的高铁专列从镇雄站出发，始向浙江省永康市，成为新冠肺炎疫情期间全市劳务输出“点对点”精准协作中的首趟“返岗”高铁专列；2月26日，2020年劳务输出专场招聘会暨“春风行动”专场招聘会在芒部镇松林村举行，现场招聘企业达90余家，提供就业岗位4.5万个以上，来自赤水源、芒部、尖山、木卓、雨河等乡镇（街道）的2900余人现场应聘……

“善飞能舞世人敬，皇天不负有心人。”自 2 月 9 日启动“点对点、一站式”大规模外输工作以来，全县组织高铁专列 10 余次、大巴车辆千余次，累计转移就业劳动力 66.61 万人、占农村劳动力总数 77.8 万人的 86%、同比增长 11.2%（其中“卡户”劳动力 26.44 万人、占“卡户”总劳动力 30.2 万人的 88%、同比增长 15.9%），完成“点对点、一站式”转移输出 76611 人，帮助受疫情返乡回流 1648 人实现“二次就业”，成建制转移组织化率大幅度提升，全县有劳动力的贫困家庭已实现至少有 1 人稳定就业，有力帮助贫困群众稳住了增收“钱袋子”。至 2020 年 9 月底，全县卡户人口人均纯收入全部稳定超过脱贫标准，外出务工工资性收入占收入比例达 79.14%，住房、教育、医疗、饮水有效保障，如期实现脱贫退出。

展未来，我们有“而今迈步从头越”的笃定。“道阻且长，行则必至。”习近平总书记在统筹推进新冠肺炎疫情防控和经济社会发展工作部署会议上强调：“要全面强化稳就业举措，实施好就业优先政策，根据就业形势变化调整政策力度，减负、稳岗、扩就业并举。”务工是贫困人口稳定脱贫的重要渠道，虽然当前全县“两不愁、三保障”问题已得到根本性解决，贫困群众人均纯收入已稳定超过 4000 元，但我县广大外出就业劳动力主要集中于东部浙江、福建、广东等沿海发达地区，多数从事的是劳动比例高于其他生产要素比例的劳动密集型产业，如与之相关的轻纺工业、手工业和服务业等产业。受国际国内经济环境特别是疫情形势发展不确定性影响，加之国家抽查、普查验收在即，要想稳住农村贫困劳动力转移就业“基本盘”，就业扶贫仍然是当前全县脱贫攻坚的重中之重，仍需在“外稳、增输、内转”上接续发力，紧盯贫困对象，聚焦重点群体，既做好外出务工人员的稳就业工作，也要妥善解决好各类失业人员“二次就业”和不能外出人员就近就业问题，持续抓好贫困群众收入巩固提升，为高质量打赢脱贫攻坚收官之战筑牢收入保障。

（作者时任镇雄县人大常委会副主任、镇雄县劳务输出领导小组常务副组长）

推动镇雄交通飞跃发展

鲁绍延

“要致富，先修路。”这是亘古不变的道理。作为镇雄县交通运输局党组书记、局长，我深知，组织安排我到这个岗位，并不是让我去享清福，而是要求我去认真履职，推动镇雄交通实现飞跃发展的。

时间如白驹过隙，转眼就度过了12年的交通生涯。看着这些纵横交错的交通网，我感慨万千。昔日的茶马古道上、曾经马蹄回响的地方，一条条国道、省道、高速公路、铁路穿过山峰、跨越沟壑，如一条条玉带在乌蒙大地的山水间交织成网，共同托起了千百年来镇雄各族儿女梦寐以求的“大进大出、畅通无阻”交通梦想。

2015年，脱贫攻坚战役打响。镇雄是全国的“深度贫困县”，要奔到“小康镇雄县”，中间的这“万里沟壑”，用什么来填补？交通兴，则百业兴；交通畅，则百业旺。这填补就是要靠交通，靠修路，靠广大人民群众的智慧和汗水。

争取投资400多亿元建成公路10000多公里

2007年年底，全县交通固定资产投资仅1亿元，对于有百万人口的镇雄来说，这点资金简直就是杯水车薪。全县30个乡镇（街道）、254个村

5268 个村民小组，3696 平方公里的土地，公路通车里程还不到 3000 公里。全县仅有一条建成的镇毕二级公路 20.3 公里和正在建设的塘房至以勒通乡油路 36 公里，其余公路全为土路。“交通落后、晴通雨阻、边远闭塞”成为镇雄发展的最大瓶颈。

穷则变、变则通、通则达。面对镇雄交通困境，我到任后迅速改变工作思路，树立“静静苦等没有出路，向外争取才有发展”的理念，积极向上级汇报，争取县委、县政府主要领导支持和上级交通、发改等部门项目立项。2008 年以来，争取国家、省、市对镇雄交通投资 400 多亿元，公路通车里程从 2007 年的 2938.456 公里（其中：省道 226 公里，县道 670.44 公里，乡道 2020.544 公里，村道 21.472 公里）飞跃到现在的 13477 公里，纯增 10000 多公里。

2018 年，镇毕高速公路正式通车、成功创建了“全国四好农村公路示范县”，2019 年实现“高铁梦”，镇雄的综合交通建设取得了跨越式发展，初步形成了内联外通的立体综合交通网络，从交通死角变为云、贵、川三省接合部的交通枢纽，由封闭落后的“区位末梢”变为辐射周边的“战略前沿”，让镇雄人民实实在在享受到了交通跨越发展带来的实惠。

上昆进京汇报 10 多次，扳弯两条铁路设站镇雄

2008 年年底，铁道部召开成贵高铁预可研审查会议，确定成贵高铁以隧道方式通过镇雄，不设高铁站。得知这一消息，我立即动身前往威信县，向带队的敖总工程师等 20 多位专家汇报镇雄的基本情况，希望成贵高铁经过镇雄并在镇雄设站，专家一致认为镇雄境内不具备设站条件。为改变专家的想法，我火速邀请时任县长张进一道，向时任市长王敏正报告，请求市长带队到成都中铁二院汇报，中铁二院仍旧认为镇雄境内不具备设站条件。

为实现镇雄交通破题发展，我不达目的誓不罢休。在 2009 年、2010 年

两年间，我在时任县委书记冯学兰的带领下，前后10多次专程上昆进京，到省发改委、中铁二院和铁道部以及国家发改委汇报高铁经过镇雄境内并设站对镇雄经济社会发展的重要意义。铁道部总工程师、中国工程院院士何华武对一个偏远落后的革命老区贫困县长途跋涉跑到首都北京争取项目支持的良苦用心十分诧异和感动。何华武的支持让我看到了胜利的曙光，我们趁热打铁又多次向省发改委领导汇报，现任省发改委副主任周民欣带着我多次到铁道部规划司向领导和专家汇报，终于赢得了上级党委、政府和主管部门的支持，安排铁道部专家到镇雄实地查看了10次，最终同意在镇雄县以勒镇设立高铁站，并把站房面积由3500平方米增加到6000平方米，使成贵高铁项目总投资因在镇雄设站增加了41.4亿元。2019年12月，成贵高铁正式通车，打通了云南、四川、贵州和镇雄连接珠三角、长三角、京津冀等经济发达地区的一条高速大通道，镇雄正式搭上了高铁带动发展的高速列车。

为进一步完善西南地区路网结构，加快川南和黔西北地区的资源开发，加快当地群众脱贫致富步伐，2010年，云、贵、川三省提出建设叙毕铁路，线路起初只规划通过镇雄县坡头镇方向，对镇雄经济发展的拉动作用不大。总结之前积极向上争取成贵高铁建设的经验，县委书记翟玉龙带着我等到中铁二院、国家铁道部和发改委作了5次以上汇报。最终，线路由起初的坡头方向变为经过镇雄县的果珠和以勒方向，并在以勒和果珠设立火车站，满足大型集装箱运输需求。叙毕铁路在镇雄县途经里程为52公里，国家增加投资36.6亿元，已于2016年动工建设，预计2022年建成通车。

争取支持加快高速公路建设

争取滇黔两省领导支持，加速镇毕高速公路建成、镇七高速镇雄段项目落地。

镇毕高速公路是镇雄县连通贵州的重要通道。就地理位置和实际情况来看，镇雄人民在医疗、消费等方面，与毕节市有着十分密切的联系，打通两地之间联系的快速通道是镇雄人民多年的梦想。但是，从高速路建设的实际情况来看，镇毕高速全长 53.75 公里，因贵州毕节境内 40 公里，云南镇雄境内仅 13.75 公里，两段里程悬殊，贵州建设投资巨大，导致前期贵州方对整个高速路建设态度不积极，推进较迟缓。从 2012 年开始，时任县长翟玉龙多次带领我和其他领导同志，向云南、贵州两省的政府、交通厅及毕节市政府协调争取，得到两省省委、省政府和省交通厅的支持和认可，特别是得到时任云南省省长李纪恒和时任贵州省副省长秦如培的大力支持和帮助，对镇雄县境内的 13.75 公里，投资 22.3 亿元，其中云南省政府直接无偿补助投资 3.7 亿元，贵州省投资 16.11 亿元。该项目 2013 年正式开工建设，2018 年正式通车，使镇雄县至毕节市的通车时间由 3 小时缩短为 45 分钟，百万镇雄人民彻底告别无高速公路的历史。

通过与贵州对接成功，促成镇七高速公路落地建设，项目于 2019 年 12 月开工建设，计划 2022 年 12 月 31 日建成通车。镇雄县境内全程长 24.52 公里，途经以勒镇、母享镇、坡头镇，估算总投资 47.77 亿元，是连接宜毕（宜宾—毕节）高速和厦蓉（厦门—成都）高速，打造一条惠及镇雄县和七星关区两地沿线群众的脱贫致富路、文化友谊路和民生发展路。

争取镇果一级公路建设。我在县委翟玉龙书记和张洪坤县长带领下，多次前往省市汇报争取，项目成功落地建设，并于 2020 年 7 月 28 日举行开工仪式，计划 2023 年 7 月底建成通车。该项目是省、市、县三级路网中的重要组成部分，是镇雄县城连接果珠火车站、镇雄通用机场的主要和专用道路。项目起于镇雄县城西北侧桃子沟附近，接宜宾至毕节高速公路威信至镇雄段大湾收费站广场，途经旧府街道、乌峰街道、南台街道、赤水源镇、尖山乡、果珠乡、大湾镇，全程长 71.204 公里，主线长 62.592 公里，连接线长 8.612 公里，主线采用一级公路标准建设，设计时速 60 公里，路基宽 23 米，设置互通式立交 4 处，桥梁 83 座，隧道 15 座，概算总投资 95.33 亿元。

创建全民建管机制，打造全国“四好农村公路示范县”

长期以来，由于县域宽、财力穷，镇雄的交通基础设施建设十分落后，县域区位优势难以转化为发展优势，农村群众生产生活成本居高不下，镇雄区域性整体贫困和深度贫困的标签粘成烙印。

多年当党政一把手的经验告诉我，好的管理机制是好的管理团队的动力引擎。为切实改变镇雄农村交通状况，我带领全县交通人，锁定“打通大动脉，畅通微循环”的工作目标，在全力构建以航空、铁路、高速公路为骨干的综合交通运输体系的同时，创建了全民参与建设、全民参与管理的建管机制，着力打造全国“四好农村公路示范县”，为全县脱贫攻坚提供强有力的交通运输保障。

创新“四好农村公路”建设的“13454”（“1”是一个根本，即：以实施乡村振兴战略、打赢扶贫攻坚战为根本；“3”是三个“强化”，即在“建设好”方面，强化工程投资、强化工程质量、强化工程安全；“4”是四个“狠抓”，即在“管理好”方面，狠抓管理责任制度、狠抓乡规民约、狠抓畅安舒美、狠抓超限超载；“5”是五个“提升”，即在“养护好”方面，提升养护体制制度、提升道路列养率、提升道路路况率、提升道路绿化率、提升道路安防率；“4”是四个“深化”，即在“运营好”方面，深化运营主体责任、深化互联网+交通、深化客运站建设、深化4A及以上城乡一体化发展水平。）工作思路，探索“一事一议”修建村组公路的“1561”（建立县级指导、乡级统筹、村级实施、村民参与的“1个建设机制”；坚持设计和建设方案、项目建设预算和资金管理使用、筑路材料采购使用、筑路机械租用、建设成果“5个公开”；严把党政领导靠前指挥、强化组织领导，搞好宣传培训、把握政策标准，搞好资金监管、着力保护干部，搞好审计监督、节约建设成本，搞好检查验收、严把工程质量，加强督促检查、确保施工安全“6道关口”；实现村民“要我修路”向“我要修路”的思想转变和工程进度快、质量好、环境优、降投资，全县上下合力推进农村公路建设的“1个目标”。）工作方法，共争取国家、省、市资金支持40多亿元，硬化农村公路6000多公里，彻底改变镇雄县农村公路的落后面貌。

2018年9月，镇雄县荣获“四好农村公路”全国示范县荣誉称号，全省农村公路建设推进会在镇雄县召开，学习推广镇雄“四好农村公路”经验。时任省交通厅厅长王云山到镇雄检查时指出：“镇雄县的交通建设在市委市政府大力支持、县委、县政府的正确领导和绍延同志为首的交通队伍的努力推动下，均走在了全省最前列。特别是鲁绍延同志爱岗敬业，甘于奉献，以实现交通大发展为己任的高度责任感打动省厅的各位领导，这也是我们全省交通队伍倡导的一种干事创业品质。我们省厅很乐意将各项计划给予镇雄大力倾斜。”

农村公路交通条件的改善，极大地降低了群众生产生活成本，带动全县877个农业专业合作社形成，有效促进了镇雄县农特产业发展，云栗、云笋、竹子、天麻、核桃、白茶、木漆等一批农特产业逐步成形，全县22万建档立卡贫困人口参与发展产业，为2020年镇雄县整体脱贫摘帽奠定坚实基础。

截至目前，已有陕西省、贵州省、四川省和省内的10多个县区100多人次到镇雄县调研学习，将镇雄县“四好农村路”工作经验推广应用，中央电视台、省、市多家媒体作了专题报道。

干一行爱一行，干一行成一行，干一行亮一行。我用12年的时间和一生的黄金时段与交运局的干部职工实现了镇雄人的“高速梦”“高铁梦”，用实际行动践行了一名共产党员坚决打赢脱贫攻坚战的诺言。12年拼搏，历尽艰辛、绞尽脑汁；12年奋战，无怨无悔、无愧于心。实施乡村振兴战略，镇雄未来的交通建设任重道远，我将信心十足，以永不懈怠的精神，一往无前的奋斗姿态，坦然微笑的态度，面对任何挑战。

（作者时任镇雄县政协副主席，交通运输局党组书记、局长）

第二编　产业就业扶贫

“农”墨重彩助脱贫

镇雄县农业农村局

农业稳，天下安。作为一个农业大县，近年来，镇雄县委、县政府立足本地资源优势，大力发展特色农业、品牌农业、规模农业和绿色农业，充分发挥龙头企业的带动作用，做大做强农产品精深加工，延长产业链，提升附加值，打造特色农业品牌，打通“绿水青山”向“金山银山”转化的双向通道，推动了县域经济加快发展。

在决战决胜脱贫攻坚的进程中，农业的健康持续发展尤为重要。近年来，镇雄把脱贫攻坚和现代农业发展紧密结合起来，建立健全合理完善的利益链接机制，注重脱贫质量，激发贫困户内生动力，增强自身发展能力，多措并举统筹推进脱贫攻坚工作，帮助贫困户早日脱贫，走出了一条切合镇雄实际的带贫益贫新路子。

优化顶层设计，为镇雄农业描绘一张美丽的蓝图

下发关于加快推进农业产业扶贫的意见，根据全县气候特点和资源优势，结合脱贫攻坚急迫需求，确立了“1+3+N”产业发展布局，把产业

规模大、发展基础好、带动能力强、见效快的竹子产业确立为“一县一业”，把马铃薯、生猪、蔬菜确立为农业产业扶贫的三大主导产业，在集中拳头力量做大做强“一县一业”和主导产业的同时，努力发展壮大肉牛、板栗、水果、中药材等传统特色产业，积极发展养兔、养蜂等新兴特色产业，通过努力逐步形成大支柱“顶天立地”、小产业“铺天盖地”的齐头并进良好格局。

秉承“绿水青山就是金山银山”理念，镇雄把竹产业作为“一县一业”全力打造，为广大山区群众种下了取之不竭的福祉。众所周知，镇雄早有笋竹种植传统，由于地理环境优越，方竹笋、筇竹笋以特有的品质纯净、脆嫩鲜美而闻名，“彩云之南出云笋”，很多人正是看到了央视播放的这则广告，才品尝到镇雄竹笋的鲜美。

坚持“市场引领”和品牌创建，镇雄延伸产业链条，支持黑颈鹤公司建成年产 3200 吨鲜笋全自动标准化生产线，并成功打造“云笋”品牌，积极带动县内竹产业品牌化、产业化发展。截至目前，全县共建成竹基地 65 万亩，竹子种植、竹林提质增效及配套基础设施项目，覆盖全县 3.56 万户 13.53 万贫困群众，投产区受益建档立卡贫困户年户均增收 8000 元，杉树乡细沙河村因“种竹致富”被国家 8 部委联合表彰为“全国绿色小康示范村”。

着眼壮大生猪、马铃薯、蔬菜“三大主导产业”，镇雄大力推进猪猪侠 50 万头生猪养殖、根源 30 万头乌金猪、佑康 25 万头生猪项目建设，推进 30 万亩马铃薯标准化生产基地和 10 万亩订单蔬菜种植。2019 年，全县种植马铃薯 75.2 万亩，带动 8.5 万户建档立卡贫困户户均收入 5250 元；出栏生猪 102 万头，带动 7.7 万户建档立卡贫困户户均收入 6660 元；种植蔬菜 32 万亩，带动 6.2 万户建档立卡贫困户户均收入 5096 元。

强化组织保障，努力扣好精准扶贫第二粒“扣子”

近年来，镇雄成立了由县长任组长的产业扶贫工作领导小组、县长任指挥长的农业产业扶贫指挥部，紧锣密鼓地抓好农业产业发展助推脱贫攻坚各项工作。全县各级干部深入村组农户、田间地头，切实提高政治站位，强化组织领导，层层压实责任，形成了“齐抓共管、合力攻坚”的生动局面。

近年来，镇雄在县领导小组、指挥部的统筹指挥下，县农业农村局、县林业和草原局、县高原特色农业发展中心严格按照全省脱贫攻坚县级项目库建设安排部署和省市对“村村清、户户清”的要求，采取自下而上的精准和自上而下的统筹相结合，因地制宜，精准编制农业产业项目库。脱贫攻坚县级项目库、乡级路线图和村级施工图建设得以逐步完善，到户措施得以明晰；编制年度脱贫攻坚任务清单，做到项目精准、措施精准，努力扣好了精准扶贫第二粒“扣子”。

深化党建引领，创建良好的增收创收的机制

近年来，镇雄不断加快党支部+合作社发展进程，努力发挥党支部在基地、合作社、农户之间的桥梁纽带作用，带动村集体稳定增收。引导合作社科学管理、规范运营，把合作社建成真正推动产业发展、带动贫困户增收脱贫的经营主体。目前，全县有农民专业合作社980个，其中党支部+合作社149个，实现了农业龙头企业、农民专业合作社等新型经营主体对235个贫困村和有条件发展产业的11.54万户54.42万名贫困人口的覆盖。

近年来，镇雄围绕“一县一业”、三大主导产业、传统特色产业和新兴产业，大力构建“党支部+合作社+贫困户”“企业+合作社+贫困户”“合

作社+基地+贫困户”等模式，通过资金入股、土地流转、劳务用工、订单农业、代养、产业示范、资产收益等方式不断密切利益联结，将企业、合作经济组织、建档立卡贫困户结成命运共同体，让产业发展进一步聚集到带动建档立卡贫困户增收上来。

近年来，镇雄按照“老产业+新理念、新机制、新技术=新产业”思路，构建“大产业+新主体+新平台”发展机制，切实提高标准化、规模化、品牌化、市场化水平，推动农业产业健康快速发展，带动贫困群众稳定增收脱贫。2019年，完成农林牧渔业总产值47.34亿元，同比增长7.02%；实现农村常住居民人均可支配收入10600元，同比增长11%。2020年，全县可实现农林牧渔业总产值增长6%以上，农村常住居民人均可支配收入增长10%以上。

多元化培优，促进贫困群众增收致富

近年来，镇雄大力稳定粮食生产。镇雄认真落实粮食安全“行政首长”负责制，大力实施“藏粮于地”“藏粮于技”战略，在稳定粮食种植面积的同时，加大农业科技措施推广利用，不断提升土地产出率，确保粮食安全。2019年，全县完成粮食播种面积207万亩，实现产量47.16万吨。2020年，全县完成粮食播种面积205万亩，可实现产量增长1%以上。

近年来，镇雄加快推进竹产业发展。依托竹产业资源优势和龙头企业带动，按照“一区一带”（一区：花山—赤水源竹产业核心经济示范区；一带：场坝—以古竹产业生态经济示范带）布局，大力推进竹子种植、竹林提质增效和配套基础设施，带动竹产业快速发展。2020年，全县完成幼竹林抚育14万亩，配套修建管护道300公里。依托退耕还林，再新植竹子35万亩，全县竹子面积年底可达100万亩。

近年来，镇雄加快推进马铃薯产业发展。按照良种良法、高度组织化、党支部+专业合作社“三个全覆盖”要求和统一良种、统一规范种植、统一中耕管理、统一收获储藏“四统一”技术规范，推进马铃薯产业提质增效，逐步健全良种繁育、商品薯种植、市场流通、精深加工产业链条，推动马铃薯产业化发展。2020 年，全县发展马铃薯种植 74 万亩，实现产量 137 万吨、产值 16.44 亿元，带动建档立卡贫困户 7.23 万户户均净增收 1170 元。

近年来，镇雄加快推进以生猪为主的养殖产业发展。依托龙头企业带动，大力构建“以龙头企业为平台、合作社为纽带、农户（建档立卡贫困户）为主体”的养殖模式，开展适度规模饲养或代养，积极引导和强化粪污资源化利用。完善疫病防控和质量安全体系建设，切实筑牢疫病防控屏障，推动以生猪为主的畜牧养殖快速发展。2020 年，全县计划完成生猪出栏 115.66 万头，实现产值 22.8 亿元，带动 7.9 万户建档立卡贫困户户均净增收 1465 元。截至 7 月底，全县已出栏肥猪 62.74 万头。

近年来，镇雄加快推进蔬菜产业发展。坚持一二三产业融合发展理念，以“绿色、融合、循环、创新、高效”发展为导向，全面提升蔬菜生产区域化、规模化、标准化、品牌化、信息化、特色化水平。大力发展以外销为主的特色冷凉蔬菜，以内需为主的特色花果类蔬菜种植。2020 年，全县计划完成蔬菜种植 32 万亩，实现产量 57.6 万吨，带动 6.35 万户建档立卡贫困户户均增收 691 元。

近年来，镇雄加快推进产业扶贫项目建设，强化贫困群众稳定增收。全面落实财政涉农资金对产业发展投入的刚性要求，切实加大对农业产业扶贫的投入力度。规范扶贫资金整合、管理，确保用于产业扶贫的资金额不低于全县扶贫资金总额的 30%。

“竹”梦前行奔小康

杨文明　王　宁　王云贵

“原来靠吃野菜填肚子，现在顿顿都有油水！”云南省镇雄县杉树乡细沙河村苗族汉子张江海，新春迎来了好日子。

记者从昆明飞贵州毕节，再经毕节进入镇雄县，途中几次下车呕吐，中午 12 点出发，晚上 12 点才抵达张江海家。“乌蒙磅礴走泥丸”，到了这里才知此言不虚。

因为交通不便、气候“高冷”，直到 21 世纪初，细沙河村绝大多数村民还“住着破房子，手里没票子”，张江海更是要靠野菜才能填饱肚子。

粮食不够吃，村民便把地一片片开垦到山顶上。杉树乡没了杉树，建房都要跑到邻乡盗伐。

2002 年，细沙河迎来了扶贫队，云南省林业厅帮扶干部韩文洪敲响了张江海家的门。“退耕还竹，前 8 年每亩补助 300 斤玉米、20 块钱，相比山上一两百斤玉米的亩产量，咱可以好好算算账！”“种竹子，吃叶子？”张江海说得不客气。

好说歹说，张江海终于同意退耕。“2003 年开春，补助的玉米到手，看到实实在在的好处，我才算‘认账’。”

2008 年，张江海家的竹笋进入盛产期，亩产两三百公斤。可由于交通不便，山外竹笋商每斤收购价不到一块钱。“比种粮食强不少，可离脱贫还有距离。”林德华等几个脑子活络的村民开始做起收购买卖，山沟里也有了竞争，竹笋价格开始上涨。

村里人眼见着退耕种竹的人家过上了好日子，纷纷自发改种了方竹。有些土地不符合退耕还林标准没补贴，但村民觉得收入高些，还能腾出时间打工，也都调整了种植结构。

2014 年，当地政府对张江海所在的村民小组进行易地搬迁。张江海咬了咬牙，靠着政府补助、银行贷款，盖起了新房，终于搬出了深山。

不过，12 亩竹子年收入一万二，碰上价格波动还可能会减少，张江海上有老下有小，加上还账，一家六口还在贫困线上“打转转”。

好在 2015 年杉树乡引进了竹笋加工厂，张江海又多了一部分务工收入，一个月工资 1500 元，光这一项就过了脱贫线。“2014 年建房贷的 3 万元，现在已经全还清！”张江海盘算，攒下点钱就再种些天麻，“林业部门给技术指导，种天麻收入更高！”

虽是寒冬，细沙河村却满眼苍翠，“靠山吃山，吃得长久才心安，我的存款在山上。”张江海指着满山的竹子说。

上面这个故事，刊载于《人民日报》2017 年 2 月 4 日 1 版，标题叫《云南省镇雄县细沙河村村民张江海——“我的存款在山上”》，他的作者，正是人民日报记者杨文明。

杨文明讲述的这个故事，不是特例。

2020 年秋笋收购已近尾声，碗厂镇庆坝村村民杨发全说：“今年收成还行，我家 17 亩收了 5700 斤，卖了 2.5 万元左右。”庆坝村村民张廷富抢着说：“我家 15 亩，也有 5200 斤左右，卖了 2 万元多一点。”杉树乡细沙河村火山村民组的贺大林说：“今年收成不太好，我才有 6 万元不到点。”白岩村张明辉接过贺大林的话说：“你家算好的了，岩上吴远强、杨邦富和我三人都才只是三四万元呢！”……村民算账是谦虚的，内心的满足写在了脸上。

“滔滔赤水，秀峰兀然。魂系大海，呼啸山川。”“云晴天宇阔，山静水声幽。竹海邀夕照，峰峦醉客流。”作为赤水河的发源地，赤水、夕照、峰峦、竹海是这里最美的风景。在这片广袤的土地上，作为真正的“绿色银行”，气势如虹的镇雄竹产业，正带领广大“竹农”走向一个更加美好的未来。

发展镇雄竹产业，最大推手是县委、县政府，最大的纽带则是脱贫攻坚。

在镇雄，人们无时无刻不看到政府这只有形的手，在依托脱贫攻坚产业建设项目托举起全县竹产业的兴旺发展，急速前行。

在镇雄，竹产业的成功还是数以万计的干部职工、各级扶贫工作者和群众前赴后继的结果。镇雄发展竹产业，经历了三次飞跃。

第一次飞跃，源于 2002 年国家的重大政策——退耕还林。

当时，省林业厅在杉树乡挂钩扶贫，时任省林业厅副厅长的冷华带领厅有关处室领导赴镇雄深入调研，选定杉树乡的杉树村、细沙河村为省林业厅 2002 年至 2003 年挂钩扶贫村，并以退耕还林为契机，在这两个村大力发展方竹、筇竹等笋竹产业，实现产业扶贫目标。

2003 年 12 月，在杉树乡细沙河村、杉树村建起竹林基地 17744 亩，其中方竹 15744 亩、筇竹 2000 亩。2004 年后，省林业厅的挂钩扶贫点转移到碗厂镇，又在该镇官房村依托退耕还林发展竹产业 4820 亩、依托竹藤基地建设项目发展竹产业 1.3 万亩，并带动花山、罗坎、五德、牛场等乡镇大力发展竹产业。

2009 年年底，全县竹林面积达 6.5 万亩。其间，新华社、人民日报、绿色时报等 14 家主流媒体先后采访报道了镇雄的竹产业，杉树乡细沙河村因竹产业发展得好被国家 8 部委联合表彰为“全国绿色小康示范村”。

第二次飞跃，起于 2009 年 12 月 18 日召开的镇雄县林业产业发展专题办公会议。

那次会议，确定了未来三年镇雄以核桃、木漆和竹子基地建设为主的发展目标，并决定每年财政预算安排 1500 万元资金支持核桃、木漆、竹子三大产业发展。同时，成立镇雄县林业产业发展工作领导小组，下发了关于加快林业产业发展的实施意见，召开全县林业工作视频会议，并组织林业部门编制林业产业发展规划。通过这一阶段的发展，全县竹林面积得到有效提高，产业规模得到扩大。截至 2015 年年底，全县竹林面积达 21 万亩，有竹笋加工企业 3 家。

第三次飞跃，也是最大的一次，是镇雄县制订了“1+3+N”的产业发展思路。

2016 年，为落实党中央、国务院精准扶贫、精准脱贫基本方略，实现发展特色产业脱贫目标，镇雄县委、县政府制订了“1+3+N”产业发展思路，明确竹产业为今后“一县一业”主打产业，作为脱贫攻坚的巩固支撑和乡村振兴的主要载体。发展思路明确提出，到 2022 年，新建标准化竹产业基地 65 万亩，实现竹林累计面积达 100 万亩，竹产业总产值突破 7 亿元；到 2025 年，竹业综合产值突破 10 亿元，成功打造“方竹之乡”“云笋”2 个国家级品牌产品，最终实现镇雄竹产品沿“一带一路”打入国际市场的目标。

截至 2020 年 9 月，镇雄竹产业发展也初见雏形，竹林保有面积已达 65 万亩，除杉树、碗厂、花山、牛场、罗坎、盐源、以古、林口等重点分布区外，其余乡镇、村（社区）均有不同规模的分布，竹业覆盖 3.56 万户 13.53 万名群众。年鲜笋产量突破 10000 吨，笋总产值实现 9000 多万元；竹材产量 800 吨，实现产值 320 万元。有竹笋经营企业 10 家，年鲜笋加工能力超过了 8000 吨，以清水笋、开袋即食笋等系列产品为主。

这些年来，为做好“竹”文章，镇雄拿出了绣花功夫，努力把小小笋竹建成大产业。

2018 年 12 月 2 日，昭通市委书记杨亚林到镇雄调研竹产业发展时明确提出：“努力把竹产业培育成为全市高原特色优势产业和主产区群众脱贫致富的支柱型产业。”在随后一年的时间里，杨亚林五次到镇雄调研，每次必关注镇雄竹产业建设。

近年来，镇雄县委书记翟玉龙、县长张洪坤多次深入竹子种植一线督查竹产业建设，要求大家要在管护提质上下足功夫，管好新竹林，改好老竹林，做强大竹业。

这些年来，县政协带领挂包乡镇赤水源镇两年营造竹林面积2.5万亩，硬是让一个一穷二白的银厂村变成了满山翠竹的全市脱贫攻坚产业建设示范村。

仅仅是主要领导重视，显然不够。为做“精”竹产业，县委、县政府多措并举，科学规划布局，坚持“因地制宜，适地适竹，笋用为主，笋材结合，综合利用”原则，科学谋划方竹、筇竹等笋用竹种植区。结合实际，依托退耕还林工程，在乌江、白水江、赤水河等三大水系及大水沟水库、胡家山水库、林口水库等流域范围内的杉树、碗厂、花山、赤水源、坪上、盐源、罗坎、牛场、五德、塘房、林口、芒部、雨河等乡镇，种植以方竹、筇竹两个重点笋用竹为主，楠竹、水竹、慈竹、苦竹、斑竹等材用竹为辅的竹林基地。

2020年，全县完成新植竹林基地30万亩；通过实施提质增效、改造低效竹林，强化现代竹产业示范引领、推进竹产业专业化升级发展。按照“交通便利、集中连片、示范带动”原则，着力打造竹产业“两线”（花山到赤水源、场坝到以古）“两园”（杉树、碗厂，以古、场坝）引领示范，形成竹产业质量好、风景美的发展格局；根据森林资源现状和竹产业发展需求，不断加强重点竹区农村水、电、路、通信、网络等配套基础设施建设，特别是入林干道及林间作业小道建设，切实解决竹笋（材）下山难、运输难、成本高、资源可及度低等问题，提高资源利用率，方便竹产区群众生产生活。

这些年来，为做“细”竹产业，县委、县政府着力培育龙头企业，推进品牌建设。通过招商引资，引入黑颈鹤生物开发科技有限责任公司，现已培植了以方竹种植和竹笋加工为主的市级龙头企业，该公司已完成标准化方竹种植基地1万亩，带动杉树、碗厂两个乡镇农户种植方竹10万亩，带动农户2000余户，户均增收8000余元。在杉树乡细沙河村投资3655万元建设完成年产3200吨鲜笋全自动标准化生产线一条，解决固定就业65

人、临时就业2000余人，固定员工人均年收入3.5万元、临时员工人均收入3000元以上。在碗厂建设占地面积60亩的笋加工厂，其中一期新建生产加工区约15000平方米、研发中心综合楼3000平方米、产品展示展销区4000平方米，建设周期计划半年；二期开始投入建设生产加工区15000平方米及相应配套设施。建设总投资约4000万元，目前笋厂建设基本完工。

这些年来，为做“恒”竹产业，县委、县政府多方筹措资金，加大产业投入。2019年，通过积极争取上级项目资金和整合县级产业扶贫资金，整合县级资金1782.98万元，对全县59432.8亩低效笋用竹林进行提质改造；整合县级资金1238.16万元，对新种植的82251.4亩幼竹林进行除草扩塘、施肥和盖膜；整合县级资金1730.92万元，在竹子基地建设营林生产管护道116.3公里，建设管护房10间。2020年，完成林产业抚育241896亩，其中幼竹林抚育15.5299万亩。建设营林生产管护道300公里、管护房30间，完成投资4944万元。项目的实施，有效推动了全县竹产业规模化、专业化、品牌化发展，竹产业正在成为竹区群众脱贫致富的支柱产业。

这些年来，通过“绣花”功夫和广大干群的务实工作，全县竹产业迅猛发展。特别是竹笋产业，由于镇雄所具备的特殊地理位置和气候环境条件，所产的高山小型竹笋原生态、清甜爽嫩、香脆可口，名气越来越大，发展势头越来越猛，喜爱的人越来越多，对全县贫困群众脱贫致富的助推作用不断显现，小小竹笋也初现大产业的风采，亮相更大的舞台。

2019年5月13日起，中央电视台拍摄的“镇雄云笋”精准扶贫广告，在中央广播电视总台各大主流频道连续播出，有效提升了镇雄竹产业的品牌效益和价值。

2019年6月14日，由国务院扶贫办、商务部、财政部和中央广播电视总台、央视财经频道共同主办的“2019中国电商扶贫行动”第二站走进镇雄，以网络直播的形式，再现云笋系列产品的生产、加工、储存等工序，宣传推介以云笋为代表的明星脱贫产品。

截至2020年10月10日，“云笋”网上订单累计达18814件，成交金额376.3万元；南博会现场销售2800多件，成交金额56万元。

镇雄重点发展的方竹、筇竹两个品种，都是对地理环境要求不太严、不太高的高山小型竹种，在竹类植物中可谓出身“寒门”，但其笋质均是目前世界上最好的笋子品质，可谓山珍。其中，方竹被我国著名林学家陈嵘教授称赞是“竹笋之冠”，筇竹则有“竹类之父”“笋中之王”的美誉，这两个品种无论是在笋、材、竹炭、园林等领域，都还有大片的处女地等待开发。寒门山珍未来可期，砥砺奋进竹梦前行，镇雄竹产业的春天即将到来。

描写镇雄竹产业“春天的故事”，除了各级党委、政府，离不开广大干部群众，离不开“存款在山上”的竹农，这当中，就有以“竹子富民”为己任的林业人。

竹林，绿了山头富了民。“我们依靠竹子脱贫，不会忘记一个人——王宁。有他提供技术支持，我们在这条路上很放心。”原碗厂镇官房村党组织书记范泽香直言。

“他培训过我们”“他为我们提供栽种管护技术指导”，走进盐源镇温水村、盐溪村，罗坎镇落尾村、军备村，以古镇岩洞脚村，果珠乡高坡村……竹农们不断提起王宁，总能听到这样简单质朴深情的话。

王宁，镇雄县林草局总工、正高级工程师，镇雄县中青年学术技术带头人、昭通市林学会会员、中国竹子分会会员、全国绿化奖章获得者。

王宁与竹的故事，当从2002年云南省林业厅挂钩帮扶镇雄县杉树乡说起。

那年春天，时任镇雄县林业局项目办主任的王宁，参与了原云南省林业厅组织的专家组，先后两次到杉树乡调研，结合专业实际，共同为该乡定下了发展竹子产业这一主攻方向。从此，竹子富民与他结下了不解之缘。

2005年到2015年，王宁带领一个课题组先后多次到杉树乡细沙河村和碗厂镇官房村开展丰产培育技术研究。经过一年多的课题研究，建立了金佛山方竹丰产培育试验示范基地，收集了大量基础数据，并通过数据处理，形成了不同施肥量在金佛山方竹丰产培育过程中的试验分析、金佛山方竹的采笋技术问题探讨、金佛山方竹丰产培育技术等专业成果。

王宁认为，镇雄发展竹产业应以发展方竹和筇竹两个竹种为主，理由是镇雄是世界筇竹资源的分布主产区、重点区，也是方竹适生区，这两个以产笋为主的高山小型竹种在镇雄的笋产量和品质独一无二、无地能及。现在，他的竹子富民理想有了政策支持，全县到2020年实现100万亩保有量的目标在他的眼前真是金山银山的绝美画卷。王宁这位名副其实的“懂竹人”，终于有了发挥一技之长——指导培训落实好竹子种植管护技术。

2017年以来，针对镇雄竹笋经营中冷藏、保鲜和精深加工瓶颈问题，王宁先后4次把我县竹笋送检，多次向我国竹类学家——南京林业大学丁雨龙教授请教竹笋栽培和品质等问题，向国际竹藤组织干事李晓霞女士求教竹笋冷藏、保鲜技术，通过他们的关心帮助，成功将马口铁包装竹笋贮藏技术引入我县竹笋企业，替代了原有的大池盐水贮藏，使我县竹笋产品现已按市场准入原则成功进入了长三角地区和海外市场。

王宁主持或参与制订了有关竹产业发展的一系列技术文本，在海拔高达2200米的花山乡小煤洞成功推广竹林丰产培育试验示范技术，为全县竹产业发展打牢了技术基础。在培训中把竹林管理、施肥方法、竹笋采收中的“四采四留”等关键技术，无偿传授给群众，培训出了像罗修全、李堂祥、杨银贤等这样竹林经营管理好手，通过他们带动农户，带动了一方产业发展。

2017年1月以来，先后3次带领乡村领导、贫困户、驻村扶贫工作队队员等200余人次，前往四川宜宾、屏山、兴文等地学习竹林产业发展先进经验，并邀请当地专业技术人员到镇雄进行培训、讲解，让干群和贫困户掌握产业发展技术，现场开展技术指导，项目覆盖建档立卡贫困人口12631人。

“我家有四五十亩地，全部拿来栽竹子，一季笋子有万把两万元，两季笋子有四五万元，不出门都能轻松脱贫。”杉树乡瓦桥村竹农、建档立卡贫困户王开仙谈起王宁指导她家栽种、盖膜、施肥的细节，掩饰不了内心的喜悦和感激。

如今，镇雄县很多乡村，郁郁葱葱的竹林令人赏心悦目，走进其中，宛如徜徉在绿色的海洋。这个以专业技术为支撑的脱贫攻坚产业，正在镇雄不断发展壮大、未来可期。而以王宁为代表的护“竹”使者，仍然坚定行走在全县的坡坡岭岭……

（作者杨文明系《人民日报》社记者，王宁系镇雄县林草局高级工程师，王云贵时任镇雄县人社局办公室主任）

“金疙瘩”成致富果

张清会　吉　勇

洋芋、土豆、马铃薯，一天三顿都要有。作为一种农作物，马铃薯的种植历史悠久。不过，它来到镇雄的时间并不算太长。

清代前期，马铃薯作为蔬菜传入镇雄，道光年间（1821—1850）提倡马铃薯作为粮食作物；民国时期，马铃薯种植面积逐步扩大，镇雄县逐渐成为全省马铃薯主产区之一，并形成了不同的种植模式；20世纪90年代，镇雄县马铃薯发展呈现出面积不断增加，产量不断上升的态势。

1992年，镇雄开始引进马铃薯脱毒种薯生产技术，开始脱毒种薯的生产和推广利用，同期对马铃薯病虫害防治进行攻关，推动了镇雄马铃薯的科技进步，促进了马铃薯生产的发展。

近年来，全县每年马铃薯种植面积74万亩左右，种植面积占全市的四分之一，成为昭通最大的马铃薯生产县，被首届中国农民丰收节中国最美食材推介活动组委会评为“十大马铃薯主食化示范基地县”。认真梳理上面这个时间轴，不难发现，“小土豆”长成“大产业”“金疙瘩”变成“致富果”的发展历程，正是镇雄广大干群上下一心，向土地要产出和收益的过程。小小马铃薯拓宽了群众增收致富路，成了镇雄县五德镇鹿角坡村贫困群众的“致富果”。

深秋时节，正值马铃薯收获期。五德镇鹿角坡村马铃薯基地，已经看不见马铃薯的枝叶，一行行隆起的泥土中马铃薯已经成熟，正待挖收。作为助力脱贫攻坚发展的产业之一，马铃薯已成为鹿角坡村群众脱贫致富的“金元宝”，拓宽了群众增收致富路。

鹿角坡村大麻村民组的殷仁权一家5口人，是建档立卡贫困户，曾经因为患有慢性病，殷仁权无法外出务工。2018年起，村民们把大部分土地流转给了镇雄县祥宏农机种植、养殖农民专业合作社种植马铃薯。殷仁权家7亩土地也以每年2700元的价格流转给了合作社，他在马铃薯基地务工，管理仓库、组织种植、挖收等。活不累，但收入却不低，一年能挣4.5万多元。其他时间还可以在家附近打零工，每年也能有两三万元的工资。这让殷仁权感到很是满意，一家人的生活也是过得红红火火。

2020年，合作社共流转土地500亩种植马铃薯，经测产亩产为2.6吨。为了推动全村马铃薯产业更加专业化、多样化和标准化，鹿角坡村还专门引进了“青薯9号”，延长贩卖周期，进一步降低了市场风险。

双山村民组的代元斗老人一家有10多亩土地，由于土地不平，多是山地，机械不能操作，老人便从合作社免费领来种薯种植，在合作社技术人员的指导下，产量比之前的传统种植提升了很多。看着堆在楼里的一个个“金元宝”，代元斗老人乐得合不上嘴。

老百姓能搂上“金元宝”，与各级党委、政府的高度重视、周密部署分不开。

近年来，昭通市委、市政府把发展马铃薯产业作为助推脱贫攻坚的六大农业产业之一，对发展马铃薯产业进行了全面系统的安排部署。

镇雄县委、县政府高度重视，紧紧抓住国家大力推进马铃薯主食化战略契机，利用贫困山区土地多和马铃薯产业门槛低等特点，把马铃薯作为农业产业扶贫的三大主导产业之一，出台了马铃薯产业助推脱贫攻坚的意见，制订马铃薯生产技术标准，狠抓种薯繁育、示范样板、基地打造、精深加工及组织、投入、技术等保障工作，着力推进由注重马铃薯生产向产业培育转变，把“小土豆”做成“大产业”。这些年来，镇雄积极申报马铃薯高产创建、马铃薯极量创新、马铃薯栽培试验示范等项目，通过不断试验示范，将积累的栽培经验付诸实践，其中高厢垄作、双行垄作、测土配方施肥及病虫害统防统治、全生物降解膜的覆盖等栽培技术广泛应用于生产，特别制订了相应的绿色高产高效种植技术规范，大幅度提升马铃薯标准化生产水平和农户种植水平。

这些年来，在建好种植基地基础上，镇雄县充分考虑气候、地理等条件，精细识别马铃薯在镇雄不同区域增加农民收入和消除贫困中存在的关键技术问题，规划布局适宜马铃薯种植的区域，加大机耕路、排涝沟、灌水池等必要设施的建设力度，推动马铃薯规模化、标准化生产。重点打造了以泼机、林口、芒部、花山、以古为核心，覆盖周边乡镇的五大商品薯种植区 45 万亩，其中鲜食马铃薯 20 万亩、加工型马铃薯 20 万亩、饲用型马铃薯 5 万亩。

这些年来，镇雄县精心打造能充分展示马铃薯产业组织化、规模化、标准化发展的核心示范区，充分发挥农技推广的示范引领作用，提高马铃薯生产水平，辐射带动全县马铃薯产业整体提升。重点在马铃薯主产区建立品种展示和配套栽培技术试验示范基地，围绕马铃薯产业需求和节本增效，重点建设马铃薯标准化种薯繁育示范 3000 亩。在五大商品薯生产区建设马铃薯绿色高产高效千亩示范 5 片，建设马铃薯千亩极量创新试验区 1 个，“早春马铃薯 + 青饲玉米或特色经作”两季净种模式千亩示范样板亮点工程 2 片，马铃薯品比试验区 2 个、肥效试验区 2 个、病虫害防治试验区 2 个。

这些年来，镇雄县依托高度组织化，精确把握各类区域的马铃薯种植节令，最大限度避开降雨集中时节，减轻晚疫病和田间烂薯风险。建立气象、防雹等部门高效协作工作机制，提高极端天气等自然灾害应对处置能力和效率，尽最大努力降低极端天气对马铃薯产业的不利影响，减轻马铃薯种植过程的灾害损失。充分考虑马铃薯产业发展的现实需要，制订相关鼓励政策，“有能人找能人、没能人找村委”，精选扶持一批想做、会做、能做的马铃薯产业经营主体，加快培育善经营、懂管理的马铃薯营销户或职业经纪人，以农民专业合作组织为纽带形成共享共赢的利益联结机制，实现小农户生产和现代农业共同发展。加强马铃薯交易市场和仓储设施建设，开拓比邻县的西南片区市场和对口帮扶镇雄的东莞市华南片区市场；建立“马铃薯专业合作社+营销经纪人+网络信息平台+产品批发市场”立体营销网络，探索“产前签订单，产中推技术，产后抓营销”生产组织模式，构建了集产、供、销于一体的市场流通机制。

2020 年，按照产业扶贫规划，镇雄全县种植马铃薯 74 万亩、鲜薯总产量 137 万吨，实现收入 16.44 亿元。工作中，各级各部门精心组织，认真落实“良种+良法”“合作社 + 贫困户”“党支部 + 合作社”“三个全覆盖”要求，组织群众大力发展马铃薯产业，在贫瘠的土地上种出脱贫致富“金疙瘩”。

“良种+良法”全覆盖，实现种植标准化。通过县外调运、县内自行繁育相结合，全县实现了马铃薯种植良种全覆盖。五德镇鹿角坡村代前坤家有土地 17 亩，过去自种马铃薯撑破天也只能达到 0.8 吨 / 亩，2020 年在祥宏农机化种植养殖农民专业合作社的带动下，9 亩土地流转给合作社集中繁育种薯，剩余 8 亩也在合作社的指导下按照良种良法自种了马铃薯，仅马铃薯一项就增收 5.22 万元，顺利实现脱贫。

“合作社+贫困户”全覆盖，实现经营市场化。按照“有能人找能人、没能人找村委”的思路，通过能人领办、村干部创办两种途径，全县 29 个乡镇（街道）成立马铃薯专业合作社，马铃薯主产区农户全部加入合作社，通过“合作社+农户”模式，实现小生产与大市场有机联结，提升生产水平和经济效益。林口乡林口村邓声仲家每年都要种植马铃薯 15 亩，过去收获的鲜薯除了人吃、喂猪外，基本卖不出去，每年要白白烂掉 4 吨左右。邓声仲说，2020 年好了，村里成立了军巴种植养殖农民专业合作社，马铃薯挖出来就有人到地里收购，家里除了留足人吃的外，卖出 20 吨，马铃薯产业增收 2.8 万元。

“党支部+合作社”全覆盖，实现高度组织化。在马铃薯产业发展过程中，充分发挥村级党组织在合作社、薯农之间的桥梁纽带作用，通过党支部开展群众宣传发动、合作社运营监督，实现村集体、合作社、农户共赢发展。2018年，五德镇鹿角坡村祥宏农机化种植养殖农民专业合作社在村党总支的宣传发动下，开展马铃薯二级种薯繁育800亩，平均产值2.5吨/亩，是传统种植的2.5倍，极量创新地块达到4.23吨/亩。合作社实现纯利润100万元，带动380户贫困群众获利267.8万元，实现全部脱贫；村集体获得经济收益5万元，“党支部+合作社”模式在带富群众的同时，也解决了集体经济“空壳村”问题。

良策雄开新画卷，古邦盛产“金疙瘩”。镇雄县在马铃薯产业发展的道路上，凝心聚力交出了带动广大群众增产增收的良好答卷，如今马铃薯产业在大雄古邦已开出了鲜艳的花，结出了丰硕的果。

（作者张清会系镇雄县融媒体中心记者，吉勇时任镇雄县农业推广中心主任）

“猪”来运到　圈中有财

申时华　刘雪梅　张光英

生猪养殖事关国计民生，事关百姓餐桌。对镇雄来说，生猪产业还事关全县脱贫攻坚。镇雄是云南畜牧养殖大县，也是全国生猪调出大县。2019年，生猪产值达21.5亿元，占据了整个农业产业的“半壁江山”。

按照镇雄县确定的“1+3+N”产业发展布局，生猪产业作为全县三大主导产业之一，必须加快推进其健康持续发展。近年来，镇雄县各级各部门围绕“通过2至3年发展，生猪产值达到50亿元，逐步实现由生猪生产大县到生猪产业强县的跨越”这一发展目标，采取各种有效措施，大力发展生猪产业，其经济效益不断显现。

产业培育离不开资金投入。镇雄通过政策引导和适当的资金支持，吸纳更多的社会资本注入，把产业做大做强。在大力宣传省、市生猪产业发展政策和生猪调出大县项目政策、粪污资源化利用项目政策的同时，制订了生猪保险、生猪生产稳产保供扶持政策，以及招商引资实施办法，承诺对入驻镇雄的大型生猪养殖企业自建的种猪扩繁场提供“三通一平”优惠保障。

2015年以来，利用生猪调出大县项目政策资金2314万元，扶持发展中小规模养殖场149个，吸纳社会资本6000万元以上；利用“三通一平”政策资金3126万元，吸纳养猪企业资金45000万元。政策引领如甘露，让有限的资金发挥了“杠杆”“酵母”作用，推动着生猪产业不断向前迈进。

2017年以来，镇雄县先后引进佑康、民泰、根源、双猪、猪猪侠等企业入驻发展生猪养殖，一期工程计划养殖生猪60万头。其中，佑康12.5万头、民泰4万头、根源6万头、双猪25万头、猪猪侠12.5万头。合作方式是企业自建种猪扩繁场，政府配套建设代养场，由村集体或合作社组织建档立卡贫困户与企业开展肥猪代养业务，每代养1头肥猪就能获得130至200元代养费，不承担肥猪销售和市场风险，也可按不低于投资总额的8%直接租赁给企业自养。代养费（租金）少部分用于村集体经济，大部分用于建档立卡贫困户分红。以“公司+合作社+农户”的产业发展模式，形成了以龙头企业带动生猪产业发展的大格局。

目前，佑康林口木黑种猪扩繁场已建成投产，配套建设的12个代养场于2020年11月建成并投入使用；双猪公司建设以古种母猪2600头、高坡种母猪5200头、拉埃种母猪2600头种猪扩繁场3个，年可提供仔猪25万头，并配套建设21个代养场，2020年11月建成并投入使用；猪猪侠建设罗坎麻地2600头、坪上屯上2600头种猪扩繁场2个，年可提供仔猪12.5万头，已于2020年10月建成。2020年年底，政府还要为双猪、猪猪侠两个企业启动建设代养场25个，年可饲养出栏肥猪16万头；根源公司已在尖山长安建种猪扩繁场1个，种母猪3000头，配套建设育肥场3个，年可饲养出栏肥猪60000头，已于2020年10月底建成并投入使用。

生猪产业投入不足，还体现在基础设施相对落后、规模化和自动化程度不高、良种繁育体系不健全等方面，早已不适应产业发展的需要。2019年以来，镇雄县委、县政府结合实际，投入产业资金3.9亿元，建设生猪代养场和支持龙头企业建设种猪扩繁场和原种场，养殖场建设布局规范、功能齐备，实现了自动上料、自动饮水、自动控温、自动清粪、自动换气的现代化养殖装备，养殖基础设施得到大幅度提升，实现区域内猪源（苗）能够自给的同时，外引种猪带来的疫情风险减少了，猪群整体品质全面提升了，产业发展后劲增强了。

工作中，镇雄还出台了加快生猪产业发展助推脱贫攻坚的实施意见，明确了产业发展目标、工作重点、工作措施，先后成立镇雄县特色养殖产业发展领导小组、镇雄县推进生猪养殖产业项目建设工作领导组，定期召开由各乡镇、县直各部门主要领导参加的项目建设工作推进会，县委、县政府领导多次深入重点项目建设地开展督促指导，及时解决项目建设中的困难和问题，确保项目建设加快推进、按期投产。

在创新产业资金管理办法的过程中，镇雄一改过去简单发钱发物的方式，以公司或专业合作社为载体集中投入，参与管理和分红，提高产业组织化程度，同时重点投入养猪基础设施建设，主要建设生猪代养场与企业合作，由村集体（合作社）组织建档立卡贫困户开展生猪代养业务，如无能力组织代养就直接租赁给企业自养，每年按不低于投入资金总额8%进行收益。这种投资模式，兼顾了各方利益，实现了多方共赢。

这当中，镇雄民泰农业科技有限公司回馈场坝镇摩多村的支持，2019年划拨3万元、2020年划拨5万元给摩多村，为村集体经济提供了有力保障；今年，公司划拨2万元给黑树镇碗水村，解决了碗水村集体经济收入不足问题。

这当中，佑康农业科技有限公司的扩繁场，流转林口乡木黑村大坪、关水井农户土地300亩，涉及周边164户农户589人，其中建档立卡贫困户66户273人，年流转费10万余元，户均可获收益600元以上。在以土地流转补偿带动周边农户增收的基础上，项目建设用工优先招聘当地贫困人员，至今已吸纳近300个贫困人口用工，每人每天获得150元工资收入；公司与镇雄县军巴养殖种植农民专业合作社合作，租用林口木黑倮梭湾代养场，每年租金150万元，覆盖1824户贫困户7524人，人均年分红120元以上、户均500元以上；公司划拨给林口乡5万元、五德镇2万元，解决两乡镇相关村级集体经济不足的困难；划拨2万元给林口乡木黑小学，积极支持当地教育发展。

这当中，赤水源镇倮倘村的摩威养殖场，积极助推村级集体经济发展和贫困户脱贫，与村委会合作，村委会投入资金 50 万元建圈舍 500 平方米，出租给养殖场使用，合同签订 3 年，第一年给村委会租金 5 万元，以后每年租金提高 5%，助推了倮倘村级集体经济不断发展壮大；养殖场还吸纳建档立卡贫困户劳力进场常年务工，获得不同的收入。建档立卡贫困户劳力陈绍全进场务工，每月工资 2500 元，一年收入 3 万元。汪美翠进场务工，每月工资 3000 元，一年收入 3.6 万元。

延伸产业链条，实现产值最大化，这是产业发展的长久之策。在目前没有畜产品深加工企业的情况下，鱼洞乡刘俊平野香猪养殖场、尖山根源乌金猪养殖场积极探索“产加销”三产融合发展模式，每年自己生产，自己屠宰加工，自己销售近千头，并成功申报注册了“俊平鱼洞”牌野香猪腊肉、香肠，“根源”牌乌金猪腊肉、火腿、香肠，增加了产品附加值 30% 以上，使产业得以持续健康发展，为全县生猪产业“三产融合”发展作了典范，起了带动作用。另外，招商引进的双猪公司计划在两年内建设原种猪场 1 个、年产 30 万吨饲料厂 1 个、年屠宰加工生猪 200 万头屠宰场 1 个，目前各项工作有序推进，为镇雄全县生猪产业真正实现高效养殖、全产业链发展增添了新鲜血液。

生猪产业是污染较高的行业，如粪污处理不当，将对环境造成严重污染。全县各级各部门在大力发展生猪养殖的同时，始终注重产业发展与生态环境保护相统一。根据土地承载能力，优化产业发展布局；围绕生猪产业布局，配套高标准农田建设项目和粪污资源化利用项目。粪污通过堆沤发酵，制作有机肥直接还田，生产绿色、环保、有机农产品和蔬菜，实现粪污资源化有效利用，走种养结合、循环发展之路。目前，已在林口佑康种猪扩繁场周边，配套了高标准农田建设项目，种植香葱 3000 亩，既解决了养殖场废弃物对环境的污染问题，又收获了高品质的绿色、无公害蔬菜。

如今，通过招商引资和生猪产业项目的实施，随着佑康、双猪、猪猪侠、根源、民泰一期项目正常投产，预计到 2021 年年底，可新增出栏肥猪 60 万头，新增产值 18 亿元，规模化养殖比例提高到 50% 以上，在实现区域内猪肉食品自给的同时，每年可向县外调运生猪50万头以上，为满足人们日益增长的肉食品需求和市场菜篮子保供做出积极贡献，为后续畜产品加工提供较为稳定的优质原料，为加快生猪产业化发展、助推群众奔小康奠定坚实基础。

镇雄县场坝镇摩多村的做法，有点独特，他们是种好构树养猪肥。

摩多村贫困面大、贫困程度深、农村富余劳动力充足，劳务输出是当地群众增收的主要途径。扶贫扶长远，长远看产业。只有把产业搞起来，脱贫致富才有后劲。镇村干部看在眼里、急在心里，到底要选择什么样的产业扶贫项目，才能既切合本地实际，又能让企业发展，还能带动群众脱贫致富，实现多赢呢？

2017年2月，在县招商引资推荐会上，安徽满贯农业科技有限公司有意到镇雄发展生猪产业。该公司主要发展以“生猪养殖+构树种植”一体化项目为主，以沼气生产与利用、有机肥加工为辅的可持续可循环生态环保绿色农业。

如果项目落地，该镇农民不仅可以就近就业到企业上班，还能够依靠种植构树、采摘构树叶出售给企业等方式增收。

这样的产业项目，场坝镇党委、政府领导很是上心，经过多次对接，他们用真诚打动了投资方，安徽满贯农业科技有限公司负责人唐伟红决定让产业项目在场坝镇摩多村落地。

2017年9月，该项目顺利开工建设，总投资9000万元，流转土地500余亩，按年出栏生猪3.2万头的规模分两期建设养殖场。

建设过程中，该村采取“支部+合作社+基地+农户”的模式，通过土地流转、产业扶贫资金入股、劳务用工等形式，龙头带动发展生态产业，创新产业扶贫机制，示范推进资源可持续利用，实现资源整合促群众共同致富。

由村党总支领办、党员牵头，成立大志专业合作社。支部负责组织，农户负责种植，合作社与公司形成长期合作，由公司免费提供航天一号构树苗和沼液、沼渣施肥。该种苗无病虫害，好种易活，气候适应性强，荒山荒地都可以种植，管理技术简单，采摘简便，老人孩子都可以劳作，一次种植，采摘构树叶可持续 30 年，是一个真正的一本万利的产业。

养殖基地生猪满栏需要 3000 亩构树提供嫩枝叶，现已建设构树种植区 1000 亩，公司基地 340 亩，农户集中连片种植 660 亩。产生嫩枝叶后采摘销售给养殖场，按每斤 0.4 元、每亩可产嫩枝叶 6000 斤计算，每亩产值可达 2400 元左右，且劳动力投入少，采摘时老人、孩子都可以，没有劳动技能要求，让原本浪费的零散劳力产生大收益，鼓起群众钱袋子。

“以前种地累得要命不说，产量还不高。现在省心多了，树苗是免费的，技术有人教，肥料有人供，成熟的时候还有人专门来收购！”现在，贫困户陈兴军很是欣慰和满足。

目前，该公司现有固定员工 40 余人，其中周边群众 23 人、建档立卡贫困户 18 人，月工资最低 3500 元、最高 5000 元。公司还经常招用临时工，每天临时用工 20 余人，每人每天工资最低 120 元、最高 150 元，公司已累计发放工资近 500 万元。公司还吸纳摩多村专项产业扶贫资金 500 万元，通过大志专业合作社入股公司，让利于民，支持脱贫。按照生猪出栏行情采用市场化方式分红，预计收益会在 8% 左右，可实现收益 40 万元，项目覆盖的 89 户 405 人贫困家庭，户均可增收 4400 多元，人均可增收 987 元。

陈兴军说，群众的钱袋子鼓不鼓、腰杆硬不硬，要看产业发展好不好、后劲足不足。有村党总支坚强有力的领导，对摩多村的未来，他充满信心。

镇雄县鱼洞乡发展野香猪的故事，同样值得说道说道。

前些年，鱼洞乡党委、政府与当地能人刘俊平经过反复磋商探讨，组织考察团多次到四川诚舵公司等养殖企业实地考察，反复论证考察成效与养殖产业潜力、市场风险等情况，结合乡情，决定成立镇雄县刘俊平养殖农民专业合作社，以发展构树种植为辅助，野香猪养殖为主打产业，带动其他企业及个体种植、养殖业共同发展。

2016 年 9 月，专业合作社在鱼洞乡银厂村一个叫发石脚的村民组正式动工建设。

流转荒芜的土地500亩做草山，种植皇竹草、构树、甜高粱、玉米等作物作为野香猪饲料；兴修3公里长、5米宽的村组路，并全部按标准硬化，解决养殖场通行问题的同时，发石脚村民组上下两个寨子50户人户间道全部硬化；在专业技术人员指导下，修建了6000平方米有“产房”、“产床”、“保育室”、地暖的标准化圈舍；新建两层办公楼，并制订了相关规章制度；依山而建的鱼塘，一改养殖场在人们心中“脏乱臭”的印象……

首期投资800万元的养殖场基本建成后，鱼洞乡党委、政府还整合1078户贫困户涉农资金453.75万元，入股该合作社，协议按时给贫困户分红。据养殖场管理人刘俊银介绍，随着规模的不断扩大，该养殖场已累计投入资金2000余万元。

基础设施初具规模，“主角”随即搬迁入住。很快，14头秦岭山区的小野猪公猪，与250头称为“巴马香猪”的母猪，从四川诚舵公司出发，跨越千山万水，落户养殖场。秦岭野猪抗病性强易于饲养，巴马香猪肉质可口，两者杂交后的野香猪，肉质可口、富含维生素，还祛除野猪腥味，极具市场竞争力。

2016年年底，14头“小个子”公猪与250头“袖珍型”母猪，分别以每头4300元、2400元的“千金”之躯在鱼洞乡养殖场安家。作为镇雄县有史以来第一家引进野香猪养殖的企业，刘俊平养殖农民专业合作社是名副其实的“第一个吃螃蟹”者，虽然之前再三评估、反复论证，但面对未来风险的不可知，依然充满担忧：这远道而来的“不速之客”，是否会伤风感冒拉肚子？是否会“水土不服”“贵体有恙”？可喜的是，在智能化设备的科学检测与专业兽医的精心管护下，“猪猪”们熬过漫漫隆冬，迎来2017年春夏间和煦的阳光，开始了“自由恋爱”，技术人员“牵线搭桥”人工配种，所有母猪上半年陆续有孕在身，经过四个月的孕育，2017年年底，2000头野香猪陆续出生。虽然时值寒冬，由于生活在安装了地暖的保育室，加上天生良好的抵抗力，小野香猪们顺利度过那个冬天、茁壮成长。

2018年至2019年上半年，在皇竹草、甜高粱与构树叶、玉米及麦麸、豆粕等原生态饲料“招呼”下，长到180斤左右的野香猪出栏了。

一年半，长180斤！刘俊平说，这便是鱼洞野香猪区别于普通猪种的地方，不用添加催眠催长的饲料喂养，所有饲料在养殖场流转的草山上种植生产，不用化肥不打农药，保证野香猪肉质“原生态”的同时，不追求经济利益最大化，用养普通猪3头的功夫，精心养育1头野香猪。事实证明，由于采用先进的管理技术与喂养技术，智能化养殖在提升产品质量同时，保证合作社“有利可图”。

如果不是非洲猪瘟这场意外“考试”，养殖场将会按照之前与四川诚舵公司签订的合约养殖、销售野香猪。由专业合作社负责喂养，诚舵公司以每斤37元的价格统一收购。但非洲猪瘟的意外横行，给野香猪常态化饲养增添难度，疫情防控、销售都面对致命危机，一旦有猪瘟病毒进入养殖场，无疑给两千余头种猪、野香猪带来“灭顶之灾”。

针对这种隐患，刘俊平一声令下：养殖场实行全封闭式管理，所有闲杂人员禁入养殖场，场上的20余名工作人员不经报备禁止外出，所有人员的生活物资统一由养殖场提供，禁止采购市场上的猪肉，一律食用养殖场上生产的肉，玉米、洋芋、瓜果等一律食用养殖场自种自产的，对于必须从外面购进的物资，实行统一安全化采购。

全封闭，意味着在最大限度杜绝病毒感染的同时，物资供应也进不去，但每天两三千张猪嘴巴可不管猪瘟不猪瘟，每天三顿科学化喂养一顿也不能少；疫情之严重，更意味着即将出栏的肥猪外销到诚舵公司的计划化为泡影。关键时候，养殖场储备的40吨青贮饲料派上用场，野香猪的吃喝解决了，但是出栏猪运不出去，怎么办？

这可急坏了乡党委、政府的领导，那么多的日子费劲吃苦担风险，即将出栏的野香猪不能外销可怎么“吃香”？他们找来刘俊平反复合计：销售不到四川，得先在县内吃香！说干就干，该乡在镇雄县城新村小区农贸市场设销售点。

新的问题又来了，这野香猪在镇雄销售可是“大姑娘上轿——头一回”，在消费者眼中到底是“香”还是“臭”呢？何况价格不菲！不管了，为了把所有达到出栏条件的野香猪卖出去，他们一边设置销售点，一边录制宣传视频，在自媒体与销售点上滚动播出反复宣传。同时，建立微信销售群，从领导到工作人员频发朋友圈，专门的“宣传员”与“送货团队”保证了市场咨询与销售渠道无障碍沟通。

每斤野香猪肉只比普通猪肉贵3块钱的贴合市场价，再加上“现烤野香猪”等独辟蹊径的经营之道，野香猪肉一进销售点就被抢购一空。野香猪肉以“高大上”的档次与“接地气”的价格，赢得了市民们的青睐。2019年年底，2000余头出栏野香猪销售一空。

时间来到2020年，原本以为渡过非洲猪瘟的危机，计划出栏5000头野香猪的养殖场会“财源广进”，谁料新冠疫情的突袭，使得家家闭户、市场关闭，养殖场不得不面临又一场大考。经历过非洲猪瘟考验的养殖场，早已做好万全准备：启动储备的青贮饲料，再次实行封闭式管理，以更严格的消毒管理措施，咬牙硬扛，直到市场经营再次开放。

截至2020年7月，养殖场出栏的5000头肥猪，已销售完4000头，其中600头远销四川，剩下的还不够年内市场供应，野香猪总算开始“吃香”啦。

当前，鱼洞乡的野香猪养殖，面临着市场知名度不够高、消费者受众有限、养殖周期较长、成本过高等发展“瓶颈”，野香猪要真正“吃香”、特色农产业要取得长足进步，还有很长的路要走。

（作者申时华系镇雄县农业农村局畜牧站职工，刘雪梅系场坝镇政府干部，张光英时任鱼洞乡副乡长）

小蔬菜　大市场

镇雄县农业农村局

盛夏时节，一栋栋整齐的大棚，一片片鲜嫩欲滴的白菜，一丛丛青翠诱人的香葱，一垄垄火红火红的辣椒遍布在大雄古邦广袤的田野间，孕育出无限生机。蔬菜产业的发展，为广大贫困户铸就了脱贫致富的梦想。

蔬菜种植在镇雄时间久远，春季多套种于苞谷、马铃薯等地内，秋季净种于房前屋后园地或冬闲地。长期以来，蔬菜多为农家自种自食或用作饲料，唯县城周围及各乡镇集散地附近的农户才专门种植上市销售，种植面积及上市量不大。

近年来，镇雄县委、县政府将蔬菜作为重点发展的三大产业之一，通过基地项目示范引领、公司（合作社）、能人带动，因地制宜，科学规划发展商品蔬菜种植，推行五化措施即产业布局区域化、基础设施规范化、品种良种化、生产过程标准化、生产经营组织化，有效带动了全县蔬菜产业的发展。

全县已形成乌峰、中屯、赤水源、芒部、木卓、母享等乡镇（街道）为中心的夏秋补淡型商品蔬菜基地，以五德、罗坎为优势生产区的低矮河谷冬早商品蔬菜基地，品种结构主要是叶菜类、茄果类、瓜类，种植种类主要有辣椒、白菜、青菜、西蓝花、甘蓝、莴笋、茄子、西红柿、黄瓜、萝卜等蔬菜优良品种。每年约有 5000 吨蔬菜销往昆明、贵阳、重庆、宜宾等地。

2016年，朝晖种植专业合作社“喜门红”蔬菜产品（黄瓜、茄子、辣椒、西葫芦、蕃茄）通过中国绿色食品发展中心绿色食品认证。2019年，长合蔬菜种植专业合作社的白菜获得绿色产品认证并注册了“源赤”商标。至2019年，全县蔬菜种植面积32万亩，总产48.75万吨，产值97500万元；全县有涉及蔬菜生产的专业合作社（公司）45家，蔬菜生产在种植业中占比仅次于粮食，居各类经济作物之首。

进入7月，林口乡木黑村的第一茬香葱开始采收了。放眼望去，葱田里泛着绿意，生机勃勃。几十名工人正忙着收获香葱，他们有的在采收整理，有的在清洗捆绑，田间地头散发出阵阵浓郁的葱香。

2020年，林口乡党委、政府将昭通葱源农业公司成功引进木黑村，建设香葱基地。按照公司的规划，在木黑村两年内种植香葱将达3000亩，在已种植300多亩的基础上，计划年内种植面积扩大到1500亩。

香葱每年可循环种植三茬，属于传统的劳动密集型产业，用工需求量大、用工种类多，可以帮助群众实现就近就业务工。香葱基地负责人杨彪介绍说：“基地从种植到采收，每天务工需求量将达到500人以上，一年用工天数可以达到180天。从今年情况看，务工者平均工资每天在120元以上，一年三茬种下来，带动老百姓总的就业收入就在1000万元以上。”

得益于香葱基地的建立，木黑村的群众除了获得每亩500元的土地流转费外，在当前严峻的就业形势下，在家门口就找到了就业岗位，拓宽了增收渠道。

小香葱能远销大市场，与林口乡木黑村大力发展香葱产业分不开。

2018年，林口乡党政领导班子积极探索如何利用土地资源和剩余劳动力优势搞好产业发展，认为要搞产业发展，必须以供给侧改革和产业结构调整为重点，按照“人无我有，人有我优，人优我特”的思路，实现产业发展、农民增收、企业增效、财政增长多重效应，要做到政府、企业、合作社、农民齐发力，让林口现代农业驶入发展快车道。在讨论适合发展什么产业时，扶贫办主任李光怀提议说：“以我在林口工作十多年的经验来看，目前只有木黑村拥有产业发展的土地和劳动力资源双重优势。”但发展什么？如何引进企业？一连串的难题困扰着大家。

行胜于言。党委、政府派出了李光怀为代表的考察队伍，去玉溪、毕节和泸西多地学习和考察，大家都认识到香葱种植不仅可以带动大量劳动力就业，且种植投资回报率相对较高。2019 年 11 月任木黑村党组织书记的李光怀对考察学习时的判断非常自信：在木黑村，虽然气候相对较差，但一年仍可种植 3 季香葱，一亩保守产值可达 8000 元，如果连片种植规模大的话收益是相当可观的。

经过多方考察，乡党委、政府决定走农业产业标准化发展之路，树香葱产业特色品牌，与有实力的昭通葱源农业开发有限公司合作，一定要实现“产得出、卖得掉、效益高”的目标。葱源公司认为林口乡木黑村气候、土壤和水资源等自然条件完全符合发展香葱种植的相关要求。为确保万无一失，与云南地汇农业有限公司达成战略合作伙伴关系，进一步完善了香葱种植技术细节，拓展了香葱销售网络。2019 年 10 月，昭通葱源农业开发有限公司与林口乡党委、政府签订土地流转协议，在木黑村流转土地 3000 亩建立香葱种植基地。

基地建成后，为实现不能外出务工的劳动力就近就业，林口乡党委、政府多次组织开展香葱种植技能培训，培训内容涉及农机操作、土地整理、喷灌技术、种植、田间管理、香葱洗选及包装等业务技能，受训人数 1000 多人，有效地为香葱基地的发展提供了人力资源保障，同时也促进了群众思想观念的转变，让科学种植理念深入人心。

昭通葱源农业开发有限公司投入 2000 万元用于香葱种植，2020 年 4 月底开始启动种植计划，7 月，第一批小香葱开始上市，远销上海及江苏、湖南和江西等地城市。1000 亩香葱年产 3 季，每亩年产约 7500 公斤，按均价每公斤 4 元算，亩产值可达 3 万元，年产值可达 3000 万元以上，实现利润 1800 万元。葱源农业木黑香葱基地已辐射带动周边 300 余户贫困家庭实现就近就业，其中木黑村长期务工人员 388 人，附近的果珠和塘房两个乡镇

120人，其中建档立卡贫困户就有200余人，人均增收2800元左右。

高家寨的张文武身体残疾无法外出务工，之前一直靠政府低保兜底保障。自从葱源农业入住木黑村，在村干部陆剑鸣的帮助下，他来到香葱基地种葱、拔葱，从一开始的40元每天慢慢做到100—120元每天。现在只要香葱基地有活他都会第一时间赶到。他经常说，现在靠自己的双手每月能挣到2000—2500元，这让他感受到了只有通过自己双手奋斗得来的钱，用着才更有骨气底气。记得上次我遇到满脸洋溢着幸福的他，他说最近基地上暂时没有活，自己打算去县城买套音响，闲暇时听听小曲儿！

公司对北京、上海、广州、重庆等大城市的香葱需求进行认真分析，按照各个主要城市的质量标准和需求实行订单种植，紧跟市场步伐，确保基地种植的香葱符合市场需求，畅通销路。木黑香葱基地第一批产品上市后，以优质的品质赢得了客户的青睐，全国各路商家主动联系甚至来到基地订货，一时间产品供不应求。

通过努力，如果在今年林口乡香葱种植面积突破1万亩，有效带动全乡更多的贫困户稳定就近就业增收，就能有效巩固高质量脱贫成果。万亩香葱托起致富路，万众一心斩断贫困根，林口乡农业产业结构调整正以坚定的步伐向前迈进。

蔬菜采收季节，赤水源镇银厂村一派繁忙景象，割菜、扒叶、装袋、装车，劳作人员忙得不亦乐乎。银厂村是赤水河发源地，以往主要依靠马铃薯和玉米为主的传统种植，农户收入不高。随着蔬菜、中药材产业的发展，农户经济收入大幅度增加。

2016年，饶德菊成立长合蔬菜种植农民专业合作社，种植高山冷凉蔬菜。先后在尖山乡、林口乡娃飞村等地种植蔬菜5000余亩。2018年3月，饶德菊在银厂村流转1500亩土地，种植大白菜。

“在合作社工作的基本都是贫困户。目前，合作社固定用工中有建档立卡贫困户劳动力80人，每人每天有100元收入。除了银厂村，螳螂村等村寨的贫困户也在合作社务工。”饶德菊介绍说。

在提供技术支持基础上，饶德菊也帮助联系白菜销路。“联系好买主，他们自己交易，卖出去钱直接给贫困户。”饶德菊说，“都是乡里乡亲的，肯定要帮衬一把。”

“有合作社就是好，我把土地租给他们，又给他们打工，一年三季蔬菜种下来，一家两个人在基地打工至少有半年时间，有两万多块钱的收入。这还不说，剩余的土地我又自家种点蔬菜，搭着合作社卖，加上养两头猪，这几年日子是一天比一天好起来了。”村民说。“农户种苞谷，除去成本，一年下来，一亩地的收入也就几百块钱。如果算上投入的工钱，一年下来没几个钱。即使种蔬菜，由于技术、销售等环节不成熟，收入也不高。”银厂村党总支书记文鹏说，“现在就大不一样了，合作社共带动银厂村 225 户建档立卡贫困户种植白菜，实现了增收。再加上中药材产业，今年脱贫出列完全没问题。”他的话语中透露出满满的信心。

普普通通的白菜，发展好了就成为贫困户的“百财”。从银厂村的变化可以看到，通过土地流转、规模种植、专业合作社引领，有效促进蔬菜产业发展是不争的事实。

顺赤水河而行，倮倘村绵延成片的塑料大棚不时映入眼帘，棚内绿意盎然、生机勃勃。菜农们正忙着对西红柿、辣椒、茄子等进行移栽和管护。

镇雄县统一规划，科学布局，按照基础设施跟着产业走的思路，加强农田水利基础设施建设，近年来建设高标准农田 86300 亩，在赤水源、泼机、牛场等乡镇建设大棚 1024.5 亩，在芒部、赤水源、木卓、母享等乡镇建设冷库 8 座共 3.8 万平方米，有效解决了蔬菜种植中用水、灌溉以及冷库等困难和问题，为蔬菜产业的发展壮大铺平了金光大道。

2020 年，全县通过绿浪、新红利、雨河富兴源、尖山青竹梅等公司和合作社带动，按照“公司+村委+农户”模式，发展辣椒订单种植 44251 亩。其中，中屯 1500 亩，坡头 2500 亩，母享 5000 亩，大湾 700 亩，果珠 2500 亩，雨河 6000 亩，木卓 2260 亩，盐源 5000 亩，尖山 5000 亩，五德 5300 亩，场坝 5000 亩。高标准打造了 7800 亩核心区，为脱贫攻坚提供了产业支撑。

地处乌蒙群山深处的雨河镇小洛村，曾经是一个贫困落后的村庄。2020年在县农业农村局、县扶贫办等部门指导下，该村结合村情，大力发展辣椒产业。年初，村委会积极开展入户宣传，发放种苗、地膜，克服疫情影响；县农业农村局针对群众种植辣椒存在的技术问题，组织专家开展技术指导、提供相关咨询，召开农民科技培训会及现场观摩会，让农户掌握辣椒种植技术。依托雨河镇富兴源养殖农民专业合作社，发展辣椒种植1000亩，对种植辣椒的建档立卡贫困户，争取项目支持，给予种苗、地膜补助，以“公司＋基地＋贫困户”模式，实行订单生产，确保销路顺畅。

7月以来，辣椒陆续上市，丰收的喜悦在小洛村的线椒种植基地蔓延。一根根色泽青亮的线椒挂在枝头等待采摘，村民在一道道田垄中往来穿行，或采摘或除草或提篮或装车，好一幅繁忙的夏日采收图。

合作社理事长陈明元介绍道：“我们市场主要是泸州、成都等周边城市，通过以销定产，保证了销路不愁。目前基地每天的采收量保持在1万公斤左右。”正在采摘辣椒的村民高兴地说：“每亩地产个三四千斤，除掉成本，每亩纯收入4000块钱不成问题。”此时，一些刚从地里摘来的新鲜辣椒被村民们分拣、称秤、装箱、装车，田间地头充满了欢声笑语。

镇雄县大力实施产业扶贫战略，按照“做大做强特色产业，做精做细特色产品”的总体发展思路，把蔬菜产业作为调整产业结构、促进农民增收、推进脱贫攻坚的重点产业来培育，以“龙头企业＋基地＋合作社＋农户”的产业发展模式，带动贫困户发展蔬菜产业、稳定增收，有力推动了现代农业的快速发展和全县脱贫攻坚进程。

蜜汁里的富民产业

吴长宽

“这个产业选得非常好！能创业起步并不断突破瓶颈发展壮大，很不容易。要力争带动更多建档立卡贫困户养蜂致富。”2019年夏天，国务院扶贫办调研组成员、北方工业大学硕士叶辉在镇雄县大湾镇仕里村养蜂基地调研时，对镇雄县金雨蜜蜂养殖有限公司发展蜜蜂养殖业的做法和业绩给予盛赞。

随着退耕还林政策的持续实施，镇雄的山青了、水秀了、花开了，蜜蜂也迎来了适宜生长和发展的环境。在镇雄，全县30个乡镇（街道）都适宜养蜂。据县农业农村局不完全统计，2017年，全县共养蜂12320桶，蜂蜜产量184800千克，产值5544万元；2018年增至16000多箱，但因气候异常导致增产不增收；2019年，蜂群增至35000箱左右，产值突破镇雄养蜂历史纪录。其中，镇雄县金雨蜜蜂养殖有限公司已经发展到6000多箱，且带动了600余户建档立卡贫困户养蜂增收，是镇雄县养殖蜜蜂的成功典型之一。

大湾镇仕里村小岩村民组青年吴学刚临床医学专业毕业后，一直在贵州民营医院从事消化内科职业，工作得心应手，生活衣食无忧。

2010年，吴学刚回乡探亲，重游从小神往的蜂桶岩，养殖蜜蜂的念头油然而生。

蜂桶岩位于大湾镇西北角，海拔1000余米，东有大象山镇守，西有西流水陪衬，南有转宝山辉映，北有白狮山护卫，似为神圣不可侵犯的宝塔。相传曾有大量土蜜蜂筑巢穴居于悬崖峭壁间，是当地人采摘野生蜂蜜及收集土蜂蜜的风水宝地。

看到家乡的绿水青山，看到满眼的七彩百花，吴学刚好像看到了触手可及的亿万财富；想起家传的养蜂技术，想起镇雄悠久的养蜂历史，他毅然决定返乡养蜂，回馈家乡。

在家人的一致支持下，吴学刚倾家所有就近招募了3名专业技术人员，在仕里村养殖了200桶蜜蜂。2015年7月，吴学刚凑足100万元，注册镇雄县金雨蜜蜂养殖有限公司。

为让公司能发展、走得远，公司成立了“镇雄县乌蒙云蜜养蜂协会”，致力于镇雄本地蜜蜂养殖文化和技术的传承，弘扬蜜蜂精神，培养更多的养蜂专业人才。

在县直有关部门和大湾镇党委、政府的大力支持下，该公司2018年注入集体资金50万元，2019年注入产业培育资金200多万元，产品通过了农业GAP认证，已注册金雨云蜜、乌峰蜂蜜商标，蜂蜜远销加拿大和北京、上海、广州、深圳，近年来一直处于供不应求的状态，先后被评为镇雄优秀民营企业、昭通市农业产业化龙头企业。

镇雄县金雨蜜蜂养殖有限公司采取公司+支部+农民专业合作社+建档立卡贫困户的模式，和村委会、农民专业合作社、农户合作，公司负责技术服务和产品兜底销售，分红以单个养蜂基地为单元，建档立卡贫困户占58%，公司占42%。2019年8月，蜂场覆盖大湾、芒部、雨河、罗坎、以古、盐源、泼机、以勒、中屯、黑树、花朗、果珠12个乡镇80多个养殖点，放置蜂群6000余箱，带动600余户建档立卡贫困户养蜂。其中，大湾镇仕里村、芒部镇松林村、罗坎镇寨上村、雨河镇雨河村前景较好，不少建档立卡贫困户从中受益。

2016年，大湾镇仕里村大岩村民组23岁的吴祥在浙江金华某防盗门厂打工负伤，右手除拇指以外的四个指头部分截除导致残疾，严重影响正常的生产生活，妻子抛下1岁左右的女儿背叛了婚姻，爷爷、奶奶和爸爸、妈妈眼中的家庭支柱一度沦为家庭负担。

“走投无路”之际，吴学刚上门请吴祥帮忙看管蜂场，每月给1500元工钱。

工作中，年轻好学的吴祥看到了养蜂的甜头，很快便学会了养蜂技术，决定走种植果树和养殖蜜蜂相结合的路子。2017年，他把自家的50亩地全部栽上桃子、李子和猕猴桃，2018年实现了全部嫁接，眼下长势良好。吴祥跟公司合作，在林下放置100箱蜜蜂，采取以短养长、长短结合的办法发展绿色产业，养活一家人已经没问题。受益于镇雄县金雨蜜蜂养殖有限公司的卡户数以千计，不胜枚举。

据了解，该公司将在近几年把养殖规模扩大到50000箱，在五年内实现蜂蜜产品深加工，做到生产规模化、产品品牌化、技术精细化，通过更多的渠道拓展国内外市场，实现直接经济收益上亿元，持续带动万余卡户实现创业增收目标，为脱贫攻坚做出更大的贡献。

（作者时任镇雄县融媒体中心副主任、主任记者）

药农种药　群众分红

廖　辉

2018 年 3 月，许多地方早已桃红李白，位于云南省东北部云、贵、川三省接合部的镇雄乍暖还寒。不过，距离镇雄县城 22 公里的赤水源镇银厂村，已呈现出一派春耕忙碌景象，村民们正悉心打理着自己的“摇钱树”——2013 亩名贵中药材。

白芨、重楼、黄精、苍术、吴茱萸……这些布满银厂村田间地头、争相吐绿的药材小苗，承载着银厂村群众发家致富的美好憧憬。给他们带来希望的，正是村里一名普普通通的在外务工能人周美虎。

周美虎是赤水源镇银厂村贾家坝人，出生于 1978 年。因家境贫寒，当地又没有就业渠道，高中毕业后，周美虎便被迫背井离乡外出务工。2017 年春节返乡探亲，周美虎结识了当时在镇雄县种植中药材的罗飞，两人一见如故，经常相约探讨中药材种植方面的知识和经验。银厂村委会和县政协驻村扶贫工作队得知周美虎想回家创业的意愿后，积极引导和帮助，让周美虎吃下“定心丸”，一颗回乡创业的“种子”在周美虎心里定根发芽。

“我的脑袋里每天都会出现一万个想法，哪怕有一个想法变成现实，我都会离成功更近一步。”为了让自己的想法尽快付诸实践，周美虎特意邀请罗飞到银厂村考察：土地、气候、环境——银厂村确实比较适合种植中药材！然而，当地村民并不看好周美虎的判断选择，他们认为自己世世代代在土地里耕种也没有种出什么“摇钱树”，眼前这个年轻人能有多大能耐要改变传统种植科目？

万事开头难。周美虎回乡创业的第一只大“拦路虎”——前期规划土地流转涉及208户人家！为让村民们支持自己，自愿把土地拿出来给自己种植中药材，周美虎使出浑身解数也没打开局面。银厂村委会和县政协驻村扶贫工作队跟他一起一家一家走访，多次召开群众会，给村民反复做思想工作。在多方共同努力下，种植中药材的土地问题终于解决了。随后，周美虎果断拿出多年务工打拼的积蓄完善手续、引入设施设备、购置中药材种苗等。2018 年年初，成立了镇雄县致济高远种植养殖农民专业合作社，中药材项目顺利启动。2019 年，赤水源镇党委、政府积极协调东西部扶贫协作资金，为合作社的基地配套建成 280 平方米的扶贫车间 1 间和占地 10 亩的育苗大棚一个，修通了产业发展所需的田间道……

合作社采取“党支部 + 合作社 + 能人 + 农户”的模式，借助退耕还林政策，让农户享受相应补助，合作社贴补种苗费的不足部分，提供药材苗给农户种植，跟农户订单保底回收药材。截至目前，中药材种植面积已达 2013 亩，其中基地种植 1013 亩、农户订单种植 1000 亩。

镇雄县致济高远种植养殖农民专业合作社开启了中药材种植征程，为当地村民带来了丰厚的收益。一是农户有 491 亩以土地入股分红的，分红方式是以自家土地所种的药材品种每年收益的 10% 分红。如：一亩土地三年流转金 1500 元入股，黄精 3 年能收益 5.5 万元，农户三年后每亩可以分红 5500 元。二是农户有 522 亩土地流转给合作社逐年获得流转金的，每亩每年 500 元。三是产业资金入股合作社的，每年可分得投入产业资金在合作社收益的 8%。

周美虎说，合作社还为当地村民创造了较好的就业岗位，帮助当地部分村民解决了就业问题。项目带动建档立卡贫困户 67 人在药材基地务工，每个人从事种植、除草、施肥、浇水等工作每天可获得工资 106 元，平均每人每月收入 2200 元。

昔日的荒坡变成绿地，以往的贫穷成为回忆。两年多来，当地村民的生活发生了翻天覆地的变化，住房慢慢从茅草屋翻新为水泥房；电饭锅、电磁炉、冰箱、彩电逐渐进入家家户户；适龄儿童不仅能够顺利入学，还能提前送进幼儿园接受学前教育……村民们昔日脸上的愁容变成了今天的笑靥，他们对镇村组干部、驻村扶贫工作队以及周美虎赞不绝口。

镇雄县致济高远种植养殖农民专业合作社被当地树为农民工返乡创业的典范，赤水源镇党委、政府对这种合作社发展模式进行大力推广，应用于蔬菜、马铃薯、方竹种植等扶贫产业发展相关领域。

“比起一桶鱼，我们更需要一根钓竿和钓鱼的方法。”周美虎说。确实，虽然现在国家扶贫工作惠及千家万户，各种补贴、政策接踵而至，但是作为老百姓不能等靠要，自己得有志气，有敢拼敢干的魄力，形成自己的“造血”系统，有稳定的经济收入来源，才能真正摘掉“贫困帽”，改变自己的生活，彻底扭转整个家庭的命运，正步走上脱贫致富的光明大道。

（作者时任镇雄县南台街道办人大工委主任）

牛“产业”做成“牛”产业

邓成杰　宋荣昌

畜牧业是镇雄的传统优势产业，是农民增收的重要支撑之一。养牛产业是镇雄畜牧产业的重要组成部分，每年的产值占全县畜牧业总产值的近20%，是“十三五”期间精准扶贫的主导产业之一。

2016年以来，镇雄县根据“1+3+N”产业布局和“大产业顶天立地，小产业铺天盖地”的发展理念，依托资源优势，紧紧抓住脱贫攻坚产业培育这一机遇，把养牛业作为脱贫攻坚的一大产业进行培育，基本形成了产、供、销一条龙的发展格局，探索出了“政府引导、龙头带动、科技支撑、协会组织、基地参与、市场运作”的养殖发展模式，取得了明显成效。

2019年，全县牛存栏10.41万头，出栏6.26万头，同比增长4.47%和4.51%；产值5.3亿元，占畜牧业总产值的17.4%。2020年1至7月，全县牛存栏10.12万头，出栏4.75万头，同比增长2.39%和2.16%，养牛产值3.8亿元，占畜牧业总产值的21.4%。有规模养牛户192户，其中养牛50头以上的56户。

镇雄养牛产业的规模化、科学化、现代化、标准化、规范化之路，离不开以下几点。

政策引领，撬动产业发展的支点

近年来，为激发和撬动肉牛产业发展新活力，镇雄县出台了关于加快高原特色农业发展的决定、加快肉牛产业发展助推脱贫攻坚的实施意见等相关政策措施，按照“市场导向、企业主体、政府扶持、行业管理、利益共享”原则，合理配置资金等生产要素，逐步建立了多种发展模式并存的产业发展格局。

“公司（龙头企业）+专业合作社（大户）+农户”模式，由龙头企业或专业合作社（大户）为农户提供母牛和统一的技术标准，由农户饲养，产犊后交回育肥加工、销售，农户通过母牛养殖获得收益。

“农户+专业合作社（大户）+龙头企业”模式，农户提供母牛由专业合作社（大户）集中饲养，其育肥牛提供给龙头企业加工销售，农户从中获得收益。

“加工企业+行业协会+养殖专业合作社（养殖基地）”模式，合作社建养殖场进行一条龙饲养，通过行业协会组织收购、加工、销售，农户按照入股资金比例分红实现收益。

无论是哪种模式，镇雄都切实强化组织领导、落实主体责任、创新投入机制、建立联动机制等保障措施，组织推进相关工作，促进了全县养牛产业持续健康发展。

龙头企业，带动产业发展的引擎

近年来，镇雄坚持多部门培育、多渠道发展、多形式推进的工作举措，想方设法引导外出务工回乡创业的能人志士投资发展规模养牛，把培育壮大龙头企业作为推进养牛产业化经营，营造和培植农业增效、农民增收，增强农产品市场竞争力的关键环节来抓。

通过政策扶持、资金投入、招商引资、营造环境和强化服务等方式，涌现出了如远华、聚鑫源、益旺、绿盾、山岭牧业、远超牧业、新欣、颂军、盛农、润森态、众盼、滇农等一大批养牛产业发展龙头企业（专业合作社或公司），带动了全县养牛产业由粗放型向集约型、由数量型向质量型、由家庭副业型向支柱产业型、由传统经营型向产业化经营型的历史性转变，促进了全县养牛产业不断发展壮大。

项目支持，支撑产业发展的砥柱

近年来，镇雄严格落实农业部办公厅、财政部办公厅关于做好 2014 年基础母牛扩群工作的通知精神，认真实施 2014 年至 2016 年的项目，惠及全县 158 户养牛场户，存栏 4207 头母牛，新增犊牛 3546 头，327 万元项目资金如数兑现给有关养牛场户。

切实抓好规模养殖与退耕还草等项目的有机结合，将草山建设与规模养牛同步规划、同步落实。2016 年至 2018 年实施退耕还草工程、退牧还草工程和草原畜牧业转型升级等有关项目，涉及全县 23 个乡镇（街道）、47 个行政村、45 个专业合作社，累计建成多年生人工草地 5.3 万亩，建设圈舍 36450 平方米、青贮窖 28580 立方米，带动 3673 户建档立卡贫困户增收。

退耕还草等项目实施的多年生人工草地建设，不仅改善了生态环境，还提升了项目区的草食畜存栏量。按照年亩产鲜草 3000 公斤计算，年可产鲜草 15.9 万吨；利用率按 80% 计，工程区年养草食畜纯收入可达 1808.8 万元，可为退耕贫困户户年均增加养殖收入 4924.58 元，人均增加养殖收入 1094.11 元。部分贫困户将土地流转给周边专业合作社实施人工草地建设，自己在合作社务工，土地流转租金、每月工资、分红所得，人均月收入达3000元左右。

2017年至2018年，全县连续两年实施“粮改饲”试点项目，累计组织指导14个乡镇26个收贮企业（规模养牛场户或合作社）和有关农户完成全株玉米（牧草）种植3.5万亩、全株玉米（牧草）青贮14万吨，项目资金840万元，按每完成1吨全株玉米（牧草）青贮补助60元的标准，840万元补助资金全部兑现给26个收贮企业。

2016年以来，镇雄县累计投入扶贫产业资金2亿多元发展养牛业，项目覆盖22个乡镇67个村，大部分已按实施方案要求建设完成并通过验收，相关企业或合作社已按合作规定进行了分红。

市场运作，加快产业发展的速滑道

近年来，镇雄县积极探索出肉牛产业与市场流通有效对接的办法，很好地满足了肉牛产业的市场需求，加速了肉牛产品流通，推动了畜牧产业发展。

坚持市场化运作原则，不断培育专业交易市场，加快畜禽交易市场建设和产品销售步伐，全县主要菜市场均有新鲜牛肉销售摊点，且对专门的牛肉餐馆实施定点供应。通过引导鼓励发展各类专业性合作经济组织和专业经纪人，培养了一支上百人的专业经纪人队伍，鼓励农民进入流通领域。积极引导龙头企业走饲养到餐桌一条龙生产发展、构建良好外销关系模式，有效解决了牛肉在销售、流通等环节存在的问题。充分发挥协会的作用，构建了统一的外销合作模式。

目前，基本形成了经销商代理、设立专卖店、连锁店和经营餐饮业的多渠道销售格局，全县肉牛及其产品质量得到消费者的一致好评。

协会交流，助推产业不断向前发展

2018年，镇雄县乌蒙养牛协会成立，协会会员100多名，建立了微信群，邀请云南省畜牧兽医科学院、云南省草地动物科学研究院有关专家入群。

协会成立以来，以“小协会，大作为”“服务会员、服务行业”为理念，充分发挥协会作用，积极组织开展养牛生产管理、疫病防控、市场营销等交流，积极探索科研推广、标准制订、商业模式推介等，实现了资源共享、信息互通、优势互补、义务共担、利益共享。

两年来，协会邀请省级有关专家到镇雄举办培训班2次，受训人员300余人次，发放技术资料300余份，微信群交流上万次，为促进全县养牛产业的健康持续发展发挥了积极作用。

科技服务，促进产业发展的保障

近年来，镇雄县十分注重科技服务工作，为养牛产业的发展注入持续不断的活力。

在品种选择上求“优”，主要推广西门达尔、短角和云岭牛；在饲养技术上求“严”，指导养殖户积极开展动物免疫，切实开展科学化饲养管理，做到有病早治、无病早防；在饲草料种植使用上求“精”，推广人工牧草种植，推广种植饲用玉米（高粱），开展全株玉米青贮，为牛提供高质量的饲草料；在品种改良上求“高”，全面推行黄牛冻精改良，努力提高良种覆盖面。全县36个配种站点年推广完成黄牛冻精改良2.6万头以上，2018年突破3万头，2019年完成31389万头；在管理服务上求“新”，确保服务到位。结合实际，适时采取集中培训、专人负责联系指导、强化跟踪问效、加强基层畜牧技术服务体系建设、加大宣传力度等方式，不断提高科技服务水平。

目前，镇雄科技兴牧取得显著成效，全县配套技术入户率达80%以上，良种覆盖率（冻精改良）达60%左右，全县科学养牛水平不断提高，养牛产业持续健康发展。

来自镇雄县农业农村局的数据，预计2020年年底，全县牛存栏可达12万头，出栏6.57万头，实现产值6亿元以上，把镇雄建设成为全市高原特色肉牛主产区和优质肉牛生产核心区的目标指日可待。

要了解镇雄人撵着黄牛奔小康的生动案例，可以从芒部镇发展黄牛产业助力脱贫攻坚的进程中一探究竟。

2015年以来，芒部镇党委、政府积极发展农业产业，依托产业发展专业合作社，加强适用技术培训，按照“党支部+合作社+村委+社员”的发展模式，不断拓展贫困户收入渠道，建立新型农业经营主体带动贫困户的发展，换“穷业”、拔“穷根”，全镇产业扶贫取得明显成效。

镇雄县盛农养殖农民专业合作社发展黄牛产业、助力脱贫攻坚的成功实践，便是一个典型。

这个合作社位于芒部镇口袋沟村石灰窑村民组，成立于2015年3月，成立时注册资金500万元，初始社员116户、员工16人。合作社以“生态、环保、绿色、无公害”为发展理念，以昭通黄牛和云岭牛为主要饲养品种，集饲养、种植经济林果和蔬菜、农用机械销售于一体的养殖农民专业合作社。

合作社计划5年投入资金3000万元，分三期建设完成。目前，一期工程投资近1000万元已基本完成；二期本着“协调、循环、再生”的原则，投入资金1000万元，积极打造“圣洁草山、常绿草地”，将粪渣和尿液通过干湿分离机和沼气分解，采用管网喷头对草地进行施肥，实施护栏网分段隔开，利于放牧管理，同时再流转周边土地7000亩以上，开展有机水果种植，逐步将其打造成天然生态旅游观光的产业园；三期推行“工厂化运作”，即合作社统一提供能繁母牛，采用“四统一”即统一技术规范、统一调配品种、统一防疫治病、统一销售经营进行饲养，通过3至5年的发展，实现年出栏牛2000头以上，同时进行产品深加工和品牌认证，并通过电商把产品推向全国市场，实现产值2500万元以上。

据芒部镇口袋沟村党总支书记刘以权介绍，合作社成立以来，立足“建一个场、养一批牛、富一方百姓”的发展宗旨，通过狠抓落实，合作社建设发展初见成效。

2017年，牛存栏680头（其中母牛563头）、出栏408头，销售农业机械580台，产值达860万元，125户社员户均增收8000元以上；2018年牛存栏966头、出栏683头，销售农业机械466台，产值达1068万元；2019年，牛存栏568头、出栏683头，产值达1283万元；2020年仅上半年，牛存栏541头、出栏383头，产值已达912万元。合作社针对消费者对绿色健康食品尤为青睐的实际，以放养为主，圈养为辅，提高市场竞争力和市场占有率，为今后产品的质量效益双提升铺平道路。2017年，合作社与四川宜宾牛肉火锅城体验店和成都易田网购电子商务平台签订了牛肉及其产品供应协议，确保了有牛、有产品不愁卖，仅体验店一年销售收入就达500万元以上。

今后，合作社计划贷款2000万元用于扩群增量、牛肉分割屠宰深加工项目、交通环境改善、水源和沼液引到坡顶对草地进行灌溉的工程等方面，使合作社的发展提速提质增效。

合作社负责人郭志盛说：在上级部门的关心支持下，我们最终要把合作社打造成集生态、特色、循环养殖、休闲避暑、旅游观光为一体的养殖庄园、农业体验园、昭通黄牛保种繁育基地，真正把牛“产业”做成“牛”产业。

（作者邓成杰系镇雄县农业农村局畜牧站职工，宋荣昌系芒部镇干部）

抓好抓实劳务输出　精准助力群众脱贫

王万辉

2018年5月，镇雄县人口大镇罗坎镇与工业重镇安徽芜湖湾沚镇建立了双向协作关系，将罗坎镇丰富的劳动力资源与安徽芜湖湾沚镇工业园区旺盛的用工需求进行有效对接。选派2名有耐心、有责任心、群众工作经验丰富的机关干部入驻湾沚镇，成立罗坎镇驻安徽芜湖湾沚镇劳务输出工作站，全程为务工人员提供“保姆式”服务。

为保证输出人员拧成绳、干得好、挣到钱，镇里还精心挑选了干事精练、有一定组织协调能力的村干部王贤刚带领本地劳动力在湾沚镇建立了“盾安公司罗坎生产线”，由王贤刚担任生产线“线长”，蹲点对接务工事宜，加强管理服务，充分凝聚老乡情感、发挥团队力量、展现罗坎风采，极大增强了外出务工人员的安全感、归属感、认同感。

以村干部王贤刚为首的罗坎籍务工人员，还在湾沚镇开了一家镇雄风味餐馆，把家乡的味道带到芜湖，让务工人员在安徽也能记住乡愁红豆酸汤老腊肉！积极与安徽芜湖技师学院对接，动员158名外出务工人员子女到芜湖技师学院就读，实现了家长在企业打工、子女在身边就学，实现了家长务工与管理教育子女两不误。

王贤刚只是镇雄众多外出务工大军中的一个缩影。抓好劳务输出工作，正是今年来镇雄县高位推进的一项重要工作。

镇雄辖30个乡镇（街道），总人口171万，劳动力总数77.8万，是全省第一人口大县和深度贫困县。面对经济基础薄弱、工业欠发达、贫困面广、致贫原因复杂、脱贫难度大等困难，县委、县政府立足县情实际，将劳务输出作为促进农村贫困劳动力实现脱贫致富最现实、最直接、最有效的途径，举全县之力推进就业扶贫各项工作深入开展并取得了显著成效。

“四抓四精准”，全面推进“两个专项行动”

2015年8月，镇雄被确立为全省“两个专项行动”首批试点县后，县委、县政府紧紧围绕脱贫攻坚这个中心，采取“四抓四精准”工作举措，全面实施技能扶贫和农村劳动力转移就业扶贫“两个专项行动”。

何谓“四抓四精准”？

抓组织保障、做到精准整合。成立领导小组，强化组织保障，制订工作计划，注重统筹整合，严格监督考核。

抓思路完善、做到精准建档。围绕脱贫攻坚抓技能培训、抓转移就业、抓品牌打造，建实农村劳动力转移就业暨技能培训台账。

抓难题破解、做到精准突破。注重在宣传发动上、技工培训上、监督管理上实现新突破；抓转移输出、做到精准发力。做好现场招聘、岗位开发和跟踪服务“三篇文章”。

试点一年，成效喜人。2016年，全县累计完成农村劳动力技能培训44203人，其中县人社局完成9924人；完成劳务输出人数476363人；实现务工工资收入93.09亿元。

“六个坚持”，全面提升工作成果

2017 年，县委、县政府紧紧围绕脱贫攻坚大局，不断开拓创新，以“六个坚持”全面提升“两个专项行动”工作成果：

坚持政府主导、层层传导压力。全面整合力量，细化责任清单，强化督查督办；坚持多维宣传、激发内生动力。大力开展务工政策宣传，进一步激发群众脱贫内生动力；坚持瞄准靶心、力保年度目标。瞄准靶心，确保年度计划脱贫对象通过内转外输增加收入、顺利脱贫；坚持市场导向、增强培训实效。结合市场需求，对接群众意愿，切实提高技能培训的针对性；坚持拓展渠道、加快推进就业。依托工业发展、特色农业发展、职业培训机构、重点工程建设、驻外劳务机构、定向招聘活动、务工能人带动、返乡创业带动等途径，拓宽转移就业渠道；坚持全程服务，确保稳定务工。组织有序输出，提供跟踪服务，提供返乡服务。

2017 年，全县累计开展农村劳动力各类培训 9.41 万人次，其中县人社局开展技能培训 5100 人。完成劳务输出 512001 人，实现务工工资收入 101.68 亿元。

发展劳务产业，助推脱贫攻坚

2018 年 3 月，镇雄出台关于进一步做强劳务产业助推脱贫攻坚的意见，制订了劳务输出“三年提升行动”——2018 年实施劳务输出“组织化年”行动、2019 年实施劳务输出“增收年”行动、2020 年实施劳务输出“品牌年”行动，采取“五精准五解决”举措，推进劳务产业由低层次向高质量发展，着力解决培训与输出脱节、输出与服务脱节、政府与市场脱节“三脱节”

问题，切实做到变无序输出为有序输出、变分散输出为集中输出、变短期输出为长期输出、变体能输出为技能输出，以“五个精准”做强劳务产业、助推脱贫攻坚。

——精准摸底、解决底数不清的问题。建立专人专责制度、摸底更新制度、台账管理制度、统计例会制度、务工报备制度、督查抽查制度，健全劳动力基础数据库及用工需求数据库，形成劳务信息网。

——精准培训、解决实效性不强的问题。优化培训方案设计、内容设计、层次设计，强化“两会一册”制度、过程监管制度、资金监管制度、“双承诺”“双标识”制度，开展“上门式”订单培训、“集中式”订单培训、岗前“军训式”培训、在岗转岗“提升式”培训。

——精准转移、解决组织化不高的问题。通过县外劳务合作基地输出一批、整合县内用工需求转移就业一批、规范开发乡村公益性岗位安置一批，有力有效提高了劳务输出组织化程度。

——精准服务、解决就业不稳的问题。构建“县外+县内”双联动稳岗机制，县外抓好务工人员稳岗服务、县内抓好留守人员关心关爱，同步发力、同频共振。县外解决务工人员前方之虑、县内解决务工人员后顾之忧，让其安心就业、稳定就业。

——精准推进、解决落实不力的问题。30 名县处级干部担任乡镇党委第一书记，将劳务输出作为履职的重要内容，做到应输尽输。乡镇党政领导干部捆绑到村，包稳得住，抓好留守人员关心关爱工作，做到能稳尽稳。村干部和帮扶干部捆绑到户，包有服务，以村为单位组建“务工服务队”，帮助务工人员解决子女上学、老人看病等系列问题，做到能帮尽帮。

精准施策的效果是明显的。2018 年，全县开展农村劳动力各类培训 12.52 万人，其中县人社局开展就业培训 359 期 22361 人。全县实现转移就业农村劳动力 60.82 万人，其中建档立卡贫困户 23.35 万人；实现务工收入 177.81 亿元，其中建档立卡贫困户 71.56 亿元。

劳务输出“增收年”，硕果满枝头

2019年，县委、县政府出台实施劳务输出“增收年”行动22条意见，制订并落实“四大工程、一个保障”工作措施，带领全县各级各部门干部职工砥砺前行，取得丰硕成果。

——精准开展就业培训，实施以“培”促增工程。紧盯未转移劳动力，加大定向培训力度、大力推进转岗培训，有效提升就业技能，实现以“培”促增。年内全县开展农村劳动力各类培训14.02万人（建档立卡贫困户8.26万人），其中县人社局开展就业培训481期38652人。

——大力推动充分就业，实施以“转”促增工程。开展“清零”行动，强势推进县外劳务输出，盘活县内岗位推进就近就业，大力发展乡村扶贫车间，加强乡村劳务队规范化管理，精准抓好兜底就业，实现能转尽转，以“转”促增。年内全县转移就业农村劳动力61.49万人，其中建档立卡贫困户23.5万人。实现务工收入188.32亿元，其中建档立卡贫困户76.85亿元。

——全方位开展稳岗服务，实施以“稳”促增工程。加快县外劳务输出机构建设，健全协调联动稳岗机制，加强对用工企业的跟踪监测，做细做实留守人员关爱工作，切实做好稳岗服务，实现以“稳”促增。

——全面提高组织化程度，实施有“序”促增工程。加大成建制转移输出力度，发挥流动党组织作用，强化务工能人帮带作用，加快推进劳务协作示范建设，全面提高劳务输出组织化程度，以有序输出、集中输出促进稳定就业、持续增收。年内全县有组织成建制转移就业3.9万人，其中建档立卡贫困户3.15万人。

——全面提高就业扶贫工作保障水平。完善劳务信息动态管理机制，健全以奖代补机制，强化纪律作风保障，压实乡村两级劳务输出主体责任，全面提高劳务输出工作保障水平。

“四个精准”，消解疫情冲击

新冠肺炎疫情发生以来，镇雄把劳务输出作为急需重点攻克的难题，不等不靠、积极作为，采取“四个着力”措施，有序组织劳动力返岗就业，全力消解疫情对劳务输出产业的冲击。

——着力摸底核查。逐户逐人开展摸底核查，准确掌握辖区内劳动力总数、就业人数、返乡人数等信息，建立建准劳动力就业台账。

——着力对接沟通。对接镇雄人集中务工地已复工复产的企业，对接劳务中介和务工能人，对用工企业需求、开工时间以及对所需相关证明等进行明确。

——着力组织转移。及时组织开展务工人员健康服务，免费办理相关证明，统一包车并安排稳岗人员随车护送，确保务工人员出门上车、下车进厂、安全到达。

——着力提供保障。派出工作组前往东莞、永康、芜湖等镇雄务工人员聚集地开展成建制、组织化输出对接工作。积极发挥 5 个驻外劳务输出工作站和 39 个外出务工党组织作用，帮助务工人员解决实际困难。

自 2020 年 2 月 15 日启动“点对点、一站式”大规模外输工作以来，截至 8 月，全县转移就业劳动力 666067 人，占劳动力总数的 85.58%。其中，建档立卡贫困户劳动力转移就业 264390 人，占卡户劳动力总数 302054 人的 87.53%；“点对点、一站式”转移输出 76611 人，成建制转移组织化率得到大幅度提升，全县劳务输出非但没受疫情影响，相较 2019 年反而有所增加。

新冠肺炎疫情全球蔓延，部分企业特别是外贸企业遭遇订单减少、产能缩减，出现降薪裁员的异常情况。县委、县政府结合实际，立即将全县劳务输出工作重心从应输尽输调整为应稳尽稳，并制订应对疫情影响稳定就业工作方案，落实电话回访、建立基地、教育保障、强化培训、做好服务、开发岗位“六稳岗”措施，解决了外面如何稳的问题；针对因疫情返乡的劳动力，切实做到“转”字当先促就业，通过外输就业、内转就业、公岗安置、政策保障“四步工作法”，解决了回来怎么办的问题。

疫情防控期间，镇雄共有 1724 名返乡劳动力，经过政府组织，1648 人到安徽、浙江、昆明、福建等地实现稳定就业，剩余 76 人为返乡建房，暂未外出就业。

当前，镇雄正认真贯彻落实中央关于“六稳”“六保”工作总体部署，扎实开展脱贫攻坚“百日提升行动”，聚焦“收入增长性、脱贫稳定性”，重点在“外稳、增输、内转”上持续发力，进一步抓好劳动力稳就业工作，规范公益性岗位管理，加强档案台账建设，发挥部门职能职责。坚决克服厌战情绪、松懈心理、过关心态，持之以恒保持战时状态、坚守战时纪律、干实各项工作，为全县高质量打赢脱贫攻坚战交上一份满意答卷。

（作者时任镇雄县人社局局长）

公益岗位播雨露

镇雄县人社局

“确保有劳动力的贫困家庭每户至少有 1 人稳定就业，夯实脱贫出列收入基础。”这是镇雄县就业扶贫工作的一大特色和广大干部职工重要而光荣的使命。

要完成这一使命难题不少，其中之一就是无法离乡、无业可扶、无力脱贫即“一有三无”贫困劳动力的就业问题。

面对困难，镇雄县委、县政府带领全县各级干部职工攻坚克难，破题破局，竭尽全力促进贫困劳动力充分就业，公益性岗位开发工作取得了显著成效。

合理开发，凝聚就业扶贫工作合力

开发和利用公益岗位安置“一有三无”贫困劳动力就业，省、市先后出台了 4 份文件。2019 年上半年，镇雄组织全县 30 个乡镇（街道）对机关后勤、就业扶贫信息岗位空缺情况和“一有三无”贫困劳动力就业需求进行全面调查，按照“上下结合，供需对接，侧重需求”的原则，科学拟定了乡村公益性岗位开发计划，制订乡村公益专岗管理办法，为拓宽贫困劳动力就业渠道、提升就业扶贫质量夯实基础。

2019 年 7 月，县人社局召开就业扶贫工作推进会，通过乡镇（街道）研判上报，将 283 个城镇公益性岗位（就业扶贫信息员）和 2875 个乡村公益性岗位开发需求目标下达到各镇（街道）。各用人单位主动作为，经招聘、公示、申报、录用等程序，一个月内便完成 2875 名贫困劳动力安置工作并签订劳务协议。8 月，县扶贫开发领导小组召开脱贫人口困难问题县级研判会，各乡镇（街道）报送需新增安置贫困劳动力乡村公益性岗位 674 名。10 月，县委、县政府召开脱贫攻坚困难问题研判解决会议，乡镇（街道）报送需新增公益性岗位 201 人。

2020 年 3 月，各乡镇（街道）研判上报县脱贫摘帽指挥部未脱贫建档立卡贫困户劳动力 41091 人中，需新增乡村公益性岗位安置 1883 人；4 月，研判上报需新增乡村公益性岗位安置贫困劳动力 824 人；5 月，研判上报需新增乡村公益性岗位 45 人；6 月，研判上报需新增乡村公益性岗位 14 人；7 月，花朗乡研判上报需新增乡村公益性岗位 4 人。县委、县政府高度重视，行业部门积极作为，通过采取系列举措，以上新增乡村公益性岗位陆续予以解决，不仅有效解决了一部分贫困劳动力稳定就业难题，也为各用人单位缓解了人手不足困难，全县就业扶贫工作合力得到有效凝聚。

按需开发，帮助就业困难群体就业

2018 年，镇雄县认真落实就业扶贫公益岗位开发工作，全县开发城镇公益性岗位 615 人。

2019 年，为进一步发挥公益岗位安置贫困劳动力就业作用，县委、县政府结合推进“美丽乡村建设”和实施劳务输出“增收年”行动工作契机，经过招聘、公示等环节，累计开发机关后勤、就业扶贫信息员等城镇公益性岗位安置 1356 人。开发乡村公益性岗位（环境保洁员、河道治理员、治安巡逻员）安置贫困劳动力 3921 人，给予每人每月 500 元岗位补贴。

2020 年，全县累计开发城镇公益性岗位 1578 人，累计开发乡村公益性岗位 5850 人，每人每年可增收 6000 至 14160 元不等。

至此，在全县 254 个贫困行政村实现了乡村公益性岗位全覆盖，这些贫困劳动力感受到了党和政府的温暖，参与公益事业的工作积极性空前高涨。

强化管理，提升就业扶贫综合效能

就业扶贫是大事，公益性岗位必须加强管理，不能养懒汉。近年来，镇雄县相继制订出台了公益性岗位管理暂行办法，各乡镇（街道）按要求制订了就业扶贫公益性岗位工作、考勤、考核等制度，规范签订劳动合同（协议），严肃工作纪律，强化对公益岗位人员的管理和使用。

2018 年以来，无论在机关单位公益性岗位上还是乡村公益性岗位上，都涌现出了一批先进典型，在他们身上体现了吃苦耐劳、不甘落后的拼劲和不向贫困低头的韧劲。

今年 47 岁的五德镇渡船坝社区河道治理员常开美，老伴残疾丧失劳动力，儿子在读高中三年级，母亲 70 多岁生活无法自理。从 2019 年主动担任村级河道保洁员以来，在管理好自己所辖河段的同时，宣传引导村民养成良好的爱护环境卫生的习惯。如今，白水江畔这段河道变干净了，他也被当地干群称为“最美河道保洁员”。

母享镇就业扶贫信息员刘泽军，自 2019 年 10 月被聘用以来，不管是宣传脱贫攻坚政策，还是统计全村劳动力就业情况，从不叫苦喊累，圆满完成各项任务。疫情防控期间，他连续 40 多天带病坚持在疫情防控、脱贫攻坚一线，用实际行动践行着一名返乡大学生的初心和使命。2020 年 3 月 7 日，《昭通日报》以《青春无悔写忠诚》为题报道了他的事迹。

第三编　基础设施建设

昨天的“区位末梢” 今天的“战略前沿”

——镇雄县“十三五”综合交通建设情况概述

镇雄县发改局 镇雄县交运局

“十三五”期间，镇雄县坚持把交通摆在全国、全省和周边区域发展大局中来思考和谋划，主动服务和融入国家战略。随着以交通为主的基础设施不断改善，镇雄已逐渐由封闭落后的“区位末梢”转变为辐射周边的“战略前沿”。

大雄古邦飞天梦

镇雄县委、政府紧紧抓住国家深入实施“一带一路”和长江经济带战略等重大历史机遇，把推进交通基础设施建设作为工作的重中之重，把镇雄机场列为全县“十三五”发展规划并加快项目建设前期准备。

按照机场选址的原则和要求，结合镇雄县城总体规划、地形条件、气象条件和与周边机场位置关系等，根据 1 ： 5 万地形图，初步拟定在距离主城区中心 20 公里范围内进行通用机场选址，经过图上作业，初步选出成家湾、马场坡、曹家沟、麻柳湾、蒿枝湾、松林村、长秧坝、尾坝村、老熊洞、大木孔、洪家院子、三望坪 12 个场址。通过对所选场址进行净空分析和土石方量等对比，将成家湾、曹家沟、麻柳湾、老熊洞、大木孔、洪家院子6个场址排除。2016年8月23日至25日，中国民航工程咨询公司项目组赴镇雄县，对马场坡、蒿枝湾、松林村、长秧坝、尾坝村、三望坪6个初选场址进行实地走访和现场踏勘，通过周边配套、征地拆迁、工程地质、土地（林地）性质等条件进行实地勘察，结合相关部门意见，进行综合比对，最终将尾坝村作为推荐场址（位于尖山乡尾坝村东侧山梁上，距县城中心直线距离约20公里，公路距离约45公里，场地标高1565—1623米之间，相对高差约60米）。

镇雄县通用机场2016年4月15日获得省发改委批复同意开展前期工作，由镇雄县发改局组织开展镇雄通用机场的选址工作，委托中国民航工程咨询公司编制了机场选址报告，经过一年多的努力，2017年5月25日至27日，民航西南地区管理局委托中国国际工程咨询公司专家组到镇雄县现场踏勘和评审。目前，已按专家组在选址报告和选址的相关条件提出的意见建议完成了相关工作。场址已通过评审，待批复。

2018年11月初，省机场集团到镇雄县调研，镇雄县提出将镇雄通用机场改为支线机场，之后组织相关部门对机场建设事宜再次进行了充分论证，多次主动向省发改委汇报，最终省发改委同意支持镇雄县按支线机场进行规划建设。

气象观测站全面建成。尖山尾坝机场观测站2019年11月19日开始修建，于2020年1月1日正式投入使用，观测内容（风向、风速、天气现象、湿度、温度、气压、能见度），测风站观测时间为1年，目前已经顺利进行观测。

连接线建设进展顺利。镇雄机场距离县城29公里，机场连接线距离镇果一级路1.045公里，镇果一级路于2020年7月28日开工建设，机场连接线建设正在开展前期相关工作，镇果一级路建成后，从县城到机场只需25分钟左右。

万事俱备，镇雄机场的建设，必将为镇雄经济社会的发展插上腾飞的翅膀，缩小与先进地区的距离，加大与发达内地的联系，提速社会发展，实现后发赶超。

“高铁”“高速”并驾齐驱

2015年以来，镇雄县狠抓交通基础设施建设，综合交通建设规划总投资达350亿元，目前已完成投资285亿元，占总规划的81%，预计2020年年底全部完成投资。目前，全县公路里程达12600公里，其中已建成成贵高铁镇雄段38.9公里，镇毕高速公路59.75公里，二级公路171公里，三级公路144公里，通乡油路543公里，产业路61公里，建制村路1722公里，村组公路9860.58公里，已纳入硬化建设5017.37公里（2017年6月底前建成817.37公里，革命老区建设专项资金等“一事一议”建设1295公里，公开招标建设2905公里，硬化完成2768公里，正在硬化2258公里），还未实施硬化4843.21公里。在建铁路1条52公里，在建高速公路4条116.44公里，在建一级公路1条72公里。初步形成了内联外通的立体综合交通网络，从交通死角变为云、贵、川三省交通接合部的交通枢纽，实现了交通“高速梦”“高铁梦”。

2018年6月26日，是个激动人心的日子，全县百万人民期盼已久的镇毕高速开通运营，正式告别镇雄无高速公路的历史，在镇雄交运史上具有划时代的里程碑意义。镇毕高速的通车，南将在毕节市与厦蓉高速、杭瑞高速等高速公路成网，北将连接宜宾至镇雄高速公路（2020年年底通车），进入国高网和长江流域，促进镇雄融入“成渝经济圈”“珠三角经济圈”，有力地拉动镇雄经济社会加快发展，助力镇雄打赢打好脱贫攻坚战。

镇毕高速公路镇雄段2014年9月开工建设，起于云、贵两省交界处的二龙关，途经泼机、旧府、中屯三个乡镇（街道），止于镇雄县南部新区90

米大街，设计时速 80 公里，全长 13.75 公里（其中高速路 11.27 公里，一级路 2.48 公里），总投资 22.3833 亿元。

2019 年 12 月 16 日，成贵高铁开通运营，标志着成贵高铁全线贯通，时速 250 公里，将形成西北地区、四川、贵州和镇雄连接珠三角、长三角、京津冀和环渤海等经济发达地区的一条高速大通道。与此同时，镇雄高铁又与渝贵铁路、成渝高铁一道构成了串联黔、滇、川、渝“三省一市”的高铁网。从此，镇雄将由交通死角融入交通枢纽，“3 小时省级，2 小时市级经济圈”再次扩容，有了对外开放、人才回归、招商引资的新筹码、新亮点、新优势，镇雄脱贫攻坚、旅游开发、城市建设和经济社会发展将突飞猛进。

成贵高铁镇雄段 2013 年 12 月开工建设，途经镇雄县花朗、大湾、以勒、母享、鱼洞、黑树 6 个乡镇，设计时速 250 公里，站点设在以勒镇庙埂村，全长 38.9 公里，总投资约 41.4 亿元。

同时，与之配套的以勒站站前广场与站前大道已顺利完工。站前广场含站前综合体一座，总占地面积 31177 平方米，总建筑面积 28055.82 平方米，站前广场规划道路以及匝道和辅道，其中城市主干路 506 米，辅道 346 米，匝道 631.23 米。该项目为宜毕高速镇威段以勒互通连接线，与宜毕高速镇雄至以勒段同步于 2020 年 7 月底全幅运营。站前大道全长 5.95 公里，总投资 4.68 亿元，起于宜毕高速以勒互通，止于成贵高铁镇雄站站前广场。

目前，镇雄县在建综合交通重点项目为“一铁五高一一级一大道”的 1511 工程，即：叙毕铁路镇雄段，宜毕高速镇雄段、昭泸高速镇雄段、镇赫高速镇雄段、宜昭高速镇雄段、镇七高速镇雄段，镇果一级公路，成贵高铁以勒站站前大道。届时，高速公路通车总里程将达到 192 公里，镇雄将全面进入“高速时代”。

叙毕铁路途经镇雄县雨河、大湾、果珠、林口、以勒、鱼洞、黑树 7 个乡镇，为客货两用 I 级铁路，设计时速 120 公里，全长 52 公里，总投资约 36.6 亿元。项目涉及镇雄县的控制性工程有桥梁 23 座、隧道 21 座、车站 2

个，车站分别设在果珠乡云岭村的桩儿村民小组和以勒镇庙埂村的石街村民小组，站名为果珠站、以勒站。果珠站设到发线 3 条（含正线），侧式站台 1 座，货物线 1 条，牵出线 1 条。以勒站设到发线 4 条（含正线），侧式站台 1 座；设站台仓库线及笨大线各 1 条，牵出线 1 条，结合地形条件，设置散堆装货物线或商品汽车装卸线。该项目于 2016 年 10 月开工建设，计划 2022 年建成通车。

宜毕高速镇雄段项目途经镇雄县雨河、花朗、大湾、以勒、林口、塘房、旧府等 7 个乡镇（街道），境内长 46 公里，按照双向四车道技术标准建设，设计时速 80 公里，路基宽 24.5 米，设置桥梁 70 座，隧道 8 座，估算投资 54.495 亿元。控制性工程为赤水河大桥、凉水特大桥、范阁梁 1 号隧道、芒部山隧道。该项目 2016 年 10 月 28 日举行开工仪式，已于 2020 年 8 月 26 日建成通车。

昭泸高速镇雄段项目途经镇雄县花山、牛场、坪上、场坝、赤水源、乌峰、塘房等 7 个乡镇（街道），境内全程长 66.8 公里，按照双向四车道技术标准建设，设计时速 80 公里，路基宽 25.5 米，设置桥梁 36 座，隧道 22 座，估算总投资 119.2379 亿。控制性工程为大河隧道、白岩脚隧道、南天门隧道、乌峰隧道、广德关特大桥。该项目于 2017 年 2 月 23 日举行开工仪式，计划 2021 年 6 月 30 日建成通车。

镇赫高速镇雄段项目途经镇雄县旧府、中屯 2 个乡镇（街道），路线自北向南，起点位于镇雄县东南侧陈贝屯村，顺接宜宾至毕节高速公路威信至镇雄段，通过设置镇雄枢纽互通，实现同镇毕高速、镇雄县及周边的交通转换。镇雄县境内全程长 12.285 公里，按照双向四车道技术标准建设，设计时速 80 公里，路基宽 25.5 米，设置桥梁 9 座，隧道 2 座，互通立交 2 座，估算总投资 20.9068 亿元。控制性工程为翟底河大桥。项目于 2017 年 12 月 26 日举行开工仪式，计划 2020 年 12 月底建成通车。

宜昭高速镇雄段项目途经镇雄县杉树乡凤栖村和细沙河村，境内全程长 13.72 公里，主线长 11.15 公里，小草坝连接线 2.57 公路，设置桥梁 12 座，隧道6座，其中控制性工程共计隧道1座、立交1座，估算总投资15.092亿。控制性工程为新场隧道。项目于2018年10月19日开工建设，计划2021年12月建成通车。

镇七高速镇雄段项目途经镇雄县以勒镇、母享镇、坡头镇，境内全程长24.52公里，按照双向四车道技术标准建设，设计时速80公里，路基宽25.5米，估算总投资47.77亿元。控制性工程为岩洞大桥、筒车河特大桥、狮子山隧道、笔花山隧道、火草枢纽互通。项目于2019年12月开工建设，计划2022年12月31日建成通车。

镇雄至果珠火车站至大湾一级公路项目是省、市、县三级路网中的重要组成部分，是镇雄县城连接果珠火车站、镇雄通用机场的主要和专用道路。起于县城西北侧桃子沟附近，接宜宾至毕节高速公路威信至镇雄段大湾收费站广场。项目途经镇雄县旧府街道、乌峰街道、南台街道、赤水源镇、尖山乡、果珠乡、大湾镇，境内全程长71.204公里，主线长62.592公里，连接线长8.612公里，主线采用一级公路标准建设，设计时速60公里，路基宽23米，设置互通式立交4处，桥梁83座，隧道15座，概算总投资95.33亿元。控制性工程为董家田特大桥、五谷大桥、关口特大桥、关口隧道、余家湾隧道、关口互通。项目于2020年7月28日举行开工仪式，计划2023年7月底建成通车。

要致富，先修路。农村公路网络的建设对促进区域经济发展，提高农民生活水平，改善农村消费有着十分重要的战略意义。2018年9月4日，镇雄县被交通运输部、农业农村部和国务院扶贫办评为全国“四好农村路”示范县。镇雄县建制村公路1722公里，至2017年年底已全部实施硬化建设。按照脱贫攻坚交通行业扶贫要求，全县30个乡镇（街道办事处）254个行政村，交通行业扶贫指标已全部达标。

2017年11月8日，镇雄县人民政府印发了《镇雄县村组公路路面硬化建设实施方案》（镇政发〔2017〕4号），明确建设规模、建设标准、建设顺序、建设组织模式（公开招标和“一事一议”方式组织建设）等事宜，大规模启动村组公路建设。村组公路在建及已建成总里程达5017.37公里。主要为以招标方式分两批组织建设共计2905公里，分别为2017年启动的2015公里，2018年启动的890公里，2017年6月底前建成817.37公里，革命老区建设专项资金等“一事一议”建设1295公里，目前全部完成建设。

镇雄县农村公路总里程3295公里（包含省、县、乡、村道），隐患里程3024公里，已于2020年5月底全部实施完成。

交通死角融入交通枢纽

镇雄县交运局

“打通出山之路，让外面的世界不再遥远。”一直是镇雄人的最大期望。近年来，镇雄以“深山绝壁开天路，历尽艰险架飞虹”的胆识和勇气，构筑经济社会发展“大动脉”，按照“贯穿南北、连接东西、通达川贵、辐射乡村”的要求，把镇雄建设成为“川滇黔接合部的立交桥”，从曾经的交通死角融入现代化的交通枢纽。

2018年6月28日，对于镇雄人民来说，这一天将注定要浓墨重彩写入镇雄的历史。这天，镇毕高速公路通车了，镇雄实现了高速公路“零”的突破，结束了镇雄没有高速公路的历史。至此，山高坡陡、沟壑纵横，古老而神秘的大雄古邦，以全新的形象和崭新的面貌迎接八方来客。

泼机镇庙山村村民赵祖万目睹了镇雄城区到毕节二龙关这条公路的变化。他说：“这条公路变化非常大，它是镇雄解放后的第一条公路，我当时参加建设。2008年修通了镇雄到二龙关的二级公路，2018年又修通了镇毕高速，现在我们到贵阳、上昆明都非常方便，交通的方便也带动我们这个地方的大发展。”

“以前我们上省城昆明开会或接洽业务至少要七八个小时，远都不说，路况还非常不好，遇到堵车甚至会十几个小时，镇毕高速公路通车后，只需5个多小时就到了。”县交通运输局工作人员张永寿说。镇毕高速公路是宜毕高速公路的重要组成部分，是云、贵、川三省又一重要省际高速公路通道。

2020 年 8 月 26 日 24 时，宜毕高速公路威信至镇雄段通车，2020 年 12 月底实现全线通车，镇雄将走进全新的发展时代。

镇雄通过镇毕高速公路和宜毕高速公路，南与厦蓉、杭瑞、毕威等高速公路成网，北可经四川宜宾进入国家高速公路网和长江流域，从而成为镇雄沟通南北、通达川黔、通江达海的重要通道，促进镇雄矿产资源、生物资源、旅游资源开发，特别是红色旅游资源的开发。同时，镇毕高速公路促进镇雄融入毕节经济带、“成渝经济圈”“珠三角经济圈”和“兰海（兰州至海口）经济带”，将有力地拉动镇雄经济加快发展，助力镇雄打赢打好脱贫攻坚战。

“镇毕高速公路的建成通车，不仅方便镇雄外出务工和就学深造的几十万人进出，减少路途时耗和差旅投入，而且便于提升人口综合素质；同时，能吸引外商和镇雄在外创业成功老板到镇雄投资，增加镇雄发展的商机；能降低物流成本、控制物价增长，便于镇雄特色资源、旅游资源开发利用；能缩短网上购物和特色产品销售时限，助力镇雄特色产业发展，提升镇雄人民生活质量和生意成交频率。”镇雄县政协副主席、交通运输局局长鲁绍延这样总结镇毕高速公路增进镇雄民生福祉。

镇毕高速公路的开通，对镇雄经济发展已经起到了明显的促进作用。“去年，镇毕高速公路开通，为我们提供了便捷的物流快递渠道。今年，我们销售往北京、上海、广州、深圳、杭州等城市的金雨云蜜共有 500 多公斤，成交额 200 多万元，快递质量高、达到时限短、资金到账快，全托高速便捷的交通运输的福。”镇雄县金雨蜜蜂养殖有限公司负责人吴学刚说。“我们长期从六盘水拉粮食进镇雄，又从镇雄往外运煤炭。前年，运货往返水城和镇雄需要 15 个小时，今年若走镇毕高速至少可减少 4 个小时，已经有效降低了我们的物流成本。”一直从事货运业务的成忠武也感慨万千。

随着镇毕高速公路的开通，看中镇雄的一批批客商纷至沓来，一个个企业、项目落地镇雄。2019年4月27日，云南一座山文化发展有限公司在镇雄县举行签约仪式，由公司投资3.8亿元分三期对镇雄小山峡桃源谷生态文旅项目进行开发。2019年6月12日，在2019年南亚东南亚国家商品展暨投资贸易洽谈会开幕首日，镇雄与镇雄中悦房地产开发有限公司、贵州蓝之源生物科技有限公司、镇雄兴牛旅游发展有限公司、云南磨浆农业有限公司、镇雄县黑颈鹤生物科技开发有限公司、昭通辣椒种植生物科技有限公司等6家企业成功签订招商引资项目合作协议，签约金额达62.3亿元，签约项目涉及农业、旅游、房地产、中药材等行业。2019年6月13日，在2019年南亚东南亚国家商品展暨投资贸易洽谈会经贸合作项目省级签约仪式上，镇雄县与天津亿联投资控股集团有限公司“牵手联姻”，公司将在镇雄投资85亿元打造镇雄伴山智慧生态城项目、投资15亿元打造镇雄亿联国际商贸城项目；潮州宝涛制衣有限公司将在镇雄县投资3200万元，实施镇雄县易地扶贫车间服装加工项目。这些项目的落地开花，促进了镇雄县经济社会发展。

“现在去浙江、上海或者广州，80元钱坐机场客运车，40分钟就到毕节飞雄机场，只需用原来三分之一的时间，而且比原来方便、便宜得多。”外出务工人员邓声灿说。高速公路带来的便捷，并没有使邓声灿满足，在外看到高铁从面前呼啸而过时，他又开始向往有一天镇雄也能有高铁，可以坐高铁回家，因为他所在的城市，坐高铁更便捷也更划算。不负他所望，也不负镇雄人民所望，邓声灿的愿望就实现了。2019年12月16日，成贵高铁通车运行，镇雄县正式进入高铁时代，融入全国高铁网，开启发展加速度，镇雄的交通再一次大幅度提升。

成贵高铁起于四川省成都市，途经乐山市、眉山市、宜宾市、昭通市、毕节市，止于贵阳市，连接西成高速铁路、渝贵铁路、贵广高铁、沪昆高铁，形成四川乃至西北地区通往珠三角长三角华南华东东南等沿海地区的快速大通道。在昭通市途经威信县、镇雄县，在镇雄县途经花朗、大湾、以勒、母享、鱼洞、黑树6个乡镇，设计时速250公里，站点设在以勒镇庙埂村，全长 38.9 公里。这看似短短的几十公里，却仿佛是千万里，镇雄人民盼了一年又一年，如今终于得偿所愿。

王世美是以勒镇毛坝村人，活了大半辈子，从未坐过高铁。如今，高铁不仅修到了家门口，竟然在家门口设站。高铁运营的当天，王世美激动得热泪盈眶，买票去宜宾玩了一趟，尝试一下坐高铁的感受。他说："终于可以全国各地去了，不用仅仅跑去镇雄，家乡有这样大的发展，感谢国家，感谢各级领导，我们镇雄人民感到骄傲和幸福！"

周主林是坡头镇堰塘村人，在成都做亮化工程，经常在成都和堰塘之间往返。高铁不通前，他要从堰塘坐车到县城，再从县城坐车到成都，要两天时间。高铁开通的那天，他从堰塘坐车约一个小时就到镇雄高铁站，再坐高铁约两个半小时就能到成都。周主林一脸满足地说："以前坐大班车去成都的话，前后需要两天时间，来回一趟很不容易。生意好的时候，连回家的时间都没有，现在坐高铁只要半天就到了，方便快捷又安全，随时都可以回家啦。"

成贵高铁是我国"八纵八横"高速铁路网兰州（西宁）至广州通道的重要组成部分。成贵高铁全线通车初期，铁路部门安排开行动车组列车 20 对。成都将开行至上海、广州、昆明等地动车组列车，成都至贵阳最快 2 小时 58 分可到达。在镇雄坐上列车就可以直接到达上述城市，融入全国交通网络。2019 年 12 月 16 日到 29 日，每天在镇雄停靠的列车有 12 辆。12 月 30 日，全国铁路运行图调整后，安排开行动车组列车日常线 44 对、高峰线 14 对，在镇雄停靠的列车将增多。

吴长明是镇雄县交通运输局办公室主任，工作非常繁忙，加班加点是常事。他说，每每听到赵雷的"和我在成都的街头走一走，直到所有的灯都熄灭了也不停留"时，他的大儿子就嚷着要去成都看看。但因为孩子要上学，周末去来回的路程又太远，时间根本来不及。放假呢，他有时工作又忙，脱不开身。拖了很久，这个小小的愿望都没帮儿子实现。高铁开通后，他周五下班，儿子放学，坐上晚上 7 点半的高铁，晚上 10 点就到了。

第二天周六，带领儿子游成都，去成都欢乐谷欢乐，晚上游宽窄巷子，吃成都美食。星期天，先去杜甫草堂，再去青羊宫、武侯祠，最后，坐下午5点25分的高铁，晚上8点到站，9点半到家。这样快捷惬意的旅行，就像到隔壁家串门一样方便幸福。

更激动人心的是，2020年7月1日，镇雄始发昆明专列G4359开行，可载客600人。这对在昆明上班的常伟来说是个天大的好消息，他是镇雄人，之前在镇雄上班，一家老小都在镇雄，2018年他考上了昆明的单位，回家便十分困难。他说，每次都是要等到节假日才能回去，双休回家基本在路上了，现在有了高铁，缩短了回家的时间。

2020年8月26日24时，宜毕高速公路威信至镇雄段通车，将之前县城和镇雄高铁站之间一个半小时左右的行程大幅度缩短至半小时左右，两地交通通行更加方便快捷。这段高速公路开通后，选择乘坐高铁的人更多，成贵高铁镇雄站日客流量达到8000人次。

路好了，同样路程花费的时间更少了，心也近了，心情更好了。方便快捷的交通让人们来去匆匆，笑脸盈盈，幸福满满。

保水惠民生　战贫赢民心

——镇雄县“十三五”水利发展概述

镇雄县水务局

“十三五”是镇雄县经济社会发展最快、各项基础设施提升最为迅速的时期。特别是水利方面，全县的重点水利工程、重点水源工程建设遍地开花，为农业产业尤其是全县经济社会发展奠定坚实基础。同时，随着一个个饮水安全工程项目的建成投用，农村群众饮水安全全面达标，水利工程的实施真正成为造福百姓、惠及民生的好事、实事。

重点水利工程有效推进

2015 年以来，镇雄县争取各种重点水利投资 17661.91 万元，先后建设完成小农水重点项目、高效节水项目、中小河流治理、抗旱应急水源工程、鱼洞集镇饮水恢复重建、芒部镇松林小流域、木卓镇新桥小流域等重点水利工程。

2015 年度，第五批中央财政小型农田水利重点县项目工程总投资 2636.66 万元，覆盖解决母享镇、雨河镇、五德镇 3 个乡镇 1.65 万亩农田灌溉问题。该批项目新建取水建筑物 7 座、水池 50 个，维修改造渠道 12.6 公里，安装灌溉管道 140 公里。

2016年度，总投资1238.98万元实施木卓镇环山村农田水利整村推进项目，覆盖解决环山村灌溉面积0.385万亩农田灌溉问题，新建取水建筑物7座、各类取水池73个，安装各类灌溉管道80公里；投资650万元，建设完成2016年度鱼洞集镇饮水恢复重建工程，有效地解决了19个村民小组、1个集镇、9929人的供水问题；投资1000万元完成罗坎、以古抗旱应急水源工程建设，切实解决了8909人的饮水水源及1300亩耕地灌溉问题；投资4952.42万元，完成塘房河林口娃飞段治理工程、五德镇大营河堤工程及母享镇湾沟河堤工程建设，完成治理河长15.113公里，其中：塘房河林口娃飞段治理工程完成治理河长4.1公里，保护村庄4个、人口450人、农田2700亩；五德镇大营河堤工程完成治理河长4.90公里，保护集镇1个、村庄2个、人口15038人、农田2700亩；母享镇湾沟河堤工程完成治理河长6.113公里，保护母享镇后槽村、母享村、湾沟村等行政村的部分居民和农田，保护总人口5172人、农田3800亩、乡村公路3100米。

2017年度，完成第九批中央财政小型农田水利重点县建设项目总投资1348.88万元，新建排水沟道765米，新建截水墙2座，新建水池89个，安装管道252公里，覆盖解决鱼洞乡0.6万亩灌溉问题；完成以勒镇以堡片区山区“小水网”建设项目，总投资300万元，覆盖解决以堡片区0.2366万亩农田灌溉问题。

2018年度，投资1409.11万元实施坡头片区高效节水灌溉工程“小水网”建设项目，新建防洪墙194.2米、水池5个，安装水泵4台及各类管道31458.77米，覆盖解决坡头镇0.62万亩农田灌溉问题；投资1283.86万元完成2017年度芒部镇松林小流域及2018年度木卓镇新桥小流域国家水土保持重点工程建设，完成水土流失治理面积28.89平方公里；投资2842万元完成大水沟至杉林村组公路、黑寨至黑桃坪村组公路、林口水库库周公路、大水沟水库大水沟村移民区滑坡治理、大水沟水库五德镇移民区房屋改造、机耕路、道路亮化、文化活动中心及杉树林移民区文化活动室、道路改造等建设项目，切实推进移民安置点基础设施建设和产业发展。

重点水源工程健康运行

2015年以来，镇雄县强势推进胡家山、坝口河水库工程建设，完成红石桥水库引水至县城工程建设，扎实推进苏木水库、安尔水库、坪上水库3座中型水库及摆枝娃水库、罗家老包水库、石板沟水库3座小（一）型水库前期工作。

胡家山水库属于“十二五”以来续建中型水库工程，于2012年2月10日开工建设，2015年至2020年间，大坝枢纽工程完成混凝土面板堆石坝、溢洪道、输水隧洞3个单位工程的全部施工内容并且通过单位工程验收，完成库区清理工作并通过验收，完成大坝蓄水安全鉴定工作，通过下闸蓄水验收并下闸蓄水；渠系工程渠首倒虹吸（5228米）施工内容基本完工，白鸟、杨家坡、西朗沟1#、2#隧洞（全长约3700米）全部贯通并通过隐蔽工程验收，隧洞内钢筋混凝土衬砌工作基本完工，明渠段施工内容基本完工；公路恢复改建项目完成路基施工并通过路基转序验收，完成级配碎石层铺设、水泥碎石稳定层铺设、沥青路面铺设等所有施工内容；移民安置点基础设施所有施工内容已完成。

坝口河水库属于“十三五”期间开工建设的在建中型水库工程，自2017年4月开工建设以来，泄洪（导流）放空洞导流过水部分已投入使用，出口启闭机室土建已完成；沥青心墙基座混凝土浇筑已全部完成；沥青心墙上游坝体填筑至设计度汛高程1581.5米，沥青心墙下游坝体填筑至1558.0米；河床段坝基灌浆已完成，左、右两岸坝基试验段灌浆基本完成，心墙沥青混凝土碾压试验已完成；输水洞和溢洪洞开挖已完成，正在进行混凝土浇筑。塘房顶拉、旧府松林湾两个移民安置点的场地平整、文化活动室等公共设施基本完成，塘房顶拉移民自建房已完成30%。全面完成总投资3500万元的红石桥水库引水至县城工程建设，并向县城正式供水。

重点水源工程前期工作稳步推进。苏木水库可行性研究报告市发改委已组织评审，设计单位已按专家意见修改完成，土地预审、选址意见书已上报市自然资源局审批，计划2020年10月下旬开工；安尔水库可行性研究报告已上报省水利厅评审，待征地移民安置规划报告批复后，可获得专家评审意见，相关专题正在有序推进，计划2020年年底开工建设。坪上水库可行性研究报告已编制完成，即将上报省水利厅技术审查，计划明年开工建设。摆枝娃水库可行性研究报告已经市发改委组织评审并出具了评审意见，正在办理土地预审意见、选址意见书，计划今年11下旬开工建设；罗家老包水库可研市发改委已组织审查，待出具评审意见，计划明年9月开工；石板沟水库可研市发改委已组织审查，正在修改完善中，计划明年9月开工。

农村饮水安全稳步实施

2016年以来，镇雄县大力推进农村饮水安全工程建设，全力破解群众饮水困难，确保全县如期实现饮水全面达标。

2016年至2020年，累计投入农村饮水安全项目建设资金55660.55万元，巩固提升了120.1443万人（其中，建档立卡对象34.7579万人）饮水安全。通过省、市、县水利行业主管部门认定，全县30个乡镇（街道）235个贫困村（社区）建档立卡对象117732户565800人已达到农村饮水脱贫标准，全面实现了农村饮水安全达标保障。全县已建成20人以上的集中供水工程3495件，已全部建立管理机制并定价，已收缴水费3361件，占比96.2%。

饮水工程泽万家

——盐源镇安全饮水工程惠民纪实

邓建均

水润万物，泽被苍生。民以食为天，食以水为先，安全饮水不达标，群众难以奔小康。近年来，镇雄县盐源镇大力实施农村饮水安全暨巩固提升工程，实现了饮水安全全覆盖，自来水全部入户，让群众喝上了安全水和放心水。

扁担下的解脱

杉树坪村山背后组的常开伦打开水龙头，看着清澈透明的水哗哗地从水管里流淌出来，他有些兴奋和自豪。现年 53 岁的常开伦是从挑水吃、看天吃水那个年代过来的。他和儿子以前最主要的工作，就是挑水吃。喝上自来水后，父子俩就放心地从事砌墙工作，收入也比以前增加了不少。

盐源镇年平均降雨量 935 毫米，辖区内有白水江、以者河、盐溪河、田坎河越境而过，水资源十分丰富，但由于境内海拔落差大，立体气候明显，水资源分布不均衡，加上受供水设施老旧、蓄水池漏水、水管老旧等因素影响，全镇 211 个村民组不同程度出现供水不稳定、供水量不足、水质不好等问题，因此，安全饮水成为常开伦等全镇群众关心关注的“老大难”问题。

常开伦家5人只有他和儿子两个劳动力，以前每天要去1.5公里以外的地方挑水吃，因为都是山路，路不好走不说，有时停下来休息桶都放不稳，所以父子俩疲于奔命。正常饮水都是个大问题，用水量大的时候，一天得往返几个来回挑水，其他事情都不能做了，吃水问题成了他和儿子的忧心事。

饮水工程建设是一场真正意义上的全民攻坚战、持久战，也是脱贫攻坚“三年行动”的关键一环。2017年，盐源镇饮水工程建设共涉及温水村3个村民小组、木歪村7个村民小组，共建10件工程，新建水池10个，安装不同规格管道76公里。2018年，盐源镇饮水工程增加了，涉及仓海村3个村民小组、铁炉村14个村民小组，新建水池8个，维修水池65个，安装不同规格管道263.3公里。但是，这些饮水工程都没有实施到常开伦家。

为彻底解决全镇群众安全饮水难题，确保全镇如期实现高质量脱贫，自2019年以来，盐源镇全力打响打好农村安全饮水巩固提升攻坚战，实施安全饮水工程158件，新建水池661个，新铺设水管1221.9公里，累计投资1900余万元。

常开伦家这次受益了。2019年10月，他家旁边的蓄水池建好了，通过2公里多的管道引水至蓄水池，最终解决了他们家的饮水难题。“我家原来都是挑水吃嘞，家里吃上自来水后，扁担都收起来不用了。你看嘛，那根扁担上的灰都快糊满了。还是现在的政策好，为了我们一家的吃水问题，还单独给我们牵管子，真的不晓得咋个感谢党和政府才好。”常开伦高兴地说。

截至2019年12月，全镇安全饮水巩固提升工程竣工验收，蓄水池有水了，干干净净的水直接通往各家各户，群众喝上了安全水、放心水，安全饮水“一个不少”，实现了安全饮水全保障。同常开伦家一样，很多群众从挑水和背水中解放出来，从扁担和背具中解脱出来，有了更多时间做创收的事情，去提高收入。

退休教师吃了苦头甜了心头

现年 64 岁的刘德飞居住在仓海村沙坡啰组，曾在五德镇干沟中学任教 40 余年，于 2016 年退休。2019 年，他听说村民组要新建 20 立方米蓄水池的消息后，无比高兴。由于担心建设质量，决定自己的事情自己干，他便和承包方商量，由承包方提供建设材料，他本人亲自建造蓄水池，确保工程质量。考虑到水池如果建成露天的，质量还是不够牢固，他便将水池建在地底下，这样水更好喝，供水寿命也更长。但以此方案进行建设，难度更大了。前一天刚挖好的坑池，由于下雨，周边泥土垮塌，坑被埋了，又得重新清除泥土继续挖坑。冬日里，他一个人亲力亲为，坚持再坚持，辛苦建设两个多月，水池终于竣工，初次验收就达标通过。

“之前，我们几家人用水还是困难的，正常的用水，平时就不咋个供应得上。到年底，人们陆陆续续都回家的时候，村民组里人多了，用水就供应不上。有的时候，水还是浑的。现在不会了，水清澈得很，也甜得很，水量也很大，看着哗哗流的水，我就感觉一切辛苦都是值得的。”刘德飞介绍道，“去年听说有饮水工程指标的时候，我觉得政府这是‘雪中送炭’啊，也是‘锦上添花’。因为，即使没有指标，我们也要干的。所以，指标一下来，我们村民组没有壮劳力，年轻人都去打工了，但我一个人也要干。为了解决我们几家人的饮水问题，再辛苦都是值得的，毕竟辛苦一时，幸福一世嘛。”

经历过没水喝、吃水难的困境，尝过建水池的苦头，刘德飞视水池如“家宝”，水池建成后，他在水池周边种上绿树固土。现在，他把管水护水当作自己的工作，查看水源、管护水管、打扫水池周边卫生成了他的日常工作。他表示，将把节水护水的传统作为优秀家风，鼓励儿孙们传承下去。

乌蒙圣果园效益提高了

温水村的乌蒙圣果园发展至今，桑葚种植面积已达 600 亩，吸纳当地建档立卡户劳动力 50 人就地就近务工就业。果园管理者王朝书介绍说：桑树不同器官的含水量与其生长强弱有密切的关系，桑叶的生长速度最快、量也最多，桑叶本身的含水量也很高，在桑叶生长的不同季节，水分作用有很大区别，冬季桑树休眠期，长期干旱对桑树的影响并不明显，而在夏秋季，只要桑园土壤连续缺水数天，枝叶生长就会明显变慢，随着干旱时间延长则枝条顶端会停止生长而封顶，可以说，水对桑树生长有着至关重要的作用。

2017 年，该桑园由于长期干旱，致使当年桑葚减产 3 万公斤，减产造成直接经济损失 18 万元。桑园减产使灌溉问题得到重视，由于该桑园带动就业的贫困劳动力多，桑园效益也直接关系到群众收入，盐源政府十分关心关注该桑园的灌溉问题。2019 年 12 月，经申报选址规划建设，桑园内新建蓄水池 3 个，保证了种植灌溉用水需要，经济效益从原来的每年 200 万元增加到 230 万元，每年增收 30 万元。尝到甜头后，乌蒙圣果园还将扩大规模，充分发挥规模效应，带动更多的群众增收致富。

盐源镇大力实施农村饮水安全暨巩固提升工程，实现了水“惠”一方、水“利”一方、水“富”一方，群众的水利获得感、幸福感、满意度不断提升。

（作者系盐源镇政府综治办工作人员）

敢叫清泉上高山

——坡头镇堰塘村三级提水工程建设纪实

曹明富

轻轻地拧开水龙头，白花花的自来水直冲向洁净的脸盆，溅起无数的水珠。“我们家家户户都吃上了自来水，再也用不着去几里以外的地方背水了，感谢党和政府让我们用上了自来水……”站在昭通日报社记者韩梅的身边，坡头镇笔花村75岁的张成美老人喜笑颜开：“我们大家背水吃的扁缸怕要扔掉了，今后再也用不着背水了……”

张成美以前吃的是“望天水”“水窖水”，通过堰塘村三级提水工程，张成美和笔花村3000多群众一样，吃上了自来水。

帐篷里的指挥人

2019年5月，国家水利部副部长田学斌到坡头镇调研群众安全饮水问题，在笔花村组织召开院坝会，了解群众的生产生活用水现状后，指示一定要想方设法让高寒山区贫困群众用上放心安全的自来水，彻底告别靠天吃水的历史。

笔花村位于坡头镇南部，海拔高，是典型的喀斯特地貌，加上20世纪六七十年代土法炼硫的影响，石漠化程度比较严重，森林覆盖率仅为18%左右。老百姓说，这个地方的土是漏水的，老天下大雨，顺着山沟流，井里没有水。一遇到天干，群众要到几公里以外的地方去取水，一天要耽搁半天，可以说，饮水安全已经严重制约着笔花村3000多群众脱贫致富进程，没有饮水安全就没有笔花群众的小康，笔花成为坡头全镇饮水安全攻坚战的最后堡垒。

为贯彻田副部长的指示，坡头镇决定在辖区新场村小农水灌溉工程建成通水的基础上，拟在堰塘村境内实施三级提水工程，解决笔花村及堰塘村上半山饮水安全问题。经过可行性研究、批复立项，县水务局以批复方式明确由坡头镇自行组织实施。工程于2019年11月2日开工建设，计划12月30日前完工并开始供水。该工程建成后，可以覆盖长期被生产生活用水所困扰的笔花、堰塘、仁和、亳都等6个村158个村民组5310户22544人。

因为工程建设任务重、工期短、难度大，要攻克这个堡垒，困难重重。为了保证工程质量和工期，坡头镇成立了书记镇长为双组长，人大主席为指挥长的工作领导组，绘出作战图，排出时间表，严肃工作纪律，细化工作目标，落实“四清”（时时清、天天清、周周清、月月清）责任，倒排工期，紧逼进度，主要领导亲自督战，一线领导靠前指挥。

为了按时完工，让群众早日用上安全放心的自来水，坡头镇人大主席、指挥长沙光阳把工程建设指挥部搬到现场，办公随着工地走，两顶小小的救灾帐篷成了临时指挥部，工程进到哪里，指挥部就进到哪里，群众戏称指挥部是“流动指挥部”。

沙光阳和两名政府职工以及水务局两名工程师吃住在帐篷，办公在帐篷，休息在帐篷。白天现场技术指导、安全管理、质量要求、进度督促，夜里大家点充好电的应急灯，召开专题会议，分析当天情况，研究部署第二天的工作，总结得失，完善措施，整理资料。夜深了，只听到山风掠过村庄的“呜呜”声和细雨敲打在帐篷上的“刷刷”声，县水务局工程师范贤军幽默地说：我们以长天为被、以大地为床、以青山为枕，山风为我们奏乐，赤水为我们鸣曲，何等豪迈。镇政府职工、共产党员罗文祥参加过“两山战役”，腰部受过伤，一遇寒气，隐隐作痛，彻夜难眠，但是第二天一早，他贴上几张膏药，又和大家一道出现在工地。沙光阳信心满满地说：再大的困难也吓不到坡头镇的干部群众，困难暂时摆在我们面前，但它最终将被我们踩在脚下。

丛林中的寻路人

堰塘村三级提水工程，是因为原来在新场村境内实施的小农水灌溉工程已经建设了二级提水，水源点位于新场村核桃湾村民组，号称“九股水”，一级泵站位于“九股水”下游附近，二级泵站位于新场村中营村民组易地搬迁安置点附近，高位水池位于亳都村与坡头村交界处长湾子坳坳，末端水池位于堰塘村湾头村民组洗马塘附近，供水量每小时 75 立方米左右，三级泵站就建在末端水池旁边，实现第三次抽水到笔花村笔花山高位水池，供水量每小时 35 立方米左右。经过三级提水，全程提水高度达 648.2 米，提水主管道贯穿新场村和堰塘村，长度达 14.923 公里。

从二级泵站到中转站再到三级泵站要穿越几公里的丛林，坡头的冬天阴雨绵绵，大雾弥漫，笔花村又是坡头的“小西藏”，白天能见度都比较低，“空山不见人，但闻人语声”，指挥部一行人手持弯刀，身背胶线，拿着对讲机，在密林里穿行，湿滑的林间小道有时候会让他们摔跟头，但是他们摔倒了爬起来，继续工作；树木上的水珠滴落在身上，湿透了衣服，大家生一团火，烤得湿气腾腾，烤干后又投入紧张的寻路工作。一次，镇政府干部罗阳忠不小心被一棵长满倒刺的灌木挂住，手被刺得鲜血直流，钻心地疼，但是他做了简单的包扎，休息一会，又继续前行。300 米、500 米、1000 米，望着一天天向前延伸的路线，指挥部全体成员忘记了疲劳，忘记了寒冷，忘记了摔跤带来的疼痛，望着铺设管道的路线布置得清清楚楚、标标准准，他们长长地舒了一口气，露出了胜利的微笑。

风雪中的冰花人

眼看工期临近，指挥部结合实际提出了“重点推进，全线开花”的工作方针，工程分步实施，提前“合龙”。为了完成这个目标，必须动员一切可以动员的力量，笔花村总支书记鲁毅立即组织召开村民组会议，征求群众意见，大家纷纷表示，有钱出钱，有力出力，在家劳动力全员出动参加抬水管、挖水沟、埋管道，为大家也为自家创造美好生活尽力。

11 月 15 日，笔花村冻雨不断，寒风刺骨，浓雾笼罩。笔花山、打牛、车棚、香椿、塘子、红星等村民组上百村民，在镇村干部的带领下，手拿撮箕，肩扛锄头，来到作业现场，他们有的几个人一道扛水管、背配件，有的挖沟，有的抬土，吆喝声、嬉笑声此起彼伏，好一派热闹的劳动场景。近 3000 米的饮水管道一天就铺设完毕。下午 6 点左右，人们的外衣僵硬了，头上、胡子上全是冰凌，个个都变成了“冰花人”，但大家一点也感觉不到隆冬的寒冷。已经退休的老领导童正祥激动地说：“好多年没有这种场面了，说明我们的干部是有担当的，我们的群众是有觉悟的，干群一心，小康不难。”

水池里的淘井人

11 月 25 日，主体工程进入试通水。但是笔花山两个 1000 立方米的高位水池由于长期闲置（该三级提水项目借用了原烟水工程建设的两个水池作为高位水池），里面布满淤泥、碎石、杂草等，如果贸然通水，有的群众接水饮用，必然引发一些不安全的因素。指挥部决定对两个水池进行清洗。由于通水时间迫在眉睫，找工人耽误时间，沙光阳决定带领指挥部全体成员亲自清洗水池。

寒风凛冽，阴雨霏霏，大家从山下弄来玉米棒子，燃起一堆旺火，穿上防水服，先对水池进行通风，排出里面的有害有毒气体，然后腰系保险绳，一个一个吊入水池，将里面的垃圾一桶一桶地装入桶中，又一桶一桶地吊出水池外面。开始的时候，寒气逼人，随着劳动量的增大，里面的人干得汗流浃背，外面的人冻得全身冰凉，大家轮换进入，几个小时下来，个个变成泥人。

身体单薄的陶运书由于被水打湿衣服，得了重感冒，全身发抖，四肢无力，不得不送去医院打吊针。其他人咬紧牙关，继续奋战。冷了烤一下柴火，渴了喝一口矿泉水，饿了吃一桶方便面，累了休息抽支烟，继续投入紧张的工作，连续三天，他们都加班到深夜。望着大家疲惫不堪的身影，看见大家满头冰花，周围的群众都竖起了大拇指说："党员干部，了不起！"

12 月 1 日，堰塘村三级提水工程试通水取得圆满成功，比预计提前了 10 天。望着白花花的泉水从水管里喷涌而出，群众欢呼雀跃，他们对所有参加提水项目实施的党员干部投以赞许的目光，大家终于放下紧张了一个月的心，脸上露出了欣慰的笑容。

坡头镇党员干部以不畏一切困难的勇气和决心，以为民服务的高度责任和担当，积极而为、自觉而为、主动而为，让汩汩清泉流向高山，服务群众，造福群众，谱写了一曲曲以脱贫攻坚为主题的壮丽乐章。

（作者时任坡头中心学校教科室主任）

农网建设，那些感人的瞬间

周克伦

国家扶贫开发的五年，也是电网建设最关键的五年。五年来，镇雄电网建设实现了农网全覆盖，主网网架的不断延伸。在电网建设中，也出现了许多感人的故事和画面。这些感人的瞬间，都记录了电力人奋斗的足迹和老百姓受益后的深情谢意。

狗叫电视到天明

大贵山村民小组是镇雄县乌峰镇松林湾村的一个自然村，大贵山通后，村民自发组织送来了一块写有“光明使者，致富先驱”的大匾，感谢供电部门使他们获得了光明。就在送匾的第二天，我来到了大贵山进行了采访。

大贵山离镇雄县城直线距离只有10公里，而且有大半的路早已通了二级路，但另一半却是连绵横卧而且海拔高达2000米的大山脉上，需要翻越大山后再往前斜下一公里多才能到达大贵山的村寨里，由于交通不便和电力老化不正常，这个地方仿佛与世隔绝一样。当天，我们花了近三个小时翻山来到大贵山，只见原始的大山深处，新架的电力线路在阳光下泛着银光。村落错落有致，不时看见房顶上显眼的电视接收器，让人感觉不出山村的原始，我们挨家进行了走访，村民高兴地告诉我们，电力正常后，大家都进城买回了电视机、洗衣机、电饭锅和电磁炉。村民告诉我，以前电力线路老化，而且线路长，电压太低，电视基本无法放，好多人家的电视都放烂了，现在通电正常了，家家的电视都放了起来。在采访中，一位村民告诉我，因为寨子里的电视机很多好几年都放得不正常，所以都没有放。电力稳定后，大家第一件事就是把电视放起来，于是山村的老少又都坐在一起，把电视声音开得大大的，但谁知村里的狗听到电视里的声音，还以为村里来了很多不速之客，便相互吼叫起来。这样一条传一条，此起彼落的叫声划破了山村的夜空，那一夜，成了大贵山人记忆中最热闹的一夜。

淳朴方式谢恩情

芒部镇关口村的岩洞、红桥、中寨和营盘四个村民小组电网建成正式通电时，当地村民近百人自发组织到通电现场，排着长长的队伍，把鲜红的锦旗和感谢信提在胸前，静静地凝视着整个通电操作过程，令在场的供电部门和施工人员十分感动。据施工人员介绍，每一次一条线路架通后再通过操作现场，村民们都要以淳朴的方式来感谢供电部门和施工队，坚持要做家里最好吃的东西给施工队吃，一些村民流着眼泪翻山越岭送施工人员出山。芒部三滴水村民在感谢信中写道："今天你们将乘车离开，汽车呀，请开慢点，让我们多看你们一眼，我们会永远记住你们，世代由衷感谢你们！"

2016 年，农网改造是全覆盖攻坚年，由于全县镇、村所在和交通方便的地区都已全部改造完成，剩下的基本都是交通闭塞、山高路陡的地方，施工难度相当大，以古镇黑塘村的院子、黄家坡，30 多人一天才能抬两根电杆上山。碗厂乡长岩有近40里是便道，所有材料还得用人背马驮才能运到施工点。施工人员每天几乎都是天不亮就开始施工，天黑才回住处，有时直到深夜。由于没有电，墙上打孔装户表只能用发电机发电，笨重的发电机必须挨家挨户抬着走，一天下来，大家累得腰酸背痛。

“悬崖村”通电　村民不再攀悬崖外出碾磨

地处云南省东北的镇雄县坡头乡坡头村梯子岩村民小组通电那天，村民顾旗兴十分激动，在大山里住了几十年的他，如今再也不用背着苞谷攀爬悬崖，到山外碾磨了。

德隆村地处云、贵、川三省交界处，两条河流在当地交汇后一分为三，形成了万丈悬崖地势。交通的不便，给那里的群众出行带来了很大的困难。梯子岩村民小组，就处在这悬崖的半岩上，上是绝壁，下是悬崖，村民祖祖辈辈出入只能沿着山上开凿的绝壁小路攀爬，然后翻山到坡头镇上。

梯子岩村民小组分上梯子岩和下梯子岩，上有2户人家，下有9户人家。多年前，梯子岩村民用电是自费从河对岸10多公里外的威信县架线过来的。因路程远，线径小，电压不够，只能作照明使用，村民碾磨粮食，还得沿悬崖翻山出去才行，生活艰辛可想而知。

2015年年底，农村电网改造全覆盖工程正式进入梯子岩村，但面对如此陡峭的悬崖，电力施工人员如何才能将电杆等材料运进去呢？经过分析后，大家决定从800米高的悬崖上架钢索，将电杆、导线和其他金具用滑轮吊下去，然后又用搅拌磨把电杆一根一根地拉到杆坑处。整个施工中，共运送电杆30多根，前前后后十多天才把电杆运送下去。参与施工的小伙子张雄说，每次在索道上往悬崖边推送电杆时，虽拴着保险绳，但看到万丈悬崖下的村庄，两腿都直哆嗦，晚上睡觉眼一闭，自己就在悬崖边，怎么都睡不着。施工人员住在五公里外的德隆村，每天都要攀爬悬崖两次，每次都让他们胆战心惊。

根据设计，梯子岩村安装上了一台变压器。刚开始，村民们担心最多的就是变压器的容量问题，担心电压不稳。后来，当看到高高的水泥电杆一根根立了起来，绝缘线路比原来粗了不少时，大家这才放了心。

据了解，梯子岩村是整个镇雄县农网建设最为艰难的地区。通过近半年的努力，这个“悬崖村”的 11 户村民终于用上了农网电，电压稳了，电价降了，农网工程让老百姓得到了实惠。

镇雄“西藏” 架电忙

花山乡被称为镇雄的“小西藏”，平均海拔 2000 米，交通十分不便，自然条件十分恶劣。全村用电基本靠当地的一个小水电站供电，由于电压长期不稳定，农户的电灯和电视等家用电器不时被烧坏，而且还经常停电。在施工现场，放马坝村委员王志华正带领全村 20 多名村民在扛线、拉线，忙个不停。有一个老农从他住的山上下来背金具，他说：“施工队太苦了，我做不了其他的，只能背点材料。”

花山乡放马坝村只是全县多个施工点中的一个。镇雄供电局全力做好农网改造工作。在做好安全和质量监督的同时，为了加快进度，安排了 7 家施工单位进行施工。

多年的电网建设改造，让全县有了充足可靠的电能。电网的发展为镇雄发展施工业和农业、实现产业升级创造了有利条件，它就像一盏明灯，照亮了全县脱贫致富之路。

（作者系镇雄县供电局职工）

通信广播进寨来 农家脸上笑开颜

——镇雄县电信、移动、联通、广电助力脱贫攻坚综述

镇雄县电信、移动、联通、广电网络公司

随着脱贫攻坚的深入推进，镇雄农村各项基础设施发生了翻天覆地的变化，特别随着通信设施的逐渐完善，光纤宽带、4G 网络通信的全覆盖，广大农村已真正驶入信息快车道。

近年来，镇雄县大力发展乡村网络建设，“宽带乡村”“普遍服务”“网络扶贫”等信息网络在全县城镇光网覆盖率达到 100%，移动网络信号 100% 覆盖，行政村的网络信号覆盖率已达到 90% 以上，农村区域 4G 建设快速延伸，让广大农村用户享受到了更为快捷的移动上网体验。越来越多的老百姓搭上信息快车，打开了通过网络成长蜕变、就业创业的通道，探索出了一条条适合新时代农民脱贫致富的新路子。

电信：普遍服务为基层群众带来幸福感

在人民群众追求美好生活的道路上，电信普遍服务已然是关系民生改善的“关键细节”。如何实现电信普遍服务全覆盖，进一步提升电信普遍服务带来的获得感，是镇雄电信人必须思考的问题。

近年来，镇雄县深入贯彻落实“宽带镇雄”战略和“互联网＋”行动计划，将全县所有行政村分三批纳入电信普遍服务试点，推进宽带建设。同时，将农牧区和偏远地区作为第四批电信普遍服务试点，待试点建设完成后，全县通宽带率将达100%，通光纤率将达98%，通4G信号率将达98%。此外，通信行业正积极做好易地扶贫搬迁安置点的网络覆盖工作，推动“互联网＋”与农牧业、旅游业融合发展，让广大人民群众真切地享受到网络带来的便捷。

作为省内最大的宽带基础业务运营商，镇雄电信在各方期待下独家承建“宽带乡村”示范工程，按照规划，2020年年底将实现96%行政村通宽带。

当下，“高清影视”“光纤宽带”这一个个看似遥远的名词，已悄悄走进广大农村中，给广大村民带来翻天覆地的变化。越来越多的农民与城区市民一样，过上了与国际接轨的现代化、信息化生活。

移动：用最优质的网络服务助力“网络＋扶贫”

一直以来，中国移动充分发挥网络在脱贫攻坚中的重要作用，始终坚持用最先进的技术、最优质的网络和最好的服务，满足人民群众对美好数字生活的需要，谱写了一个个动人的“网络＋扶贫”故事。

镇雄地理环境较为复杂，给网络覆盖带来了极大挑战。中国移动镇雄分公司克服重重困难，持续保障网络覆盖方面的投入和建设力度。从2013年第一个4G基站开通开始，中国移动镇雄分公司就没有停下网络建设的脚步，快速推进4G基础设施建设，从城区全覆盖到行政村全覆盖，再到自然村，从基站建设到宽带建设，一步一个脚印向前，用实际行动助力全县脱贫攻坚。

截至2019年12月，镇雄县已建设移动通信基站2466个，其中4G基站 1730 个，4G 网络、移动光宽带网络已 100% 覆盖县城、乡镇和所有行政村。行政村域内学校、村委会已全部接入移动网络，卫生室也已具备网络接入条件。

作为央企，中国移动镇雄分公司一直践行着企业该承担的责任，用一个个实际行动谱写一幅幅壮丽的画卷。2019 年，响应政府号召，投入资金 1800 余万元，完成了鲁家院子、泥噜坪、高山、以勒、母享、碗厂等 6 个安置点的网络覆盖建设，为易地搬迁户解决网络信号问题，宽带接入问题；投入资金 6000 余万元，对偏远行政村、自然村进行宽带、4G 基站网络覆盖。

由于环境因素，公司投资受限等导致部分自然村信号及宽带覆盖还未完全覆盖，中国移动镇雄分公司也在积极争取，主动作为，通过资本批复及成本投资，解决了一处处信号覆盖问题。

2020 年，中国移动镇雄分公司将继续加快建设 2019 年电信普遍服务试点项目，加快宽带进乡村力度；积极申报 2020 年电信普遍服务试点项目，规划上报 4G 基站 169 个，预计投资 2500 万元。同时，2020 年公司还将自筹资金通过其他措施来提升镇雄县自然村 4G 网络覆盖能力，积极利用成本资金对农村较小区域的宽带进行覆盖，解决小区域无法覆盖宽带的问题，让宽带覆盖延伸至农村，延伸至每一个有需要的移动客户身边。

联通：光纤宽带进乡村，联通机站全覆盖

自脱贫攻坚号角吹响，镇雄县联通公司全面实施“六度”扶贫行动（政治站位有高度、组织保障有力度、网络扶贫有专度、产业扶贫有精度、扶贫动员有广度、扶贫持续有温度），在定点扶贫、网络扶贫、产业扶贫、扶志扶智等方面取得了显著成效。

镇雄联通公司坚持“内强合力、外树形象”的原则，大力弘扬扶贫精神，激励引导广大员工以不达目标决不罢休的韧劲、不获全胜绝不收兵的决心，为联通事业不懈奋斗。他们扎根一线、访贫问苦，履职尽责、不负使命；他们想群众所想、急群众所急，不怕困难，创造条件，推动扶贫工作不断前进。

2015 年以来，镇雄县联通公司抢抓机遇，加快建设、加快发展，大力推进信息化建设，不遗余力地推进通信网向综合化、宽带化、智能化方向发展。新建 3G 基站 357 个、4G 基站 209 个，新建光缆 1671.25 皮长公里，投资 7467.32 万元。

中国联通镇雄分公司持续增加投入，持之以恒搞建设，促进联通网络服务镇雄人民的能力和水平大大提升。同时，不断总结好的经验和做法，发挥联通所长，优化帮扶项目，为全县脱贫攻坚积极贡献联通智慧、联通方案。全县 28 个乡镇实现了村村通电话，纵横交错、遍布城乡的高科技通信网已悄然建成。

脱贫摘帽不是终点，而是新生活、新奋斗的起点。镇雄县联通公司将持续发力、继续拼搏，为助力全县脱贫攻坚全面胜利与乡村振兴有效衔接，促进实现共同富裕贡献新的联通力量。

广电：高质量完成行业扶贫任务指标

“贫困村广播电视信号覆盖率达到 99% 以上。”这是镇雄广播电视交出的高质量答卷。

目前，镇雄县广播电视网络长线及分支光缆共计 921 公里，广播电视有线信号覆盖县城城区和全县 30 个乡镇（街道）集镇。广播电视无线信号覆盖方面，县内共有县级广播电视发射台 1 座，乡镇无人值守发射台 1 座，无线补点台站51座，广播电视无线信号覆盖了全县90%的地区。广播电视卫星信号覆盖方面，全县30个乡镇（街道）、254个行政村（社区）、5283个村（居）民小组广播电视卫星信号实现全覆盖，覆盖率为100%。

截至目前，全县有线、无线在网数字电视用户累计31186户，户户通用户60578户，村村通用户171583户。按照有线、无线、卫星三种信号中至少一种信号通达的总体要求，全县已完成“贫困村广播电视信号覆盖率达到99%以上”的广播电视行业扶贫任务指标。

在广播电视行业精准扶贫上，2017年至2019年，积极争取中央宣传部、中央文明办向建档立卡贫困户赠送电视机项目，累计争取并发放了电视机24163台、电视接收机3100台，覆盖全县30个乡镇（街道），有效解决了全县建档立卡贫困群众看电视难的问题。

2019年至2020年，利用下达资金799万元，建立一套基于无线调频广播的模拟调频应急广播系统、一套地面数字电视应急广播系统、一套有线数字电视应急广播系统；新建应急广播大喇叭系统，包括1套县前端，30套乡镇前、终端，254套行政村前、终端，245套自然村终端，4套公共接收终端；搭建县应急广播平台至各应急信息发布机构、各乡镇、行政村和部署终端自然村的双向传输链路。实现与上级应急广播平台的互联互通和多级联动，并与本级应急广播信息源对接，提高应对各类突发事件中的信息发布能力，预留与今后建设的云南省、昭通市应急广播平台对接接口，满足镇雄县应急与宣传需要，为全省应急广播系统建设奠定扎实基础。

2020年，按照县委、县政府的安排部署，投入资金327万元，组织实施了全县境内6个易迁点广播电视覆盖的工程建设，解决6个易迁点共计10911户贫困群众收听收看电视节目的问题。

自脱贫攻坚战打响以来，全县广播电视系统采取有线电视、无线地面数字电视同时传输和村村通、户户通相结合，交叉覆盖，不断提高广播电视宣传质量和广大用户的收视效果，推动镇雄广播电视大发展、大繁荣，为建设和谐、美丽镇雄贡献广电力量。

打造农危改的“镇雄神话”

——镇雄县农村危房改造工作纪实

艾宗和

2015年以来，镇雄县累计实施农村危房改造69372户，涵盖建档立卡贫困户39666户。“至此，当地贫困户存量危房全面实现清零，所有建档立卡贫困群众全面实现安全住房有保障目标。”中国建设新闻网2020年6月28日刊文指出。

镇雄，胜利交出了脱贫摘帽的“住房答卷”！

农村危房改造的“镇雄神话”，究竟是如何打造出来的?

明确“应改谁”

木卓镇茶卓村村民安大林讲了一个故事：

几年前的一天下午，他正在庄稼地里干活，突然接到孩子打来的电话，说有人到家找他。回到家后，他看到帮扶干部、村干部和几位陌生人正在等他。经帮扶干部介绍，陌生人是驻村扶贫工作队干部，大家前来察看他的房子。

他家原来的住房是石混结构，修建于1999年，由于当时经济条件不好、材料投入不足，房子质量太差，多年来地皮一直没有硬化，墙体没有抿糊，年复一年，墙体多处裂缝，板面多处漏水，部分门窗已经腐烂。那天，干部们询问他家人口是否健康、孩子是否上学、依靠什么挣钱、收入情况咋样、水窖是否有水后，重点察看了他的住房板面、墙体、门窗，认真在笔记本上作了记录，一名干部还用手机拍了房照。后来，经过县农危改办现场复查，最终把他家住房定为C级危房。

安大林所讲，是镇雄县开展精准识别，解决“应改谁”的问题。让贫困人口不住危房，首先得搞清危房底数。

在这项工作上，镇雄县本着“危房不住人、住人无危房”的原则，采取“以房找人、以户找房”的方式，对全县农村危房情况进行全面摸排。为确保实施对象精准，县农危改工作领导小组组织扶贫、民政、残联、财政、市场监管、交警、自然资源等部门对排查对象属性进行比对，筛选出“4类重点对象”和“非4类无力建房重点对象”。

同时，镇雄县对“非4类无力建房对象”，进一步确认“是否有其他安全住房、门面房及经营性用房；常年外出务工或经商，农村住房虽为危房，但自身有能力改造而又不自己改造；有家庭成员或户主的父母、配偶、子女为国家公职人员；购买了价格在3万元以上机动车；在工商部门注册登记公司、企业并实际开展经营活动”等五种情形，严禁将以上五种（五不扶）对象纳入农村危房改造范畴，力求做到实施对象精准。

全县农村危房改造对象，至此得到精准锁定。

突出“怎么改”

农村危房“怎么改？”县委对此提出“五个务必”：

务必提高政治站位，把农危改作为当前极为重要、最为紧迫的工作任务来扎实推进；务必细化落实责任，列出问题、措施、责任、时限“四个清单”，责任捆绑到户到干部，倒排工期、挂图作战，一天一汇总一调度；务必强化施工组织，统筹调配好人员、建材等要素和做好群众工作，不能简单交给施工队；务必加强政策宣传，明确专人负责解答群众疑惑，组织力量进村入户宣传农危改政策；务必严查严办严处，发现问题及时挑选典型案例严肃处理，倒逼工作推进。

此外，县里还推出两条奖励措施。

——2019 年以来，制订分级分类补助标准。对 4 类重点对象：修缮加固改造户，根据编制的“一户一方案”合理控制工程造价，据实进行补助，每户最高补助不超过 3.5 万元；拆除重建户 1 至 3 人户每户补助 3 万元；4 人户每户补助 4 万元；5 人及以上户每户补助 5 万元。对非 4 类重点对象：五种情况外的，政府予以适当扶持。拆除重建户，按每户 2 万元标准进行补助（2020 年为 2.2 万元）；修缮加固改造户，根据编制的“一户一方案”合理控制工程造价，据实进行补助，每户最高补助不超过 1.5 万元（2020 年为 2.2 万元）。

——2019 年开始，对 4 类重点对象在规定时限前完成建房的，修缮加固每户奖励 1000 元；拆除重建户 1 至 2 人户每户奖励 1000 元，3 人户每户奖励 5000 元，4 人户每户奖励 7000 元，5 人户及其以上的每户奖励 8000 元。非 4 类重点对象在规定时限前完成加固改造或拆除重建的，每户奖励 1000 元。

对于政府的做法，受益群众有话要说。

尖山乡 53 岁的刘自林讲，以前一到雨季，他家就出现“屋外下大雨，屋内下小雨”景象，一家老小不得安宁。经鉴定他家住房属 D 级危房，乡村干部多次征求他家意见后，委托工程队帮他家制订详细改造方案，干部隔三岔五登门检查工程质量，自始至终自己没操一点心，感觉特别暖心。

牛场镇田坝村煤洞村民小组赵高富是典型的无力改造户，全家 3 口，其母年逾 90 且常年带病在身，其妻有轻微智障。“村委会、驻村工作队帮我请来施工队，帮我买砂石、钢筋、水泥等建筑材料，房子主体起来后还帮我硬化了地皮，安装了门窗、电表，接通了自来水。”

确定“谁来改”

“群众找不到工人怎么办？”

“政府干部发动群众和社会力量，县内没人县外找，县外没人省外找，从威信县、彝良县及四川、贵州等地引进工人。”

“建筑材料运输不畅怎么办？”

“政府干部协调施工单位、爱心企业出动挖机、装载机保障道路畅通，动员各种货车、拖拉机、爬山虎、摩托车、马匹、人力齐上阵。”

在罗坎镇，一名外来人员与他的罗坎亲戚对话。

“政治路线确定之后，干部就是决定因素。”镇雄县十分重视农村危房改造中的干部工作，全力破解“谁来改”的问题。

一个层面，夯实各方责任。全县形成“县级主导、行业主管、乡镇主责、村委主抓、群众主体”工作机制。县委、县政府成立以县委书记为指挥长的农村危房改造指挥部，由县处级领导联系乡镇，统一指挥、统一调度全县农村危房改造工作。县住建局作为行业主管部门，在提前组织做好农村存量危房摸底及鉴定工作的基础上，优先整合100余人的工作力量，实行班子成员分片挂钩、工作人员具体督导，全天候加强政策技术指导，全力推进改造进度。严格落实乡镇实施主体责任，建立乡镇党政领导班子全员参与、镇村干部和驻村工作队队员包组、包户的包保责任制，形成网格化管理，按照脱贫时限倒排工期，做到责任到人、措施到户、工期到天，确保按时完成目标任务。

另一层面，强化施工保障。各乡镇（街道）纷纷建起群众工作组、施工保障组、材料供应组、技术指导组、收方计量组、资金支付组、档案建设组“七支队伍”，每支队伍的组长至少由副科级干部担任，统筹调度好施工队伍、材料供应等工作，每个村至少有一支施工队伍保障，确保工程顺利有效推进。

干部，成了拉动农村危房改造强有力的“火车头”。

注重“改得好”

“为改而改，不如不改！”县里十分注重“改得好”问题，对此态度十分鲜明。

为把县里的要求落到实处，住建部门按照改造对象的多少，合理配置技术指导员，安排技术人员下沉到基层一线，全天候加强政策技术指导。

一个方面，技术人员严格按照“控制面积、风貌统一、厨卫入户、人畜分离、院坝硬化”的技术要求，结合农户家庭人口等具体实际，指导群众使用农村危房改造推荐户型图，与第三方共同编制修缮加固“一户一方案”，实现局部区域风貌相对统一和解决有新村无新貌的问题。

另一方面，技术人员从规划选址地基平整放线开始，围绕成本核算、材料需求和调度、工匠组织、风貌管控、进度质量、施工安全、档案建设等方方面面进行全程跟踪监督指导，全力确保工程质量。

“我们 8 个指导组，除每周一在单位集中办公外，其余时间全部走村入户服务、指导、监督农危改，局机关常常出现‘车辆一两张、人影三五个’的冷清局面。”住建干部反映。

尽管如此，上级仍不放心。县纪委监委针对农村危房改造专门出台《关于严格农村危房改造工作责任追究的通知》，将对象不精准、履职不到位、资金使用不规范、工作推进不力、质量要求不达标、问题整改不彻底、档案建设不规范等内容纳入追责范围。县委脱贫攻坚专项督查组、县纪委专项督查组不断派出人马，针对农村危房改造进行专项督查，确保工作顺利有效推进。“2019 年，9 名乡镇党委书记因工作推进不力被县纪委约谈，10 个乡镇因施工进度缓慢受到风险提醒。”

只有干出来的精彩，没有等出来的辉煌！镇雄县不负众望，高位推动、分秒必争，昼夜奋战、集中攻坚，最终成功打造出了农村危房改造的“镇雄神话”！

（作者系镇雄县住建局职工）

古邦山村绽放新颜

——镇雄县农村人居环境整治工作见闻

曹明富　杨晓军　张晓宏　刘安鹏　熊昌凯

农村人居环境整治，是打赢打好脱贫攻坚战、推进乡村振兴战略的重要举措。镇雄县制订《农村人居环境整治“三年行动计划”（2018—2020）》，成立由县委书记、县长共同担任组长的领导小组，下设农村“厕所革命”、农村垃圾处理、农村污水处理、村庄规划“4 个专项小组”，高位推动农村人居环境整治。

几年间，全县 30 个乡镇、街道把农村人居环境整治内容纳入《村规民约》，致力提高群众的环境卫生意识，大力推动农村环境卫生保洁常态化、长效化。

“老地方溢出新风景。”如今，行走在大雄古邦的广袤大地上，一幅幅美丽画卷不断在眼前徐徐展开……

喜看德隆换新颜

坡头镇最东端的德隆村，既是赤水河流经云南的最后一站，也是贵州黔西北苗族起义军战斗过的地方，更是红军长征经过的“红色土地”。

2014年前，这里是典型的“老、少、边、穷”村寨，“天无三日晴，地无三里平”，自然条件十分恶劣，发展基础十分薄弱，“用水难、用电难、出行难、住房难、上学难、就医难”，“姑娘往外嫁，媳妇难进门”，“光棍村”“懒人村”“脏乱村”一度成为外人戏谑的笑话。

事情出现转机始于2014年4月。该村把基础设施建设作为提升农村人居环境的重要抓手，经过几年不懈努力，终于迎来发展史上的高光时刻：

——全村加固沟渠10公里，兴建蓄水池21个，铺设饮水管道20公里，解决了5500多人的饮水困难，自来水使用率由2014年的60%提高到99%以上。

——全村总投资6000万元的农网改造工程全面竣工，5500多群众彻底告别了“滕藤网网缠电线、用电费用无比高”不堪回首的历史。

——全村建成通村油路1条16.6公里、村组油路8条93.4公里；硬化连户路10.5万平方米；2020年元月，云南坡头、四川水潦两地10多万群众盼望半个世纪的“鸡鸣三省”大桥建成通车，彻底结束了“对面喊得应，相逢要半天”的历史。

——全村修缮加固C级危房109户2580平方米，风貌改造599户45621平方米，拆除重建159户11286平方米，地灾避让30户2025平方米，茅草房、杈杈房、土坯房成为回忆。

——全村分别在德隆岩口、白车、李家寨村民小组新建彝族、苗族、白族文化广场各1个，每年的彝族火把节、苗族踩花山、白族三月街成为当地的民族文化盛会。

——全村旅游事业继观景通道、游客接待中心主体工程、全长16公里的太阳能路灯建成投用后，目前游客接待中心以民族文化元素为主体的装饰工程等正加紧推进。

…………

一个旅游小镇呼之欲出！

铁匠湾中现匠心

昔日，这里土得掉渣，十分落后！

有人曾这样描述：2016年之前，通往这里的村组道路为毛土路，雨天泥泞不堪，且无照明设施，村民出行极为不便，生活生产物资运输相当困难；村内大部分房屋为土木结构的原始建筑，抗震能力弱；村内卫生厕所少，无化粪池，蚊蝇孳生，臭气逸散。同时，村内污水排放主要为雨污合流，造成污水四溢；村内无活动广场，群众文化娱乐活动少而单调。

现在，这里翻天覆地，令人震撼！

有人又这样描述：一进村寨首先看到的是一个威武的牌坊，红瓦黄墙错落有致排列着的别墅型平房掩映在青山绿树丛中，铁匠湾苗族村寨实现了从原始到小康的飞跃。

花山乡放马坝村铁匠湾村民小组，这个当年红二、六军团回旋乌蒙时战斗过的地方，自2016年被定为脱贫攻坚示范主战场后，一夜之间变了样子。

要搞建设，钱从哪儿来？县交运局把全县交通建设施工企业“三比两看”现场会安排在花山乡，向交通建设施工企业发出“脱贫攻坚你我共参与”的激情感召。会上，许多参会人员慷慨解囊，现场累计捐资455.48万元，其中仅社会爱心人士金永强个人捐款就达180万元。

要搞建设，人该怎么办？花山乡党委、政府挑选出精兵强将，县交运局特聘并把农村工作经验丰富的66岁老干部武孔发充实到驻村扶贫工作队中，两股力量联合进驻铁匠湾。县交运局主要负责人经常下午四五点钟从县城赶到铁匠湾，连夜连晚研究工作。乡党委主要负责人一天一督促、三天听取一次汇报、棘手问题24小时内解决，连续几天高烧39.5℃仍然不下阵。村支书唐德乾以自家房屋财产作担保帮群众赊水泥、赊砂石料、赊钢筋，赊账金额高达120万元……

匠心独运，山村巨变！落后的铁匠湾已经远去……

花朗坝子绽鲜花

行驶在横贯四村的杨扎公路上，映入眼帘的是一条条绿色长带，路面干净整洁，公路两边骄傲挺立着高大的银杏、桂花树，间隔中间层次分明、错落有致栽种的球形红叶石楠，百日菊盛开的鲜花点缀其中。

走进村庄，沿着一条条蜿蜒入户的硬化道路，道路两旁种下的红叶石楠、格桑花、百日菊等，给村庄添上一道亮丽的风景。远处树木青翠欲滴，眼前房屋庭院整洁、花香四溢……

这是花朗乡开展农村人居环境整治的有力见证！

80年前，中国工农红军川滇黔边区抗日先遣队以花朗为据点开辟游击区；80年后，这片“红色土地”一举成为花香四季、朗逸八方的美丽乡村。

花朗乡以基础设施建设作为提升人居环境的重要抓手，近年来交出了圆满的“人居环境答卷”——在总长27公里的通乡油路杨扎线两旁，大量种植树（银杏、桂花）、灌（红叶石楠球、红花继木球）、花（百日菊、格桑花），同时对边沟高标准疏通，对路面全天候保洁，以这条示范线带动全乡路域环境整治深入推进。

结合脱贫攻坚项目，全面硬化村组干道、连户路，建设垃圾收集和处理设施。同时，整合农村危房改造、易地搬迁、一事一议等项目、资金，根据不同村庄人居环境现状，分类确定整治重点并分步实施。

集中力量拆除一户多宅旧房、无人居住的危旧房、废弃的猪牛圈舍、废弃烤烟房、残垣断壁等1276户81895平方米，并对空地进行复垦复绿。

大力推行“户分类，组堆放，村收集，乡处理”模式，对农村生活垃圾进行无害化集中处理，同时坚持“源头减量，就地分类，回收利用”原则，鼓励群众将可回收利用垃圾交各村废品收购站回收。

2020年上半年共完成1465座卫生户厕建设，农村无害化卫生厕所普及率达27.65%。花朗坝子，鲜花初绽！

纳支寨子喜纳新

纳支寨是果珠彝族乡高坡村的一个古彝族村落，“纳支”是彝语，“纳”意为手，“支”意为手指，“纳支”就是亲密无间的意思。

历史上，这里曾多次遭到土匪侵袭。清朝同治年间，一股土匪抢夺这块土地，将整个寨子围得水泄不通。纳支人团结一心、奋勇抵抗，土匪败兴而归。从此，土匪不敢侵犯，人们敬重寨民为“大拇指”。

“纳支精神”历久不衰！在农村人居环境整治工作中，村民们用实际行动打造出了“纳支传奇”——

2018 年，在上级党委、政府的关心帮助下，纳支寨整合“百村示范万村整治”、传统村落建设及乡村振兴示范项目，投入 1158 万元资金，实施住房风貌改造 83 户 3120 平方米，新建彝族风格文化活动广场 2 个 6000 平方米，完成绿化 1927 平方米，建设草坪 1860 平方米，硬化户间道 6860 平方米，种植行道树 430 棵，安装路灯 53 盏，建成公厕一个 25 平方米、垃圾收运房 20 平方米及焚烧池 1 个，安装垃圾桶 6 个，完成户厕旱改水卫生厕所 83 个户，铺设污水处理管道 3000 平方米，建设污水处理池 60 立方米。

“村民们在资金上积极投入，在进度上你追我赶，在困难面前互帮互助，整个施工现场热火朝天、其乐融融。”有村民对工程实施如此评价。

如今，走进纳支寨，一栋栋风格统一的彝族传统民居映入眼帘。村庄内鸟语花香、宁静祥和。3 个造型别致的景观式鱼塘内碧波荡漾、流水潺潺、鱼儿穿梭，让人心旷神怡。别具彝族风格的广场最前方，文化墙上“听党话　感党恩　跟党走”“吹响攻坚集积号　全民同心摘贫帽”两幅汉彝并排红色标语分外醒目。稍远处，两排新建的鸡舍充满现代化气息；真人 CS（射击游戏）场内，一群游客“战斗”正酣。

“没想到有生之年还能过上这样的好日子，还是共产党好！”村民小组长徐明轩目睹美景感慨万千。

第四编　易地搬迁扶贫

绘就蓝图　搬出大山天地宽

——镇雄县“十三五”易地扶贫搬迁工作综述

余冬云　罗　雄

“十三五”期间，镇雄县65000多贫困群众陆续告别“一方水土难养一方人”的“六类区域”，有序迁出贫瘠大山，迁向活力城镇，住进敞亮新房，开启了新时代下的美好新生活。

易地扶贫搬迁是中央发出脱贫攻坚战总动员后的第一场硬仗，是“五个一批”工程中矛盾最集中、领域最综合、工作链条最长的工程，是所有扶贫措施中难度最大、最难啃的一块“硬骨头”。在镇雄，对于大山褶皱间许多生存条件恶劣、自然灾害频发的地方，通水通路通电成本极高，贫困人口很难实现就地脱贫。实施易地扶贫搬迁，是彻底改善山区贫困群众生存和发展环境，实现脱贫致富的根本之策。

越到艰难处，越是修心时。镇雄县把易地扶贫搬迁列为决战决胜脱贫攻坚“七大标志性战役”之首，集中人力、精力、财力、资源，全力展开这场史无前例的脱贫大迁徙。“十三五”期间，县委、县政府团结带领全县上下，坚持以实干作风干实工作，共实施易地扶贫搬迁14752户65464人（其中：建档立卡贫困对象12499户57501人、随迁对象2253户7963人），创下2019年一年内完成近5万人从大山深处到县城集镇有序搬迁的“镇雄速度”。

啃下“硬骨头”，困境育先机

2016年，全国新时期易地扶贫搬迁起步实施之时，镇雄正面临一个极具挑战的现实：作为云南省第一人口大县，人口密度每平方公里高达462人，人均耕地面积不足0.8亩，远远低于全国平均水平；全县263个村（社区）中有235个属于贫困村；171万人口中建档立卡贫困人口多达565800人，贫困发生率为32.97%。

从生存环境来看，县域内绝大部分地区均符合易地扶贫搬迁的“六类区域”，山高谷深、沟壑纵横、人口密度大、人均耕地不足且产出低以及“天无三日晴、地无三尺平”的“先天不足”，经济社会与民生发展饱受桎梏，区域内贫困群众难以实现就地脱贫。

既然一方水土难养一方人，山长水远阻隔了村民分享现代化发展红利，贫困赶不走、小康进不来，那么，最好的选择就是一个字：搬！唯有搬迁，才是破难解困的根本出路！世世代代挣扎存活于穷乡僻壤间的村民们，也许不止千百次企盼生存环境的改变，而这一次，“决不让一个贫困地区、一个贫困群众掉队”的铮铮誓言，如此真实地以希望之光点亮困窘已久的穷苦现实。

看似寻常最奇崛，成如容易却艰辛。要一朝斩断存续千年的穷根，难！要让数万人搬离世代繁衍生息的故土，很难！要筹集资金，在有限财力、既定时间内完成大规模建设任务，十分难！全县易地扶贫搬迁人口多、建设规模大、经济基础差、产业配套难，曾一度让不少干部将搬迁安置工作比作“烫手山芋”；面对困难，县委、县政府坚决扛起易地扶贫搬迁的重大政治责任，自觉主动把思想和行动统一到中央的决策部署上来，善于从眼前的困难中捕捉和创造机遇，在务实功、求实效上下功夫，不折不扣抓好易地扶贫搬迁政策措施的落实，掌握工作主动权，打好发展主动战，举全县之力，以“不忘初心、牢记使命”的为民情怀，以“功成不必在我”的精神境界，以“功成必定有我”的历史担当，踏石留印，抓铁有痕，攻坚克难，短短几年，一幢幢高楼拔地而起，实现了65000多名困难群众“住有定所”的安居梦，为镇雄抢抓发展机遇赢得了极佳的发展时间和巨大的发展空间，为全县2020年实现整体脱贫目标打下了坚实的基础。

搬出大深山，共圆安居梦

虽有千难万险，县委、县政府“让老百姓过上幸福而又有尊严的美好生活”的初心始终坚定不移，严格按照中央、省委、市委决策部署，立足县情实际，将易地扶贫搬迁作为全县脱贫攻坚工作的头号工程和重中之重，县委、县政府多次召开专题会议进行研究部署，出台了《镇雄县易地扶贫搬迁三年行动计划方案》并纳入全县脱贫攻坚“十三五”规划，对全县易地扶贫搬迁工作的总体目标、资金来源、支持政策、项目管理、后续产业发展、成效考核等方面进行了系统、全面规范；2016年3月，下发《中共镇雄县委办公室、镇雄县人民政府办公室关于印发〈镇雄县易地扶贫搬迁三年实施方案〉的通知》〔镇办发（2016）9号〕（以下简称《方案》），全县易地扶贫搬迁工作就此正式启动。《方案》坚持“挪穷窝”与“换穷业”并举、安居与乐业并重、搬迁与脱贫同步。聚焦“搬得出”，结合城镇化发展规划，将县城和中心集镇区位优势最好、产业布局最优、市场潜力最大的黄金地段建设安置点；聚焦“稳得住”，配套设施完善，公共服务齐全，让百姓乐享安居；聚焦“能致富”，提供就业帮扶，规划建设扶贫产业园区、扶贫车间，让百姓生计有着落。

蓝图既定，持贵有恒。中屯镇齐心村泥泞的山路上，留下县委书记翟玉龙访贫问苦的脚印；高山大地安置点的施工现场，奔忙着县长张洪坤调度指挥的身影……高位推动，层层担当带动实干。建立了由县委书记、县长任双指挥长和一名副处级领导任安置点点长的领导机制，并及时下发文件明确县处级领导担任乡镇（街道）第一书记的具体工作职责，确保了工作方向有人引领、问题清单有人认领、措施清单有人制订、责任清单有人落实、时限清单有人督促。各乡镇（街道）党政一把手靠前指挥、亲自调度，相关工作人员密切配合、众志成城，为搬迁安置工作提供了坚强堡垒。2019 年 3 月，组建镇雄县搬迁安置局，负责贯彻落实中央和省、市、县有关易地扶贫搬迁政策措施，推进工程建设。

精准识别，确保应搬尽搬、不落一人。2017 年 6 月，根据省、市扶贫部门要求，全县组织全体乡村干部、驻村扶贫工作队队员、结对帮扶干部，对纳入“三年行动计划”的易地扶贫搬迁对象实施全面摸底排查；针对新政策与原有政策变化，对群众进行耐心细致的解释和情绪疏导，动员搬迁群众积极支持和主动参与到新一轮易地扶贫搬迁工作中来。在群众自愿的基础上，按照“户申请、组评议、村初定公示、乡审核、县审定”程序，严把对象识别进口关，不符合条件的坚决剔除，符合条件的及时补录，做到有进有出、对象精准。“三年行动计划”目标任务重新确定为 5117 户 23806 人（建档立卡贫困户 3642 户 16615 人、随迁户 2075 户 7191 人），其中：2016 年实施建档立卡贫困户 1145 户 5360 人、随迁户 2029 户 7006 人，2017 年实施建档立卡贫困户 1196 户 5269 人、随迁户 40 户 158 人，2018 年实施建档立卡贫困户 1301 户 5986 人、随迁户 6 户 27 人。2020 年 5 月，我县新增搬迁对象重新确定为 9035 户 41658 人（建档立卡搬迁户 8857 户 40886 人、随迁户 178 户 772 人）。

搬迁伊始，一部分群众曾经极度不情愿主动搬迁或者搬新不愿意拆旧。为此，镇雄县突出以点带面、点面结合，狠抓示范引领。在芒部镇上下街、雨河镇乐利左家沟及鲁家院子一期等安置点的相继搬迁入住，群众的思想顾虑逐步被打消。因为他们的生活环境的确变好了，权益保障的确更实了，各种收益的确更多了。芒部上下街安置点，现已打造成为特色小集镇示范点，安置点辖区内的邦兴生态果园、聚鑫源种植、养殖、盛杰蔬菜等新型经营主体，是支撑搬迁群众增收的主要渠道；雨河左家沟安置点，现已成为“依山就势、错落有致、望得见山、看得见水、记得住乡愁”的一个旅游小集镇；旧府街道鲁家院子安置点，利用地下车库发展扶贫车间，按人均不超5平方米的标准配套建设商铺，通过统一经营、统一管理，所得收益按搬迁群众面积占比进行分红；完善的学校、幼儿园、卫生服务站、培训中心、爱心超市等基础设施和公共服务设施，让群众踏实放心地主动搬迁拆旧和迁户口了。

由于各方面的主客观原因，全县2018年新增6个安置点181栋安置房及其配套设施的建设进度曾一度滞后于全市水平。为了让贫困户早日住进新居，县委、县政府综合施策、对症下药，及时调整充实县处级领导下派到安置点任党政点长，并优化了现场管理、施工程序等方案，明确时间节点，倒排工期，实行“三保一控”，压实相关行业部门的责任等措施，仅用了不到半年的时间就实现了鲁家院子一期如期搬迁入住的目标。

“十三五”期间，全县投入易地扶贫搬迁资金43.68亿元，建设集中安置点60个、分散安置点1个，全县14752户65464人受惠群众“挪穷窝”“奔富路”，开启了安居乐业新生活。

后续有保障，同奔致富路

搬迁工作的核心和落脚点就是要让贫困群众“搬得出、稳得住、能致富”。在抓好后续扶持工作，写好易地扶贫搬迁后半篇文章的过程中，镇雄县竭力在抓实转移就业、培育发展产业、盘活“三地”资源方面用心用情用力，努力让搬迁群众挪出了穷窝窝，拥有了新收入，找到了新希望，斩断了穷根子。

转移就业出实招。围绕易迁劳动力“应转尽转、应就则就”的目标，在巩固提升好2016年、2017年易迁劳动力稳岗就业工作的同时，针对全县2018年及新增搬迁对象中的25065名搬迁贫困劳动力开展技能培训和劳务输出，按照“一人一策、内引外输”的工作思路，扎实开展搬迁劳动力转移就业工作。截至2020年5月10日，搬迁群众中的劳动力25065人（其中卡户24638人），已有21842人（其中卡户21460人）实现就业，其中：县内就业6362人（含公益公服岗位1493人）、县外省内就业1954人、省外就业13526人，正开展就业服务3223人（其中暂无就业意愿的2148人）。针对还未转移就业的部分，则采取县内县外双向联动方式逐步进行消化：有针对性地开展定向培训，组织化劳务输出实现就业；通过县内配套产业园、扶贫车间、重点工程项目等用工需求，促进其实现就业；对就业困难的，通过开发公益公服等岗位托底安置，全力保障搬迁对象实现充分就业。

产业发展重实干。按照“确定好思路、建设好基地、打造好标准、创建好品牌、培育好龙头、开拓好市场”的产业发展思路，采取“党支部+能人+群众”和“党支部+合作社+群众”等组织化模式，着力抓好“1+3+N”产业布局（即：把竹子作为“一县一业”大力发展，集中壮大马铃薯、生猪、蔬菜3大产业，因地制宜发展板栗、养牛、养蜂等特色产业），通过引导搬迁贫困对象将产业扶持资金入股专业合作组织或企业，不断抱团取暖发展壮大，实现搬迁贫困群众新型经营模式全覆盖。对2018年及新增任务“进城入镇”安置的搬迁贫困群众，主要采取以下措施：一是因地制宜发展产业。旧府中药材种植基地“板蓝根+吊瓜”套种3000亩已建成，可提供就业岗位250个，覆盖旧府鲁家院子安置点；碗厂竹笋加工基地已引入黑颈鹤生物科技开发有限公司，正推进建设竹笋加工厂，流转土地5万亩建设竹笋生产基地，可提供就业岗位300个，覆盖碗厂安置点；母享产业园规划建食用菌大棚500个，流转土地500亩，菌棒加工厂已启动建设，建成后可提供就业岗位330个，覆盖母享集镇安置点。二是招商引资发展扶贫车间。鲁家院子安置点利用地下车库发展扶贫车间，已引进宝涛制衣有限公司（已建成投入运营，可提供就业岗位200个）、锐烽服饰有限公司

（已建成投入运营，可提供就业岗位 300 个），已签约东莞市讯立通电子科技有限公司（计划 6 月建成，可提供 100 个就业岗位）、桐乡市屠甸浩杰袜厂（已建成投产，可提供 80 个就业岗位）；呢噜坪产业园已签约潮州宝涛制衣有限公司（正推进标准化厂房建设）、镇雄民心光电有限公司、镇雄宏胜服饰有限公司、镇雄县农业开发投资有限公司，规划建设标准化厂房 6.1 万平方米，全部建成后可提供就业岗位 1700 个；大地安置点拟规划大地产业园，计划通过招商引资，推动制衣、电子产品加工等劳动密集型企业入驻发展；以勒物流城安置点的扶贫车间已引入中润服饰有限公司，一期 6160 平方米标准化服饰加工厂房建成投入使用，可提供就业岗位 500 个。三是招租拍租盘活配建商铺。加快推进 6 个安置点 19.47 万平方米配建商铺的招租拍租、招商引资工作（通过三轮拍租，6 个安置点已拍租 11.49 万平方米，第一年租金达 2307.38 万元），配建商铺实行统一经营、统一管理，全部投入运营后，所得收益按搬迁贫困群众面积占比进行分红，促进搬迁贫困群众增收。四是流转经营盘活利用“三地”。以“组织化”退耕还林等模式，盘活“三地”资源，帮助搬迁群众实现农民变“股民”。现已编制完成县、乡、村“三块地”盘活利用规划方案，并指导乡镇实施。切实鼓励搬迁群众通过退耕还林还草、流转土地经营等方式盘活“三地资源”，因地制宜发展产业（2018 年及新增搬迁对象迁出区共有耕地 50215.51 亩，已盘活 21200.57 亩；共有林地 56593.15 亩，已盘活 41608.77 亩；有宅基地 925 亩，待完成拆旧复垦之后及时进行确权登记、盘活利用）。

社会融入见实效。我县 2016—2017 年已搬迁入住的对象，搬迁后均属在本乡本土生活，且养老、落户、就医、子女就学等社会服务保障全部得到落实，自然融入新环境没有问题。为保证搬迁群众尽快适应新环境，新设立了 9 个社区、9 个党总支、18 党支部、201 个楼栋长，实行网格化管理。从迁出地、迁入地、县直相关部门抽派人员，组建便民服务工作组，进驻安置点设置就业服务、子女就学、民政医疗、户籍迁移等便民服务窗口，认真衔接好城乡低保、医疗保险、养老保险“三保”，统筹好就业、就学、就医“三就”，建设好经营性场所、农事场所、公共服务场所“三所”，提供好社区管理服务、志愿者服务、楼栋长服务“三服”，帮助搬迁群众熟悉用电、用水、乘用电梯、消防安全、交通安全和环境卫生维护等日常生活常识和文明习惯养成，让搬迁群众“住上新房子，过上好日子”，尽快融入新环境、开创新生活。

搬迁是手段，脱贫是目的，镇雄易地扶贫搬迁，搬出了动力，搬出了活力，赢得了民心。

（作者余冬云时任镇雄县作协副主席、融媒体中心主任记者，罗雄系镇雄县发改局干部）

攻坚克难　抢占高地争朝夕

——镇雄县搬迁安置局工作纪实

彭向东

向贫困宣战，让镇雄老百姓早日过上幸福而有尊严的生活。在贫困堆起千百年的古邦大地，镇雄县委、县政府奏响脱贫攻坚集结号，聚焦深度贫困地区和特殊贫困群体，带领居住在“一方水土养不活一方人”的山区贫困群众搬穷窝，改穷业，拔穷根，换穷貌，轰轰烈烈地展开了一场史无前例的易地扶贫搬迁大会战！

镇雄县把易地扶贫搬迁作为脱贫攻坚“头号工程”和“标志性工程”，牢记2018年2月12日在成都召开的“打好精准脱贫攻坚战座谈会”上习近平总书记“提高脱贫质量，聚焦深贫地区，扎扎实实把脱贫攻坚战推向前进”的亲口嘱托，成立了由县委书记、县长任双指挥长的“易地扶贫搬迁指挥部”。在县指挥部的统一指挥下，县搬迁安置局紧紧围绕“搬得出、稳得住、有就业、逐步能致富”的目标，推动全县易地扶贫搬迁重大决策部署的贯彻落实，统筹协调易地扶贫搬迁安置工作，创造了“镇雄经验”，跑出了“镇雄速度”。

迎难而上勇担当

2019 年 3 月，镇雄县搬迁安置局挂牌成立，而此时，全县易地扶贫搬迁工作正面临巨大的困难和挑战。受自然气候条件恶劣等客观因素影响，加之全县 2018 年及新增易地扶贫搬迁人口多、安置点多、建设规模大、经济基础差、产业配套难，上级下达的搬迁时间非常紧迫，导致全县易地扶贫搬迁安置点建设前期工程严重滞后，进度排到了全市倒数。

易地扶贫搬迁这项任务必须如期完成，这是县委、县政府的重托与信任，关系到全县 4 万多贫困群众对美好新生活的殷切盼望。知耻而后勇！自单位成立始，局党组就团结带领干部职工，对照目标补短板，聚焦短板找问题，紧盯问题抓落实，与时间赛跑，铆足干劲投入易地扶贫搬迁安置点建设攻坚战。我和单位全体人员满负荷连轴转，白天奔赴各工地实地调研，晚上加班组织起草各项工作实施方案，梳理问题清单，拟定管理措施……

思路决定出路。作为一个新成立的部门，我们既没有先进的模式可以遵循，也没有现成的经验可供借鉴。唯有理清思路，统筹兼顾，分点击破，齐头并进！局党组以“盯前线兼后方、思谋划跟步伐、强保障撕突破、重管理求实效”的工作思路，一手推工程进度，一手代县政府草拟《镇雄县 2019 年易地扶贫搬迁实施意见》《镇雄县全力做好易地扶贫搬迁各项保障工作的实施方案》《镇雄县易地扶贫搬迁新增任务搬迁细化工作方案》等工作措施或方案，进一步明确部门职责、任务时限、工作措施等，让易地扶贫搬迁工作“做什么、谁来做、怎么做、何时完成”等问题能有章可循。

2019 年 3 月 19 日，我在工作日记里写道：“真是难啊！人少，什么都没有，连续这么多天的加班加点，同志们吃得消吗？我心疼我的同志们！可对于我，还是那句话，不辜负信任，担子再重，我们埋头干、不吭声，加油！一定要干好！”这一夜，我看见城市的霓虹灯，又拉长了艾红副局长、刘道文、杨世先等几名同志加班的身影！

狠抓工程抢进度

3月11日，一份工程进度报告摆在了局党组会议桌上，报告的内容让我们心情十分沉重。鲁院二期16栋安置房，4栋建一层、1栋建三层、2栋建二层、6栋浇地梁、7栋未启动；大地安置点28栋，2栋建一层、2栋建二层、3栋建三层、21栋未启动；呢噜坪安置点44栋，28栋完成桩基础、16栋在挖桩；以勒安置点32栋，“三通一平”未完工，仅11栋开始挖孔桩；母享安置点43栋，“三通一平”未完工。且所有安置点学校、幼儿园皆未启动。2018年及新增易地扶贫搬迁6个安置点，3个在县城，3个在不同的乡镇，共有安置房201栋97.21万平方米、配套学校幼儿园2万多平方米。可除碗厂安置房皆为六层，母享有少量低层，多为高层外，其余安置点最低11层，最高18层啊！点分散、体量大、要求严、标准高、时间紧，建设任务颇为繁重。

告急！以勒民房未拆、母享干线未拆、施工班组扯皮、拖欠民工工资、多点人力不足、机械不够等，安置点建设“遍地狼烟”。传令！省易迁指挥部下令要求“7·30必须封顶断水、10·30工程完工、12·30搬迁入住”。“必须铆足干劲，背水一战攻堡垒”，县委、县政府紧接着下达死命令，一道道军令如“泰山压顶”。表率！县委、县政府主要领导亲临前线，每周一次安置点调研督导。

压力就是动力。必须靠前指挥，破解难题。每周我都和副局长李涛辗转奔忙于县城和乡镇安置点之间，往返一趟至少有上百公里路程。我们经常顾不上舟车劳顿，忙着现场调研、现场把脉、现场办公，解决施工机械不足，人员组织不力，建筑材料供需矛盾等问题，协调部门、协调乡镇为施工创造条件。经验告诉我，必须强化管理，抓安全质量抢工期。我局对每个安置点抽派责任心强、业务精良的同志驻点督导建设，坚持“一天一研判、一周一例会、一月一调度”，压实施工单位责任，明确时间节点，采取倒排工期、挂图作战、驻点督导、穿插作业、压茬推进等方式，落实“三保一控”项目施工管理，对工程建设进行全面管理。以攻城拔寨的决心，争分夺秒地与时间赛跑，跟效率较劲，压实责任，抓速度抢工期。我们下定决心必须破解难题，敢较真碰硬。未按时间节点完成任务的就分析原因、查找问题，约谈相关责任人；未按规范操作的，就批评处罚，要求坚决整改；遇到“硬骨头”，就当了甲方再当乙方，塑他个“铜齿铁牙”，坚决啃下。

于是，每天各个安置点早晚定期响起我打过去的电话，我向他们问工期、问原因、授方法。超强的责任心也促使同志们在工地上拼命加油。以勒工地出现了“嗷嗷叫”的王阳、陆承郁，碗厂工地有了“粗嗓门”的罗雄，母享有了“叫喳喳”的缪祥云、朱卿，大地工地有了“黑脸”的朱波和汪诗伟，鲁院、呢噜坪有了“铁人”张晓、胡顺和杨定宣。4月，刘道文胸闷呕吐，心率加快；5月，李涛副局长坚守在工地上时出现脑梗症状；6月，陆承郁一度“精神崩溃”；汪诗伟血压升高住院。情系前线辛劳，翟书记、张县长传来关怀，陈副书记、朱常务送来温暖。

我在以勒工地，愤怒地说，“你们该醒了，已经火烧眉毛了，再不清醒，就会连死都不好看”；在母享会场尖锐地指出，“可怜之人必有可恨之处，你们用一个错误掩盖另一个错误”“你们已经没有再思考所谓成本损失的权利了，这样的作为你们自问，对得起谁”；在大地会议室，语重心长地劝导“警钟再震耳，响鼓也要重锤敲，不能让‘铁军’生锈啊！”……6个安置点建筑工地上，我不怕当却也当尽了“恶人”。

“顶住就可胜利！”我当上了工地“项目经理”，班子领导进驻安置点，杨帅、刘仕松按住鲁院、碗厂，余大贤、冯永钧盯住呢噜坪、以勒，李涛、陈祖阳咬住大地、母享。一两个月不回家，驻点同志都要坚守阵地。严肃“每天一会”，发现问题、分析问题、解决问题，严格每周一报进度，查找差距，补齐短板，严守“每半月一评估、一提醒、一督导，一次一次地高举重锤，击打在每一个工地抓质量、抢工期的鼓面上，唤醒了一度迟缓沉寂的安置点建设工地。经过顶烈日、冒严寒、餐风沐雨的鏖战，工地现场“战天斗地”，迸发出了应有的速度与活力，面貌焕然一新。

一天一个样，几天大变样。只用了两个月时间，到2019年5月，各安置点就把拖欠的工程赶抓了上来，并逐步实现赶超。7月10日，碗厂三期安置点18栋安置房率先实现封顶，到8月25日，所有安置点安置房主体全部实现封顶断水。从全市倒数逆转为全市领先，其中究竟付出了多少汗水和心血，清风无言，大地与日月星辰知道。

有序组织搬新家

在县委、县政府的坚强领导下，继搬迁安置局及迁出乡镇完美分房之后，我们会同迁入乡镇社区及相关职能部门，做实了各项迎接工作。2019年11月10日碗厂安置点率先实现搬迁入住，其余安置点相继也敞开了迎接亲人的大门。

初冬时节的镇雄，有些寒冷。碗厂、鲁家院子、高山大地、呢噜坪、母享、以勒安置点却都是热火朝天。走出大山的乡亲们脸上洋溢着搬入新居的喜悦，亲身体会了新家园的美好，所有参与服务的工作人员都被这浓浓的喜悦气氛感染着，忘记数月以来的艰辛劳累。有的帮老乡们搬东西，有的教老乡们乘电梯，有的带老乡们熟悉小区周边环境……全县2018年新增搬迁卡户10158户46872人，同步搬迁户183户794人依照省、市要求，按时全部实现搬迁入住。

情系民生抓后扶

后扶是关键。搬迁安置工作“路漫漫其修远兮”，围绕“稳得住、有就业、逐步能致富”的目标，搬迁安置工作重心将向“后半篇文章”转移。

用脚步去推动工作，以脚印来体现担当。在县委、县政府“铆足干劲攻堡垒、背水一战夺全胜”的号召下，我局积极协调配合各部门及社区参与安置点配套商铺招租、扶贫车间建设及招商工作，最大限度地为商家做好相应服务工作，让没有条件外出务工的入迁群众能够在家门口实现就业，在新家园获得收益。

在脱贫攻坚、全面小康的追梦路上，有县委、县政府的坚强领导，搬迁安置工作还需做得更扎实、更精准，“唯有只争朝夕、接续奋斗，方能不负韶华、不辱使命”。

（作者时任镇雄县搬迁安置局局长）

采得百花成蜜后　为民辛苦为民甜

——以勒镇易地扶贫搬迁安置点建设纪实

王　阳

“王阳同志，按照全市最新的进度通报来看，以勒安置点是全市倒数第一，这场攻坚战你们已经没有理由更没有退路，务必要重新明确思想，千方百计想对策，将以勒项目进度监管提升到以勒安置点项目如期完成是镇雄乃至整个昭通易地扶贫搬迁攻坚战的决胜点的新高度，整合资源让以勒安置点进度实现真正的提速。”2019 年 4 月 25 日，电话那头的彭向东局长严肃地叮嘱着，这已经是他第七天给以勒安置点“开小灶”了。

是啊，隔壁 5 个安置点参战的兄弟部队此时已经不同程度地进入了主体建设阶段，而以勒还在进行桩基础施工。挂了电话，望着“满目疮痍”的工地，彭局长的叮嘱振聋发聩，在我脑海中久久不能散去。我该怎么办？镇雄易地扶贫搬迁攻坚战的后方阵地不能在我这里失守！面对以勒镇一年高达 260 天的阴雨天气，一要抓进度，二要控质量，三要保安全，如何实现弯道超车？这就要求我们必须有开战即决战的勇气，必须从危机中求新机，既然没有退路，那就杀出一条血路，狭路相逢勇者胜！

接下来的工作必须较真碰硬。发现思想问题，我就组织开会，进行批评教导；发现技术问题，我就号召攻坚；发现组织问题，我不讲情面，联系督导，盯住不放直到落实。必须“以空间换时间”，我要求所有参建单位做到以人、材、机的绝对优势遍地开花，赌上全部身家，放手一搏。

思路有了，行动就要跟上。一个月时间内我们必须把1700多棵桩基础全部完成，只有啃下这块硬骨头，我们才有胜利的希望。每天我们蹲在桩机旁，守在梁柱边，工作小任务完成时间以分钟限制，小目标完成时间以小时限制。在这种工作状态下，我和驻点代表陆承郁同志一度需要服用安眠药才能保证4个小时的睡眠时间。

这战天斗地的5月注定不平凡。屋漏偏逢连夜雨，2019年6月5日如期完成桩基础施工的我们还没来得及高兴，陆承郁同志就因为长期的超高压工作精神崩溃，不得不离开就医。

如今回想起这些日子，依旧潸然泪下。

“鲜花与荆棘同路，长歌同笑语齐飞，顶住就可咸鱼翻身。”2019年6月8日，彭向东局长在安置点现场办公会议上的鼓励，如同强心剂般打进我们的身体。会议明确“指挥长倒了，项目经理上；项目经理倒了，工长上”，就算是战至一兵一卒，也要拿下易地搬迁安置点建设这个山头！工程建设总攻的冲锋号就此吹响。

知耻而后勇！以勒特殊的地质条件和特别的气候环境，不断地在给我们的施工难度加码。可就算难，也要迎难而上。

顶烈日冒风雨，我奔走在各个栋号间，有问题现场立即解决，缺人少材料马上协调，质量、进度、安全一样不能丢。最夸张的一天，我的微信步数超过了12万，朋友们都开玩笑说我用了软件刷步数，他们不知道，这12万步洒落我多少汗水。“大雨小干，小雨大干，干不死就往死里干”，白天夜晚我与大家同吃同住，只为有问题能马上解决，把时间节约出来多抢点进度。当时23#、24#、25#这三栋十七层的楼房进度滞后，我就抓住项目经理和施工班组负责人一起盯在现场，不解决问题就不准走。那段时间父母生病，我走不开；孩子出生，我无法抽身；媳妇埋怨，我无言以对，只因为工地现场“战天斗地”，只因为这里是脱贫攻坚决战的战场。

报告！以勒安置点于2019年8月25日全部实现封顶断水。两个半月时间啊！完成32栋17层安置房主体建设，从全市倒数逆转为全市领先。

周边群众以“春笋速度”给了我们极高的评价。那一刻，我站在十七层楼顶，望着矗立在面前的32栋庞然大物，不禁想起一句词：“昨夜西风凋碧树，独上高楼，望尽天涯路。”这场决战，我们赢了！

2019年12月20日，以勒安置点敞开了迎接亲人的大门，满载着“幸福和喜悦”的车队一辆辆驶入安置点。搬迁群众自发拉起了横幅“报告习总书记，我们搬新家了”，搬迁入住如期完成，此时此景，令我永生难忘。

“采得百花成蜜后，为民辛苦为民甜”，“苦得艰辛，累得无悔”，在全面建成小康的追梦路上，在县委、县政府的坚强领导下，我们仍将奋力前行。

（作者系镇雄县搬迁安置局驻点干部）

挥手别故土　迁居日子甜

——盐源镇组织群众搬迁工作纪实

汪帅忠

2019年12月10日早晨，初冬的盐源飘起了零星小雪，政府门口公路上，80张大小车辆一字排开，从四村八寨搬迁到县城呢噜坪安置点的群众陆续集中到政府门口。天气虽然寒冷，但大家的心里暖暖的。“我们终于搬离了穷窝，走上幸福生活的康庄大道，干部们就是我们的恩人啊！”盐溪村香树组的贫困老党员严柱呈激动地说。9点15分，随着党委汪继金书记一声“出发”，80张大小车辆一齐启动，向县城驶去。这是镇雄县盐源镇首批易迁群众搬离盐源的动人场景。

盐源镇地处镇雄西北部，山高谷深，有大型地灾隐患点19处，滑坡、崩塌点190余处，因气候、地质引发的自然灾害每年达数百余起，2016年末，全镇贫困发生率高达39.7%，区域内山高坡陡，土地贫瘠，自然气候条件恶劣，大部分属典型“六类区域”，“走出大山”是祖祖辈辈的夙愿。“十三五”期间，盐源镇党委、政府带领全镇45000多群众在这片古老而贫困的土地上展开了一场“挪穷窝、改穷业、拔穷根、换穷貌”的精准脱贫攻坚战。

精准识别：该搬的一个不能少，不该搬的一个不能多

精准识别，精准施策。2017年，盐源镇党委、政府在充分调研的基础上，广泛征求群众意见，针对性制订了《盐源镇“六类区域”群众易地扶贫搬迁工作规划》，搭建总体框架，为顺利完成盐源镇易地扶贫搬迁工作打下了坚实的基础。

一是制订方案。盐源镇结合搬迁时间紧、任务重以及情况复杂等实际，认真听取群众、村组干部意见，制订了《盐源镇“十三五”易地扶贫搬迁方案》；围绕总体方案，各挂村领导牵头制订各联系村的“六类区域”划分、对象识别、群众动员、“三块地”盘活、组织搬迁、安置后续扶持发展等实施意见；一户一策，因人施策，同时拟定了细化到每户劳动力就业、迁入地转学、危旧房拆除复垦，量化到各类物品如何处理，粮食、牲畜转移等的搬迁措施，易地扶贫搬迁工作有章可循，各个环节的工作相互衔接，有条不紊。

二是广泛动员。易地搬迁关乎群众切身利益，多少群众从此可能改变自己一生以及后代的命运，盐源镇坚持“人民利益至上”，在政策宣传和对象识别上倾力而为，发放《易地搬迁政策“明白卡”》20000余份，制作标语、展板40余套，200多名镇村干部披星戴月，寒暑不惧，深入196个村民小组召开群众会议200多场次，用心用情地宣传县委政府对易地搬迁拔除穷根，斩断贫穷的决心，把易地扶贫搬迁政策讲清说透，明确搬迁条件，引导权衡利益，既立足现实也着眼未来，让群众理解接受。不过故土难离的传统观念也深深地束缚着部分群众，他们有的觉得搬迁就是背井离乡，以后政策一变，一无所有；有的认为城里生活不方便、不自由、不轻松，不愿意搬迁。木歪村50多岁的老人黎家贵就是个倔脾气，他说：“共产党分给我们的一亩三分地，是我的祖根福业，坚决不能丢，城里有啥好，吃片菜菜要过钱，吐泡口水着罚款，不自由，上街走得出去，走不回来，打死也不

搬。”负责包保的镇村干部汪帅忠、常开慧三番五次到他家做工作，就是做不通。其他群众都过意不去了说：不干就拉倒，这种人，穷一辈子，活该。但是我们的党员干部仍然不懈怠、不放弃，他们把工作做到山上、做到地里、做到院坝、做到家里，一次不行又来一次，黎家贵终于高高兴兴地同意搬迁了。在盐源，像这样的例子不胜枚举。一个个党员干部用真心贴近群众，用行动诠释担当，谱写了一曲曲动人的时代扶贫之歌。

三是精准甄别。以开展“三讲三评”“自强诚信感恩”为依托，对搬迁对象每户户情进行分析，包括搬迁意愿、家庭贫困状况、就业、就学意愿等情况，确定“先易后难”的搬迁总体思路，明确每户验房、搬家时间以及搬家责任人等，确保搬迁稳步有序。

四是完善档案。通过“户申请、组评议、村审核、镇确定、县公告”程序，按照“该搬的一个不能少，不该搬的一个不能多”的原则，力求做到村不漏组，组不漏户，户不漏人，人不漏项，一户一档，一人一策，共准确完善档案 1613 户 7414 人，其中，建档立卡户 1536 户 7068 人，义务教育阶段学生 1911 人，为精准实施易地扶贫搬迁提供了比较翔实准确的依据。

有序搬迁：你把群众当亲人，群众把你当恩人

实实在在帮群众。群众工作无小事，一枝一叶总关情。2019 年 12 月，“见证奇迹的时刻”终于到来。为了确保搬迁有序，群众满意，盐源镇成立了以县联系领导为指挥长，镇党委书记、镇长为副指挥长，其他班子领导为成员的易地扶贫搬迁工作指挥部，指挥部下设 10 个群众搬迁意愿巩固网格 105 个组团和综合调度、搬迁保障、政策宣传和思想稳控、后勤保障、就业规划、产业布局、社会保障、拆旧复垦及临时安置办事处 9 个下设机构，分别负责统筹 10 个迁出村的迁出、入住和后续服务工作。

主要领导既当指挥员，又是战斗员，工作中坚持以上率下，真抓实干，既带领大家一道定好盘子，理清路子，开对方子，遇到疑难问题亲自部署，关键环节亲自把关，落实情况亲自督查。指挥部坚持一天一汇报，一周一研判，高位统筹推进搬迁工作。针对搬迁工作有问题或推进不力的村或网格，书记、镇长亲自会诊、亲自上门做群众工作，集中会办，坚持问题导向和目标导向，及早发现问题、研究问题、解决问题，确保问题精准、措施精准、落实有效，坚决把服务群众到位，赢得群众满意作为衡量工作成效的唯一标准。

高高兴兴劝群众。为了让易迁群众搬得舒心，搬得放心，搬得开心，10个群众搬迁意愿巩固网格105个组团展开了决战决胜最后时刻的大宣传，再一次巩固宣传成果。通过院坝会、家庭会、乡贤能人现身说法会、文艺宣传队相声、小品等群众喜闻乐见、易于接受的宣传方式，进一步增强了易迁群众"挪穷窝、换穷貌、断穷根，奔富路"的信心和决心。临迁前夜，听说木歪村的黎绍宇又出现情绪波动，汪帅忠、常开慧不顾一天的疲劳，顶着寒风，踏着泥泞的小路，赶到他家中，又是几个小时的长谈，终于消除了他心中的疑虑，两位干部才拖着疲惫的身子回到镇上。

热热闹闹送群众。为了使欢送易迁群众的气氛简洁、隆重、热烈，盐源镇党委、政府又给易迁群众送上了三个"大礼包"，每户送一副贺岁春联，送一份服务指南，送一个春节红包。春联祝福满满；指南明明白白；红包红红火火；气氛热热闹闹，故土难离的情绪转化为"挥手别故土，搬家日子甜"的美好憧憬，离开生活了祖祖辈辈的家园，易迁群众不再伤心，而是满怀信心走进前途无量的新家。

欢欢喜喜接群众。两个多小时后，汽车终于到达县城呢噜坪安置点，"无缝对接"服务就此展开。上百名镇村干部、志愿者举着对应的号牌迅速走到各人负责的汽车旁，他们有的扶老人下车，有的帮忙抬家具，有的引导乘电梯，进入房间，干部和群众一道，忙着摆家具、铺床铺、贴春联，俨然一家人，社区干部又为大伙送来了可口的饭菜。屋里亮堂堂，心里暖洋洋，居住在盐源山旮旯里的温水村友寨组刘飞动情地说：做梦都没有想到，是党和政府给了我们想要的生活，感谢党和政府，感谢党员干部……

挥手别故土，搬迁日子甜。“搬得出”只是走完了第一步，盐源镇党委、政府按照镇雄县委政府的要求，继续做好“稳得住、能致富”后半篇文章，在后续帮扶上下功夫，见成效，实现安居与乐业并举，脱贫与致富共兴。易迁群众中 1911 名义务教阶段学生全部就近入学，1365 名符合社会救助条件对象全部民政兜底，3756 名劳动力已有 3407 名通过各种渠道稳定就业，户户有就业，家家保增收，易地扶贫搬迁 1613 户 7414 人整体提前实现脱贫目标。

（作者系盐源镇政府干部）

挪出穷窝　生活出彩

——林口乡易地扶贫搬迁工作纪实

樊科祥　姜　熙

林口彝族苗族乡是镇雄四个少数民族乡镇之一。境内山丘起伏，沟壑交错，为镇雄东部海拔最高的乡镇。全年阴雨多、日照少，“一方水土难养一方人”，“十三五”期间，全乡共统筹实施易地扶贫搬迁 305 户 1303 人，彝族、苗族贫困群众占比达到 95% 以上，其中乡内安置 165 户 661 人；县内乡外（以勒庙埂物流城）安置 33 户 145 人；县城安置 107 户 497 人。乡内共设两个易地扶贫搬迁安置点，分别是木黑村湾子安置点，共 104 户 400 人，卡户 49 户 213 人，随迁户 55 户 187 人；林口村高家老包（集镇）安置点 61 户 261 人，全为建档立卡贫困户。

民族情结：打开群众心锁的金钥匙

故土难离是中华民族几千年传继下来的一种“乡土情”，要让成百上千的群众搬离世世代代赖以为生的乡土，这个“弯子”让许多群众一时还转不过来，特别是生活在大山深处的彝族、苗族同胞。2017 年，县委政府下达的林口易地扶贫搬迁建设任务搁在了林口乡党委、政府的案头。重任在肩当笃行，责任入心唯倾力。林口乡党委、政府因势利导，因地制宜，因人施策，提出了精准识别搬迁对象、科学规划安置点建设、全面完善功能服务、大力加强后续帮扶的工作方案。而能否做好贫困群众思想工作成了关系易迁项目建设成败的“先手棋”。通过实地考察，确认木黑村小龙潭、沙家屋基两个村民组中有 104 户少数民族群众属于公共基础设施建设成本过高的六类搬迁区域对象。必须让他们搬出“一方水土养不活一方人”的“六类区域”才能确保“全面实现小康，少数民族一个都不能少，一个都不能掉队”。了解群众意愿、动员群众搬迁、签订“一申请三协议”成为当务之急。

挂村干部、木黑村两委成员及时组织召开群众会，听取村民们的意见和想法。大家反反复复召开了不下 20 次群众会，有时候从下午 3 点开到晚上 10 点，收效甚微，工作陷入僵局。是退避三舍还是迎难而上？干部一时心中没底。

党委、政府及时调整工作思路，提出了：充分发挥党员干部特别是民族干部的资源优势，主要领导包村，科级干部包组，一般干部包户，一对一结成帮扶对子，尽锐出战。

上百名乡村干部进村入户，走入田间地头，和少数民族群众交朋友、攀亲戚；帮助他们打扫卫生，指导操家理屋，参与农业生产；与他们一道谈现实、绘蓝图、谋发展，释难解困，将心比心、以心换心，重在交心，用情用心争取民心。终于，群众心中的“坚冰”慢慢消融，陆陆续续地签订了“一申请三协议”，工作逐步打开局面。

苗族同胞陶兴江是一个“钉子户”，村委做工作不同意，通过亲朋好友劝说也不同意，始终不愿搬迁。乡村干部使出“洪荒之力”也奈何不得，最后只好请同为苗族同胞的陶绍林乡长帮忙。陶绍林去到陶兴江家。听说乡长也是苗族同胞后，陶兴江十分热情地把乡长迎进屋，两人用苗语攀谈起来。陶绍林和他谈生活、谈收入、谈发展、谈思路，拉近了相互之间的距离。随后几天，陶绍林又抽时间走访陶兴江，问他的困难，问他的打算，并力所能及地帮他解决了一些生产生活中遇到的实际困难。陶乡长带来的温暖，让陶兴江动情地说："我们真是一家人，我同意搬迁了。"

后来，当干部们问陶绍林做群众工作有何妙招时，他说，其实不难。我们民族地区，党员干部要急群众之所急，想群众之所想，必须深入群众内心，了解群众急什么、想什么、盼什么，做群众工作，把脉要准确、药方要有效、火候要适当、群众要接受。民族情结才是打开群众心锁的金钥匙。

科学选址：激发群众意愿的催化剂

为解决群众"不愿搬"难题，让搬迁群众搬出幸福感，林口乡充分尊重群众的意愿，在选址上综合分析自然社会条件，依托城镇一体化发展规划，注重区域布局、面积管控、功能设计、风貌特色、人文，拿出最好的地段、最好的位置，靠集镇、靠学校、靠产业基地进行安置，统一规划、统一建设、统一标准、统一建筑风格、统一配套基础设施和公共服务，因地制宜实行"一户一档""一户一帮""一户一策"，加强就业创业和产业发展政策扶持，解决搬迁群众发展之虑、后顾之忧，群众纷纷从"不愿搬"到"乐意搬"。

"搬进集镇易地搬迁新房后，小日子越来越安逸了。"搬迁户龙平贵从娃飞村官院搬迁到集镇搬迁安置房，在他看来，搬家是生活的一个转折点。"以前一家六口挤在老房子里，发展产业没条件，对未来也没有方向，孩子上学不方便，出门务工不知道干什么。"如今，四个孩子在安置点附近就可以上学；妻子在家不仅能照顾孩子，还可以在楼下的扶贫车间上班，每月有将近 3000 元的收入；他在外省上班，每月有 4500 元的收入。一家人搬迁后的日子越过越红火。

整齐美观的楼房，干净整洁的院落，设施齐全的文化广场，郁郁葱葱的绿地，平坦宽阔的道路……木黑村湾子和林口村高家老包易地扶贫搬迁安置点，如今格外引人注目，成为林口乡一道美丽的风景。

完善设施：保障群众安居的定心丸

搬迁只是第一步，为确保搬迁群众住得舒适、舒心，林口乡把基础设施配套作为搬迁工作的重心和搬迁入住的基本要求来抓，通过争取县委政府大力支持，创新工作思路，水、电、路、排污、绿化等项目统一规划，同步实施。

林口村高家老包集中安置点，搬迁规模 61 户 261 人，2017 年 11 月已经全部搬迁入住。“这里紧挨乡政府、有幼儿园、学校、医院、超市，上学、看病、办事很方便，我们心里很踏实。”搬迁户顾林章说。

完善的基础设施和优美的环境已经成为搬迁户美好的生活家园。同时，因地制宜成立安置点党支部、开展感恩教育、文明创建、公共文化、民族传承等，增加搬迁群众认同感，增强主人翁意识。

后续帮扶：实现群众乐业的决胜棋

住上好房子，关键是要过上好日子。林口乡着眼搬迁群众能致富的目标，按照县委、县政府加快建立完善“五个体系”要求，实施组织、培训、就业、帮扶、产业、服务“六个全覆盖”。

一直担心搬迁后找不到事情做的龙平国夫妇，怎么也没曾想到，他们搬迁后，参加服装加工培训后，竟然成为中润服饰服装厂员工，每月有将近 7000 元的收入，这比他们家从前一年的收入还要多。中润服饰服装厂自从建成投入生产来，一共吸纳了林口以及邻近的以勒、塘房等乡镇的 300 多名易迁建档立卡群众入厂务工；林口香葱种植基地采用土地流转方式，既拓宽了致富渠道又增加了群众收入，100 多名易迁群众实现了家门口就业的愿望，顾家找钱两不误。

林口乡将易地扶贫搬迁作为“头号工程”，积极主动地开展易地扶贫搬迁工作，将建设、服务、产业“三个规划”同步编制，宣传、帮扶、致富“三张牌”一起打，从源头破解“一方水土不养一方人”的困境。截至 2020 年 3 月，1303 名搬迁群众全部挪出穷窝，按时完成“十三五”规划易地扶贫搬迁工作任务，实现了挪穷窝、换穷貌、改穷业、拔穷根。

（作者均系林口乡政府干部）

第五编　教育文化健康扶贫

教育扶贫惠民生

彭高敏

镇雄开发较早，历史文化悠久，但由于受特殊的地理环境和长期交通闭塞的影响，全县经济、文化、社会发展严重滞后，教育更是集中体现了当时县域经济和基础设施积贫积弱的状况。

作为土生土长的镇雄人，我已迈过了不惑之年，从孩童时的记忆中，还忘不了背着书包、自带凳子上学的情景：唯一的一间教室，谓之职工子弟学校，每天上半天课，一、二年级轮流上课、做作业……十几年后，当我从镇雄师范毕业走上教学岗位，成为一名光荣的人民教师，面对残垣断壁的校园校舍、陈旧不堪的桌椅，感觉从儿时到现在的一切似乎都很正常，仿佛一切都是时代应有的烙印……又是几年之后，当自己成家立室，孩子在城区上幼儿园、上小学时，也未曾感觉和关注到城乡教育差异之大。到了孩子需要升初中、升高中的时候，作为家长，才猛然感受到教育的改革之风如燎原之势，打破了教育原有的平衡和平静，竞争开始激烈，优质资源向省、市及经济发达地区集中。但是，我百万人口大县，竟然找不到一所称心如意的初中、高中学校，家长、学生感到彷徨，茫然带着孩子四处求学，读书成了街头巷尾、茶余饭后的议论焦点，镇雄教育该走向何方……

2014 年 4 月，作为党和组织培养多年的一名干部，我有幸重返教育岗位，从事教育行政管理工作，内心充满激情，充满憧憬。调研中，五德天坑三张桌子三条长凳、一块尺半见方的水泥黑板、两扇腐朽的木门在一个不足五平方米的狭窄空间里构成的岩洞小学，让我感到震惊；尖山大山小学、芒部海子坝小学、杉树细沙河炭山小学、花山黄莲小学、以古岩洞脚九年一贯制学校、坡头亳都村小海子小学……全县 70% 的学校没有大门、没有围墙、没有硬化球场、没有体育设施，看着“晴天一身灰，雨天一脚泥”的农村学生和老师们艰苦的环境，我心里沉甸甸的，深感责任重大；面对上级教育行政领导关于学校管理、学校安全、学校建设、考试秩序、教学质量等方面的告诫，我头脑嗡嗡作响、不知所措。全县教育基础设施建设严重滞后、教学设施设备极为缺乏、教学管理水平有待提高、教学质量亟待提升、教育改革发展势在必行！

党的十八大把脱贫攻坚提到前所未有的历史高度，把教育优先发展作为党和国家层面的重要战略发展目标。县委、县政府紧紧把握这一战略机遇期，积极制订了全县脱贫攻坚计划，拟定了“教育兴县”战略，全面坚持优先发展教育。随着教育扶贫工作的深入开展，全县教育改革发展克难奋进、破冰前行，镇雄教育发展迎来了春天。

2015 年 3 月，县教育局在县委政府的支持下，在全县教育系统开展了师德师风、考纪考风大整顿，全面规范体育中考，彻底扭转了全县体育中考中徇私舞弊的问题，各类考试秩序得以规范。

针对城区学校大班额突出的问题，县教育局争取上级支持，顶住各方压力，从 2015 年起，真刀真枪在城区率先启动划片招生、就近入学，把化解大班额摆在了教育工作的日程中，城区学校大班额开始从 130 多人向 80 人、70 人、60 人、55 人逐年下降，为义教均衡验收创造了条件。

由于基础设施建设滞后，项目建设推进被动，县教育局组织全县学校开展全面摸底调查，列出建设清单，规划上报项目库，打破排队式的建设模式，创造性地率先实施了工程总承包、打捆招标等建设模式，教育工程项目快速推进，一座座学校拔地而起。特别是云师大附属镇雄中学从 2014 年 10 月启动，边征地边拆迁边建设，建设工期紧、前期建设干扰大，在县委、县政府的大力推动下，工程得以有效推进。面对2016年8月10日开学时间的临近，分管县领导和我把办公地点搬到了施工现场，与工程建设人员一起研究、一起加班、并肩作战，现场排忧解难，通过近百日的昼夜奋战，工程如期交付使用，创造了镇雄速度，整个过程投资近3亿元，建设面积达5.3万平方米，有效施工期仅用了200余天。

为进一步提升学校管理水平，在全县教育系统内开展了示范学校创建活动，建立完善了五星级综合考核评价体系，在学校间掀起了创先争优的良好氛围。2015年至2019年创建各类示范学校130余所，全县学校乡乡有示范，校校有看点，校园文化各具特色，环境育人得到体现。

在强化教学研究和教师培训的同时，在小学阶段建立了全面统测，全年级抽测的监测体系，将监测结果运用到对学校对校长对教师的考核上，小学教学质量快速提升。进一步完善了中高考奖惩办法，建立完善奖优罚劣机制，增强教师的责任感和进取意识。2019年，全县中考位居全市前列，高考一本上线首次突破千人大关，7人达到清华、北大录取线，其中4人被清华、北大录取，强势打破了连续19年县内就读学生没有考取清华、北大的魔咒。2020年，全县中考继续保持领先，高考一本上线再创佳绩，上线人数达1187人，7人达到清华、北大录取线，其中4人被清华、北大录取。

为引进优质教育资源，迅速培育品牌学校，县委、县政府采取内培外引的方式，分别于2016年、2019年引进了云南师范大学和西南大学与我县合作创办了云师大镇雄中学、西南大学镇雄第一中学，2020年又引进了浙江外国语学院、云南衡水中学两所品牌学校入驻镇雄，开展新一轮的合作办学。云师大镇雄中学通过三年的努力，首战告捷，一战成名，6人达到清华、北大录取线，其中3人被清华、北大录取，近400人考入双一流大学，一本升学率达85.4%，位居全市第一。

面对如此骄绩，作为镇雄教育的参与者与见证人，县委翟玉龙书记为引进云师大附中在谈判桌上掷地有声的承诺，南部新区干部职工超负荷工作、建设工人昼夜奋战的各种场景历历在目，想起来唏嘘不已，感慨万千！

可以说，2015 年至今是镇雄教育发展史上资金投入最多、改革力度最强、面貌变化最大、发展进步最快的时期，万千镇雄教育人付出了艰辛的努力，取得了辉煌的成绩，凸显了实实在在的教育民生，为全县广大群众带来了教育获得感和幸福感。

（作者时任镇雄县教育体育局局长）

让教育之光照亮山村

袁　雷

芒部建制历史悠久，但受地理、交通、资源、气候等不利因素的影响，长期处于信息闭塞、经济落后、文化匮乏状态，属国家级贫困县中的深度贫困乡镇。面对全镇外出务工人员比重大、留守儿童众多、家庭关爱缺失、学校管理难度大等不争的事实，芒部中学在县委、县政府的坚强领导下，立足地方实际，深入研究对策，充分发挥教育职能，助力脱贫攻坚。

“尽最大努力，缩小城乡教育差距，让山区孩子也能享受到优质教育资源”，这是谭开科校长最豪气干云的承诺。十年前，芒部中学仅由几排低矮的平房围成一座破旧的四合院，基础设施极为落后，教学成绩极其低下，饱受社会诟病。随着大力发展教育，助力脱贫攻坚政策的深入推进，学校在争取到上级部门的大力支持下，累计投入各类教育资金 887 万余元，消除 D 级危房 12310 平方米，改扩建操场 39201 平方米，新建足球场等体育活动场总面积 56481 平方米，绿化总面积 19300 平方米，新增校舍建筑面积为 50805.34 平方米，新增图书 144595 册。大力加强“全面改薄”等项目建设，改善育人环境，提升办学条件。如今的芒部中学，绿树成荫，高楼林立，校容校貌焕然一新。

新校新人新气象，促进了芒部教育可持续发展。针对如何提高教育质量这一难题，学校采取新老教师“一帮一”“师徒结队”、新教师入职培训等办法，为青年教师提供交流学习的机会与平台。与此同时，学校还积极组织教研组长、备课组长、学科骨干教师到北京、上海、昆明、贵阳、衡水等地培训、学习、观摩，让老师们拓宽视野、放眼未来，接受新理念、学习新方法、训练新思维、获得新提升。在全体教师的辛勤耕耘下，2015 年至 2020 年短短六年时间，芒部中学共输出了 2726 名高校本科生，为地方教育扶贫工作做出了卓越的贡献。2020 年高考，王乔松同学更是首开先河，以 691 分的高分考入北京大学，创造了全县乡镇中学“冲刺清北”的奇迹。芒部中学的强势崛起，带动芒部镇交通运输、房屋租赁、餐饮旅店等行业的迅猛发展，提供就业岗位数千人，每年拉动周边经济增长近亿元。

为了改变人口素质普遍偏低、贫困家庭收入低下的现状，我校积极响应上级政府号召，大力发展职业教育。通过实地考察、深入调研和认真评估，和云南工业技师学院、内江市泰来职业学校、重庆市机械高级技工学校等几十家知名学校进行对接合作，为学生提供多领域的技术学习机会和广阔的就业渠道。2015 年至 2020 年 8 月以前，全校共完成职教招生 1535 人，毕业生就业率达 100%。发展职业教育，为提高芒部镇人均素质，增加就业收入，帮助山区家庭迅速脱贫脱困搭乘了高效快捷的直通车。

目前，芒部中学有学生 6656 人，建档立卡户学生 2502 人。面对众多的贫困学生，学校建立了一整套援助机制予以帮扶。除全面落实国家两免一补，营养改善计划等惠民政策外，通过多方协调，积极争取了镇彝威革命老区 14 年教育资助，苗圃行动，中石油旭航助学工程等项目，利用减、免、补、助、奖等方式对贫困学生进行援助。仅 2020 年 6 月 23 日，中石油旭航助学项目一次性捐资 30 万元，150 名品学兼优的贫困学生受助。2016 年以来，受助学生达 49794 人次，受助金额达 3904.4804 万元。这些饱含爱意的助学善款，提升了贫困学生、务工人员子女、残疾儿童、农村留守儿童的幸福指数，保证了他们的学业得以顺利完成。

在冲锋脱贫攻坚的阵地上，控辍保学工作也被推到前沿。“家中没收入，我想出门打工”“学习成绩差，不想读了”“父母离婚了，我还有啥心情读书”……这样的声音，声声戳痛了每一位教师，通过走村入户，精准摸排，翔实了解辍学或疑似辍学学生信息之后，学校组织召开了控辍保学分析会、研判会、推进会等 20 多次会议，号召广大教师积极献言献策，研究应对方法与策略。2020 年 4 月，我校组织了 18 辆车、46 人参与的义务控辍保学宣传队，历时半个多月，走遍九个自然村 25 个辍学及疑似辍学学生家庭，一家一家动员，一户一户劝返。截至目前，我校适龄辍学学生已实现动态清零。

光环与汗水同在。让教育之光照亮山村，赐莘莘学子美丽明天，既是决胜脱贫攻坚的临门一脚，更是我们义不容辞的担当和使命。

（作者系芒部中学教师）

守护希望　逐梦飞翔

——镇雄县控辍保学工作掠影

李　云　李　艳　付燕萍　杨　姣

在充满酸甜苦辣的控辍保学路上，每一个老师和扶贫工作干部都是参与者，一直以“功成未必在我，功成必定有我”的担当，守护希望，逐梦飞翔。

镜头一：浪子回头金不换

2019年12月11日的黄昏，一群人围坐在院坝里，一个粗犷的汉子一边拉着身边略显清瘦却满脸精神的男人，一边哽咽着说：“是你们救了我家孩子，谢谢你们了，谢谢你们了。”说着抬起另一只手，用衣袖在黝黑的脸上使劲抹眼泪。这个汉子不是别人，正是吴云艳的父亲吴其宽，而他拉着的这个人，是场坝镇党委书记沈承利。

看到这一幕，场坝初级中学63班班主任曾东的思绪又回到了一年前的那个早晨。2018年10月19日，教室如往常一样书声琅琅，但是第四排的第一个座位却突然空了，那个喜欢扎马尾辫叫吴云艳的女生，今天没有请假，也没来上课，只有早晨的阳光一如往常洒落在桌椅上。

这可急坏了曾东老师，他不停地拨打吴云艳父亲的电话，直到下午，电话终于接通，一个声音刺痛了曾东的耳膜，那声音嵌进机器的嘶鸣声里，孤单而焦急，那是吴云艳父亲的声音。随后的多次电话回访中，仍然只有吴其宽无奈的叹息，似乎这个孩子突然之间人间蒸发，踪影全无。一个星期之后，有学生传言吴云艳与坪上镇的某男孩子相约出门打工了。经过与吴其宽电话核实，原来吴云艳已经与该男子举办了婚礼。获悉吴云艳的联系方式和联系地址后，学校老师多次登门开展劝返工作，但每次都吃了闭门羹，受到了吴云艳的强烈抵触。劝返之路困难重重，让人感到最为痛心的，是吴云艳放弃学业的决绝态度。

通过大量的走访摸底，工作人员进一步了解到，吴云艳结婚不久就突发精神病并遭到“丈夫”家人的嫌弃，最终不得不返回家中，吴其宽也因此回到家中照顾女儿。后来，在政府和学校的帮助下，吴云艳顺利进入精神病医院住院治疗。在此过程中，镇村干部及学校教师多次探望吴云艳，吴其宽在镇、村干部的面前也流露出深深的愧疚与自责。

经过一段时间的治疗，吴云艳的身体已逐渐恢复正常，各项身体指标已经达到出院的标准。听闻这个消息，党委书记沈承利非常高兴，立即召集学校老师和镇村干部专题研究吴云艳复学问题。经过努力，吴云艳被党委、政府和学校教师的真情深深感动，消除了厌学情绪。她表示，由于年轻不懂事，自己已经犯过一回错了，幸亏党和政府的政策好，给了她再来一次的机会，她一定会重启自己的人生，好好读书学一技之长，用知识改变自己的命运，追逐自己的梦想。

镜头二：守得云开见月明

2019 年 9 月 7 日清晨，花山乡花山村驻村第一书记、工作队队长郭晟同志带领花山中心学校、花山乡扶贫办工作人员一同来到花山村小煤洞村民组辍学学生陈都飞家。

陈都飞是个苦命的山里娃，父亲早早离世，母亲因无法承受丧夫之痛，精神失常，天天往外乱跑，终于有一天，她走出去之后就再也没有找到回家的路。年幼的陈都飞被寄养在生活窘迫的叔叔陈元友家，开学好久了还没有进校读书。工作队整整等了约4个小时，陈元友终于回来了，却没见到陈都飞的影子。经询问，才得知陈都飞是因为听到老师要来劝她返校读书的消息，刻意躲出去了。工作队第一次上门就吃了闭门羹，返回的路上没有人吭声，气氛有些沉闷压抑。

第二天，天刚蒙蒙亮，冒着冷雨，几名工作队队员又悄悄到达陈元友家。本以为天气不好，孩子应该不会再跑出去躲避，没想到小女孩还是偷偷跑掉了。工作队在她家后山上找了几个小时，衣服全都弄湿了，终于在一个灌木丛中，找到了冻得瑟瑟发抖的陈都飞。小女孩蹲在那里，一言不发，拒绝沟通，就这样僵持着。直到郭队长从车上拿下自己的厚衣服给她披上，小姑娘终于哇的一声哭了出来。是啊，孩子小小的内心，实在是承受了太多太多……大家悉心安慰着她，约莫半个小时，才点头答应同工作队一起回家。回家后的小都飞坐在角落里，仍然一句话不说，一众人只好悻悻而归。见大家都气馁了，郭队长笑着宽慰道："虽然没和她谈上话，但她对我们的抗拒心理没这么强了，至少下次不会刻意躲避我们了，这也是一种进步嘛。"听了郭队长的话，几位队员原本被冷雨打湿的心，又重新点燃了希望。

第三次上门，大家心里仍旧忐忑不安。所幸这次孩子虽然还是无话，但并没有再次逃避。郭队长和工作队队员们见状便趁热打铁，耐心坐下来，以大哥哥大姐姐的身份，和小都飞攀谈起来。大家你一言我一语跟小都飞分享自己读书时在学校里发生的趣事甚至是糗事儿，孩子微微笑了……当有人讲到大学时光的美好时，孩子眼睛里溢满了光芒，慢慢地也开始有了些许回应。在大家的耐心开导下，孩子也终于敞开心扉，说出了自己不想读书的原因。半天时间，小都飞和大伙交流心声、畅聊未来，关系也更进了一步，并答应过两天就返校读书。

第四次上门，是接小都飞返校的日子，龙校长从自己衣兜里掏出了1000

元钱，塞到小都飞手里。灰暗的小屋里，大家殷切地注视着小都飞，希望能够给她温暖和力量。攥着龙校长给的1000元钱，小都飞哭了，那是感激和幸福的泪水，是的，她终于又可以回到阔别已久的学校，又可以捧着书读她最喜欢的课文，见到可爱的同学们了……

镜头三：学校才是大舞台

英子，杉树乡细沙学校在读初二年级学生。2019年过年前几天，英子突然不知所终，家人担忧之余，第一时间联系了她的班主任冉老师，同时向派出所报案。可过了一段时间后，英子还是杳无音信。

踏破铁鞋无觅处。今年4月份，英子突然主动返回家中。冉老师得知英子回家的消息后，联合村支书和学校老师主动上门了解她的失踪之谜。仔细倾听孩子“诉苦”后，老师们终于找出“症结”所在。原来，英子由于学习成绩差，觉得上学特别无聊，书本又看不懂，加上讨厌被管，讨厌写作业，讨厌不去学校就被老师联系家长，讨厌被爸妈批评，一气之下干脆选择离家出走。英子父母教育意识相对落后，认为女孩子上不上学无所谓，因此也不反对她上课期间请假不去读书。“她都不想念书了，你们没必要天天来。”家长这样表示。“我自己不想上学了，你们别来叫我了。”英子也坚持不回来。

尽管劝返工作并不顺利，抱着不放弃每一个辍学孩子的心态，老师们还是一次又一次去英子家做工作，通过大量的政策解读和思想动员，英子父母也开始劝导英子回校读书。但英子却依旧不愿意上学，她说：“老师，我真的不想去学校，我成绩不好，同学们不和我玩，我也不喜欢和她们玩。”冉老师告诉英子：“不用太在意别人的看法，人生很长，总有志同道合的朋友，如果自己都看轻自己，当然不会有人重视你，所以你要好好努力，提升自己，才会遇到欣赏你的好朋友……”在老师们苦口婆心的劝说下，英子沉默了。冉老师趁热打铁告诉英子：“学习不是没有用的，接受教育是一件终身有益的事情，如果现在放弃的话，以后后悔了该怎么办？”冉老师还和英子讲述了班上同学们的趣事。精诚所至，金石为开，英子渐渐动摇了。在大家苦口婆心的劝说下，英子终于被成功劝返校园。

现在的英子，已完全融入了班集体，学习成绩也逐渐跟了上来。“英语不太会读，记单词也比较费力，数学、物理有点难，其他课程都还好。”她谈到了将来的打算，她说：“我自己会努力学习，实在考不上高中，也会去职业技术学校学一门技术。”

镜头四：人间处处是真情

一个春雨绵绵的下午，急匆匆走出学校大门的马朝元老师一边赶路，一边嘴里嘟哝：“好不容易吃一顿囫囵饭，电话却催个不停。”原来是他的学生鲁保胜已经两天没来上课了。这已经是鲁保胜第四次辍学了，无论家长怎么劝说都无效，孩子就是不肯到校读书。接到电话，马老师二话没说，就往学生家里赶。到了学生家门口时，只见房门紧闭，一个邻家小孩高声叫道：“鲁保胜，你又没去读书了？我看到你老师来你家很多次了。”千呼万唤，鲁保胜才打开家门。一次次耐心的劝说，鲁保胜终于感动于马老师的良苦用心，回到了学校。

说起下乡劝返工作，马老师一副无可奈何的表情：“这孩子沉迷于手机游戏，导致厌学，他父母使出各种‘绝招’也无法让他爱上学习。是我三番五次的上门劝返，才让他终于又回到学校。”转头望了望操场上发胶还未褪尽、正在玩耍的鲁保胜，马老师又说：“将来引导他去学一门技术，学做销售，发挥他的潜质，也许会有一片天地。”说话间，他拿出《镇雄县民族中学全员育人暨疫情防控包干记录表》，将鲁保胜辍学劝返的细枝末节登记入册。

镜头五：一床之地的美丽世界

一年多来，杨姣老师已经记不清是多少次到小志家送教上门了，但她永远记得第一次见小志的情景。小志从小患上脑瘫，肌肉萎缩，没办法坐起来，只能一直躺着，吃喝拉撒都在床上。老师们见到的第一个场景是：狭小的房间里摆放了两张床，小志面无表情地躺在靠里面的那张床上，脚是被绑起来的，据他爷爷说是孩子手脚总是摇摆不定，不能控制自己，为了防止他踢开被子受凉感冒，不得已只好把他的脚绑起来。在小志爷爷掀开被子的一瞬间，老师们的心颤抖了。被子底下一件宽松的T恤包裹住小志瘦弱的身体，下半身只穿了一条纸尿裤，而那两条皮包骨般的细腿竟还被绑带束缚着。看到这一幕，杨老师百感交集。

第一次送教开始了，杨姣老师和小王满怀信心在网上学了一套康复体操去到小志家。这一次遇到的是小志的妈妈，她知道杨老师的来意以后，坚决说："孩子都已经这样了，对我们这种普通家庭来说，他能不能学习不重要，只要能活下去就是最好的，他的父亲去世得早，我已经不想有更多的负担了，希望你们能多多理解我们。"听到他妈妈说的这一席话，杨姣和小王意识到这次的功课算是失败了，一心只想着给小志送教，而忽略了他家人甚至小志自己的感受。

第二次送教上门，杨姣和小王决定以讲故事的方式让小志多了解一些与生活相关的事物，做他的眼睛，为他传递生活里的美好事物，激发他对生活的信心，同时也培养他的语言表达能力。经过反复的尝试，最后发现他对日常生活里的事物颇感兴趣，于是杨姣和小王便开始寻找身边的素材作为故事的内容，并用手机拍下身边有趣的事物分析给他。一次，杨姣先给小志看了鱼的图片，并告诉他今天所讲的故事有关系。没想到，故事还没开始，小志却激动地开了口说："鱼、鱼、鱼、吃鱼、我喜欢吃鱼。"这是小志第一次完整地表达一个句子。那一刹那，杨姣和小王兴奋地站了起来，内心的喜悦无以言表。这次收效甚好，于是每个周六，不论风吹雨打、日晒雨淋，雷打不动的送教都如期而行。

经过一年多的送教和陪伴，小志已经能够说一些简单的词语，他脸上的笑容越来越多，他还喜欢狗，喜欢猫，喜欢外面的一花一草一木，喜欢他妈妈喂他吃的鱼，喜欢老师分享给他的图片，似乎也"喜欢"杨姣和小王老师。小志正在尽可能地感受生活的美好，享受生命的恩赐，做一个即使躺在床上也能快乐学习的孩子。

镜头六：总有一条路通向远方

2017 年 7 月 3 日，是公布中考分数的日子，也是刘敏最迷茫、最无助的日子。接过成绩通知单，她再一次坚定地对老师说："老师，谢谢您！但我还是不打算读书了。"这句话，已经是刘敏三年来第四次这样说了。老师为之愕然。原来刘敏 9 岁时，父亲身患重病瘫痪在床，母亲不堪贫困的折磨，悄无声息地离家出走。守着一个病恹恹的父亲，两个活泼可爱的妹妹和一个嗷嗷待哺的弟弟，刘敏瘦小的身躯，仿佛藏着"超能力"，洗衣、做饭、种地、照顾弟弟妹妹，无所不能。好不容易熬到上初中，又在一个清晨的朗朗读书声中传来父亲去世的消息。年仅 13 岁的刘敏，突然就成了"一家之主"。为了把上学的机会留给弟弟妹妹，她无数次萌发了回家种地的念头，不止一次在农忙时节想要放弃学业，所幸都被老师一次次劝住了。

为人师者，能体会刘敏想要为家里减轻负担的急切想法，但不能忍心看着一个坚强的孩子因贫困而中断求学之梦。刘敏的去留，不仅关乎她自己的未来，更关乎着一个家庭能否摆脱贫困。盐源中学文校长获悉这一情况后，立即召开班子会议，针对刘敏的意愿、特长和家庭情况，决定为刘敏精心挑选好一所适合她的职业学校。但是刘敏的叔叔坚决反对她读职校，经过多次劝说，最终才消除他对职校的误会，答应让刘敏去读职校，还想方设法凑了1000块钱给刘敏。

充实的学习生活和丰富的校园活动使曾经自卑的刘敏重拾自信，变得好学、阳光，完全融入学校的大家庭。在校期间，刘敏加入了学校的志愿者组织和就业协会，她人生的第一桶金，就是勤工俭学得来的700块钱。到了实习期，她就已经拿到了每月3800元工资。“职业教育为我开了一扇窗，只要奋斗，世界同样精彩。”刘敏很感谢学校为她挑选了一条适合她的求学之路，不仅改变了她的命运，也把她的家庭带上脱贫致富之路。刘敏未来可期，而她的故事并不是个例。

“为什么我的眼里常含泪水，因为我对这片土地爱得深沉。”在镇雄县控辍保学工作中，像吴云艳、鲁保胜、小志这样的学生还很多，他们的故事只是控辍保学中的一个缩影。“我们都在努力奔跑，我们都是追梦人。”习总书记的刷屏金句，饱含深情，激励无数人日夜兼程，砥砺前行。我们也是追梦人，一群活跃在教育一线的追梦人，行进在控辍保学的崎岖山路上。

（杨家和撰稿，镇雄县教育局张光涛整理）

铸丰功"杏林春暖" 谱华章"橘井泉香"

朱绍磊

地处乌蒙腹地的镇雄，一度由于经济落后、医疗资源短缺，医疗服务能力与水平低下，看病"远烦难"一直成为困扰广大人民的棘手难题，疾病始终是致贫返贫的罪魁祸首之一，因病致贫返贫率高达22%。党的十八大以来，镇雄县委、县政府全力推进健康扶贫，聚力健康扶贫政策落实，致力提升医疗服务水平，大力打造区域医疗中心，着力推进县乡村医疗服务一体化建设，在有效遏制因病致贫、因病返贫现象的道路上披荆斩棘，以群众健康需求为导向，想方设法帮助群众防范和应对疾病风险，不断探索和完善医疗保障措施，为广大人民群众看得上病、看得起病、看得好病提供了坚强后盾，实现了广大人民群众看病有地方、就医有保障的多年夙愿和美好愿景。

加大投入强根基

大力实施健康扶贫"三个一工程"，按照健康扶贫"全县至少有一所二级甲等综合医院、每个乡镇有一个标准化乡镇卫生院、每个村有一个标准化卫生室”的要求，快速推进相关项目建设，不断夯实基层医疗卫生基础。在把县中医院创建为二甲医院、县人民医院创建为三级医院的基础上，为实现乡镇卫生院和村卫生室全面达标，2017 年至今，全县累计投入资金 5634 万元，新建乡镇卫生院 6 个，新建村卫生室 155 个，全面完善乡镇卫生院、村卫生室功能布局和科室设置，配齐基本医疗设施设备和医务人员；2019 年，整合资金 357.26 万元，对较为陈旧的 94 个村卫生室进行提质达标建设，乡镇卫生院、村卫生室基础设施实现了从“蓬头垢面”到“风仪秀整”的华美蝶变，27 个乡镇卫生院和 235 个贫困村卫生室全部达到贫困退出基本标准要求。另外，融资 9.65 亿元，按三级医院标准新建县第二人民医院，规划床位 1500 张，计划 2020 年年底完工投入使用。群众就医环境实现质的飞跃。

凝心聚力育龙头

牢牢抓住对口支援帮扶的难得机遇，全力打造优质医疗资源。2018 年，成功争取到四川大学华西医院对口支援县人民医院，挂牌四川大学华西医院区域联盟中心医院，华西专家医疗扶贫工作站也同步启动，实行医疗资源共享。群众不出家门就能享受到华西医院优质的医疗服务，切实减轻了患者外出治病就医的经济负担。对口帮扶以来，华西医院共接收 69 名医务人员进修学习，累计选派 100 名全国知名专家赴镇雄开展医疗服务，为 2300 余名患者开展了门诊诊疗服务，指导开展适宜技术 164 项、开展疑难手术示教 100 余人次，学术讲座惠及医务人员 3000 余人次，面向镇雄患者进行远程会诊 1100 余次，远程培训镇雄医护人员 3000 余人次。同时，先后争取到上海市儿童医院、昆医附一院、云南省肿瘤医院、昆华医院等三级医院的定点合作帮扶，帮扶医院根据镇雄医疗短板需求，累计选派 100 余名高职称、高学历医疗专家到镇雄开展对口帮扶，指导医院学科建设，开展业务培训和人员带教等，县人民医院医疗服务水平实现跨越提升。

内引外输育人才

通过定向培养、外出招聘、重点引进等方式，不断补齐卫生专业技术人才缺乏短板，稳步推进绩效分配制度，建立完善激励机制，充分调动医技人员工作积极性，为各级各类卫生人才发展搭建平台，使医技人员获得充分的个人发展空间。2016 年以来，共引进、招聘各类医疗卫生专业技术人才 550 余人，组织 500 余名医技人员外出进修、培训、学习，并利用东西部扶贫协作和招商局集团捐赠资金，开展乡村医生实用技术培训 10 余期，培训人数 1600 余人次，医务人员服务能力得到显著提升。

资源下沉促提升

针对乡村医疗资源缺乏、群众看病就医往县级医院跑、县级医院人满为患的问题，积极探索医疗人才、医疗资源下沉，提升医疗服务水平、服务效率的“双下沉、双提升”县乡村一体化管理试点，推行县级医疗卫生机构托管乡镇卫生院，乡镇卫生院定期轮岗到村卫生室坐诊、指导等模式，让群众在村卫生室享受乡镇卫生院诊疗水平、在乡镇卫生院享受县级医院诊疗水平，实现小病不出村、常见病不出乡镇，真正让群众在家门口就能看得好病，切实减轻群众负担。

织牢织密保障网

为切实减轻建档立卡贫困群众医疗费用负担，奋力突破“因病致穷，因穷不能就医”的怪圈，让贫困群众能够“看得起病”“看得上病”“看得好病”，在省、市健康扶贫医疗保障政策未出台之前，设立镇雄县脱贫攻坚健康扶贫医疗救助基金，开展医疗救助。2016 年至 2017 年，全县共救助 1144 户 1437 人次，补偿金额 349.21 万元；落实政策，确保建档立卡贫困人口 100% 参加基本医疗保险和大病保险，并按规定享受基本医疗保险、大病保险、医疗救助和兜底保障“四重保障”等优惠政策。2017 年至 2020 年 6 月 30 日，2295040 人次贫困人口 100% 参加基本医疗保险和大病保险，省级财政和县级财政共资助全县建档立卡贫困人口医疗保险参保费 22896.85 万元；倾斜报销，全面落实建档立卡贫困人口医疗费用报销倾斜政策，2017 年至 2020 年 6 月，建档立卡贫困人口就诊住院共减免报销 166818.01 万元；争取项目，实施“顶梁柱健康扶贫公益保险项目”，进一步提高医疗保障水平，降低医疗返贫风险，2017 年至 2020 年 7 月，共计受益 9433 人次，获得理赔报销资金 2287.88 万元。

分类施策解民忧

按照健康扶贫“大病集中救治一批、慢病签约服务管理一批、重病兜底保障一批”的政策要求，根据贫困患者病情、病种实际，制订了针对性的治疗方案，认真开展家庭医生签约服务、大病集中救治等工作，分批分类救治成效明显，农村贫困人口因病致贫、因病返贫问题得到有效解决。

按照“四定两加强”原则（即：确定定点医院、确定诊疗方案、确定收费标准、确定费用报销比例，加强质量管理、加强责任落实），做到“五核准两建立”（核准需要治疗人员、核准失联人员、核准已死亡人员、核准拒绝配合人员、核准无需救治人员，建立“一人一档一方案”、建立大病集中救治台账），切实做好大病集中救治工作。

扎实开展家庭医生签约“五个一”活动（即：签订一份服务协议书、发放一份政策宣传单、进行一次健康体检、组织一次医生会诊、完善一份健康档案），重点做好常住贫困人口和高血压、糖尿病、严重精神障碍、肺结核四种慢病患者健康服务与管理，不断提高服务质量。

认真落实医疗费用兜底政策。对建档立卡贫困人口通过“四重保障”政策报销后，补偿比例达不到90%和个人年度支付仍然超过当地农村居民人均可支配收入的部分，由政府多渠道整合资金实现兜底保障，确保贫困群众不因病返贫或影响脱贫。

贴心服务促搬迁

以旧府鲁家院子、高山大地、南台泥噜坪、母享集镇、碗厂集镇、以勒物流城6个易地扶贫搬迁安置点医疗卫生服务保障为重点，根据易迁点卫生服务站功能定位和业务需求，分阶段依次合理配齐所需设施设备，方便易迁安置群众看病就医。同时，加强易迁安置点迁入人群的健康扶贫惠民便民政策的宣传，制作了健康扶贫惠民便民政策宣传小折页52000份，由各乡镇（街道）卫生院（社区卫生服务中心）分两次对易迁人群进行入户发放宣传，积极宣传华西医疗、在线医疗等优质资源，引导病患者到华西区域联盟中心医院就医，享受县域内最优质医疗服务，增强易迁人群迁入后在健康需求方面的获得感，为确保易迁群众搬得进、稳得住做出积极贡献。

通过几年来的努力，全县建档立卡贫困户30类36种大病患者救治率达99.66%，全县925个家庭医生团队共签约卡户430393人，卡户中四种慢病签约50979人，卡户政策范围内医疗费用报销比例达93.82%，群众就医支出大幅度下降。

民为邦本，本固邦宁。民众身心疾患的解除不仅关系到个人的安危与幸福，也关系到整个社会的稳定与发展。党的十八届五中全会作出“推进健康中国建设”的决策部署，把推进健康中国建设提升为国家战略后，在县委政府的坚强领导下，镇雄县无数扶贫干部、医护人员、医保工作者勠力同心，在共建共享健康的征途上做出了艰辛的努力和无私的奉献。五年的医疗健康扶贫，凝聚着他们的汗水和心血。每一个建档立卡户的医疗参保、每一次患者的医疗报销、每一份签约家庭医生写下的家庭健康档案，无不体现着党和政府对贫困群众就医问题上的创新、坚持、温情和尊重……毫无疑问，这是医疗健康领域在脱贫攻坚工作中作出的壮举。随着健康扶贫的深入推进，惠民政策措施的落实落地，医疗服务能力不断提高，医疗保障制度不断完善，医保功能不断强化，医疗保障目标得以充分实现，贫困群众真正享受到了健康扶贫带来的实惠，享受到了脱贫攻坚带来的红利，“小病不出乡，大病不出县”已然成为现实，每一个镇雄人，也正从干净整洁的就医环境、完善高效的医疗保障、方便快捷的就医体验中见证着镇雄医疗卫生健康事业的蓬勃发展。

（作者系镇雄县卫生健康局职工）

不让“病根”变“穷根”

陈孙强

镇雄县卫健局有三个挂钩扶贫村，分别是大湾镇玉田村、塘房镇大擢魁村和赤水源镇岔河村。挂钩扶贫以来，我和卫健局同事们一起到大湾镇玉田村入户调查时发现，在农村，有很多身患重病的留守老人，他们有的无人照顾，有的儿女无法安心在外打工，有的子女辛苦挣来的微薄收入还不够给老人们看病，陷入因病致贫、因病返贫的循环之中。看到这些留守老人，我陷入深深的沉思：在贫困大病患者中，除了老人，还有孩子，他们是家庭的希望，一旦得不到及时治疗，他们的家庭便会陷入永远贫困的泥沼。健康所系，生命相托，福祉所在，只有做好健康扶贫，保证贫困人口病有所医、医有保障，才能有效遏制因病致贫、因病返贫。

我感到了巨大的压力。为了更清楚地摸清我县医疗健康扶贫现状，我深入全县28个乡镇60多个村组进行调研，与老百姓交流，与乡村卫生人员和村委会同志沟通，充分了解镇雄的医疗状况和医疗健康保障体系，与同事们一起研判我县医疗扶贫工作中存在的短板和不足，探讨补齐短板的方法和措施。经过三个多月的调研，我发现我们的医疗健康保障还存在这样一些问题：县乡村卫生医疗机构硬件设施不齐，不能满足群众的医疗健康基本需求；优质医疗资源紧缺，不能满足群众对于救治疾病的强烈渴求；家庭医生履约率不高，乡村医生服务能力不强；一些建档立卡户未能参保，大病保险报销比例达不到相关要求；医疗报销制度手续繁杂，甚至还有一些因未规范转诊转院而不能享受相应的医疗保险待遇……我想，要完成健康脱贫这一惠及民生的重要举措，就必须立足卫生工作实际，将困难群众的就医问题纳入大病医疗救助体系中，完善大病医疗救助机制，设身处地帮助困难群众解决他们最关心的就医难题，减轻群众的负担和后顾之忧，使群众安心投入生产生活中去，进而推动农村经济的快速发展，有效防止“病根”变“穷根”。

为此，我从以下几方面入手，一步一个脚印做好健康扶贫工作，努力为打好打赢脱贫攻坚战奠定坚实的基础。

强化组织保障，压实工作责任

为做好健康扶贫的统筹指挥、研判调度等工作，我们联合县医保局成立镇雄县健康扶贫指挥部，指挥长由我和县医保局洪济局长担任，下设办公室、医疗保障工作组、大病集中救治组、慢病管理工作组、家庭医生签约工作组、督查组，从两家单位抽调精兵强将作为成员，采取集中办公模式，统筹指挥全县健康扶贫工作，定期研判健康扶贫存在的问题。指挥部将目标任务细化分解到人、责任落实到人，做到任务明确、措施明确、人员明确、责任明确、时限明确，建立工作台账，逐项推动落实。

指挥部是整个扶贫攻坚工作运行的枢纽部门，我和指挥部的同志们经常在一起研判，每一个步骤、每一个环节、每一个措施都要精心反复斟酌，直到夜深人静。无数个夜晚，我和医保局的洪济一起加班，看着他不断滋生出来的白发，我说他“为了医保苦白头”，他也笑话我说：“脱贫脱贫，先得干部脱层皮，我看你是出师待捷先脱皮！”

持续强基固本，打牢发展基础

退出贫困县的健康指标要求中，有“全县至少有一所二级甲等综合医院、每个乡镇有一个标准化乡镇卫生院、每个村有一个标准化卫生室”的指标要求。为了完成这个指标，2017年以来，经多方联系，最后得到招商局集团的大力支持，对泼机、中屯、母享、五德、赤水源5个乡镇卫生院业务用房进行提质达标建设，建设业务用房9000平方米，累计投入资金2700余万元；新建村卫生室130个，共建村卫生室业务用房17461平方米。

为了提高乡镇医务人员的医技水平，我局积极组织县乡医务人员通过进修、培训，着力提升医技水平，加快以县人民医院、县中医院为牵头单位的紧密型医共体建设进度，实行县乡村医疗一体化管理，促进优质医疗资源下沉，提升服务能力和水平，群众就医满意度明显增强。现在，当我看到一排排整洁明亮的卫生室，看到前去看病的人们脸上露出纯朴的微笑时，我也由衷地笑了。

医卫人员的工作使命是“护佑生命，守卫健康”，作为卫健人，我为这一职业感到骄傲和自豪，更时刻告诫自己，要把卫健人的初心和使命放在心上、扛在肩上，落实到行动上，为推进医疗卫生事业和脱贫攻坚工作奉献自己的力量。为了保证贫困群众都能纳入医疗保险，确保全县所有贫困人口都能“看得上病”，做到“精准到户、精准到人、精准到病”，我组织全县卫健系统医护人员力量，根据扶贫部门信息平台锁定的贫困人口数据信息，扎实开展因病致贫人口数据摸排识别工作，精准识别因病致贫、因病返贫人数，为患病贫困人口每人建立一份健康档案，实行动态管理。对长期慢性病、大病、重病人口进行了分类统计，把非贫困人口中因病致贫、因病返贫的人口及时纳入贫困人口管理，进一步提升健康扶贫信息动态化管理水平。同时，大力推进“三个一批”行动计划，规范建立贫困人口大病专项救治台账，确定镇雄县人民医院、县中医院为医疗救治定点医院，加强对大病救治工作的全方位监管，使食道癌等 36 种大病集中救治和转诊转疗全面落实，2020 年，全县大病专项救治比例达 99.98%。

加强疾病防控，树牢健康观念

健康扶贫，预防第一，只有坚持预防为主、防治结合，才能有效保障群众不生病、少生病。根据上级的安排部署，我局积极推动以“健康知识普及、健康促进、基本公共卫生服务补短板、重点传染病专病专防、慢性病地方病综合防治、妇幼保健、农村环境卫生整洁、全民健身普及”为主的疾病预防控制“八大行动”，对全县多发易发的传染病、地方病、遗传病进行有针对性的健康管理；广泛开展义诊活动，采取多种形式宣传健康科普知识，引导群众树立正确的健康观念，倡导科学文明的生活方式，提升群众健康意识和防病能力；大力开展健康城市、健康机关、健康学校等创建活动，着眼长远遏制因病致贫增量。

抓好健康管理，提高履约质量

对于农村患者来说，签约家庭医生，意味着他们病有所医，家庭医生签约履约质量则意味着他们是否真正享受到健康服务。为了提高家庭医生签约履约质量，我们组建了 925 个家庭医生签约团队，按照“五个一”要求规范实施家庭医生签约服务工作，为慢性疾病患者制订个性化健康管理方案，不断提升贫困人口慢性病管理水平。同时，为每一户贫困户建立了家庭健康档案，这些家庭健康档案，清楚地记录了每一个贫困人口的生活习惯，包括是否抽烟、是否喝酒、服过什么药、有什么卫生饮食习惯等等，为贫困户的健康管理起到了极大的帮助。因为我有一定的健康保健经验，在进行扶贫走访时，我常常会带领卫健局的扶贫干部和家庭医生一起走村串户，在他们开展建档立卡、上门签约服务时，针对群众疾病预防常识，对一些季节变换时的易发病，我都会给他们一些建议；对于贫困户家里有老人或大病患者的，我就更多地去了解老人或者大病患者身体状况，尽可能地向他们提供一些力所能及的生活帮助，为他们讲解健康扶贫惠民政策，提供一些个性化的康复指导；对于签约后的贫困户，我要求签约医生坚持做到“三上门”服务。因此，只要卫健局的扶贫工作队一到扶贫村，村民们都很欢迎。

简化就诊程序，减轻患者负担

为切实解决贫困群众“住院难、报销难”问题，方便困难群众，我们坚持“以人为本”的服务理念，不断创新服务形式，在县域内所有定点医疗机构设立服务窗口，对贫困人口住院实行一站式“即时结报”；在全县定点医疗机构推行“先诊疗，后付费”，进一步简化就诊程序，优化服务流程，确保贫困患者及时得到救治。就诊程序的简化，免去了城乡居民费用报销时的来回奔波劳累之苦，从根本上减轻患者的负担，有效推进全县医疗健康扶贫工作。

加大投入力度，履行帮扶责任

卫健局参与驻村工作挂钩扶贫的三个贫困村都远离集镇，封闭落后。针对这种现状，我与村两委成员、部分党员和村民一起，经过详细的调研，决定从解决群众意见最大、最为可行、见效最快的地方入手，把扶贫攻坚抓活抓实。为此，我带领卫健局领导班子成员通过多方协调相关部门、调动社会资源、组织干部职工捐款等多种方式，严格落实县委、县政府“帮扶部门出一点、干部职工捐一点、社会渠道筹一点”的帮扶要求，多渠道筹集资金 110 多万元，帮助挂联贫困村改善基础设施、解决感官贫困、解决生活困难等。如今，三个贫困村全部达到脱贫出列的标准，基础设施、人居环境、精神面貌等发生了翻天覆地的变化，挂联村群众自身发展动力显著增强，身处宜居环境的幸福感和获得感得到大幅度提升。

回首五年扶贫之路，苦也有，累也有，但纵使扶贫路上再难再累，也不能动摇一名扶贫干部的信心和决心。如今，看着一项项健康扶贫举措落地实施，一家家因病致贫的贫困户如期脱贫，作为卫健人，我是快乐的，更是幸福的。我相信，每一个生活在党的阳光与雨露之中的人们，也会越来越快乐与幸福。

（作者时任镇雄县卫生健康局局长）

清除“拦路虎” 筑牢贫困人群健康防线

镇雄县医疗保障局

2017年12月，云南省第三人民医院。拿到检查结果，得知自己患上乙型肝炎肝硬化时，胡林和他的父母都蒙了。

这个小伙子家住镇雄县泼机镇平天村鱼塘村民小组，半年前刚从临沧师范大学毕业。由于家庭困难，他一边在昆明世纪水汇从事管理工作维持生计，一边信心满满地备考教师岗位，他和他的家人，正朝着充满希望的未来走去。

然而，就是这一纸诊断书，让这个怀揣梦想的家庭变得沉重和灰暗起来。

2018年，胡林先后到复旦大学华山医院、四川大学华西医院治疗，病情进一步恶化为肝癌，一个巨大的黑洞正在吞噬着他们一家。胡林父母四处张罗，东拼西凑，整整借了50多万元。2019年，胡林到西安交通大学医学院附属第一人民医院进行了肝移植手术，手术很成功，但他们一家却愁眉深锁，因为花去手术治疗费42.09万元，扣除城乡居民基本医保报销封顶线15万元，还有30多万元的自付费用，让他们不堪重负。所幸村支书告诉他家，他们家是卡户，有大病保险，享受健康脱贫政策。最终，胡林的医药费通过云南省健康扶贫基本医保、大病保险、医疗救助、医疗费用兜底保障机制“四重保障”和“九个确保”各项救助措施的逐一落实，他只承担了自付费用8675元。一家人卸下重担，终于有了久违的笑声。

胡林是扶贫攻坚中享受医疗保障制度红利的人，胡林的故事，是一个濒临绝望又重燃希望的家庭的故事。在镇雄，胡林仅是从医疗保障中受益的万千群众之一。医疗保障制度，是人类社会防范疾病和健康风险的重要手段和工具，是展现社会团结与社会凝聚力、强化人力资本投资、维护社会和谐安定、保障可持续发展的重要制度保障。而如何实施好医疗保障制度，尽力降低贫困群众的疾病风险，正是镇雄县医疗保障局所有工作人员辛勤谋划、默默工作的目标所在。

强化管理抓保障，优化服务促发展

医保扶贫是一项复杂庞大的系统工程，牵涉到多家部门，为推动医疗保障尽快落实，全县成立了由县长为组长，卫健、扶贫、医保、民政等部门负责人为成员的健康扶贫工作领导小组，按照《云南省健康扶贫 30 条措施实施方案》要求开展工作，医保与各部门及时共享数据，加强沟通协作，保证医保扶贫工作顺利开展；充分利用医保扶贫调度系统，实行一日一调度，保证每日调度中发现的问题得到及时整改清零。同时，制订医保挂牌作战工作方案，组建工作专班，分片联系乡镇（街道），共同作战，指导各乡镇规范档案，督促和引导建档立卡贫困群众参加基本医疗保险和大病保险；组建四个参保完成情况检查组，到全县 30 个乡镇（街道）检查参保完成情况，进行查缺补漏，按时完成了全县建档立卡户 100% 参保的目标。

坚持“服务”优先，提升服务水平

对建档立卡贫困人口全面落实“四重保障”待遇，实施先诊疗后付费、一窗口办理、一站式结算服务，为办事群众提供优质高效便捷的服务，提高群众满意度。千方百计缩短报账周期，各乡镇（街道）社会保障服务中心自收到群众报账材料之日起，到县医疗保险服务中心完成复审和资金拨付必须在一个月内完成；简化备案程序，对在外务工的贫困户作异地安置备案，建档立卡贫困患者只需打电话到乡镇经办服务机构即可以办理异地就医备案手续，并按照医保扶贫政策兑现待遇。取消提供纸质证明和窗口现场办理要求，减少群众往返跑和提供纸质资料负担；全面排查，准确掌握全县建档立卡贫困人口慢性病特殊病门诊待遇申报情况，收集审核慢性病特殊病患者门诊待遇申报资料，对符合条件的及时进行申报办理，确保慢性病特殊病患者门诊待遇申报应办尽办。

加强部门联动，确保数据准确

加强与扶贫、财政、民政、残联等部门的沟通联系，定期进行数据比对，及时将相关信息反馈到各乡镇（街道）作参保缴费信息标识和备注说明，每月 10 日、20 日、30 日与国办系统信息进行比对，主动排查发现已在医保系统登记标识的贫困户新生儿和新识别建档立卡贫困人口，确保系统内建档立卡贫困人口数据归类完整准确。

应保尽保见成效，稳步扩面促报销

全面实现建档立卡贫困人口 100% 参加医疗保险和大病保险。2017 年，城乡居民医疗保险参保人均自筹资金 150 元，当年建档立卡贫困人口 52.74 万人 100% 参加基本医疗保险和大病保险；2018 年，全县共有建档立卡贫困人口 548009 人，100% 参加了基本医疗保险和大病保险，人均自筹参保资金 180 元由省级和县级财政全额代缴，省财政和县财政对已脱贫建档立卡贫困人口按照 4 ∶ 6 的比例承担，对未脱贫建档立卡贫困人口按照 6 ∶ 4 的比例承担；省、县两级财政共全额代缴全县建档立卡贫困人口医疗保险参保费 9861.28 万元。其中，省级财政补助 4869.39 万元，县级财政补助 4991.89 万元。2019 年，全县建档立卡贫困人口 558009 人，100% 参加了基本医疗保险和大病保险。人均筹资标准为 220 元，财政定额资助建档立卡贫困人口参保费 180 元 / 人；全额代缴特困供养人员、孤儿和事实无人抚养儿童、重点优抚对象等特殊困难人群参保费 220 元 / 人；省级财政和县级财政共资助全县建档立卡贫困人口医疗保险参保费 9901.10 万元，其中，省级财政补助 4797.04 万元，县级财政补助 5104.06 万元。2020 年截至 6 月 30 日，全县国办系统建档立卡贫困人口 561622 人，100% 参加了基本医疗保险和大病保险。城乡居民筹资标准 250 元 / 人，财政定额资助建档立卡贫困人口、农村两女结扎户夫妻、农村独生子女的父母及未满 18 周岁的独生子女参保费 180 元 / 人；全额代缴特困供养人员、孤儿和事实无人抚养儿童、重点优抚对象、计划生育特殊家庭对象参保费 250 元 / 人。省级财政和县级财政共资助全县建档立卡贫困人口医疗保险参保费 10134.47 万元，其中，省级财政补助 4488.63 万元，县级财政补助 5645.84 万元。

全面落实建档立卡贫困人口医疗费用报销倾斜政策

2017 年，建档立卡贫困人口住院就诊 7.21 万人次，住院总费用 31058.08 万元，“四重保障”合计报销 27980.39 万元，报销比例为 90.09%。2018 年，全县建档立卡贫困对象门诊和住院就诊 174.76 万人次，医疗总费用 61921.37 万元，减免报销 52539.00 万元。其中，普通门诊和慢性病特殊病门诊就诊 160.87 万人次，医疗总费用 8121.74 万元，报销 5408.17 万元，报销比例 66.59%；住院就诊 13.59 万人次，医疗总费用 53799.63 万元，“四重保障”合计报销 47982.64 万元，报销比例为 89.19%。2019 年，全县建档立卡贫困人口门诊和住院就诊 199.04 万人次，医疗总费用 65598.79 万元，减免报销 54147.21 万元。其中，普通门诊和慢性病特殊病门诊就诊 184.77 万人次，总医疗费用 10021.57 万元，报销 6608.04 万元，报销比例 65.94%；住院就诊 14.27 万人次，总医疗费用 55577.22 万元，“四重保障”共报销 50140.69 万元，报销比例为 90.2%。2020 年截至 6 月 30 日，全县建档立卡贫困人口门诊和住院就诊 112.37 万人次，医疗总费用 34158.89 万元，减免报销 32151.41 万元。其中，普通门诊和慢性病特殊病门诊就诊 104.54 万人次，医疗总费用 6026.86 万元，报销 4019.38 万元；住院就诊 7.83 万人次，医疗总费用 28132.03 万元，“四重保障”合计报销 25348.17 万元，报销比例为 90.1%。

早在 2016 年年底，我县就提前谋划并组织实施“3+1”健康扶贫政策：整合新农合历史滚动结余基金、相关救助资金、社会意愿捐赠资金等设立了镇雄县脱贫攻坚健康扶贫医疗救助基金。从 2016 年开始，对建档立卡贫困人口等特殊困难人群单次住院开展“3+1”医疗救助，救助标准为单次住院医疗费用在新农合基本医疗保险报销、大病补充保险报销、民政团体医疗救助报销后，实际自付费用超过 1000 元的部分按 95% 的比例救助，年度救助封顶线为 15 万元。由于 2017 年原新农合和城镇居民医保整合后，全市医保资金实行市级统筹管理，历史结余新农合资金上缴市级统筹管理，“3+1”健康扶贫医疗救助工作终止。全县享受“3+1”健康扶贫医疗救助政策的共 1144 户 1437 人次，补偿金额 349.21 万元。

提高保障水平，大力争取“顶梁柱健康扶贫公益保险项目”

进一步降低贫困患者因病返贫风险，积极协调争取中国扶贫基金会与阿里巴巴和蚂蚁金服联合发起的“顶梁柱健康扶贫公益保险项目”。2017至2018年度共计受益5773人次，获得理赔报销资金1183.88万元。2019年度第一批理赔工作于2020年2月底启动实施，截至2020年7月31日，已理赔报销3760人次1104万元。顶梁柱健康扶贫公益保险项目的实施，进一步提高了建档立卡贫困人口医疗保障水平，减轻了镇雄贫困人口医疗费用负担，降低了因病返贫风险。

2013年以来，为深入贯彻中央、省、市关于脱贫攻坚的决策部署，减轻建档立卡贫困群众医疗费用负担，保障农村贫困人口享有基本医疗卫生服务，防止因病致贫、因病返贫现象发生，镇雄县医保局凝心聚力，着力清除盘踞在扶贫攻坚道路上的“拦路虎”，认真组织和落实各级健康扶贫医疗保障政策，确保建档立卡贫困人口100%参加基本医疗保险和大病保险，并按规定享受基本医疗保险、大病保险、医疗救助和兜底保障“四重保障”等优惠政策，充分发挥了医保的经济补偿功能，增强了贫困人口的抗风险能力，倾力解决贫困人口因意外事故、因病致贫返贫问题，为全县高质量打赢脱贫攻坚筑牢了一条坚实的健康防线。

做一个实实在在的“织网人”

洪 济

“没什么不能没钱，有什么不能有病。”这是老百姓以前经常挂在嘴边的一句话，每每听来，总能让人体会到一种无奈的情绪，一种对“无钱看病”深深的绝望。

2020年1月，受组织安排，我到镇雄县医疗保障局任局长。再想起这句话，我对医疗保障工作的重要性又有了不一样的感受，但因初来乍到，我对县医疗保障工作的现状、如何实施医疗保障，医保如何推行健康扶贫、如何最大限度地减轻患者的经济负担，让贫困群众“看得起病”等问题上却缺乏更多深入的思考。但是，我想，作为医疗保障局的当家人，我一定要尽快熟悉医保工作，让困难群众不用再在生病时既承担生理上的痛苦，还要承担心理上的痛苦，切实担当起让医疗保险为老百姓的健康保驾护航这一平凡而伟大的职责。当此时，正是脱贫攻坚大决战时刻，一切都在紧锣密鼓地进行。脱贫攻坚是关系到全县贫困人口福祉的大事，扶贫工作的“两不愁、三保障”中“基本医疗保障”起着非常重要的作用。岁月峥嵘，时不我待，我要做一个实实在在的“织网人”，尽最快速度熟悉工作，尽最大努力，织密一张为贫困群众遮挡疾病风雨的“网”，让县域范围内的贫困户都能享受到医保红利，让“因病致贫”“因病返贫”成为永久的过去。

摸清底数做安排，医疗保障紧跟上

一个月左右，我对医保局的工作就有了全面的了解。医保扶贫有两个主要量化指标，一是建档立卡户100%参保，二是住院报销比例达90%以上。我深深认识到，在医保扶贫工作中，要完成这两个主要量化指标是何其艰难。看似很简单的两个数字，其中包含的环节和程序非常复杂，就参保工作来说，是否已经缴费、缴费是否成功、系统是否标识、与税务系统和国办系统的数据比对是否闭环、特殊原因未参保的佐证资料是否收集等，这都是动态变化的，需要每天都进行清理，工作量非常大；就待遇享受来说，是否规范转诊转院、未规范的如何完善、慢特病门诊待遇是否申报、政策宣传是否到位、住院报销比例是否达到要求等，都要具体到每一个人，这就要求我们的工作必须做细做实，每个环节都至关重要，容不得半点闪失。我经常带领单位的同志们加班加点，梳理医保系统、进行数据比对，整理佐证材料，虽然感觉很辛苦，但与同事们同喜同乐，看到工作进度一点点加快，我觉得很是值得也很快乐。

织密一张保障网，一个人口都不少

2020年2月，正当各项工作渐入佳境时，新冠病毒疫情突然来袭。一方面，疫情防控形势非常严峻，我们被迫停下了手中的工作，参与到防疫抗疫战之中；另一方面，医保扶贫是“两不愁、三保障”的重要内容之一，而今年，是我县脱贫攻坚的收官之年，我们医保扶贫工作不能出一丁点儿问题。摆在我们面前的难题是：全县建档立卡贫困群众100%参保目标还没有实现，全县累计还有4181名建档立卡贫困群众没有参加基本医疗保险，距离当时市级规定的缴费截止时间越来越近。2 月底，疫情防控基本得到控制，大部分工作人员返回了工作岗位，我立即找到负责参保的同志，了解到全县仍然还有 8 个乡镇 1143 名建档立卡贫困群众没有参保。数字如此沉重，巨大的压力滚石般向我压来！还可以拖一点时间吗？不可以！工作越到后面难度就越大，我立即拿起手机，分别与各个乡镇的主要领导取得了联系，请他们进一步督促各村，加快工作进度，引导还未参保的建档立卡贫困群众尽快完成参保缴费。同乡镇领导通话结束后，我还是不放心，又找来负责参保的同志，将各个乡镇还未参保的卡户名单一一清理出来，分别给各个乡镇发了工作函。

3 月初，在参保股工作人员反复的数据比对和乡村两级同志们的共同努力下，全县建档立卡贫困群众全部都参加了基本医疗保险和大病保险。就在我们认为可以松一口气的时候，问题来了：3 月 12 日，省局领导到我县督战医保扶贫工作，3 月 15 日反馈督战结果，指出我县存在“贫困户对转诊转院政策不了解，导致县外就医报销比例低”和“在医保系统中还有 708 人未标识，因特殊原因未能参加本县城乡居民医保的 1976 人均未在系统备注说明，且无凭证”等问题。有疏漏，必须补实；有问题，必须纠正。我立即召集班子成员和相关股室负责同志召开会议，共同分析问题存在的原因，制订整改工作方案，组建工作专班，党组成员和全体干部职工分片联系乡镇（街道）挂牌作战，督促并参与各乡镇开展参保信息维护、佐证资料收集。3 月 27 日，我又一次召集班子成员、相关同志召开会议，成立四个工作组，从 3 月 28 日起实行局领导和干部职工双重挂牌作战，分别对全县 30 个乡镇（街道）的参保完成情况、佐证资料收集情况进行检查指导，现场比对数据，对标识错误的现场改正，因特殊原因未参加本地基本医疗保险的佐证资料没有收集齐的，督促其尽快收集完成。双重挂牌作战，一干就是半年，在这半年的时间里，我和医保局的同志们没日没夜，加班成了常态化。

8 月份，我局仍然实行局领导和干部职工双重挂牌作战，分别与 30 个乡镇共同开展参保佐证资料收集和参保关系动态管理。通过挂牌作战和检查指导，对全县建档立卡贫困户参保信息做到了底数清、状态清、结果清、问题清。

加大宣传出实招，落实政策促报销

医保扶贫的第二个目标是“住院报销比例达到90%以上”，这也是国家为了让贫困患者都能看得起病而制订的一项重要医保举措。从情理上来说，要完成这个指标并不困难。但是镇雄的这个指标在2018年和2019年都未能完成。经过认真调研分析，我们发现这是因为扶贫政策宣传不够、群众知晓率不高，群众因不了解政策而未规范转诊转院而导致的。于是，我及时召集了相关同志进行研究，想对策，出实招，印制了“健康扶贫政策宣传折页”13万册，确保贫困户户均1册在手。4月20日，印发了工作通知，要求全县定点医疗机构和各村卫生室加强医保政策宣传，各医疗机构、各村社区卫生室均制作了医保扶贫政策宣传栏，充分发挥医疗机构宣传主阵地作用。同时，我们在全县主要交通干道沿线制作了医保政策宣传牌。通过一系列的宣传，群众医保政策知晓率得到了大幅度的提高。5月6日，又印发了《镇雄县医疗保障局关于落实危急（重）症患者审核认定的通知》，要求各乡镇（街道）社会保障服务中心联合卫生院，对因病外出就医未规范转诊转院患者进行危急重症审核认定，对审核认定为危急重症的患者进行“二次回补”，同时简化程序，对长期外出务工人员提供便利，及时落实异地安置和规范转院手续，保障外出务工人员的医保待遇不降低。

到6月30日，我县建档立卡贫困人口应参保561622人，除死亡、服刑、参军的27人外，其余561595人均参加了基本医疗保险和大病保险，实现了卡户100%参保目标。贫困人口累计享受门诊待遇1045350人次，住院待遇78280人次；发生门诊政策范围内费用6026.86万元，门诊统筹报销4019.38万元；发生住院医疗总费用28132.03万元，“四重保障”合计报销25348.17万元，报销比例90.10%，参保目标和报销比例都达到了《云南省健康扶贫30条措施》的要求。7月17日，我再次组织召开全县医保扶贫工作推进暨政策业务培训会议，要求各乡镇（街道）社会保障服务中心要进一步做好参保佐证资料收集、档案建设、危急重症认定回补、参保动态管理等工作，继续巩固好医保扶贫成果。

没有全民健康，就没有全面小康。医保扶贫工作，对我有很深的触动。突如其来的一场重病，能轻而易举地摧毁一个贫困家庭的幸福，导致因病致贫情况发生，这是我们医保部门所不愿意看到的，也是脱贫攻坚“两不愁，三保障”中医疗有保障要解决的问题。做好医保扶贫工作，为千千万万的贫困家庭减轻医疗费用负担，有效缓解和减少因病致贫返贫现象，需要我们千方百计地提高参保率，让每一个建档立卡贫困群众都参加基本医疗保险和大病保险；需要我们创新工作方法，不折不扣落实好医保扶贫待遇倾斜政策。作为医保人，我们义不容辞。

（作者时任镇雄县医疗保障局局长）

以文化人　凝聚力量促和谐发展

刘　艺　刘建东

2100多年来，拘囿于阻滞闭塞的交通和信息，困顿于原始落后的经济与文化，受制于保守蒙昧的风俗习性，镇雄这块土地发展缓慢，直至进入21世纪，依旧贫瘠如初，民生多艰。所幸东风漫卷，“脱贫攻坚”吹响集结号，镇雄赶上了有史以来的最佳发展机遇，进入了最快发展时期。“解除绝对贫困，全面建成小康社会，让人民过上幸福而又有尊严的生活”成为党和政府的重要使命。在县委政府的坚强领导下，无数扶贫工作干部披星戴月、破冰出击，广大人民群众积极响应、砥砺前行，浓墨写就脱贫攻坚、建设全面小康镇雄这一历史性宏伟篇章。

江山天然，人居其中，文而化之，而成国家。文治教化，方能家国安定，欣欣向荣。在强化基础设施建设的基础上，深入推进宣传思想文化和精神文明建设，通力构建大宣传格局，用科学的理论武装人、用正确的舆论引导人、用高尚的情操塑造人、用优秀的作品鼓舞人，实现“汇聚正能量”，达到更新观念、振奋精神，移风易俗、重塑灵魂、促进和谐之“镇雄更向上”的目的，这便是文化扶贫的深远意义。

站位脱贫攻坚新理念，抓好理论指导新高度

贫困不仅是经济问题，更是一个政治、社会、文化等综合性的问题。要做好精神文化扶贫，必须坚持用党的创新理论武装头脑、指导实践、推动工作。为了不断提升全县各级各部门特别是党员干部对脱贫攻坚理论知识的学习掌握程度，全县开展县委理论中心组学习 90 余次，各级党组织开展学习 5 万余次；举办讲政策、讲理论、讲法治、讲奉献、讲境界、讲发展、讲变迁、讲形象的“镇雄八讲”和“古邦论坛”等活动；开展形式多样的理论宣传宣讲 8000 余场，覆盖 100 万余人次；用好“学习强国”App 等学习平台，组织引导党员、干部学习党的理论成果和法律、科技、文化知识；组织征订《习近平谈治国理政》（共三卷）《习近平扶贫论述摘编》《理论热点面对面》等理论书籍，高质量完成每年党报党刊征订发行任务，编辑主办《镇雄社会科学》理论季刊 12 期，不断满足全县干部群众理论学习用书需要。

构建新闻舆论新格局，凝聚脱贫攻坚新合力

在新闻舆论工作上，主要突出“四抓”，即，把握方向抓载体：坚持政治家办媒体的原则，推动广播电视台与新闻网、微镇雄（微信公众号）等新媒体深度融合，整合应急广播设备，着力建设党的新闻舆论重要阵地和县委、县政府信息发布主要平台、引导服务群众的重要载体，确保县融媒体中心以崭新的形象开展新闻舆论工作。重心下移抓内宣：针对“部分干部群众对扶贫政策知识知晓率不高、脱贫攻坚氛围营造不够”等巡视指出问题，累计发布和转载扶贫信息 100 余万条（次），指导制作宣传海报、

横幅、标语等1000余万条（幅），借助应急广播体系在自然村开展宣传3000余万次，利用干部走访开展宣传1000余万次，印发《脱贫攻坚·镇雄在行动》简报17期，印发《脱贫攻坚宣传手册》6万余份，营造了全县上下铆足干劲决胜脱贫攻坚的浓厚氛围。扭转形象抓外宣：着眼于扭转外界对镇雄的固有偏见，组织在《人民日报》《半月谈》《新华网》等各级媒体，推介刊发了《我的存款在山上》《别了旧式家乡宝》等脱贫攻坚文章，展现了镇雄脱贫攻坚的积极作为；协调央视广告扶贫栏目连续两个月播放“云笋”广告，将“天坑群”等自然资源和优美风光进行全方位、多角度宣传，集中展示在教育、交通、医疗、人居环境等方面取得的成就，全面树立了镇雄新形象。突出重点管舆论：抓好网络舆情应对处置工作，夯实脱贫攻坚“护城河”。

掀起价值培育新热潮，展现脱贫攻坚新气象

抓文明细胞创建树典型。成功创建省级文明城市，成功组织创建国家级文明单位1个、文明村镇2个，创建省级和市级文明单位文明村镇文明校园57个，评选命名县级文明单位文明村镇文明校园160余个；创造性提出并推广“十讲镇雄人”，组织编发《镇雄好人快报》，开展“最美教师”“最美司机”“好婆婆”“好邻居”等先进典型评选活动，县内道德模范陆续登上“中国好人榜”，获“云岭楷模”等重要荣誉，形成道德领域“群星璀璨”的阵势；抓文明实践活动树品牌。组建了县新时代文明实践中心，指导注册3万余名志愿者，成功挤进全国新时代文明实践中心试点范围。指导组建43个分中心、30个实践所、254个实践站、10个实践基地，组织开展各类志愿活动1.2万次，形成“有困难找志愿者，有时间做志愿者”社会氛围。立足于打造新时代文明实践点，争取资金1500余万元，在全县贫困村和易

地搬迁安置点建设“新时代文明实践超市”246个，成为全省精神文明建设品牌项目。通过“新时代文明实践超市”组织群众开展脱贫攻坚文明实践活动15000余次，通过积分物品兑换，激发脱贫攻坚精神力量，形成讲文明、除陋习的浓厚氛围；抓主题教育树形象。扎实开展“自强、诚信、感恩”主题实践活动，引导贫困群众摈弃“等、靠、要”思想。通过开设“曝光台”和“光荣榜”，曝光不良行为80余起，大力提倡文明生活；制作印发“自强、诚信、感恩”活动伴手礼10万册，分《政策法规篇》《脱贫故事篇》《道德文明篇》等5辑，引导形成讲文明、树新风的良好氛围；编辑印送“招贴画”23万余份、春联10余万副，开展社会主义核心价值观进家庭活动，在贫困群众家中悬挂“主席像”，拉近了党群关系；积极争取“心连心艺术团”、省文联入镇开展丰富多彩的送文艺下基层活动，使助力镇雄脱贫攻坚成为一度时期县内外广泛关注的焦点。

激活先进文化新动力，拓展脱贫攻坚新内涵

五年来，多方争取项目、筹措资金，推进文化惠民工程，“富”了群众脑袋，提升了群众的获得感和幸福指数。争取资金780万元，实施“贫困地区百县万村综合文化服务中心示范工程”30个，实现了乡镇（街道）全覆盖；争取资金799万元，在全市范围内率先组织实施应急广播体系建设项目，30个乡镇（街道）254个行政村全部安装了乡镇和村平台，并安装了245个自然村终端及4个应急避难点，全县广播电视覆盖率达到99%以上的脱贫出列标准；累计建设农家书屋244个，覆盖城乡，辐射到村。通过健全考核督查制度，实行“星级化”管理，按每年每个书屋不少于60册的标准定期补充更新图书，推出“农民点书我买单”的贴心服务，最大限度地满足群众的阅读需求；争取中央文明办向全县卡户赠送电视机24163台，

组织发放到户、安装到户、调试到户，解决了贫困群众看电视难的问题，保障了贫困群众的基本精神文化需求；支持镇雄紫砂石、尖山刺绣等文化企业发展，积极组织文化企业参加深博会、云南文博会、金沙江奇石博览会等展会，把文化产业培育成新的经济增长极；加大对文学创作的扶持力度，推动传统文艺与网络文艺融合互动，更好地激发创作活力。组织作家艺术家深入基层、深入生活，创作出版打工题材长篇小说《回乡时代》及一系列反映脱贫攻坚的文学作品，推出小品《一个红包》、歌曲《我是镇雄人》《亲人来》等具有一定影响力的舞台艺术，改编投拍电影《天坑》助推县域旅游事业，极力打造音乐、舞蹈、绘画、摄影等方面的代表作，发挥文艺感染力，助力脱贫攻坚。

回首过去，全县文化助力脱贫攻坚工作取得显著成绩；展望未来，夺取全面建设小康社会的新胜利、谱写人民美好生活新篇章的宏伟目标和崇高使命，正呼唤着每一位文化工作者的热情和智慧。如何立足新的实践、适应新的要求，更好地发挥文化服务社会、传承文明、教化育人的功能，让每一个人都在文化的观照下，建设和谐美丽乡村、让生活在大雄古邦的每一个人，都能完成诗意的栖居，又成了我们下一步思考和行动的重大课题。

当一曲《我是镇雄人》铿锵唱响，百万古邦儿女的万丈豪情当托起镇雄腾飞的翅膀，广大奔忙于文化战线上的干部职工，必将以更加昂扬的姿态，在一条条泥泞的道路上留下深深浅浅的脚印，用汗水和智慧见证和记录每一个镇雄扶贫工作者、每一个平凡的镇雄人……我们不得不承认，在扶贫攻坚的大决战中，“文化”这个词，正包含着无穷的力量和情怀，激励着一颗颗不甘于贫穷和困顿的灵魂，树立着人们向往美好生活的最为坚定的理想和信念，正润泽出一个和谐而美好的未来……

（作者时任镇雄县作协副主席、教体局教研室副主任，刘建东系镇雄县委宣传部工作人员）

为脱贫攻坚提供智力支持和文化支撑

朱大云

作为国家级特困县，往往物质贫困是表象，精神贫困才是根本。在镇雄，文化基础同其他县域基础设施一样极端匮乏，长期以来，没有县级博物馆、文化馆、图书馆、文化站等基本文化设施，人民群众文化生活十分单调，很长一段时间，农村群众基本上过着日出而作、日落而息的生活。2015年后，县委政府站在“扶贫先扶智、治贫先治愚”的高度，逐年加大公共文化服务体系建设力度，文化扶贫强力推进，文化助推脱贫攻坚成效明显。

加大投入，全力加强公共文化服务体系建设

一是积极而为，大力加强村级文化活动广场和文化活动室建设。2016年，全县投入资金585万元建设村级文化活动广场，39个贫困村文化活动广场建设同步实施。2017年，县级投入1675万元新建111个文化活动广场，每个广场15万元，其中有两个广场由于基层困难，每个投资20万元。2018年，县级投入2785万元资金新建49个村级文化活动广场和205个村级文化活动室，每个文化活动室投资10万元，其中8万元用于基础设施建设，

2万元用于购置文化器材。同时，2017年至2018年期间，“百县万村”综合文化服务中心建设项目同步启动，累计新建文化活动广场30个和文化活动室30个。2020年，新建文化活动广场6个，重建受6：30洪灾损坏的文化活动广场2个和文化活动室1个，农村文化基础设施日趋完善。

二是着眼长远，规划文化中心建设项目。“书籍是人类进步的阶梯”，2015年来，县委政府着力推进县图书馆和乡镇图书分馆建设。2016年9月，县图书馆改扩建工程正式开工建设，2017年5月，图书馆正式免费向公众开放，累计投资1000余万元，建成了集3个成人阅览室、1个儿童阅览室、1个地方文献室、1个电子阅览室、1个培训中心的图书馆大楼。2019年至2020年，在全县10个乡镇文化服务中心和3个易地扶贫搬迁安置点建立了图书分馆，为每个分馆采购配送图书及电脑、书柜、阅览桌椅等配套设备，从而形成以县图书馆为总馆、乡镇图书馆为分馆、村农家书屋为终端的公共图书馆城乡一体化服务体系。

目前，镇雄基层文化设施日趋完善，实现了多个全覆盖：全县235个贫困村文化活动广场全覆盖，文化活动室全覆盖，农家书屋、文化信息资源共享工程全覆盖，“文化百千万”送文艺下乡公益演出、农村数字公益电影放映全覆盖，235个贫困村文化活动广场和文化活动室全覆盖，县、乡、村文化干部综合能力提升培训全覆盖，乡村文化能人培训全覆盖，农村业余文艺演出团队培养建设全覆盖……更为可喜的是，县委、县政府已经在县城南部新区规划了以图书馆、文化馆、博物馆为一体的文化中心建设项目，不日将启动建设。

汇聚能量，通力构建“镇雄大舞台”

每年以元旦、春节、中秋、国庆等重大节日为契机，以“世界读书日”“文化遗产日”为依托，举办主题书画展、主题演讲、广场舞比赛、非物质文化遗产传承人表演等活动，丰富群众文化生活。组织开展镇雄县庆祝新中国成立70周年助力脱贫攻坚暨“自强诚信感恩”主题实践送文艺下乡演出，活动走进全县30个乡镇、街道脱贫出列村，演出1000余场，创作演出快板《十九大精神指航向、脱贫攻坚斗志昂》、小品《绝不放过你》、三句半《乐安居·感党恩》等节目，聚焦脱贫攻坚，把中共十九大精神宣传到村，把党和政府的温暖送到基层。组织开展“脱贫攻坚”主题文艺晚会，围绕“不忘初心，牢记使命”，服务脱贫攻坚大局，激励全县扶贫干部工作斗志，坚定基层干部群众脱贫攻坚信心和决心，丰富全县人民群众精神文化生活。在各类演出中，县内文艺人才创作上演情景剧《猪嗷嗷叫》、小品《相亲》、花灯小戏《大事小事》，原创音乐类独唱歌曲《我是镇雄人》《信仰》《亲人来》，上演劳务输出题材情景舞蹈《流动的城市》和体现农村妇女田间劳作舞蹈《情深意长》等文艺节目。组织参加中央电视台“我的中国梦”文艺小分队新春走基层文艺演出活动6场，完成舞蹈编排及歌伴舞演出任务。丰富多彩的文艺节目，有效地宣传了党的扶贫政策，展现了镇雄扶贫攻坚的感人故事及成就，赢得社会广泛赞誉。

激发动力，大力开展群众文化活动

一是实施政府购买演出服务。按照“政府购买、昭通市文化艺术剧院和镇雄本土节目同台演出、群众受惠”的运作模式，通过每年实施“百场演出进百乡”文化下乡活动30场；使每个乡镇每年确保能够看上一场市级演出；通过每年实施“千场演出进千村”工程，使全县每个行政村每年确保能看上一场县级演出；通过实施“万场演出进自然村”工程，组织农村业余演出团队进自然村、进农家院坝演出，使全县每个自然村每年确保能看上一场文艺演出。同时，通过实施农村数字公益电影放映、舞台艺术送基层等文化惠民工程，产生了良好的社会效应。

二是扶持发展民间文化队伍。紧紧抓住国家重视文化扶贫、促进文化繁荣这一机遇，投资近300万元，以“三区”人才支持计划为抓手，以文化专业人员为骨干，坚持重心下移，变“送文化”为“种文化”，积极开展“文艺培训下基层”活动，目前已培养200多个乡村民间文化队伍、600多名乡村文化能人，分布在全县广大农村，引领先进文化示范作用。依托县文联下属作家协会、书法家协会、美术家协会、音乐舞蹈戏剧和民间艺术家协会、摄影家协会、诗词楹联学会等文艺团体，充分吸收农村文化能人进入社团，使基层文化展现勃勃生机，形成了文化种子到处生根、遍地开花的喜人局面。在此基础上，县文化旅游局积极筹措资金，对乡村级业余文化队伍所需音响、锣鼓、乐器、服装道具不断进行扶持。

文化生活的全面开展，使广大群众切身感受到党的精准扶贫政策的关怀和温暖，教育引导群众发扬自力更生的精神，坚定脱贫致富的信心和决心，为脱贫攻坚助力加油，为全面打赢脱贫攻坚战提供了有力的精神文化支撑。

（作者系镇雄县文化旅游局职工）

我在银厂村的亲戚

安　缙

大年刚过，一个春寒料峭的日子。

受疫情影响，好久没到扶贫点走访了，心里牵挂着帮扶亲戚们的近况，我开始打电话和他们聊天。结对帮扶几年来，从陌生到熟稔，陈芝麻烂谷子的事儿都能聊半天。“老周，最近在忙啥……”我话还没说完，老周虚弱的声音哽咽着传过来：“安同志，我差点就见不到你了……”我大惊失色，赶快问起缘由。原来，老周除夕之夜突发心梗，幸亏两个外出务工的儿子都回家过年，送医及时，才把老周从鬼门关抢了回来。我怪老周见外，不和我说住院的事情，老周连忙解释：“本来要说的，但做了心脏支架手术后疫情越来越严重，医院都封闭了，你又进不来，说了还不是让你干着急……”

老周叫周文金，是我在银厂村结对帮扶的 60 多个亲戚之一。刚到老周家，映入眼帘的“感官贫困”叫人揪心。全家 11 口人挤在几间低矮的茅草房里，屋里光线昏暗，地面凸凹不平，炉子里几根燃烧的木柴冒出的烟雾熏得我直掉眼泪。屋顶茅草年久失修每逢雨天就渗漏，于是用一张巨大的绿色塑料布盖在上面。眼前的一切让我深深感到习总书记精准扶贫政策的必要且及时，也隐隐觉得这场硬仗不是一般的艰巨。

2019 年底，银厂村危房改造全面清零。老周家的茅草房经住建部门鉴定为 D 级危房，必须拆除重建。经过几个月日夜奋战，在茅草屋旁边，一栋漂亮又安全的房子拔地而起。由于家庭人口多，根据当年农危改政策补助标准及奖补措施，得到最高补助金额 5 万元，加之老周积极主动赶工期，在规定的时间节点装修入住，又奖励了 8000 元。现在走进老周家，明亮的客厅里沙发、电视、茶几一应俱全，厨卫入户，又方便又卫生。两个儿子没了后顾之忧，怀着愉快的心情外出务工去了，临走前说要多挣点钱，把一层楼房变二层，那样看起来又宽敞又威风。

疫情趋于稳定，新一轮入户走访开始。因为记挂老周的身体恢复情况，我第一时间来到他家。老周虽然仍旧很虚弱，但精神状态不差。“多亏有共产党啊，把我家所有糟心事都扛在肩上……”老周说，他这次住院手术安了两个心脏支架，总共用了 3 万块钱左右，因为有政府对建档立卡贫困户的医保优惠政策，按政策比例报销后，自己只花了不到 3000 元。如果全部自己负担，不仅拖垮子女，刚刚有点起色和盼头的生活只能“一病回到解放前了”。为了表示心意，我从兜里掏出几百块钱递给老周，让他买些营养品补补身子，老周百般推托，不肯接受。“你这个老犟牛，忘了我们是亲戚啦，你生病了我来看望你不是理所当然的吗？如果不是因为疫情，我早就赶过来啦。”老周高兴地连连点头：“是喽是喽，我们是亲戚，我是穷在深山也有远亲啊……”他接过钱，很不好意思的样子。

深秋时节，我再一次来到老周家。秋日暖阳下，老周陪着 80 多岁的老母亲在宽敞干净的院坝里晒太阳，房前屋后栽种的竹子已是郁郁葱葱，眼前的一切显得格外温馨而祥和。根据银厂村大力发展竹产业的思路，老周家在规划范围内的 7 亩多土地已全部栽上竹子，他和老伴儿已彻底从土地里解放出来，喂喂猪，做做饭，养养身体。和老周说起以后的打算，他说现在全村油路已铺好，交通方便，等竹子成林，竹笋收益后，乘着赤水源头开发保护发展乡村旅游的东风，凭借新房子地理位置优势，准备让儿子们回来搞个全竹宴农家乐。说的说得眉飞色舞，听的听得心花怒放。聊了很久，我打算回村委会和同事们集合了。老周怅然：“安同志，听说今年脱贫后，你们就不来了，是真的吗？”

“不会的，老周，放心吧。”我说，“习总书记说了，脱贫只是第一步，好日子还在后头。”我和他说起了脱贫不脱政策、脱贫不脱帮扶，说起了乡村振兴，“国家要把你们扶上马，再送一程，只有等大家都稳定脱贫了，我们的任务才算完成……更何况，我们已经是亲戚了，以后我还要来你们家吃全竹宴呢！”老周高兴地笑了：“那倒是，亲戚，就是一辈子啊！哪天我还要去你家认认门，方便以后常常走动。”

我走出很远，回过头，老周还在院子里目送……

（作者时任镇雄县政协文史委主任）

第六编　挂钩帮扶和社会扶贫

扎根镇雄　花开遍地

岳云江

2015 年 9 月，中国五矿集团按照国家扶贫开发工作的总体部署，在定点帮扶云南省镇雄县的基础上，直接挂包镇雄县花山乡黄连村。从 2002 年起至今，中国五矿集团和各届挂职干部倾情百万镇雄人民，牢固树立科学的发展观和正确的政绩观，始终坚持良好的扶贫工作作风，以求真务实的态度，认真履行职责，初心不改，一如既往地融入镇雄的改革发展大局，立足集团实际，主动作为，认真履行企业职责，倾情帮扶，助力脱贫攻坚，为实现镇雄经济社会发展做出了积极贡献。

持续发力，久久为功

（一）精心选派干部，开展定点帮扶。一直以来，中国五矿集团高度重视帮扶干部选拔派遣工作，先后从公司总部和所属企业的管理骨干中选拔并派驻镇雄挂职副县长 10 位，先后派出 3 位同志到镇雄县花山乡黄连村任村第一书记，长期驻县驻村开展定点扶贫工作。历届挂职干部在挂职工作期间始终坚持良好的扶贫工作作风，克服环境不适与生活困难，以求真务实的态度，尽职尽责地配合县委、县政府做好定点扶贫工作。从 2018 年开始，按照县委、县政府统一安排，中国五矿集团派驻镇雄的挂职副县长同时兼任县辖木卓镇第一书记，对该镇的脱贫攻坚工作负领导责任，真正担负起镇雄县一方区域的脱贫攻坚重任。

（二）持续捐资扶贫，彰显企业担当。严格按照精准扶贫、精准脱贫要求，结合镇雄县脱贫规划，制订年度定点扶贫计划，深入项目点进行实地考察，分析项目建设效益，将扶贫资金用在“刀刃”上，使扶贫资金效益最大化。截至目前，中国五矿集团在镇雄援建项目 38 个，捐赠资金、物资折币 4700 余万元，定点扶贫惠及 10 余个乡镇（街道），援建项目覆盖基础设施、教育、民生、产业等领域。

扶贫方式多样，全方位进行扶贫

（一）聚焦健康扶贫，援建乡村卫生（院）室。挂钩帮扶以来，中国五矿集团先后出资 450 万元，在镇雄援建 1 个乡镇卫生院、6 个村级卫生室，有效改善了偏远地区医疗卫生条件，切实解决群众看病难、就医难问题。

（二）聚焦民生扶贫，改善基础设施。镇雄交通基础设施相对落后，自 2013 年起，中国五矿集团先后在全县范围内援建进山公路、断头路、连户路、便民桥等基础设施，切实解决群众生产生活出行困难、农副产品流通不便的困难，同时也为当地学生上学提供了便捷和安全保障。

（三）聚焦产业扶贫，增强内生动力。2018 年，中国五矿集团捐资 142 万元，用于建设花山乡黄连村 10 万只商品兔养殖场 1 个。该养兔场作为黄连村发展集体经济的固定资产，以租赁的方式承包给养兔企业经营，产生的经济效益主要由黄连村贫困户享受，部分作为村集体经济收入，解决了黄连村集体经济“空壳”问题；2019 年，中国五矿集团继续捐资 163.52 万元，扩大该养兔场规模，进一步通过产业扶贫带动黄连村贫困群众增收；2020 年，捐资163.8万元，用于木卓镇香菇产业种植，逐步增强贫困群众内生动力。

（四）聚焦消费扶贫，促进群众增收。按照集团内部“双挂钩”机制，五矿地产中心充分发挥“双挂钩”作用，主动与昭通市政府驻京联络处和镇雄县对接，建立了以北京私享汇公司为平台的消费扶贫平台，并搭建起了镇雄农特产品入驻京东的电商平台，购买或帮助镇雄销售农产品，支持镇雄产业发展。

突出扶贫先扶智，多举措开展教育扶贫

（一）切中民情及社会热点，给“冰花男孩”建宿舍。中国五矿集团定点扶贫并派驻第一书记的镇雄县花山乡黄连村，海拔2100米，冬季冰冻天气长达3至4个月，上学步行单程时间超过2小时的孩子占全校学生的三分之二，每逢冬天，经常出现“冰花男孩”。“把钱用在教育上，创造较好的教育环境和条件，让孩子上学少一些阻碍，多一些欢乐，有效地避免贫困代际相传”，是中国五矿集团党组和扶贫工作领导小组的初衷。2018年，集团出资164万元援建花山乡黄连小学学生宿舍及图书室，建成一幢三层917平方米的宿舍楼，解决了近200名学生住宿问题；建成168平方米的图书室，有效改善了学生学习空间。

同时，集团挂职干部在调研中了解到，镇雄县以古镇在冬季多为冰雪天气，雾大、天冷、路滑、冰凌多，孩子们经常成为“冰花男孩”。经挂职干部向中国五矿集团申请，2018年，追加定点扶贫资金270万元建成一幢1500平方米的学生宿舍楼，为346名远距离贫困学生提供住宿便利。

（二）开展“矿心”扶贫教育，着力提升扶贫质效。充分发挥自身优势，发动所属攀枝花技师学院在镇雄开展“中国五矿集团‘矿心’扶贫教育计划”。2019年，攀枝花技师学院在镇雄招录建档立卡贫困户学生13名，

学生在校期间的学费、住宿费、生活费等由集团兜底支持。学校教授电气自动化、焊接等职业技术，对成绩优异的学生，毕业后积极推荐工作。同时，开展教育扶贫，提供职业技术教育，着眼提升贫困人口劳务输出或就业能力，为持续就业、技术增收打好基础，切断贫困的代际相传。

（三）落实精准扶贫，助力“寒门”学子。2018 年，中国五矿集团聚焦教育扶贫，动员广大干部职工捐资助学，筹集资金 99.1 万元，在镇雄实施“五矿筑梦计划”（帮助高三贫困学生圆梦大学）和“五矿凌云计划”（助力大一贫困学生腾飞），分别资助 813 名高三贫困学生和 89 名大一贫困学生。2018 以来，集团对镇雄县木卓镇和花山乡的贫困大学生进行包镇包乡资助，每生每年资助 3500 元，助力贫困学生顺利完成学业。

（四）持续加大投入，教育扶贫再发力。在前期教育扶贫经验的基础上，集团结合镇雄县情贫情，决定在教育领域再发力再深入。一是援建城镇小学学生宿舍。随着镇雄城市建设发展，外来务工人口大量涌入，县城人口不断增加，学生入学需求和学校建设不充分之间的矛盾越来越突出，为满足进城务工随迁子女入学需求，集团捐资 1000 万元援建旧府街道办事处酒房小学学生宿舍楼，建男女生宿舍各一幢，可解决 1000 名学生的住宿问题。二是开展教育交流活动。2020 年，五矿地产从所属“北京五色土幼儿园”抽调优秀教师前往镇雄，在镇雄公立幼儿园进行现场示范教育培训，同时，计划安排镇雄县的幼儿教师前往“北京五色土幼儿园”观摩学习，帮助镇雄教师提升教育教学理念，为镇雄培养高素质教师。

不断创新扶贫方式，开创扶贫新局面

（一）引进社会资本参与扶贫。为了帮助镇雄的听障残疾人朋友能早日解除痛苦和恢复健康，中国五矿集团向镇雄县人民政府推荐了澳洲魏基成夫妇“天籁列车”“慈善列车”，在集团和镇雄县人民政府的共同努力下，魏基成夫妇“天籁列车”“慈善列车”连续 3 年驶入镇雄，捐赠助听器、学习机、冬衣、棉被、睡袋等物资价值 2700 余万元。集团引进社会资本参与镇雄扶贫所取得的巨大成效，为集团在中央企业扶贫工作中多次赢得荣誉。

（二）探索“期货+扶贫”金融扶贫模式。镇雄是传统农业大县，农业是贫困群众重要的增收途径，但是，受自然气候和市场等方面的影响，农业产业风险巨大。2020 年，中国五矿旗下属五矿经易期货有限公司联合中国太平洋财产保险股份有限公司，利用大连商品交易所平台，锁定饲料价格上涨风险，在镇雄县探索试点生猪价格保险，帮助养猪户保住收益，助力贫困群众发展农业产业增收。

2020 年是脱贫攻坚决战决胜之年，中国五矿集团扎根多年的镇雄，必将在各级党委、政府的领导下，历史性解决延续千年的贫困问题，与全国同步步入小康社会。

（作者系镇雄县人民政府工作人员）

决胜脱贫攻坚　圆梦全面小康

刘让云

春种一粒粟，秋收万颗子。一如金秋的颜色，镇雄县以古镇广大群众脸上洋溢着的笑容让这个秋天充满不一样的甜蜜和希望，恰如以古人所说：在党和政府的关心下，我们就要脱掉千年“穷帽子”，我们总算没有辜负习总书记的殷殷嘱托。

2014 年，扶贫工作伊始，市政府办挂钩帮扶以古的 3 个村——比道角、岩洞脚、老官房，共有 1488 户 5682 人处在贫困线以下，贫困发生率分别为 21.74%、56.6%、77.25%。贫困面积大、贫困人口多、贫困程度深，“三座大山”重重地压在以古这块古老的土地上，成为以古人民脱贫致富奔小康的障碍。面对艰难险阻，以古儿女没有畏惧，勇往直前、奋力拼搏，在乌蒙大地上唱响了脱贫攻坚的时代凯歌。截至目前，全镇累计减贫 3136 户 14478 人，比道角、岩洞脚、老官房 3 个村所有贫困户都达到了脱贫标准。

“千淘万漉虽辛苦，吹尽狂沙始到金。”脱贫摘帽的背后，是省委、省政府和市委、市政府的坚强领导，是以古镇党委、政府的艰辛努力，是 37575 名以古儿女的努力拼搏，是市政府办全体干部职工的倾心帮扶。

坚持把高位推动贯穿始终，切实筑牢脱贫“责任网”

“非常感谢市政府办各位同志对本村的关心与帮助，作为岩洞脚村的一员，我见证了你们带来的翻天覆地的巨变”，每每谈起帮扶工作，村支书陶宇都难抑心中的感激之情，“无法想象，几年内，我们就彻底摆脱了贫困，走上致富奔小康的幸福路。”

自脱贫攻坚战打响以来，市政府主要领导多次就以古镇脱贫攻坚工作作部署、提要求，多次深入以古镇实地调研，协调解决困难问题。市政府办高度重视以古镇脱贫攻坚工作，成立了由市政府秘书长任组长的脱贫攻坚“挂包帮”“转走访”工作领导小组，多次召开秘书长办公会、市政府办党组会和扶贫专题会，研究以古挂钩帮扶工作；建立市政府办“挂包帮”“转走访”工作制度，将市政府办全体干部职工 130 人与 3 个村 981 户贫困户结成对子，做到结对帮扶全覆盖，要求干部职工每月走遍包保贫困户，到田间地头了解实际情况，与群众“同吃、同住、同劳动”，为贫困群众宣讲扶贫政策，帮助解决困难问题，引导贫困群众转变陈旧观念，增强脱贫致富的信心决心，激发群众内生动力、发展愿望。

坚持把尽锐出战贯穿始终，选优配强攻坚“主力军”

致富不致富，关键看干部。自挂钩帮扶以古镇以来，市政府办始终把贫困群众放在“心”上，把帮扶责任扛在“肩”上，集中力量下沉脱贫攻坚最前线，明确 1 名市政府办副主任每月深入以古镇实地研究脱贫攻坚工作，解决问题、推动落实。为强力推动脱贫攻坚工作，2020 年年初，增派 4 名驻村督战员常驻以古镇 4 个村，与村“两委”、驻村工作队一起奋战脱贫一线。全体督战员、驻村工作队队员与基层干部同心同德、同向发力，实行包村责任制，制订时间表、工作流程图，切实解决关系群众切身利益的问题。

坚持把精准施策贯穿始终，全力打好政策“组合拳”

“好个大以古，泥巴敷屁股”，这是五年前以古镇泥泞道路的写照。如今的以古镇，四通八达的公路将其与外界紧紧相连，村村寨寨道路通畅，封闭落后的“山旮旮”成为历史，村民们住上了白墙灰瓦的新房子，喝上了健康卫生的自来水，用上了方便快捷的4G网络，娃娃们在干净明亮的教室中认真学习，青壮年们在扶贫车间忙碌工作，老人们茶余饭后在活动室享受闲暇时光。扶贫成效日益显现，真真切切的获得感、幸福感浸润了百姓心田。

——聚焦基础先行，致富道路通起来。市政府办严格按照村出列标准，主动加强与有关部门的沟通对接，3年以来共建成通村油路48.1公里、村组公路256公里、连户路54万平方米，构建了向外发展的交通网络。坚持“人人喝上安全水”的标准，协调实施农村人畜安全饮水工程项目46个，惠及人口3.7万人，实现了安全饮水全覆盖，彻底改变了饮水靠人背马驮的历史。协调完成农村危房改造321户，易地扶贫搬迁564户，打造岩洞脚村易地扶贫搬迁示范点一个，全面解决了困难群众住房安全问题。

——夯实产业支撑，群众腰包鼓起来。充分挖掘特色农业资源，种植经济林果3.8万亩、方竹2.9万亩，采用“公司+建档立卡户+村委会”模式，运行镇雄县旺农养殖农民专业合作社，推动友贻核桃专业合作社不断发展壮大，带动周边群众发展核桃种植。按照“稳定就业一人、带动脱贫一户”的工作思路，全力推进“外转内输”，因户因人定内容，开展“院落式”“地头式”“企社式”等多种方式培训，帮助2774人实现转移就业脱贫，开发护林员、护路员等公益性岗位1060个，带动5030人稳定脱贫。

——强化民生保障，群众日子好起来。帮助重建岩洞脚村九年一贯制学校、观音岩小学、大沟小学和岩洞脚幼儿园等4所公办学校，开展小学寄宿制办学试点，协调社会捐赠资金800余万元，全面改善学校附属设施和寄宿制办学条件。配合做好控辍保学工作，失辍学学生实现全面清零。全面落实医疗保障各项政策，帮助挂钩帮扶村实现贫困人口参保率、大病医疗救助率和家庭医生签约率100%全覆盖，协调东莞中德集团修建岩洞脚村卫生室，彻底解决群众看病难问题。协调建设活动室10个，覆盖3个行政村，协调资金300余万元，修建村级文化活动广场1个，协助以古镇申报全省民族团结示范乡镇建设项目和国家少数民族特色乡镇，极大丰富了山区群众的精神文化生活。

坚持把党的建设贯穿始终，着力锻造扶贫“铁军”

“过去村里开展工作，总是村‘两委’唱独角戏。现在干工作都是党员带头冲在前，群众踊跃跟着上。”在与市政府办党支部的结对共建活动中，岩洞脚村党总支老党员安光文由衷地说道。

近年来，市政府办围绕“抓党建、促脱贫”这一主线，以开展“不忘初心、牢记使命”主题教育活动为抓手，充分发挥党员在脱贫攻坚战中的模范带头作用，着力打造敢于担当、敢于攻坚的乌蒙铁军，党建工作成为助力脱贫攻坚的一大亮点。市政府办公室机关党委下属3个党支部分别与岩洞脚村、比道角村、老官房村党总支结对共建，定期组织党员下沉到帮扶点讲授党课，重点宣讲习近平总书记扶贫开发战略思想，激励基层党员干部牢记党的宗旨、坚持真抓实干作风，实现了“基层党建与脱贫攻坚双推进”的良好局面。同时，驻村工作队积极参与基层党支部规范化建设工作，定期开展“三会一课”、主题党日、组织生活会等组织活动，常态化开展“三讲三评”“践初心、摘穷帽、奔小康、感党恩”等主题实践活动，持续教育引导群众，扑下身子和群众一起算“收入账”“感恩账”，把村党总支建设成为宣传扶贫政策、落实脱贫任务、领导脱贫攻坚、团结动员群众的坚强战斗堡垒。在这股党建清风的引领下，岩洞脚村党员干部团结一心、共谋发展，获得“2019年省级文明村”“2019年度县级基层党组织示范点”等荣誉称号。

“其作始也简，其将毕也必巨。”眼下，以古脱贫攻坚战到了决胜阶段，市政府办将继续与勤劳勇敢的以古人民一起，以饱满的热情、昂扬的斗志，勇往直前、攻坚克难，势必夺取脱贫攻坚战全面胜利，与全国一道全面建成小康社会，向党、向人民、向历史交出优异答卷！

（作者系昭通市政府办驻以古镇岩洞脚村工作队队员）

真帮实扶齐攻坚　务实担当助脱贫

吴道元

泡瓜林村隶属镇雄县罗坎镇，全村面积 11.2 平方公里，辖 18 个村民小组，共有人口 823 户 4363 人，其中建档立卡贫困人口 371 户 1876 人，是镇雄县贫困程度最深的贫困村之一。市审计局自 2017 年 10 月挂钩帮扶该村以来，坚持问题导向，聚焦重点难点，汇集工作力量，着力补齐短板，补强薄弱环节，用心用情用力帮扶该村贫困群众脱贫致富，在泡瓜林村谱写了发展新篇章。

党建引领，奏响攻坚集结号

“火车跑得快，全靠车头带。”然而，市审计局刚到泡瓜林村上时，该村党总支被罗坎镇党委评定为软弱涣散党组织，村“三委”人员一度时期，连村级班子都凑不齐，无法正常开展活动，更别提发挥战斗堡垒作用了。

市审计局挂钩帮扶该村后，按照“驻村扶贫工作队打头阵、局党组是后盾、全体干部职工齐上阵”的工作思路，精心挑选了 5 名责任心强、工作经验丰富的人员组成扶贫工作队驻村，充实一线战斗力。在此基础上，建立挂钩帮扶工作长效机制，定期召开党组会和办公会进行研究，与审计中心工作同部署、同落实。局长李绍军身先士卒，坚持每月深入泡瓜林村入户走访、调研座谈，指路子、教法子、出点子，全面奏响扶贫攻坚决战集结号。

针对泡瓜林村党总支存在的现实问题，驻村工作队对症下药，由第一书记吴道元带头，把驻村扶贫工作队、镇工作组、村“三委”和村民小组长等几支队伍拧成一股绳，打造出一支“心往一处想、劲往一处使”的战斗团队，合力督促农危改、挖沟铺设饮水管道、危旧房拆除、易地扶贫搬迁、矛盾纠纷调解、防疫抗洪、人居环境整治、群众操家理屋等工作，形成强有力的组织保障，使泡瓜林村各项工作均跑到全镇前列。

代理妈妈，传递爱心正能量

扶贫工作不只是简单的经济扶贫、财富提升，在山旮旯里，更需要温暖人心的爱。物质上精神上都十分贫瘠的泡瓜林村，太需要爱的甘霖浇灌了。

泡瓜林村经济收入主要依靠劳务输出，全村2255名劳动力中，在外务工人员就有2053人，其中在辖区四所小学就读的留守儿童共221人，占全村在校学生总数的58.93%。由于长期与父母分离，不少留守学生的学习、生活、成长存在不少困难和问题。随着扶贫攻坚工作的推进，市审计局“代理妈妈”们走进了泡瓜林村的校门。这些“代理妈妈”虽不是孩子的妈妈，但胜似孩子的妈妈。她们给孩子们买文化用品，给他们讲故事，陪他们玩游戏、聊天……她们用爱心筑造起“乐园”，让这里的孩子“留守不失守，缺爱不失爱”。“后院”安定了，外出务工的真妈妈们也安心了，干起工作来浑身是劲，不但能赚到更多的钱，对孩子们的未来充满了信心，也加深了对家乡亲切的情感。

市审计局担任“代理妈妈”的职工有34人，自2017年10月起，便与该村4所学校的留守儿童结成了亲人。“代理妈妈”们每月给孩子写一封信或打一次电话，每季度与孩子见一次面、做一次家访，每学期开展一次亲子互动。业余时间，关心留守儿童的学习、生活，成了“代理妈妈”们的“必修课”。

赵萍是34个“代理妈妈”中的一员，她“代理”的7个孩子中，罗敏和妹妹罗丽的遭遇是最不幸的。姐妹俩很小的时候，父亲就病逝，母亲带着哥哥改嫁，两姐妹由年迈残疾的奶奶独自抚养。自认领了这两个“女儿”后，赵妈妈对姐妹俩疼爱有加，每月到村入户走访，无论如何她都要抽空去和两个孩子见上一面，给她们买衣服、文具，还经常给她们打电话，在赵妈妈无微不至的关怀下，两姐妹的性格变得开朗起来，学习也明显进步多了。

2020年6月8日，市审计局“代理妈妈”们再次来到泡瓜林村辖区四所学校看望、陪伴孩子，一进校门，她们就被一群小朋友簇拥着，叫着嚷着要她们讲故事、一起玩游戏……发自内心的幸福无以言表。

送法进村，普法惠民暖人心

“《民法典》宣讲进村了，讲的就是咱老百姓最关心的事儿，赶紧去听一听、学一学。”2020年6月8日，市审计局邀请单位法律顾问到泡瓜林村开展民法典专题法治讲座时，沟口组村民小组长苟永章在挨家逐户通知村民。

民法典是人民群众日常生活行为、正常经济活动、履行权利义务和遵崇道德规范的准则，处处彰显着增进人民福祉、不断造福人民的执政理念。只有把这本“社会百科全书”送到家家户户，才能真正发挥它的作用，惠及山区人民群众。为此，昭通市审计局结合审计工作实际，采取多渠道、多层面开展《民法典》宣传，购买《民法典》和编制《民法典》宣传丛书赠送给群众，并充分利用村级大喇叭进行大力宣传，组织法律顾问和法律专家到扶贫点开展以案释法、现场咨询活动，强化法律宣传效果，减少了民间纠纷，促进了邻里和睦，提升了乡村综合治理水平，确保社会的和谐稳定。

普法教育，不能只顾大人忽略娃娃，山里的孩子是乡村的未来，是祖国的未来，扶贫不能落下他们，普法也不能落下他们。近 3 年来，市审计局累计针对留守儿童开展了普法宣传、诚信教育和感恩教育等主题活动 12 期，为留守儿童捐款捐物合计 5 万余元，赠送书籍 2000 余册，切实在留守儿童心中根植起了爱心、感恩心和守法心，也让文明之花有了扎根的土壤，延续了文化传承，让新时代正能量春风化雨般浸润着孩子们的心田。

文明超市，激活内生动力源

2020 年 8 月 17 日，在积分兑换现场，看到用积分兑换来的电饭煲，74 岁的杨翠云老奶笑容可掬。“感谢习主席，感谢共产党！真没想到把房前屋后卫生搞好，遵纪守法，非贫困户也可以免费兑换物品。”黄莺组非卡户毛孝云抱着自己精心挑选的物品，难掩心中喜悦之情。

为激发广大群众内生动力，切实将扶贫同扶志相结合，提高群众参与脱贫、主动脱贫的精气神，形成扶贫济困的良好氛围，有力助推脱贫攻坚工作，市审计局投入资金 5 万元在泡瓜林村新建占地 70 平方米的“新时代文明实践超市”，划拨 20 万元经费用于抗疫、防汛和积分兑换。为使超市能长期正常运转，该局还积极协调民政、红十字会等部门支持和组织发动社会力量捐赠，争取到价值 18 万余元的棉被、四件套、衣服、粮油和电饭煲等物资开展积分兑换活动。自活动开展以来，泡瓜林村在该局的关心指导下，以群众性精神文明创建为抓手，坚持实用、实惠、实效相结合，用“超市积分”激发群众内生动力，为打赢打好脱贫攻坚战增添了新动能。同时，通过引导广大群众共同参与弘扬新风正气，推进移风易俗，培育文明乡风、良好家风、淳朴民风，让泡瓜林村焕发出了乡村文明新气象。

补齐短板，提升群众幸福感

回忆起以前，泡瓜林村副主任管由平有着很多感慨：“原村委会办公场所太小，还是危房，渗水漏水严重。村里 18 条村组公路只硬化了两条，特别是去大沟片区这条路和村委会连接的路，遇到下雨天泥烂路滑，穿着水鞋要走两个多小时，车辆常在半途抛锚，行人常常满裤腿稀泥，路实在太难走啦！群众出行极为不便。”

如今的泡瓜林村，基础面貌焕然一新，一派欣欣向荣的景象。村委会搬进了新建的楼房，安装了空调，有了食堂，有了便民服务站、党员活动室、图书阅览室和村民活动广场。每个村民组都实现了“五通”，9 个村民组装上了路灯，连户路联通家家户户院坝。正在改扩建的骑龙至马路组连通威信县的村组主干道，将为群众出行提供极大便利。

挂钩帮扶以来，市审计局李绍军局长多次深入调研，与相关部门共同会商，全力推动泡瓜林村基础设施建设。先后协调资金 808.81 万元新建桥梁 2 座，协调资金 1622.4 万元启动 16 条 35 公里村组公路和 4.64 万平方米的串户路、院坝建设；协调资金 140 余万元新建标准化村级卫生室 1 个、县级示范学校 1 所和村级标准化人民调解室 1 个；协调资金 175 万元新建基层组织活动场所，改善办公环境，丰富群众业余文化生活；协调实施安全饮水工程 13 件，更换管道 44200 米；督促指导实施 136 户农危改，增派力量协助村两委拆除全村闲置危旧房 250 余户 2.3 万平方米；协调资金 40 万元新建五人制足球场1个……

“这几年，我们村发生了好大的变化，这都是市审计局给村里做的好事啊！听说今年脱贫后，还要搞乡村振兴，能生活在这个时代，真好！”非贫困户卓永平说。

聚焦增收，鼓起腰包钱袋子

“小康不小康，关键看老乡。”要真正实现贫困群众脱贫致富奔小康，首先必须保证群众的腰包鼓起来。柳昌平是易地搬迁户，夫妻2人膝下有5个孩子。本是家庭顶梁柱的他，因连续两次车祸致残，不能干重活，无法外出务工，其妻带着另一个孩子在广东打工，他只能留在家里照看4个读书的孩子，顺便在周边打点零工。日子入不敷出，可以说是吃了上顿愁下顿。“这样下去，这家人如何才能脱贫呢？”帮扶干部李绍军看在眼里，急在心里，一边向搬出地泡瓜林村反映情况，要求争取解决低保，一边向搬入地裕和社区对接，为柳昌平联系工作。当入户走访，看到搬了新家的柳昌平户家徒四壁，几个孩子挤一张床时，当即自掏腰包为其购买了沙发和床被，并帮助向民政部门申请了5000元临时救助金。为了解决该户的收入问题，李绍军多方协调对接，为该户申请到了4个低保，并就近为柳昌平找到了一份保安的工作，月工资2500元。

像柳昌平户一样的贫困户还有很多，为解决他们的收入问题，市审计局充分把单位职能优势和资源优势用到精准帮扶上，仅今年就协调为该村组织开展了5期技能培训，有序组织2053人外出务工，并帮助开发临时性公益性岗位促灵活就业，指导该村对261户417人实施城乡最低生活保障，覆盖卡户192户326人；对无法外出务工的弱劳动力贫困人员，安排124个公益公服岗位帮助他们解决收入难的问题。

脱贫攻坚，产业发展是必由之路，目前，泡瓜林村已流转土地种植方竹 3104 亩，并成立合作社整合涉农资金 267.15 万元，新建养殖规模 2000 头种猪的圈舍、管理房、围网等，形成带动贫困户稳定持续增收的发展模式和平台，为乡村振兴奠定坚实基础。

目前，泡瓜林村已被市委组织部确定为“市级基层党建示范点”和“扎西干部教育学院现场教学点”，成功申报了“市级文明村”和“省级民主法治示范村”。

市审计局李绍军局长对采访的记者说：在脱贫攻坚这场史无前例的战役中，所有的成绩都是起点，未来还有很多工作要做，而我们，必将不屈不挠、乘胜前进，以饱满的热情和扎实的工作迎接更加硕果累累的秋天。

（作者时任昭通市审计局驻罗坎镇泡瓜林村第一书记）

脚步丈量深情　汗水辉映初心

鲁绍秋

青山远黛，近水含烟。赤水源头银厂村，如一幅毓秀隽永的水墨，泼洒于古邦一隅。村内干净整洁的道路蜿蜒灵动，靓颜新居错落有致，家家水电入户，房前屋后井然有序；方竹连片，在薄雾中摇曳生姿，涓涓细流在崇山间恣意流淌，层林叠翠诗意尽显——这是银厂村的今世，安静、祥和，充满着向上的力量，而它的前生，却是在贫瘠的岁月中吞吐着蛮荒、凋敝的“远村”，比起现在来，仿佛不在一个时代。脱贫攻坚战打响以前，全村 22 个村民组没有一条像样的路，茅屋低矮，大部分村民躬身蜷缩在艰难困苦的日子里。谁曾想到，这个昔日贫困发生率高达 46% 的深度贫困村，竟然摇身一变，成为今天的“网红”打卡点：来赤水源头看风景、到合作社买蜂蜜、去中药材种植基地取经问道、去蔬菜大棚学习种植技术……攻坚！脱贫！银厂村被新时代的曙光点燃，褪去前世沧桑，焕发当下神采。寂静山村的华美转身，缘于县政协机关的一群帮扶干部，他们把民生装进心里、把责任扛在肩上，十里深山结穷亲，万顷垄上践承诺。

无论严寒酷暑雨雪风霜，他们始终坚守在银厂村，紧扣“两不愁、三保障”目标，说农家话、坐农家凳，深入农户“一看房、二看粮、三看有没有读书郎、四看劳动力强不强……”他们披星戴月，风雨兼程，一切围绕脱贫攻坚转，一切围绕脱贫攻坚干。他们平均年龄在 50 岁以上，除了少数几个年轻同志外，很多都快退休，即便如此，他们仍带着使命和真情，怀揣“不管前台后台都是干事舞台，不管一线二线都可同上脱贫攻坚火线”的政协会议精神，在精准识别、走访研判、补短强弱解难题的扶贫路上，走得步履铿锵、斗志激昂。四年来，“政协人”严格按照挂钩帮扶的要求和朱恒辉主席提出的“八个一”工程安排，以村为单位、以户为对象，每月走访一次贫困户、与贫困户拉一次家常、给在外务工帮扶对象打一次电话、指导整理一次家务或参加一次劳动、为帮扶户解决一个难题、与村委干部到帮扶户所在村民组组织召开一次群众会、集中研究解决一次帮扶户困难，和山里人结下了浓浓的深厚情谊。

又见亲人来

群众冷暖无小事，一枝一叶总关情。寒冬腊月，带着对贫困老乡的无限牵挂，朱恒辉主席又到扶贫点的“亲戚”家串门子了。“过年猪杀了没？”“今年的煤炭够烧不？”一路嘘寒问暖，朱恒辉和“亲戚”们面对面坐在一起拉家常、摆龙门阵，带着浓浓乡情，了解他们的生产生活情况和家庭收入情况，同时送上一份新春的祝福和慰问金。“你是生态护林员，党委、政府帮助你们解决了零就业家庭困境，你家读书的两个娃娃要好好抚。”“你家有两个劳动力在外务工，只要人勤劳，脱贫致富是没得问题的，要放宽心……”每到一家，朱恒辉都耐心细致地梳理着该户暂时存在的困难，帮助拟定脱贫计划，并鼓励贫困群众树立脱贫致富的坚定信心和决心。

亲切关怀，温暖民心。挨家挨户的走访中，朱恒辉问得认真，“亲戚”们也说得仔细。来到贫困户付业元家刚完工的新房子里，朱恒辉拨通付业元的电话，叮嘱他不要操心家里的事情，在外务工要发挥镇雄人吃苦耐劳的精神，争取一家人早日脱贫致富；在贫困户吴道伦家院坝门口，得知其家属廖得满最近身体不好，反复交代要抓紧看病抓紧治疗；与贫困老党员徐明贵围炉而坐，拉手交谈，关切的慰问、温暖的祝福，让老党员感动不已……

攀亲结戚以来，在朱恒辉的真情帮扶下，付业元家盖起了新房，搬进了新居；吴道伦家享受到了民政低保金，增加了家庭收入；廖德府家解决安置了一个公共服务性岗位，实现了在家门口就能务工，身体灵魂一处安放，老人孩子两兼顾……每次走访，“亲戚”们都拉着朱恒辉的手舍不得放下，执意要留他喝茶吃饭。

老曾的“弟兄”情义

住在坪子社的周太礼是老曾包保的贫困户。这个 43 岁的中年男人，酒不离手，走到哪喝到哪，反正一人吃饱全家不饿。用穷困潦倒、家徒四壁来形容周太礼从前的生活状况，一点也不夸张。

对第一次走访周太礼家的情景，老曾至今都记忆犹新。那天周太礼眼神耷拉，倚坐墙边。屋子里锅碗瓢盆到处摆，衣帽鞋袜四处丢，简直是一片狼藉、无处下脚。对于这种酒鬼，老曾既咬牙切齿地憎恨又打心眼里同情。

走出周太礼家，老曾决定要改变他。第二天，老曾把政策宣传卡揣上，一路直奔到周太礼家去给他开“小灶”，讲喝酒的各种危害、讲如今党的好政策、讲环境卫生的重要等等。不管老曾讲了多少，周太礼一开始都是拒绝的。讲到环境卫生时，老曾忍不住挽起袖子提起扫把准备帮他打扫屋子，周太礼才觉得有点不好意思，急忙一边抢下扫把一边说，“同志，要不得，要不得，我自己扫，自己扫。”这让老曾觉得他还有药可救，顺势严厉地“教育”了他：“弟兄，不是我说你，打扫干净了你住起都要舒服点，病都要少生点，是不是？”周太礼连连点头说是。第三天，老曾又不厌其烦地光临周太礼家，虽然家什物件依旧凌乱，但看得出打扫整理的痕迹和样子，老曾刚坐下来，周太礼的话匣子就打开了，两个男人推心置腹地深聊起来。

老曾这才了解到，周太礼其实也是个可怜人。父母早亡，没有成家，破罐子破摔，养成了酗酒的毛病。回到村上，老曾积极帮助申请了农危改修建，同时也把低保金和临时救助等全部申请到位，去年年底，还为周太礼添置了部分家具、家电及生活用品。老曾的热心和诚心，让周太礼慢慢被打动，生活习性逐渐有了转变，酒也开始少喝了，人也勤快起来，逢人都会乐此不疲地“炫耀”，说他有个亲戚叫曾哥，住在城里，随时都会来看他。老曾也趁热打铁地教育他这“兄弟”要勤劳致富。现在，附近哪家有个砌墙打板的活儿，都能看见周太礼忙前忙后的身影。

群众会上的真情流露

星光不问赶路，时光不负苦心。自脱贫攻坚这场硬仗打响以来，县政协机关所有帮扶干部，生而平凡却自带光芒。身体不好仍坚持带病走访工作的老林，老人生病住院没能在膝前尽孝的老范，随时把降压药装在身上的老吴，还有连续两年错过孩子生日只为组织入户工作的陶秘书长……所有人都闪耀着“功成不必在我，功成必定有我”的精神光芒，克服自身种种困难，用心用情真帮实扶。四年来，县政协机关多方协调资金、项目，帮助银厂村打基础、补短板，育产业、惠民生，帮助建成村组公路 34 公里，硬化产业路 5.76 公里，连通串户路 8 万多平方米；铺设饮水管道 110.7 公里；帮助督促农危改修建房屋 262 户；采取“支部 + 合作社 + 能人 + 群众”模式，建成银厂村千亩蔬菜、千亩竹、千亩中药材和百亩榛子、百亩刺老包、百桶蜂的“三千三百”产业格局。银厂村夯实了基础设施，培育起发展产业，改变了之前集体经济空壳村的穷模样，修建起了党员活动室、文化活动广场……村庄美起来亮起来了，群众也渐渐富起来笑起来了。

2020 年，第二季度的群众会地点在赤水源头长槽村民组，考虑到老乡们白天要下地里干活，时间安排在傍晚。趁着余晖还未散尽，朱恒辉主席提前到达。公路两旁红叶石楠花开正好，赤水源头的生态保护打造初见成效，一路上的变化，朱主席都看在眼里，喜在心里。

群众会上，朱恒辉和老百姓们围坐在一起，畅谈近两年来和大家生活息息相关的变化和发展，细数党的各种惠民政策。当谈到近两年来路、水、电和各家各户修房建屋等基础设施大变化时，70 岁的老党员岳朝端还没等朱恒辉话音落下，就控制不住内心的喜悦，“腾”地站起来，掰着手指头盘点着经历的变化：“以前年代，吃不饱穿不暖，出门泥巴糊到脚弯弯，住在茅草房头，晚上照亮点的是煤油灯。现在社会发展好了，特别县政协来银厂挂钩联系这几年，真的是穷在深山有远亲，公路修到家门口，家家户户喝上自来水，以前想都不敢想会有今天的这个样子。”“朱主席这么大的领导说话轻言细语、和蔼可亲，一点都不嫌弃我们。”“是啊，是啊，朱同志到过我家好多回，为我们的发展操碎了心……”大家你一言我一语，真情流露，争相发言。

皓月当空、凉风徐徐。返程路上，群众的感恩之情和坚定产业发展、提升人居环境的决心萦绕在朱恒辉耳边。是啊，把人民装在心里，把群众放在最高位置，走过的路，洒过的汗，终将不会被辜负。

用脚步丈量深情，用汗水辉映初心；心之所向，梦之所往。正应了习总书记说的那句话：脱贫只是第一步，更好的日子还在后头！

（作者时任镇雄县政协联络委副主任、驻赤水源镇银厂村工作队队员）

真情实意抓帮扶　凝心聚力促脱贫

——镇雄县纪委扶贫工作纪实

艾　星

脱贫攻坚战打响以来，镇雄县纪委坚持以习近平总书记精准扶贫重要论述为根本遵循，坚决贯彻落实县委、县政府决策部署，主动担起坡头镇龙洞村、新场村挂钩帮扶责任，凝心聚力、攻坚克难，勇于担当、主动作为，奋力书写高质量脱贫的时代答卷！

2015 年，习近平总书记向全党全国发出打赢脱贫攻坚战的总动员令，在脱贫攻坚的冲锋号声中，镇雄县纪委按照县委、县政府的部署安排，与坡头镇新场村结成挂钩帮扶对子。自立下脱贫攻坚的“军令状”后，镇雄县纪委上至领导班子成员，下至普通党员干部，立下愚公移山志，咬定目标不放松，迎难而上、苦干实干，突出精准扶贫这条主线，把扶真贫、真扶贫作为践行群众路线、开展“三严三实”专题教育活动和“两学一做”学习教育的“试金石”“检验器”，认真用干部的辛苦指数换取群众的幸福指数。通过全体挂包干部职工辛勤扎实的努力工作，龙洞村、新场村展现出一派欣欣向荣的景象。

充分利用资源，为群众办实事

在挂钩扶贫工作中，县纪委监委根据村情、贫情，从本单位实际出发，竭尽所能帮助挂钩帮扶村解决实际困难。一是落实经费、物资保障。县纪委监委挂钩坡头镇以后，截至2020年8月，共下拨办公经费41万元，同时为新场村配备办公电脑等设备，为龙洞村配备办公桌椅、办公沙发、档案柜等设备，改善村委办公环境。二是协助完善基础设施建设。通过向市财政局协调农业综合开发资金502万元，全部用于龙洞村村组路建设，向县交通局协调，完成了12公里通村油路建设，协助完成村委会900平方米的办公楼及院坝改建、装修。协调引进资金560余万元修建龙洞村中心小学综合楼2幢1200平方米及相关附属工程。三是扎实开展“转走访”工作。按照县委政府部署要求，扎实开展好每一次“转走访”工作，收集、核对好农户信息，做实做细群众工作，激发群众内生动力。

发挥行业优势，协调解决贫困问题

为全面落实县委、县政府决策部署，完成扶贫工作任务，县纪委全体挂包干部按照精准扶贫的工作要求，到村核准扶贫对象，摸清贫困原因，精细制订扶贫工作规划和具体帮扶措施，通过规划的实施、措施的落实，助推贫困群众脱贫出列奔小康。县纪委监委领导多次主持召开龙洞村、新场村村“三委”会议，研究商议全村脱贫攻坚工作，协助村级班子加强党员干部队伍建设，切实提高创新发展、带动致富的能力，引导贫困群众挖掘优势潜能，不断增强其自我发展、独立脱贫的信心。按照“党支部+专业合作社+农户”的生产经营模式，由康之达养殖专业合作社和富农鲜果蔬种植专业合作社牵头，在新场村筹措贫困户人均1500元的产业扶持资金和小额信贷资金，投入总资金351.03万元，种植贵妃枣300亩，受益贫困户466户1977人，种植马铃薯600亩，受益贫困户586户2500人，商品兔代养17700头，受益贫困户58户177人。协调引进化肥36.4吨，在龙洞村实施核桃提质增效3000亩；协调引进资金300万元，成立镇雄县龙洞村田榜枇杷种植农民专业合作社，流转土地1000亩种植“五星”枇杷。

抓产业发展，激发群众内生动力

“扶贫不能养懒汉”一直是扶贫工作的一个热门话题，在扶贫工作中，有一些既有劳动力又按政策享受最低生活保障的家庭，少数劳动力没有利用起来，内生动力不足，等靠要思想严重，出现了扶贫工作推动不力和政策上养懒汉的现象。为了解决这一难题，县纪委监委与新场村“村两委”共同思考和探索，把这一现象与扶贫产业相结合。该村有种植贵妃枣这一扶贫产业项目共300亩，由于注入资金有限，后期管护更是难上加难。仅靠实施项目中的管护经费是远远不够的，比如施肥、浇水、除草等。经与村“三委”结合相关文件精神研究决定，排查出全村享受最低生活保障的农户中所有劳动力。通过召开院坝会，向他们宣传政策和做思想工作。最终确定每个劳动力每月出一天义务工，由分管干部统一管理调配，确保贵妃枣产业的良好发展。采用这样的方法和措施既平衡了其他农户的不平衡的心理又让扶贫产业得到了很好的发展，让脱贫攻坚工作和群众思想工作得到双推进。

抓党建引领，促脱贫夯实基层基础

认真抓好基层党组织建设，充分发挥基层党组织的战斗堡垒作用和共产党员的先锋模范作用。针对龙洞村村“三委”干部工作经验丰富，但总体年龄偏大，业务水平低的实际，要求驻村第一书记、村党组织书记、村“三委”干部、大学生村干部和驻村工作队队员在工作中相互学习、相互帮助，共同提升、同向发力，用心用情推动各项工作。村党总支、各党支部、认真落实“三会一课”等制度，开展好组织生活，号召全村党员带头示范引领、遵规守纪、传播正能量，积极宣传好党的路线方针政策。同时，坚持以脱贫攻坚统揽经济社会发展全局，以党的建设统领工作落实，以铁的纪律和硬的作风作为保障，实现党的建设和脱贫攻坚双推进。

（作者时任中共镇雄县纪委常委、宣传部长）

海岳尚可倾　吐诺终不移

李国玲

雨河镇瓜雄村，一方植被丰茂、美酒飘香的康养胜地。古老的瓜雄，是一个马背上驮出来的小寨子。20世纪末，基础设施薄弱，人民生活十分艰难，群众生产生活用品多数都是靠人背马驮，住的茅草房、喝的河流水、穿的补丁摞补丁，真正是“通信基本靠吼、交通基本靠走、治安基本靠狗”。从改革开放到西部大开发，党带领人民改天换地、追求和谐美好生活的步伐一刻也没有停止过。2013年，习近平总书记提出“精准扶贫”的重要扶贫理念，作为帮扶单位，镇雄县文化旅游产业发展领导小组办公室第一时间在瓜雄派驻驻村工作队并确定帮扶干部，致力于瓜雄村的脱贫攻坚各项工作。

面对距离远回家不便、办公条件落后、村容村貌脏乱差、百姓爱搭不理的种种窘境，驻村工作队有些茫然。然而，使命在肩不容退缩，“办法总比困难多”，他们绞尽脑汁找出路，把工作不断向前推进。桥边村头、地里山上，访老人问商家，话家常言冷暖，看住房瞅衣着，从身上穿的到碗里端的，入户摸底、走访调研，全面了解村情贫情民情。切实当好宣传员、调查员、战斗员、调解员、助推员的角色，用心用情用力推动瓜雄村脱贫攻坚各项工作。

驻村工作，锻炼的是能力，考验的是耐性，磨炼的是意志。工作和家庭的天平，要怎么才能平衡呢？生活中我们不止一次苦苦寻找答案。但在驻村队员心里，却是一个毋庸置疑的单项选择题，他们始终只能首选工作。陪家人的时间少了，走访贫困户的时间多了，照顾亲人的空间没了，牵挂贫困户的生活勤了，儿女情长淡了，干群感情浓了，亲朋距离远了，村情贫情熟了。在单位的大力支持和工作队的统筹协调下，食堂正常运营起来，办公条件逐渐得以改善，村容村貌有了质的提升。

“人多计谋广，柴多火焰高。”有了帮扶单位，工作队来了，帮扶干部来了，主意来了，项目来了，资金来了，瓜雄村如沐春风，展翅起航。从村组路的硬化到连户路工程的实施，从活动广场的修建到便民超市的开放，从低保养老保障的逐步完善到饮水工程农危改的一项一项落实。有各级党委、政府正确领导和相关部门的关心支持，帮扶干部背水一战的付出，瓜雄村 6000 多人民借风使劲地拼搏，如今，群众的生活好起来，腰包鼓起来，笑容多起来。他们住的是安居房，走的是水泥路，喝的是自来水，电灯、电话、电视全普及。付出就会有收获，经过大家的共同努力，瓜雄村已于 2016 年经过考核验收，脱贫出列。

虽然瓜雄已经脱贫出列，但是“扶上马送一程”，脱了贫的老乡要稳定过上小康富足的生活，还需要社会、企业、帮扶单位、当地政府、贫困户本人等多方努力，保持勇往直前的势头。机构改革后，瓜雄的帮扶单位由原来的旅发办变更为镇雄县文化和旅游局，帮扶工作一点也没有松懈走样。杨明局长多次亲临瓜雄，督导脱贫攻坚工作，并深入前进、幸福、竹林、染房等村民组走访调研。今年，县文化和旅游局继续对瓜雄村的办公设备后勤保障基础设施等加大投入，截至 6 月，相继投资 17 万元用于瓜雄集镇路灯照明工程，投资 3 万余元完善村委会办公环境，一年不到的时间，县文化和旅游局已经投入 30 余万元用于瓜雄村的各项帮扶工作。

帮扶单位财物上的充分保障为脱贫夯实了战斗堡垒，为帮扶干部不折不扣努力脱贫一路保驾护航。在瓜雄村，文化和旅游局驻村队长邓华书，队员高骏，几年如一日，顾不上家里年迈的父母、幼小的孩子，在脱贫攻坚一线，忍受着山高路远的孤寂和苦闷，白天入户走访掌握扶贫第一手资料，晚上研判论证，为瓜雄稳定脱贫奔小康出谋划策。今年年初，新冠疫情蔓延，邓队长和高骏勇敢加入“逆行”者行列，协同瓜雄村村两委干部和其他包保干部轮值卡点、入户排查、监测体温……

今年7月，邓队长在昆明读书的女儿参加高考，寒窗三年一朝亮剑，女儿打电话希望爸爸在高考期间陪陪她，没想到爸爸说的是：“幺儿，你的高考，爸爸应该陪伴你。可是扶贫工作正是关火的时候，松不得放不下。这样吧，这一次妈妈就全权代表了，爸爸答应你，扶贫一结束，想去哪里都陪你一个月，好不好？”电话那头的女儿久久不回话，过了好大一会儿，女儿“嗯”了一声，挂了电话，邓队长的心里说不出的滋味。但是，几分钟后，约上其他工作队队员，他们又踏上了宣传劳务输出整治人居环境的路。作为帮扶干部，我们一边要把自己负责的单位工作正常推进，一边要兼顾挂村帮扶任务。通常，在别人还沉浸在梦乡的时候，我们得赶紧披衣下床，做好孩子的早点安排好家里的事务。匆匆忙忙把孩子收拾完安顿好，晨曦中踏上了下乡扶贫的路。

分管瓜雄扶贫工作的副局长郎学春同志，妻子是县人民医院的医生，工作繁忙，任务重，照顾家庭分身乏术。郎副局长一面要统筹安排自己分管的旅游工作，一面要带队投入瓜雄的扶贫，三岁的儿子只能送去幼儿园。有一次，在幼儿园的儿子玩兴奋了忘记上厕所，撒尿把裤子打湿了，老师叫家长及时送裤子去换，战斗在扶贫一线的郎副局长只有打电话请朋友处理，因为时间太长天气不好，弄得儿子得了重感冒。回到家，已经是晚上11点过，睡上床却咳嗽不停的儿子一直闹着要爸爸，不肯入睡，听见爸爸的开门声，儿子翻身爬起来扑进爸爸的怀里“哇”的大哭起来：“爸爸，我打湿裤子，我错了。”一声道歉，把郎副局长的心都撕碎了，紧紧抱住儿子，他久久不能平静。

八月，火红的辣椒、金黄的落叶、飘飘洒洒的雨一直在渲染秋的气氛。走在入户走访的路上，李秀琼同志一直在琢磨，考虑哪天回城时给张光友家买些婴儿用品带下来。前进组张光友家媳妇要生娃娃了，家里没有包被、盖毯、婴儿服，更别说奶瓶、奶粉、尿不湿，如果不提前准备，到时候娃娃生了抓天无路。走到张光友家，秀琼一边了解他们近久的打算、生活上的困难，一边询问张光友媳妇预产期和住院事宜的安排，没想到，张光友一下子发起火来："你们这些扶贫干部，三天两头朝着我家跑，一下子问收入一下子又说娃娃的，破烦不破烦？我们买不买奶粉、尿布关你啥事？我们在哪里生娃、哪时候住院你们管得了吗？"猝不及防的秀琼感到莫名其妙，她不知道自己说错了什么，又做错了什么。秀琼一边退出张光友的家，一边说："好好好，我不问，可以了吧？"说完匆匆赶回村上。没几分钟，张光友又发微信语音给秀琼，叫秀琼不要骚扰他家，说自己的媳妇要有个三长两短，他绝对对秀琼不客气。

回到村上，秀琼马上把自己的遭遇向郎学春副局长、驻村工作的邓队长汇报，大家马上结队去张光友家了解实情。原来，四十有余的张光友单身了半辈子，好不容易找到现在的媳妇，他媳妇的前夫就在隔壁的威信县，距离瓜雄很近，张光友随时担心媳妇的前夫找过来把媳妇带走，所以他不希望媳妇生娃的事情被太多的人知晓。了解真相后，驻村工作队和镇村干部耐心地开导和安慰张光友，告诉他合法的婚姻是受法律保护的。帮扶干部入户走访，不管是问收入还是生娃娃的事情，都是为了更好地让他们享受扶贫政策。经过两个多小时的开导、劝解、出主意，张光友的脸上露出愧疚和感激的笑容，还高声叫他妈妈去院坝里捉鸡来宰，一定要挽留帮扶干部和镇村工作组吃饭再走。

"滴水之恩当涌泉相报"，在瓜雄，贫困户拉着往兜里塞板栗黄瓜，包保户强行挽留要从冰箱里拿出排骨解冻煮汤留下吃饭，养蜂致富的创业能手感谢党的扶贫政策，硬要送蜂蜜给我们尝鲜的盛情场景屡屡再现。

"海岳尚可倾，吐诺终不移"，"到2020年现行标准下的农村贫困人口全部脱贫，是党中央向全国人民作出的郑重承诺，必须如期实现，没有任何退路和弹性。"习近平同志在决战决胜脱贫攻坚座谈会上说的话掷地有声。今年，恰逢脱贫攻坚收官之年，行百里者半九十，脱贫攻坚已进入攻坚拔寨、临门一脚的关键时期，越到最后，越是艰难，越发不能思想上松懈、力度上松劲、作风上松垮。在这场战役中，领导带头积极而为、帮扶干部舍小家顾大家。如今，行走在瓜雄 13.5 平方公里的土地上，到处都是日新月异的景象，抓生产、强产业，日子甜、家园美，瓜雄人的幸福生活就像蜂巢里如玉似膏的蜜，回味悠久，醇厚绵长。

（作者系镇雄县文化和旅游局工作人员）

驻村扶贫小记

陈选良

按照组织安排，2018 年 5 月，团省委增派 8 名同志到镇雄县驻村扶贫。我被派驻罗坎镇落尾坝村，挂任罗坎镇党委副书记、镇驻村工作队总队长，落尾坝村第一书记、驻村工作队队长。光阴荏苒，转眼已是脱贫攻坚收官之际，但驻村扶贫的点滴恍如昨日，历历在目。

脱贫攻坚，艰难启程

决战决胜脱贫攻坚，可谓任重而道远！开始的几个月，是压力最大的时候，既要强化相关政策的学习，加强村情民情的深入了解，又要抓好各项任务落实。白天下村入户走访，督促推动各项工作任务，晚上梳理走访情况、学习政策文件，有空就与村上同志、其他驻村工作队交流探讨。驻村扶贫工作推进中的困难和问题像沙袋一样沉甸甸地压在心头，有时压得深更半夜也无法入眠，担心拖了脱贫攻坚战的后腿。常常是这样，天一亮，一批批群众就来到村委会，反映着各种各样的困难和诉求。记得第一次下村，一位老大妈把凳子往路中间一摆，拦下我们说起低保的事。进村入户，部分群众开口就是没有享受过政府“三分钱”政策。村里开个会，通知 9 点，往往快到 10 点才开得起来；上次会议安排的工作，下次会议一问，有的落实了，有的甚至搞忘了，只好再次敦促，再次安排。镇党委、政府每周工作例会，落尾坝村总有一两项没有完成，落在被通报之列，都快成了被通报“专业户”。全村除村委会背后有 2 公里多的硬化路外，其余都是土路，下村入户自不必说，群众出行十分不易。

盯准目标，各个突破

面对重重困难，必须凝心聚力，众志成城。认真分析、总结了前几个月的经验教训后，驻村工作队和镇村干部一起召开专题会议，全面梳理脱贫攻坚工作任务，深入查摆存在的差距不足，分析原因，研究改进的办法和措施。经过广泛深入的讨论，要进一步加强基层组织建设，进一步聚焦精准，进一步强化政策学习宣传，进一步做实群众工作，进一步推动工作力量的融合，进一步强化工作落实，一定要让拉后的工作冲刺到前头，成为大家的基本共识。

在加强基层组织建设上，我们坚持党建扶贫“双推进”，对标《农村党支部规范化建设标准（修订）》，按照“细化标准、强化业务指导，档案集成、规范党建台账，强化引领、促进脱贫攻坚”的思路，创新工作载体，探索编制《党建提质增效工作手册》，全力推进村党组织规范化达标创建。以“三会一课”制度落实为根本，加强党组织建设和党员队伍管理，以“四议两公开”制度落实为抓手，规范“小微权力清单”运行，提升服务群众能力，推进服务型党组织建设。强化党建引领，充分发挥党员先锋模范作用，成立村级脱贫攻坚指挥部，组建 9 个工作组 4 支先锋队，强化脱贫攻坚组织保障。

在落实精准方略上，全面排查摸清全村所有人口信息，健全完善人口信息档案。全面梳理汇总脱贫攻坚以来的所有信息，以户为单位，集成112项居民信息，健全完善村民信息台账，夯实“六个精准”要求落实基础，努力做到“零漏评”“零错退”，确保扶持对象、项目安排、资金使用、措施到户、脱贫成效精准。结合脱贫攻坚推进，及时更新完善信息，全程记录脱贫攻坚情况。把信息台账与群众工作紧密结合，和群众一起算清脱贫攻坚国家投入的“大账”、各家各户享受政策的“细账”，教育群众心中要有“明白账”，不断提高群众的认可度。

在政策学习宣传和把握运用上，全面收集中央、省市县各级党委关于脱贫攻坚文件、重要会议精神、领导讲话等，汇编《学习资料集》，以《习近平扶贫论述摘编》为主要载体，每周工作例会专题组织学习，不断提升大家的政策业务水平。组建各小组微信群，重要政策及时推送；实施“党的声音在耳边”工程，建设覆盖全村各小组的喇叭广播系统，做好形势政策宣传；推出“微落尾”微信公众号，加强脱贫攻坚政策和工作开展情况宣传，为脱贫攻坚营造良好氛围。

在做实做细群众工作上，明确每季度召开一次党员群众代表会议，召开一轮到组到户群众会，根据工作实际，随机召开小组群众会，宣传政策，听取意见，回应群众关切和合理诉求；强化群众的宣传教育和引导，扎实开展“三讲三评”和“自强诚信感恩”教育。自2018年四季度起，我们先后召开了以“自强诚信感恩”“组织化推动劳动力转移”“产业发展”“人居环境提升”“低保动态调整”“推进公共基础设施建设”“践行村规民约，推进移风易俗”“公共安全饮水管护机制建设”“开展爱国卫生运动，推进人居环境提升”等为主题的十轮群众会。不断健全完善群众意见收集研判处理机制，全力做到“小事不出村，大事不出镇”，不断夯实脱贫攻坚群众基础。

在推动力量融合，强化工作落实上，按照“工作同心、目标同向，任务同领、活计同干，纪律同遵、责任同担”的“六同”要求，围绕“让落尾坝的工作走在前头”的目标，合力攻坚。驻村工作队与镇村干部融合混编分组，实行挂片包组，分片包干，坚持任务、责任、时限、整改“四个清单”制度，定期召开抓党建促脱贫攻坚工作例会，安排部署工作任务，通报工作落实情况，压实工作责任，推动工作落实，在较短时间改变了经常被通报的被动局面，一些工作经验在全镇交流，脱贫攻坚成效不断显现。全村在2019年年底实现了“零就业家庭”清零，成效持续巩固；组织种植竹子5500余亩，产业支撑不断夯实；所排查危房无房户，符合政策、群众愿意的全部纳入改造，并克期完成；从2019年春季学期起，全村义务教育阶段儿童实现“零辍学”；卡户新农合参合率100%；39件安全饮水工程全面完成，居民饮水长效机制全面建立；低保动态调整平稳有序，错保漏保情况基本消除，群众认可度不断提升。通过积极努力争取，全村未硬化道路除新田小组支线外，全部纳入硬化规划并稳步推进实施，村民出行条件得到了根本改善。

在提升人居环境方面，有谋划重推进，从改变群众的日常卫生习惯入手，筹集资金，2019年春节前，在全村开展“一块毛巾、一块香皂、一支牙膏，一个漱口杯、一把牙刷”五个一活动；开展“日清扫周保洁月评比”活动，逐组逐户开展“卫生清洁户”评比；依托“新时代文明实践超市”，开展文明实践积分兑换，激励先进，鞭策后进；管好用好公共服务岗位人员，加强公共环境卫生清扫、保洁；建设覆盖全村各小组的垃圾池，打造坝头小组人居环境综合整治示范点，推进污水处理，推进绿化亮化美化；拆除闲置危旧房350余处4万余平方米，全村人居环境稳步提升。

在整合社会资源方面，有团省委的大力支持。2018年以来，累计募集社会资金536.4万元，资助镇雄县贫困学生3483名；募集资金67.73万元援建音乐教室7个、希望厨房1个、快乐体育园地2个、希望卫生室3个；举办“青春启航”中专班，帮助300余名镇雄籍初中毕业生到省民族中专就学；争取30万元产业扶持资金，帮助发展蜜蜂养殖产业；协调经费38.3万元，举办青年电商培训班7期，培训创业青年1151人次；募集100余万元物资，帮助罗坎镇解决卡户感官贫困问题。

硕果累累，明天可期

一线驻村扶贫，承担着压力、体味着酸楚，也有过委屈，但更多的是收获的喜悦。面对老乡对生活状况改善的期盼眼神，肩上是沉甸甸的担子，低保动态调整、农危改实施、易地搬迁工作、公共项目建设的推进，无数次的耐心细致工作，少数群众的不支持不配合，甚至一些群众的冷言冷语……工作艰辛，内心委屈，但都抵不过广大乡亲的一份份真挚情谊。随着工作的推进，有老乡专门跑到村上当面感谢，有的给你带来一小包花生，有的给你送来三两个八月瓜，无论卡户非卡户，在进村入户时都会热情邀请你吃顿饭，连八九岁的孩子在路上遇到都会热情向你打招呼……特别是看着一项项扶贫成效的显现，更切实体会到工作的价值和意义。几年的脱贫攻坚，乡村的面貌发生翻天覆地的变化，人们的精神面貌也发生了很大改变。村子整体面貌的改观，一家一户的发展变化，其间有我们的一份辛劳和汗水，为有幸参与脱贫攻坚这场伟大战役而倍感光荣和自豪。

一线驻村扶贫，在和老乡们一起分享着发展变化喜悦的同时，个人也得到了锻炼成长。一线脱贫攻坚实践，更加深了我们对习近平新时代中国特色社会主义思想的理解，更充分认识坚持中国共产党领导的伟大政治优势，更深刻理解和领会并自觉践行以人民为中心的发展理念。一线脱贫攻坚实践，我们全面深入接触农村工作的方方面面，从宏观上提升了对政策的学习、理解、运用能力，加强了对党和国家“三农”工作等大政方针的理解和把握，从微观层面丰富了基层工作经验，提升了抓好落实、推动发展的能力。沉在一线，驻在村上，经常和人民群众打交道，了解了他们的生产生活情况，知晓了他们的困难和期盼，明白了他们的所思所想，增进了与人民群众的感情，提高了基层工作能力。在脱贫攻坚这场伟大战役中，我们和镇雄县各级干部并肩战斗，他们在工作谋划上的开阔视野、清晰思路，在推动落实上的务实举措、严实作风，在落实上的率先垂范、动真碰硬，以及基层工作中的方法策略都教育和帮助着我们成长。在和人民群众的交往中，他们顽强拼搏、乐观进取的精神激励着我们。这些，都是人生的一笔宝贵财富。

脱贫只是第一步，更好的日子还在后头。两年多的脱贫攻坚把我们的心和情与镇雄、与落尾坝紧紧连在一起，我们坚信，在党中央的坚强领导下，在广大干部群众的共同努力下，有脱贫攻坚打下的坚实基础，随着乡村振兴战略的实施，父老乡亲们一定会过上更加红火美好的日子。

（作者时任共青团云南省委副书记，驻镇雄县罗坎镇落尾坝村工作队队长、第一书记）

有一种精神叫鞠躬尽瘁

李德任

仲夏的谷花村，风和日丽，通村公路蜿蜒交错，连户硬化路曲径通幽，此起彼伏的知了声，吟唱着夏天独有的热情奔放。肤色黝黑的周洪像往常一样，时而在田埂边、院坝里与群众拉家常、话脱贫，时而盯着电脑屏幕，熟练地录入各种数据，时而又头顶烈日，督促着各类扶贫工程建设……作为昭通市总工会派驻镇雄县五德镇谷花村的元老级驻村工作队队员，他在这里已经度过了 4 个年头，与这里的每家每户、一花一草都结下了不解的情缘。从他走在扶贫路上的身影，我们看到了一种精神：鞠躬尽瘁。

扶贫攻坚，再困难也要干

2015 年年底，按照市委市政府统一部署，昭通市总工会挂钩扶贫点由威信县柏香村调整为镇雄县谷花村。刚接手的谷花村百废待兴，交通不便，进村公路只有一条坑坑洼洼的断头泥路，一到雨季更是难以通行，从市区到村上自驾车要跑 7 小时，坐公共交通工具则要转两次车，通常一两天才能到达。日常办公大家都挤在低矮破旧的老房子里，漏雨、潮湿，没有像样的办公用品，没有食堂和宿舍。

2016 年 1 月，单位在征求意愿增派驻村队员过程中，面对镇雄闭塞的交通和恶劣的环境条件，大部分职工多多少少有些顾虑，但周洪二话没说就答应了下来，回家简单收拾行装后，背上行囊便奔赴谷花村。他说：“扶贫干部是下去为人民服务的，不是去游山玩水搞旅游的。为人民服务，再困难也要干。”

这一去就是整整四年多。四年多的驻村工作，周洪吃的苦、淌的汗、流的泪不知有多少。有一次他到市区办事，由于工作队没有车，无奈之下搭了一辆便车，但车辆并不到市区，行驶到半路，不得不重新找车，下车地点离主干道还有很长一段距离，走了半个小时左右才到达附近的公路上重新搭车，几番折腾下来，到市区的时候，已将近晚上 12 点。

村上没有食堂，很不方便吃午饭，平时并不爱吃早餐的周洪每天早上也要坚持吃碗米线或面条才到村上开展工作，午餐不方便就干脆熬着，熬着工作到下午四五点返回镇上再吃，长时间下去，他微胖的身体瘦了下来，胃也常常不舒服。想到脱贫攻坚是历史赋予的神圣使命，他把眼前的苦咽了下去。

这样的日子持续了将近两年，直到市总工会出资和协调，修通了硬化路，接通了农网电，盖了新的村委会办公楼，完善了学校设施，建起了村级食堂，装好了队员宿舍，“出行路不畅，办公场所差，居住没地点，就餐无着落”的现状才得以基本解决。

我是干部，更是山村群众的亲人

每次和周洪一起走在乡间小路上，常常远远地便听见有老乡“周同志、周同志”的打招呼，笑呵呵地跑过来递烟拉家常，很是亲热。还没到家门口，听到周洪的声音，群众便知道是他来了，急忙放下手中的活计跑出来热情相迎。在村里的4年多时间，周洪走遍了村里的每个角落，熟悉了村里的每一户人家。

有一次我们下乡入户去走访，有位同志偶然问一位80多岁的老人知不知道周洪，老人不假思索地说道，“当然知道周同志了，他是我们谷花村的嘛，经常都看到，对人热情得很，我们有困难就找他。”听到这里，我们忍不住笑了。在长期的驻村扶贫工作中，他早已与群众打成一片，有时候群众甚至都忘了他是驻村队员，反而把他当成了谷花村的本地人。用他的话说，“基层工作是与群众打交道的工作，要把工作做好，就要融入这里，我们是来扶贫的，不是来做客的，我们要和老百姓打成一片，我们是干部，更应该是群众的亲人。亲人一起好办事嘛”。

长期的驻村工作，他对谷花村产生了浓厚的感情，在多次的驻村队员轮换过程中，他从来没有向组织和单位提过任何请求，抱怨过任何事情，哪怕是他患病的时候。

抱病坚持，轻伤绝不下“火线”

电脑不熟悉、打字速度慢是村两委和年老队员的通病，但工作还得继续推进。在2017年的精准识别大走访过程中，1982年出生的周洪作为队里的“年轻队员”，毅然担负起了表格统计和系统录入工作。面对1000余户的数据量，加之系统开放时间短，他经常熬夜加班，每天晚上能两三点睡觉都成了奢望，连续奋战一个月左右，脸上因为电脑辐射泛起了油光，整个人也由于长时间熬夜变得面容憔悴，双眼血红。

一天下午，正在录系统的他突然打冷战，浑身冒了冷汗，队长劝他赶紧去医院，把病瞧好再说，但他一想到第二天系统就要关闭，如果停下来就完不成工作任务，于是坚持要录完系统再去医院。随便吃了几粒感冒药后，他又一头扎进系统录入的苦战，一干就是通宵，到了第二天上午，系统录完了，但疲倦过度严重透支体力的他再也支撑不住了，同事们把他送进了医院，一躺就是 3 天，医生说：“这种拼命，怕只有铁人才着得住。”

刚刚出院，还没有恢复体力的他顾不得休养身体，又马不停蹄地投入档案资料整理当中。凭着不屈不挠的精神支撑，在土地确权、入户走访、一卡通清理、APP 录入、低保评定等工作中，他依然冲在一线，圆满完成了一个又一个艰巨的任务。

山区扶贫，痛并快乐着

产业是脱贫攻坚的重要支撑，面对全村“靠山山高、靠水水远、靠地地少”的自然环境，2018 年，在驻村工作队和村两委的商议下，村里开始了中蜂养殖探索，但养蜂过程中技术管理是个大问题。懂技术的人寥寥无几，愿意出来带头的几乎没人，好不容易找到一个人负责管理，中期因为个人债务问题再也无法继续从事管理工作，接班人一时半会又找不到，110 箱蜜蜂面临无人管理的困境，何去何从成了摆在大家面前的一大难题。就在这时，毫无养蜂经验的周洪自告奋勇，当起了“救火队长”，牵头承担起养蜂管理重任，他说：“投入了这么多精力不能前功尽弃，不懂技术，我可以学，只要有信心，肯下功夫，就一定能把蜜蜂养好，世上无难事，只怕有心人。”

坐落于大山深处的养蜂基地离主干道大约 3 公里，沿途杂草丛生、荆棘遍地，上山坡度接近 45 度。由于蜂群庞大，每天周洪都要顶着烈日或暴雨穿梭往返于村委会和养蜂基地之间，一干就是一整天。中午没有饭吃，就带上几个洋芋或玉米棒，晚上看不见下山，就索性住在搭建的简易雨棚里，半夜时常被雷电惊醒，偶尔还会撞见一两条蛇。

面对无人教授养蜂技术的尴尬局面，周洪自费从网上购买了养蜂专业技术书籍，如饥似渴地从中汲取知识养分，边学习边实践边请教，一个月下来，过箱、分蜂、并群、介王，每一个养蜂程序他基本能熟练操作，成了养蜂基地的技术骨干。但“常在蜂边走，哪有不被蜇”，有一次，由于防护服不小心被撕开了一条口子，十几只蜜蜂顺着口子往里钻，径直在他头上、脖子上、身上、手上乱蜇一通，锥心的刺痛传遍全身，但外面蜂群太多，只得跑到没蜂的地方慢慢取下帽子，赶走蜜蜂。不到1个小时，整个脸肿得像个大冬瓜，手也肿得没了基本轮廓。去医院连续打了2天吊针才基本控制住蜂毒。还有一次，一只蜜蜂悄悄溜进他耳朵，毫不客气地在他耳道里扎了一下毒针，肿胀迅速堵塞了耳道，一个星期都没有完全恢复……就这样，整个养蜂过程他被蜇了上百次，最后练就了被蜇后淡定地用手拔下毒针，继续工作的“硬功夫”。就是凭着这一股子韧劲狠劲，在他的亲力亲为下，养蜂产业有了起色，自己也在不断摸索中成了村里知名的养蜂“土专家”。每每谈起养蜂经历，他脸上都洋溢着灿烂的笑，仿佛喝了一罐蜂蜜，被蜜蜂蜇的痛，一点儿也看不见。

如今的谷花村，村如其名，环境优美、交通便利，宽敞明亮的村委会院坝旗帜飘扬，镇村往来车辆和行人络绎不绝，户户门前通起了联户硬化路，家家住进了舒适安全房，欢笑声、读书声声声入耳。周洪与其他队员一起仍然坚守岗位、勇担重任，默默工作在基层一线，用激情奏响脱贫攻坚的决胜号角，用青春描绘乡村振兴的宏伟蓝图。

在山村扶贫路上，无数个周洪组成了一支浩浩荡荡的大军，他们向困难宣战，向贫穷宣战，他们有一个共同的名字，叫“人民公仆”；他们有一个共同的使命，叫“造福人民”。从他们风里来雨里去的身影中，我仿佛看见了“先天下之忧而忧，后天下之乐而乐”的仁人志士，我仿佛看见了在焦裕禄身上闪耀的精神光芒——鞠躬尽瘁。

（作者系昭通市总工会驻五德镇谷花村工作队队员）

我们村的“百科小熊”

刘 蕾

到鹿角坡村驻村报到的第一天，还来不及下车，就听到有人叫“小熊，快来看哈这个表。”我老远看去，一个年轻的“小家伙”静静地站在值班室门口，这应该就是车上主任告诉我的村委会的“小百科全书”。

计算机小百科

小熊同志是个编程小能手，脱贫攻坚工作涉及了大量的数据表册，每个数据和表册都要求采集精准、报送准时，小熊同志利用自己的专业技能，翻书、百度，一点点地建立程序、编写计算公式，使得原本需要十几个小时才能完成的任务，可以在几个小时就完成，做到数据精准。明白卡的制作是个大工程，对于我们村 592 户的建档立卡户，如果让 3 个驻村工作队队员一户一户的填写数据，一天保证完成 100 户，基本每人需要 2 天。面对这样庞大复杂的工程，我们脚趾头抠得紧紧的，心里捏着一大把汗。只见小熊同志沉思了一会儿，坐在电脑边，将明白卡中涉及的所有数据收集比对到一个 execl 表中，再利用邮件合并的方式，一次就可以导入 592 户的信息到明白卡中。看着小熊导入数据成功，我们长长地松了一口气。“能者多辛劳”，多少个夜晚为了不间断自己的思路，小熊都是通宵坚持收集比对数据，一夜完成明白卡的制作。

在村委会这个“大家庭”中，他俨然就是一位耐心“小老师”。村上的工作人员对计算机操作基本不熟悉，小熊同志不厌其烦，谁问他，他都一步一步教，讲得简单易懂，指导演练步骤，直到大家能够自己完成业务会操作为止。刚到村上一个月，我就遇到交叉入户抽查的任务，面对走访汇总表格，笔敲了脑袋无数次，都只能一个一个凑着数据汇总。刚休假回来的小熊知道后，认真地教我从户表提取数据到总表上的公式，我不懂，他就反复讲，直到我记住为止。用了他教的方法，原本两个小时的工作五分钟就搞定了，而且是零错误。

在村委会，常听到的就是“小熊，这个怎么弄啊？”“快来，小熊。”“小熊在哪？请他看哈嘛。”面对大家的呼来叫去，他总是微笑着，耐心地一点点讲解，一步一步示范，直到整个工作完成。这个不折不扣的计算机小百科，在他的帮助下，我们每个人都在一点一点地进步，业务能力一天一天地提升，是他撑起了驻村工作队的半边天。

咨询小百科

那天早晨，起床一下楼，就听到小熊在打电话，说什么雨露计划、圆学子梦，听得刚驻村一个月的我一脸茫然。一问才知道，他在对自己包片区域所有在校大学生，逐一打电话宣传教育补助政策，他怕那些远走的学子们不知道，怕在家的家长们不清楚。他一遍一遍说，怕家长听不懂，说不清楚，他主动喊家长通知学生联系自己，加了一个又一个学生的微信，手机在手里不停地打字、语音，他不仅认真耐心地解释和指导学生填写申报表，还一遍一遍地告知申报程序。在他的努力下，几天后，有家长拿着学生寄回的申报表到村委会盖章，他又一遍一遍地讲申报表要盖哪些部门的章，要找哪个办公室，最后要送到哪里。听着家长们一遍一遍地谢谢，他露出的笑容蜜一样的甜。没有任何农村工作经验的我，到任后，一天要问无数的问题，小熊同志从来都是不厌其烦地讲，从工作什么时候开始，怎么开展，开展后的结果，甚至为了让我了解更深入，他整理成文字资料给我看。每当有工作任务，他立马开启“百度模式”，这项工作主要是什么，要以什么样方式开展，以前是怎么做的，其他村是怎样开展的，在扶贫攻坚领域，好像就没有他不知道也没有他搞不定的。

有一天，一位大婶来到村委会问询她的残疾补贴，小熊并没有因为这不是我们业务范围不闻不问，而是认真问了信息，在电脑上查询相关资料，电话询问村上具体负责的同志，然后给了大婶一个满意的解释。大婶走的时候好开心：“这位同志给我说清楚了，这下我放心了，谢谢。”无数次，他就是这样成为我们大家的咨询小百科。

村情、民情小百科

不论他走到鹿角坡村的哪个“角落”，大家都老远就叫“熊同志，你来啦。”他的活动轨迹，就是两点一线：走访和回村。村情他比谁都清楚，但凡遇到检查，只要有他在，大家就是心安的。他挂钩撕栗树村民小组 18 户贫困户，我与他同行走访，他像走在自家的园子一样，谁家在哪里？谁家什么情况？哪儿有个水池，哪里栽了一地果树，他清清楚楚。每到一家都亲切得像走亲戚一样，村民小组长说他就是这个地盘的“主家”。不管说到哪家卡户，他一口就能告知本户基本情况，几口人，多少个劳动力，在哪儿打工，工种是什么，收入多少，娃娃读书的学校年级，家里开支情况一一道来。3 年来，他俨然已是我们村的“百度地图”，要去哪家，一导航就直达。

作为驻村工作队队员，在鹿角坡村要脱贫出列的关键时期，他常常“白加黑、5+2”地加班至深夜，早上鸡鸣天未亮就起床，继续投入“战斗”，即使是轮休期间，也是人走到哪里，工作就带到哪里，甚至深夜接到任务，立刻返回，有时候回到村上，已快天明。有一次，他重感冒，看着无精打采却强打精神坐在电暖炉旁边的他，队长要求他回家休息，他却轻松地说没关系，转头又咳个不停。在他的心里，来到鹿角坡村，不仅是脱贫攻坚工作的需要，更是实现自己人生价值的需要。回想他刚来的时候，鹿角坡村的村组道路还没有硬化，下乡步行，还要标配雨鞋，现在村组路全部硬化了，不管去哪个村民组，车辆直达，他又可以穿上自己喜爱的小白鞋。农户的院坝里开始配备洗衣机，院坝清爽亮堂，谁到了这样的环境，都想坐下休息一会，唠个家常，小熊也不例外，每次走到农户家，经不住老乡的热情挽留，他总要多多少少吹上几分钟，说党的政策，说自力更生的重要，说大家要奋力向上。

在党的正确领导下，在众多小熊一样的帮扶部门、挂包干部以及镇村干部的努力下，群众脱贫致富的路子拓宽了，劳务输出就是颇具含金量的一条。外出务工，不仅改变了一个家庭，还改变了大家的思想；合作社的马铃薯年年丰收，2020 年又新增了辣椒种植，下一步还有魔芋种植。眼看着远行的年轻人们，就可以在家门口发展了，小熊同志常常感慨，3 年转瞬即逝，他见证了鹿角坡村的华丽转变，他说离开的时候，定要绕着村子走一圈，以自己的方式庆祝脱贫攻坚战的最后胜利。

（作者时任昭通市发改委驻五德镇鹿角坡村第一书记）

啃下“硬骨头” 打好“歼灭战”

杨 杰

如果要给2019年的脱贫攻坚工作找一个关键词，那无疑是：农危改；如果要再给农危改找一个关键词，那无疑是：清零。我所在的以勒镇以勒村，贫困户有798户，危房对象254户，其中四类对象242户。在全县下达“清零”命令之前，已经完工115户，不到总户数的一半，另外一半多的任务要全部在6月30日前完成“清零”，压力山大。

进入5月，工作节奏明显加快，各级都开始了与时间赛跑的攻坚突击行动。我们充分统筹和整合县驻村工作队、镇驻村工作组和村两委三支队伍的力量，将任务分解到人，紧盯时间节点，倒排工期，制订严格的农危改“清零”打卡行动计划，要求包保人员每天必须入户了解工程进度情况，同时以勒镇党委和政府也加大督查力度，要求任务重的同志放弃轮休。通过层层施压，人人奋战，5月完成了83户，占总进度的近70%，同时即将竣工的有12户，在建的37户，未开工的还有7户，整个“清零”行动最大的阻力和障碍便集中在这7户身上。

本以为，拿钱给老百姓修房是做天大的好事，老百姓一定会满心欢喜，不料，因为嫌面积小、补助不够和建新拆旧等原因，部分老百姓在得到名额后迟迟不动。既不能剔除名额，老百姓又不建，甚至帮建也不答应，但又必须“清零”，工作人员一时间陷入维谷，进退两难，无奈地把“清零”

行动称为“黑色6月”。

时间逼近6月底，穷尽各种努力，以勒村之前未动工的7户都不同程度地动起来了，但想赶在6月30日前完成简直是天方夜谭，特别是水口组的吴道恩家，6月27日才破土动工。

6月28日晚7点，以勒镇党委和政府召开农危改紧急会议，县分管领导成旭副县长出席会议，在听取了各村的进度后，通过与上级沟通协调，同意将时间延至7月5日。但他一再强调说，这是最后的期限，5日之后就再没退路了。

以勒村属于较硬的那块骨头，由镇长亲自督战。会后，我和镇挂村领导、村支书一起来到镇长办公室，对进度滞后的那7户进行分析研判。最后，吴道恩和孔令全家落到了我头上。镇长说，“你是工作队队长，这块‘骨头’非你莫属！”从镇长办公室出来，我便骑着摩托车连夜跑到吴道恩家和孔令全家。

孔令全家的情况相对较好一些，墙体已经支砌过半，天亮便可以打过板，如果不出意外，3日打板没问题。吴道恩家就实在糟糕了，基坑刚浇铸完毕，水泥还没完全凝固，更糟糕的是，吴道恩告诉我，明天不能施工，老板要去别家打板。这怎么可能？岂不是要命？我心里的想法是，无论如何，明天万万不能停，而且还要加班干。

经过反复的沟通，我最终说服将要打板的那户人家暂时停工（他家的指标是2019年第二期，完工时限在9月30日前），让师傅先过来这边突击，然后，因为害怕在电话里和老板沟通的效果不明显，我直接飞奔去他家当面商量。当我终于谈好一切返回住处的时候，已经凌晨1点多了。为了防止师傅没有时间观念，日上三竿还不进场，我在临睡前把闹钟调到6点。

6月29日8点，当师傅开始进场的时候，县公安局政委、以勒镇脱贫攻坚第一书记和镇长也和日出比赛似的急匆匆赶来了。看到现场的情况，两位领导很是焦急，经过一番谋划，作出三个决定：一是尽量多地增加工人，二是连夜施工，三是改变施工方式。从而达到三个目的：一是确保6月

29日能够将基础浇铸完毕，二是确保6月30日材料能够进场，三是通过30日、7月1日和2日连续不分昼夜地施工，确保3号能够支模打板完毕，然后力争在4日完工。

没办法，没有半点回旋的余地，我只能与时间赛跑。我在施工方找不到多余工人的情况下，在半个小时的时间内便联系5名工人进场，然后在5点前协调钢筋、水泥和砂石料全部运送到位。为了节省时间，我把工人吃午饭的时间都省掉了，自掏腰包去镇上买来包子、牛奶、鸡腿和凉拌猪耳，让工人们在工地上吃，吃完一抹嘴又开始干活。为了调动工人积极性，我甚至和村支书及村上的人员一起抡着锄头上阵。

以勒当天的最高温度近37℃，火辣辣的太阳烤得地上起火，地里的苞谷叶卷得厉害，狗也躲到了树荫底下伸着舌头，似乎所有生灵都像隐匿乘凉去了，唯独吴道恩家70平方米的工地上，工人们还在忙个不停。也正是太阳最辣的时候，施工也刚好进入高潮，公务用车、工程用车和摩托车挤满一路，施工的、监工的和看热闹的人们拥聚在一起，一时间车马骈阗、人声鼎沸、机器轰鸣、尘烟四起，场面恢宏，盛极一时。

我一刻不停地在工地盯着，既要督促工人加油干，又要保证材料不断，还要确保施工安全。袁政委反复交代说，“小杨，工期固然要紧，但人命大于天，一定要确保安全。”夜里12点半，当搅拌机停止轰鸣，喧嚣散去，最后一辆摩托车载着工人疲惫的身影消失在黑夜里的时候，世界安静了下来，凉意像窃贼似的自墙根悄悄爬上来。我也终于可以歇口气了，返回住处的时候经过空荡荡的镇上，在街角的一个已打烊的烧烤摊前看见一只黑色的猫儿在专注地挑拣残食，一股烧烤的余味袭来，我顿时觉得饿极了，才发现自己竟一天没吃东西，但是整个街上的店铺都已经关门了。

那些天每天早上6点我就起床，先跑去吴道恩家看动工没有，再跑去孔令全家看一下进度，把紧要工作安排协调妥当以后，再折回来吃早点，放下碗筷便又返回去紧紧地盯着工程进度。怕工人干活不积极，我总是变着法子讨好他们，或买烟给他们抽，或买水给他们喝，或给他们讲笑话，或参与到他们中间，顶着烈日与他们一起干，晚上最后一个撤离。和我一样紧张的，还有袁政委和彭镇长，每天要来现场两三次，镇扶贫工作群随时都在催报进度和施压……

终于，工期抢出来了，7 月 3 日可以打板了，但一连串棘手的问题也出来了。主人家拿不出材料钱，我们只好去找卖钢筋和水泥的老板商量担保；砂厂里突然没有砂，机器因不分昼夜长时间的运转累坏了，砂厂外等着拉砂的车辆像饿汉等着救济似的排了一长排。最后只好以每吨多 10 元，运费每车多 20 元的价钱去散户那里倒腾。但搅拌机却是怎么也联系不来，活太多了，根本忙不过来，整个以勒镇成百上千的农危改，全都要赶在这个时期完成，人和物都被抢空了。考虑用商混车浇铸，但路太窄，机器上不来。考虑用人工，但一时间也找不到那么多人，特别又是晚上。最后，向镇领导报告，同意延期到 4 日，但领导以不容商量的语气交代说，4 日必须干掉，哪怕是三支队伍的人员自己动手！

4 日这天，为了不出意外，我们早早派人去盯着搅拌机，然后亲自护驾迎接过来，害怕它被人抢走了……下午 5 点，终于顺利地完工了，这也意味着以勒村的“清零”任务胜利完成，我长吁了一口气。

事后，吴道恩的老母亲感慨说，“要不是政策好，要不是修这个房子，这一辈子还没遇上这么热闹的场面，像大富人家办酒席一样。”在我看来，这也是人生中少有的经历。当机器停止轰鸣，喧嚣散去，我独自回去的路上，内心突地涌起一种自战场上下来的壮烈感：短短 6 天的时间平地起高楼，盖房的速度堪比竹笋出土的速度，这在我看来本就是不可思议的壮举。

往后余生，我绝不会忘记这气势如虹、壮怀激烈的一幕，我对自己说：“我曾经在脱贫攻坚战场上酣畅淋漓地拼搏过，奋战过！作为无数脱贫攻坚将士中的一员，我无愧这伟大的使命，无愧于党和人民！”

（作者时任镇雄县税务局驻以勒村第一书记）

第七编　东西扶贫协作

东西结对　圆梦小康

镇雄县扶贫办（协作办）

东莞市地处中国经济最为活跃的珠江三角洲，有“世界工厂”之称号；镇雄县位于连绵起伏的乌蒙山腹心地带，有“大雄古邦”之美誉。

2016 年 12 月 7 日，中共中央办公厅、国务院办公厅印发《关于进一步加强东西部扶贫协作工作的指导意见》后，东莞市帮扶云南省昭通市镇雄县，两地因东西部扶贫协作而结缘。一股东西部地区同心协作谋脱贫的劲风吹遍了镇雄县脱贫攻坚主战场，共同谱写了“东莞镇雄一家亲、携手并进奔小康”的扶贫协作新乐章。

“山呼海应”战贫困，扶贫协作结硕果。东西部扶贫协作工作开展以来，东莞市共向镇雄县援助财政帮扶资金 23165 万元，从建立机制到结对帮扶，从产业对接到落地见效，从经济援助到社会事业多领域深度合作，两地开创出一条具有示范意义的扶贫协作道路。

聚焦小康目标　共商扶贫协作大计

为促进东西部扶贫协作、加快镇雄脱贫进程，东莞市、镇雄县两地党政领导干部积极主动对接，建立互访联席会议制度、定期磋商制度和定期交流制度，全面推进产业合作、劳务协作、社会帮扶、人才交流、职教帮扶和携手奔小康行动，共商扶贫协作、脱贫奔康大计，形成了两地一盘棋、上下一条心、拧成一股绳，全力推进东西部扶贫协作的工作格局。2016 年以来，东莞市委书记梁维东带领党政代表团赴镇雄考察交流 1 次，清溪、企石等 32 个镇街主要领导共来镇雄考察交流 65 次，镇雄县委翟玉龙书记先后 4 次带队到东莞对接交流和考察。

为深化结对帮扶关系，东莞市紧跟东西部扶贫协作深入推进步伐，先后派出清溪镇、企石镇、桥头镇、谢岗镇结对帮扶镇雄，按照“携手奔小康行动”要求，广泛开展教育、文化、卫生、科技等方面合作，瞄准贫困任务重、贫困程度深、脱贫难度大的乡镇、村，积极探索“1 帮 N”“1 对 1”结对帮扶新模式，推动全方位、多层次、宽领域的扶贫协作，助力镇雄县全面打赢脱贫攻坚战。扶贫协作开展以来，东莞市组织 32 个镇街、78 个村、18 个社会组织结对帮扶镇雄县 10 个乡镇、96 个村；东莞 8 所学校结对帮扶我县 8 所学校，6 家医院结对帮扶我县 3 家医院。5 年来，东莞市与镇雄县迅速行动、主动对接，协同联动、抓实工作，携手朝着奔康目标铿锵前行。

聚焦引培人才　共筑双向交流平台

东部支援西部，不仅是先富带动后富，也是传授先进经验，实现东西部互利双赢、共同发展的最好机遇。

2016 年以来，两地加强人才交流互动，从东莞市赴镇雄“传经送宝”的不只有挂职领导干部，还有教育、医疗卫生、科技等各个领域的专业技术人才，他们把东部沿海开放地区的先进理念、技术、信息、经验等毫无保留地传导到镇雄，进一步增强了贫困地区干部人才队伍带贫减贫能力。同时，镇雄县派出干部和专业技术人才到东莞市挂职锻炼、学习交流、提升能力。

五年来，东莞市派驻镇雄挂职干部共计2人，其中县处级1人、科级1人，分别挂职县委常委、副县长和县扶贫办副主任，通过补充急缺人才，解决镇雄干部“思路贫困”“办法贫困”的问题，为脱贫攻坚注入“新鲜血液”。

五年来，东莞市共选派36名教师、27名医生、10名农技人才到镇雄开展教育、医疗、农技等领域对口帮扶，帮助镇雄培训教育、医疗卫生、农业等领域专业技术人才4589人次，助力镇雄打造一支带不走的教育队、医疗队、农技专业队。

五年来，镇雄先后选派干部16人次到东莞市挂职锻炼；选派24名教师、34名医生到东莞市跟岗培训。通过全方位、多层次人才交流，帮助镇雄干部和专业技术人员更新理念、提升能力。

“人才和干部的交流，带来了思想观念的撞击，为镇雄发展带来了新鲜经验。镇雄前往东莞挂职的干部看到了自身差距，拓宽了思想视野，更新了发展观念，坚定了脱贫致富的信心和决心。在镇雄挂职的东莞干部则纷纷表示，镇雄干部群众自力更生、艰苦奋斗的精神，进一步磨炼了他们干事创业的意志。”东莞、镇雄两地交流干部彼此道出了心中最真实的感受。

聚焦产业合作　共建脱贫致富支柱

产业发展是稳定脱贫的重要基石。东莞市坚持把富民产业培育作为“主抓手”，将镇雄县资源与东莞市场精准对接，大力扶持发展优势特色产业，激活镇雄县产业发展，山和海谱写出最美乐章，携手奏出山与海的美丽交响。

东西部扶贫协作，离不开强有力的资金扶持。2016年以来，东莞市加大产业资金援助扶持力度，累计支持产业帮扶资金1.41亿元，为镇雄县精心谋划实施产业项目29个，构建贫困群众脱贫致富支柱产业。目前，两地协作建成产业扶贫车间19个、规范化大棚334亩，共建产业园区2个、生猪代养场6个，为贫困群众稳定脱贫和增收致富提供坚实支撑。

大力开展消费扶贫行动是强化产业合作助推镇雄发展的又一重要帮扶举措。在对口帮扶框架下，东莞市和镇雄县多方面开展经济合作，充分发挥比较优势，创新协作方式，扩大协作范围，努力实现互惠互利，共同发展。围绕拓宽“镇货出山”“镇货入粤”通道，东莞市统筹市内多家大型商场设立消费扶贫专柜，积极组织镇雄企业参加广东农产品交易市场、广东消费扶贫电商平台、红十字会电商众筹等活动，对接镇雄县农业合作社采购，助力镇雄农产品扩大销售，做好消费扶贫“大文章”。东西部扶贫协作开展以来，实现镇雄县农特产品对外销售额近2000万元，贫困群众享受到消费扶贫带来的红利。

同时，镇雄县出台系列优惠政策，通过东莞市牵线搭桥，建立与沿海地区协作纽带，大力推进招商引资、招大引强，成功引进25家东部企业来镇雄投资发展，创建了14家公司和19个扶贫车间，完成投资4.9955亿元。截至目前，农投望家欢、民心光电、宏盛、民泰、宝涛等企业建成投产，吸纳周边建档立卡贫困户劳动力1178人就近就业，有力促进其家庭持续稳定增收。

聚焦劳务协作　共拓就业创业门路

就业是最大的民生。“一技傍身，彻底翻身；一人就业，全家脱贫。”东莞市把劳务输出作为精准帮扶贫困群众增收致富的根本途径，通过两地签订劳务输出扶贫协作协议、联袂实施职业教育培训，设立镇雄县人社局驻清溪劳务输出工作站，架起劳务输转“立交桥”，促进镇雄农村劳动力稳定就业，助推精准脱贫。强化稳岗补贴、交通补贴等政策支撑，加强政策宣传引导，开展送政策、送岗位、送服务上门等活动，提升就业帮扶质量，积极引导其消除“不想出去”的思想和“不敢出去”的顾虑，激发贫困劳动力就业积极性和脱贫致富的内生动力。

2017 年 9 月 12 日，清溪镇、镇雄县两地人社部门举行劳务输出扶贫协作协议签订仪式，拉开了劳务协作的大幕。

自开展东西部扶贫协作以来，两地围绕精准摸底、解决“底数不清”的问题，精准培训、解决“实效性不强”的问题，精准转移、解决“组织化不高”的问题，精准服务、解决“就业不稳定”的问题的工作要求，着力提高劳动力转移组织化程度。共举办培训 21 期，培训贫困人口 2.5 万人次，2.1 万贫困劳动力实现有计划、有保障的转移就业，其中成建制转移 7479 名贫困劳动力到东莞就业。

在有序输出的同时，镇雄县以东西部扶贫协作为契机，强化产业招商引资，引导支持东莞劳动密集型企业到镇雄县设立扶贫车间，进行代工生产，同时加大镇雄县公益性岗位开发力度，吸纳贫困家庭劳动力就近就业，不断拓宽就业增收渠道，促进贫困群众稳定增收。目前，全县建成扶贫协作车间 19 个，吸纳 1542 名劳动力就地务工（其中建档立卡贫困劳动力 711 名）。东莞市投入资金在镇雄县内开发乡村保洁员公益性就业岗位 3859 个。

一组组数据，记录下 5 年间东莞、镇雄两地推进劳务协作的成绩。

聚焦社会帮扶　共打脱贫攻坚硬仗

一人难挑千斤担，万人能移万重山。面对打赢脱贫攻坚战这场硬仗，东莞市带着一颗真心，不远千山万水，组织社会帮扶力量与镇雄县牵手扶贫协作共谋小康。2016 年以来，东莞市筹集社会帮扶资金 1.172 亿元，重点帮助镇雄县实施贫困村产业发展、文明实践超市物资购置、太阳能路灯安装、卫生公厕建设、村组路建设、人居环境提升等项目，受益人口达 5 万余人。

2016年至2019年，东莞市组织157家企业结对帮扶镇雄县96个贫困村，为镇雄决战脱贫攻坚注入了一股股强大而温暖的力量，助推2万余贫困人口实现脱贫。

进入2020年，东莞市深入贯彻落实国务院扶贫办关于动员社会力量助力挂牌督战的要求，制订印发《东莞市东西部扶贫协作全面加力行动方案》，创新采取“包干制”，按照“1+1”模式落实双覆盖，组织东莞市20个市直部门或单位，5家东莞大型企业，78个村，214个民营企业和18个社会组织，共计335家单位和企业、社会组织帮扶镇雄，其中232家企业和社会组织采取“一企对一村”“一企对多村”“多企对一村”等方式，结对帮扶镇雄县96个挂牌督战村，实现挂牌督战村结对全覆盖、双覆盖。同时，坚持规定动作和自选动作相结合，签订帮扶协议，支援每个结对督战村资金或物资不少于5万元，帮扶对接不少于1次，扎实抓好结对帮扶工作。结对企业通过资金帮助、人才援助、劳务互助、产业协助、消费扶助、特困救助等多种方式进行精准帮扶。

这样的“精准结对帮扶”，镇雄县难啃的“贫困硬骨头”正被滴水穿石，脱贫致富的美好愿景看得见、摸得着。

聚焦短板弱项　共奏惠及民生乐章

为做深做细做实扶贫协作，东莞市立足提升镇雄教育、医疗、基础设施等领域“短板”，不断增强民生项目的“输血”功能，着力解决民生保障突出问题，推动贫困地区加快发展。

自开展东西部扶贫协作以来，东莞市36名教师、27名医生、10名农技人才先后奔赴镇雄，崎岖的山间小路上、校园的教室里、患者的病床头……脱贫攻坚一线，到处活跃着东莞人的身影。

围绕教育扶贫拔穷根，东莞市36名教师到镇雄乡村学校支教，8所学校参与结对帮扶镇雄8所学校，让大山里的孩子享受到东莞优质教学资源。两地联袂实施职业教育培训，创新实施东西部职教劳务协作“0+3”模式，镇雄县输送2140名贫困学生到东莞市就读各类职业技术学校，同时通过“2+1”“2.5+0.5”模式，推动镇雄县职业学校学生到广东进行上岗培训或企业实训，进一步扩大职业教育合作的覆盖面。

围绕医疗扶贫暖民心，东莞市27名医生到镇雄城乡医院支医，6家医院参与结对帮扶镇雄县人民医院和县中医院、泼机卫生院，支援我县建成村卫生室71个，将医者的仁爱之心深种古邦大地，并推动镇雄县在医疗机构管理、医疗质量、基础设施、学科建设、医疗服务能力等方面得到显著提升。

围绕设施改善增后劲，针对房、路、水等群众最关心、最迫切需要解决的问题，东莞市投资建成易地扶贫搬迁示范点1个、产业道路13.8公里、文明实践超市84个、村活动场所18个、饮水工程3个、中学食堂1个、公共厕所70个、购置垃圾清运车47辆，大力改善基础设施，全县城乡面貌焕然一新。同时，东莞市将帮扶贫困残疾人脱贫纳入扶贫协作范围，积极组织开展扶贫助残活动，实施贫困残疾人家庭无障碍设施改造650户，发放建档立卡贫困残疾人补助161人，购买残疾学生感统设备和语言训练设备各1套，用爱心激发起残疾对象脱贫致富的信心和勇气。

5年来，一个个民生项目有序推进，一条条惠民措施不断落实，不断推动扶贫协作走深走实。跨越千里，山海情深。如今，东西部扶贫协作的友谊之花正在广阔的古邦大地上结出累累硕果。

社会力量众筹　奏响攻坚决胜大合唱

镇雄县扶贫办（协作办）

国家挂牌督战村是扶贫工作的“难中之难”。而在昭通镇雄县，就有96个国家挂牌督战村，占据全国总量的十分之一。

2020年是脱贫攻坚战的收官之年。怎样啃下这个“硬骨头”？仅仅依靠政府力量是不够的。东莞发动社会各界力量，集聚社会各界资源，向96个督战村倾斜。在强力号召下，东莞335家单位和企业、社会组织帮扶镇雄，其中，232家企业和社会组织结对帮扶镇雄县96个国家挂牌督战村。

乌蒙山深处，奏响一场众志成城的脱贫决胜大合唱。

各界集中帮扶　茶园村旧貌换新颜

夕阳从云雾缭绕的山头渐渐落下，晚上7时，茶园村路灯初亮，明亮的路灯在深山里照射出一条优美的村道弧线。

今年8月9日之前，镇雄县茶园村从木卓湾村民组到坪头村民组6.5公里的村道两旁，还一直延续着日出而作日落而息的活动习惯。如今，村道上安装起了路灯，150盏路灯造福了当地村民，更照亮了孩子的笑脸。

“冬天7点多出门上学，没有手电筒，就那样走啊。”11岁的左婷在茶园村小学上学。云南冬天最冷的时候，要到近 8 点天才会亮，在没有路灯的日子里，左婷已经在漆黑的村道上摸黑走了 4 年。路灯的变化只是一小部分，从家到学校的那段路才最让左婷印象深刻。“雨天都是泥，到了学校鞋子又湿又脏。”左婷略嫌弃地看着自己的鞋说。

一旁茶园村副主任胡建龙也指着记者的皮鞋说：“以前我们这里一下雨都是泥路，像你这个鞋走不了几步的。”

泥土路变成了水泥路，从村头贯穿到每家每户。9 月份的镇雄多雨多雾，如今走进村民的新家，再也不用担心满脚的泥巴。

茶园村修起了致富路，也逐渐呈现出新村貌。贫困户陈宗秀在村里的公益性岗位上班，每天都要在村干道上打扫卫生，最近几个月道路两旁的变化让她目不暇接。

一辆垃圾清理车停靠路边，一家摆满生活用品的文明实践超市开门营业，一旁村委会的工地也在紧锣密鼓地收尾。

“再过一个多月，便民服务大厅、卫生室、无害化卫生公厕等都会投入使用。”胡建龙说。

从 7 月开始，对口帮扶茶园村的东莞市民政局及东莞控股发动各协会、企业下村调研，精准对接项目补齐当地短板，使茶园村旧貌换新颜。

比村容变化更让人欣喜的是变化背后汇聚的力量。“这个路灯是东莞市建筑业协会和东莞控股资助的，罗湾村民组广场也来自东莞控股，卫生室由东莞市慈善会捐赠资金修建……”东莞派驻当地的扶贫干部，镇雄县副县长张伟华一一列举、如数家珍。

茶园村只是东莞社会力量帮扶的一角，进入脱贫攻坚的最后冲刺阶段，镇雄县作为目前尚未脱贫摘帽的县受到东莞各界的关注。“最忙的时候，一天有七八个企业协会到村里调研，前来的调研团多了，社会帮扶力量也大了。”张伟华笑着说。

东莞的水务系统送来了装水表工程、民政系统带来了社工心理辅导、交投公司帮忙美化道路……张伟华说：“东莞的帮扶很对口、很实在！”

村均投入 81 万元　帮扶力度领跑全国

在镇雄县高山大地易地扶贫搬迁安置点居民楼里，28 栋居民楼拔地而起，来自镇雄县 18 个乡镇、86 个自然村、2147 户 9992 人陆续搬到此。从深山搬家的村民们，第一次感受到 15 分钟生活圈的便利。

从贫困户杨华所在的单元楼出来，不到 100 米的距离，就是杨华平时工作的地方。附近单元楼送来一车车垃圾，他只需启动按钮，机器就会自动压缩整理，残留在外的垃圾简单清理即可。在安置点，上学、看病、工作和日常生活等都有了保障。

“再过几个月，你老婆也可以在家门口工作赚钱了。”东莞扶贫干部、镇雄县扶贫办副主任叶石稳对杨华说。

家门口的工作正是指位于该安置点的东莞市援建镇雄的东西部扶贫协作产业园，该园区由东莞投入 5000 余万元进行建设。计划 12 月底建成投产，到时可以吸纳就业人口 1000 人左右。

昭通是全国贫困人口最多的地级市之一，也是云南省脱贫攻坚的主战场和最难啃的“硬骨头”。这种家门口就业上学看病的便捷生活，离不开东莞社会各界的帮扶。

坚持聚焦督战县村、聚焦深度贫困、聚焦全面收官，今年，东莞创新采取“包干制”，按照“1+1 对 1”模式落实结对帮扶双覆盖，东莞市组织 335 家单位和企业、社会组织帮扶镇雄，捐赠资金和物资 8288 万元，其中，232 家企业和社会组织结对帮扶镇雄县 96 个国家挂牌督战村，捐赠资金和物资 5228.86 万元。总计投入到 96 个督战村资金 7767 万元。

东莞市 87 个代表团 700 余人次到镇雄各督战村开展对接交流工作。在帮扶行动中，通过产业联村、项目带村、捐赠帮村等手段，增加农民收入，推进脱贫致富。

今年 6 月 2 日至 6 月 5 日，东实集团党委书记、董事长刘波率旗下东实新能源公司、旗山公司相关负责人，前往镇雄县进行调研走访。而就在半个月前的 5 月 15 日，东实集团向镇雄县捐赠 500 万元，所捐款项全部专项用于镇雄县特色产业发展，为产业扶贫升级加力。

500 多万元的扶贫捐赠，跨越 1500 公里的调研与走访，量身定制扶贫攻坚方案……在镇雄县 2 个国家挂牌督战贫困村——谷花村和新寨村，东实集团一行深入调研，摸清贫困底数，瞄准痛点精准施策。

东实集团结合自身优势，为对口帮扶村建立密切对接机制，量身定制帮扶工作方案，确保扶到点上、帮到根上，达到实质性帮扶效果，为打赢打好脱贫攻坚战添砖加瓦。

东莞市社会力量投入镇雄 96 个督战村帮扶资金和物资 7767 万元，村均投入为 81 万元，居全国前列。社会力量捐赠资金主要用于镇雄督战村产业发展、文明实践超市物资购置、太阳能路灯安装、卫生公厕建设、村组路建设、人居环境提升等项目。其中：东莞市交通投资集团有限公司、东莞实业投资控股集团有限公司、东莞科技创新金融集团有限公司、东莞港务集团有限公司、东莞市水务集团有限公司共同捐赠资金 3000 万元，用于大火地产业园区建设，项目涉及镇雄 5 个乡镇 20 个督战村产业发展扶持资金和部分村集体经济扶持资金；华坚集团捐赠资金 300 万元，用于镇雄 30 个行政村卫生公厕建设；东莞市民政局捐款 50 万元，用于镇雄 5 个“新时代文明实践超市”物资购置。

开展对接帮扶工作以来，在完成规定任务的要求下，东莞市清溪镇、中堂镇、万江街道、东莞市民政局、东莞市交投公司等镇街、企业持续发力，加大力度帮扶督战村。

东莞市万江街道党委书记带队到以古镇调研脱贫攻坚工作，在已捐赠黑塘村、老官房村各 10 万元购置文明实践超市物资的基础上，再次捐赠镇财政资金 100 万元，并协调辖区内企业捐赠 105 万元，共 205 万元，用于以古镇黑塘村、老官房村竹产业发展；东莞市中堂镇镇委书记带队到以勒镇调研，捐赠镇财政资金 50 万元，协调辖区内企业捐赠资金 290 万元，共

340万元，用于以勒镇瓜果村、团树村扶贫车间建设和人居环境提升；清溪镇向镇雄捐赠公交车20辆；东莞市交投公司向镇雄捐赠公交车80辆。

扶贫更要扶志　文明超市培育乡村新风

东莞社会力量在捐资捐物的同时，也创新性地借助文明实践超市这一载体，扶贫扶志，推动山村移风易俗。

一袋洗衣粉、一瓶洗洁剂、一块肥皂，这是上个月昭通镇雄县茶园村村民陈宗秀用60积分在村里文明实践超市换来的生活用品。“只换不卖”的文明实践超市去年6月在茶园村开业，每个月都会有拿着红色积分卡的村民前往兑换。10积分相当于10元钱，村民可按照需要自由选择超市内的被褥、碗筷等用品。

“家里卫生做得好，就给20分；邻里相处和睦，就打30分；知晓政策，10分。”茶园村副主任胡建龙介绍，每个月村委都会到1258户村民家进行走访，了解每户家庭的文明和谐情况，引导村民讲文明、除陋习、树新风。据了解，从2019年2月开始，以镇雄县以古镇岩洞脚村里开张的第一家爱心超市为标志，新时代文明实践超市开始在镇雄各地方挂牌工作。正如其名字所代表的一样，超市希望通过“十星级”文明户创建、积分兑换物品的方式，激发群众内生动力，引导群众改陋习树新风。

在镇雄县高山大地易地扶贫搬迁安置点，村民胡庆香正在文明实践超市柜台前结账，她对记者说：“最多的一次我拿到了50分，因为尊老爱幼、帮忙打扫公共区域的卫生，我直接在超市换了一袋米。”一旁的店员告诉记者，每个月都会有兑换商品的社区居民。每次居民拿积分卡兑换物品后，超市管理员都要登记好兑换台账。在积分兑换台账上，记者注意到，有村民拿65积分兑换了一箱纯牛奶，还有村民用25积分兑换了一袋黑芝麻，每次兑换结束都会记录下剩余积分并按下手印。"我们每个月会在社区会议室或者每栋楼栋长的家里开一次会，每户派一个代表通过举手表决的方式评选出当月的'文明之星''卫生之星'，然后上报整个社区进行公示，随后依次为大家发放积分。"高山大地安置点B07栋栋长杨华说。

在超市货架上，除了贴满积分的标签，还有普通的商品价格标签，文明实践超市在引导安置点居民从村民向市民文明生活习惯转变的同时，也通过委托经营的方式为当地群众提供便利的超市服务。再过一段时间，茶园村的文明实践超市将搬入新的大楼，而经营的方式也将从以前的"只换不卖"的模式，转换成具备兑换和购买双重功能的模式，文明行为引导之外，卖货盈利的部分还将用于增加村集体收入。

在走访的多家文明实践超市的一侧，都无一例外悬挂着"东莞·昭通扶贫协作慈善超市"的牌匾，据东莞派驻当地扶贫干部叶石稳介绍，截至目前，镇雄共建成像这样的"新时代文明实践超市"252个，其中东西部扶贫协作资金390万元建设超市76个，东莞社会力量捐款捐物849万元，充实84个超市物资。

"好的行为就要发扬，不好的行为也要曝光，虽然爱心积分实施的时间不久，但是很多村民家里乱摆放的煤炭少了，院子里的卫生也干净了很多。"胡建龙说。

看看村里这几年来的变化，茶园村党总支书记赵杰说："东莞社会各界积极参与到对国家挂牌督战村的结对帮扶中，有钱的出钱，有力的出力，这种齐心协力帮扶的热情，让我们非常感动。"赵杰很年轻，今年只有23岁。然而对村里的情况，他却了如指掌。对于东莞各界的帮扶事项和金额，更是如数家珍。"目前，东莞社会各界给茶园村的帮扶资金，已经超过了190万元。"赵杰一条一条仔细梳理。在基础设施方面，以前村里道路破损，没有路灯，在东莞市民政局、东莞建筑业协会帮扶下，建设人居环境示范路，为1.5公里主干道装了路灯，种植了花卉树木，美化改造沿线房屋；以前村里只有一台很小的垃圾车，不够使用，东莞市民政局捐助了一辆载重6立方米的大型垃圾车，有效改善了卫生环境；过去没有路灯，孩子们要摸黑上下学。东莞社会力量启动“点亮学生上学路”的帮扶项目，在两所学校的主干道上，新建150盏路灯。

在便民服务方面，茶园村海拔高，空气潮湿，很多老年人有“老寒腿”，行动不便。正在新建的便民服务大厅将没有台阶，便于居民们办事；以前村里的卫生室面积小，位置偏远，今后也将搬到便民服务大厅旁边，并投资25万元拓展到160平方米；过去村广场边没有公厕，华坚集团捐助了10万元，将新建公厕；过去村活动广场设施简陋，在东莞企业捐资支持下，将加强绿化，增加健身器材等设施。

东莞社会力量还做好特困帮扶和心理辅导。镇村扶贫工作队排查出25户特困家庭，对其开展救助，已经通过社会力量捐款3.2万元；今年暑假期间，东莞社工组织也来到茶园村，为留守儿童开展心理咨询、卫生教育、安全知识等心理辅导教育。

“我听说，东莞企业华坚集团原来不在社会力量帮扶的名单内，但华坚集团主动要求加入社会力量帮扶行列，并捐资300万元帮助30个行政村建设卫生公厕。”赵杰说，“今年受疫情影响，华坚集团也遭受了很大的冲击。但他们捐资扶贫的热情不减，这体现了以华坚集团为代表的东莞社会各界的大爱，非常令人感动。”

（根据《南方日报》新闻材料整理）

勠力同心战贫困　携手奋进奔小康

——广东省东莞市帮扶泼机镇脱贫攻坚纪实

鲁绍朝

2016年起，广东省东莞市帮扶镇雄县泼机镇，坚持把开展东西部扶贫协作作为重要政治任务，对标泼机镇所需，以援建泼机镇亨地村弯弯田易地扶贫搬迁安置点为核心，统筹推进镇村基础设施建设、产业发展、民生改善，拓宽协作领域，提高协作实效，两地携手共进、共战贫困，全力打赢脱贫攻坚战。

自东莞市帮扶泼机镇以来，累计投入帮扶资金4690.67万元，实施项目31个，助推9554户47418人实现稳定脱贫，呈现出两地人民心连心、共谋发展携手进的生动局面。

搬进新居，过上幸福日子

实施易地扶贫搬迁，是脱贫最有效的途径和方式。两地围绕镇域内“一方水土养不活一方人”的实际，坚持“住有安全房屋”的原则，通过科学规划、精心统筹、高位推进，大力实施弯弯田易地扶贫搬迁工程，切实增强贫困群众的自我发展能力，实现真正脱贫。

昔日，弯弯田冷僻荒凉，放眼一望，房屋破烂不堪，道路泥泞难行，污水四处横流，垃圾臭气熏天，发展面貌贫穷落后，如今，弯弯田易地扶贫搬迁安置点亮丽热闹，映入眼帘的是排列有序的红瓦黄墙“小别墅”、碧绿苍翠的行道树、平坦干净的沥青路、宽敞整洁的文化广场，一派欣欣向荣的发展景象。

弯弯田这个地方发生今非昔比的巨大变化，始于东莞市帮扶泼机镇。

2017 年 3 月，弯弯田易地扶贫搬迁安置点开工建设，项目占地 96 亩，计划建设住房 11350 平方米，配套建设活动室、活动广场、猪舍，配套完善给排水、电网、广播电视网络设施，集中安置建档立卡贫困户 110 户 473 人。两地共整合资金 4200 万元投入项目建设，其中：东莞市援助资金 1000 万元，省划拨易地搬迁专项资金 1180 万元，政策性贷款 1475 万元，其他资金 545 万元。

经过两年的紧张忙碌施工，2019 年 1 月，弯弯田易地扶贫搬迁安置点全面竣工。2019 年 1 月底，建档立卡贫困户 110 户 473 人全部搬入新居。

2019 年 2 月 4 日，是搬迁群众在新家过的第一个春节。弯弯田易地搬迁点热闹非凡，搬迁入住群众都在忙着贴春联、打扫卫生、杀鸡宰鱼，小孩子在广场上、小区道路上嬉戏玩耍，手中气球随风飘动，整个易迁点沉浸在祥和欢腾中。

搬迁户申庆祥的脸上堆满笑容，把手中正在清洗的鱼一放，抬出几个小凳子，邀请正在查看搬家情况的镇村干部坐，拉开了家常。“今年我搬新家，住上好房子，感到太阳比去年暖和，我睡着瞌睡都笑醒了几次。请同志们给我带个信给东莞领导，太感谢他们了。今天你们就在我这坐着，我把鱼煮起，到街打点酒给你们喝。”

为了确保易地搬迁群众“搬得出、稳得住、逐步能致富”，两地坚持“搬迁与脱贫并重，安居与乐业并举”的原则，针对搬迁户不同致贫原因和实际情况，“量身订制”致富路子，拓宽增收渠道。同时，搬迁群众全部拆除原住旧房，宅基地实现复垦复绿。“以前还有点舍不得老房子，现在看来，只有搬出来才能脱贫致富，我现在是越住越顺心，越住越欢喜啊。”搬迁户高发恩说。行走在搬迁安置小区内，幽雅的环境、宽敞的马路、齐备的基础设施，老人们一边晒太阳一边聊天，孩童们追逐嬉闹，俨然一幅悠然的农村生活画卷。

走到安置点群众活动室前小广场，一块竖立的大石上，南面镌刻着“感恩园”，北面镌刻着“东莞镇雄扶贫协作易地搬迁示范点”的鲜红字样，这是搬迁群众感恩东莞的有力见证。同时，为体现两地的深厚情谊，搬迁安置点新成立1个村民小组，取名“莞雄”，寄寓了东莞市和镇雄县雄图大展、人民安居乐业的美好祝愿。

夯实基础，打牢发展底子

“吃水靠下雨”“晴天一身灰，雨天一身泥”“小病死扛大病扛死”……这些顺口溜是对群众过去贫困生活的真实写照，基础设施落后成为制约脱贫攻坚最大“拦路虎”。东莞市从泼机实际出发，多方筹措资金，做实基础，补齐短板，着力改善当地群众生活条件和发展环境。

2016年以来，东莞市落实财政帮扶资金812万元、筹集社会帮扶资金137.18万元，实施基础设施建设项目15个，全力破解当地群众吃水难、出行难、就医难、教育和文化设施不完善等问题。

为切实解决当地群众“吃水难”问题，东莞市针对泼机镇石灰岩地形密布实际，认真研判境内季节性缺水、无水源等突出问题，投资120万元实施亨地山脚、瓜娃村岩脚安全饮水工程2件，新建水池3个，安装管道9公里，钻深井1口，安装自动变频抽水系统1套。有效解决了350户1184人安全饮水问题，彻底结束了当地群众吃“季节水”“望天水”“地窖水”的辛酸史。

为切实解决当地群众“出行难”问题，东莞市聚焦当地群众关切的泥土路、断头路、短板路，投资65万元改善道路基础设施，建成村组公路1.2公里，硬化产业路0.8公里，让当地群众出行更便捷、更舒适、更安全。

为切实解决当地群众“就医难”问题，东莞市围绕补齐泼机镇医疗卫生基础薄弱短板，投资175万元建成亨地、堵密等7个村标准卫生室，建筑面积160平方米，全镇近6万群众看病难、看病贵、看病远的历史一去不复返。

为切实解决当地群众“文化休闲难”问题，东莞市紧扣当地群众文化生活需要，发动东莞市民盈集团股份有限公司捐赠50万元建成文化广场1个，组织企石商会、霞朗村捐资35万元建成泼机村文化场所1个，面积600平方米，能够满足7000余人文化休闲娱乐，在培育新农民、倡导新风尚、发展新文化方面发挥了较好作用，全镇村民的生活习惯悄然发生着变化。

为切实解决亨地中学学生就餐场所问题，东莞市投入财政资金302万元，建成1743平方米学生食堂1个，可供全校1000余名学生集中用餐。

同时，利用市级协作资金165万元帮助泼机镇发展村级集体经济；捐资建设新时代文明超市3个；企石商会捐赠果皮箱100个……

这些帮扶举措，完善了基础设施建设，优化了经济发展环境，改善了群众生活条件，从根本上破解了束缚加快发展的瓶颈。

“多亏党和政府的扶贫政策，我们村变化太大了，坑坑洼洼道路硬化成水泥路了，干净的自来水通到家里了，看个病不用出村了，休闲娱乐也有了去处……这是我做梦都没有想到的。”泼机镇亨地村建档立卡贫困户高发昆感激的泪水在眼眶里打转。

培育产业，拓宽致富路子

产业扶贫是解决生存和发展的根本手段，是脱贫的必由之路。2017年以来，东莞市在对口帮扶过程中坚持从当地实际出发，立足全镇产业基础，大力开拓产业和就业“两业”，把发展产业、扩大就业作为增强群众自我发展能力、实现稳定脱贫致富的根本出路，两地携手做大做强脱贫产业，夯实脱贫致富根基。

家住亨地村尖山村民小组的邓书秀是建档立卡贫困户，扶贫车间让她看到了脱贫的希望。“现在工厂开到了村里，能够兼顾种地、家务的劳作和工厂车间的工作，还能照看老人和子女读书，感觉生活一下子有了奔头。”谈起如今的生活，她脸上洋溢着幸福的笑容。

扶贫协作开展以来，东莞市将产业扶贫作为打赢脱贫攻坚战的主战场，紧紧扭住产业扶贫“牛鼻子”，以建设扶贫车间为抓手，聚力发展劳动就业产业，为贫困群众稳定脱贫和逐步致富提供坚实支撑。2020 年 6 月，投资 190 万元建成扶贫车间 1 个，车间厂房面积 1100 平方米、办公楼面积 440 平方米，可容 200 人就近务工，实现人均年增加收入 30000 元。投资 927.5 万元，帮助 7 个国务院脱贫督战村参加大火地工业园区扶贫车间建设。

为确保弯弯田易地搬迁安置点搬迁户稳定增加收入，东莞市充分考虑搬迁对象实际，围绕发展生猪养殖，在易迁点配套建设猪舍 110 间 1760 米。

为充分发挥泼机镇全县第一人口大镇的优势，两地坚持把劳务输出作为促进困难群众增收最快捷、最有效、最稳定的途径，最大限度组织输送劳动力到东莞务工就业。同时，强化包车护送、发放交通补贴、稳岗补贴等政策支撑，深入推进就业帮扶工作，激发贫困劳动力就业积极性和脱贫致富的内生动力。“我是第一次外出泼机打工，还是我的帮扶人与政府对接，给我联系了广东东莞一家工厂，工资在 4000 元左右，我到那里以后，一定会努力工作，多挣些钱，好好过日子！”亨地村建档立卡贫困户高丽华说。

跨越千里，山海情深。东西部扶贫协作，让东莞与泼机凝聚了亲情。两地在越来越紧密的交往中，共建帮扶大格局，奏响实现全面小康大合唱。

（作者时任镇雄县泼机镇宣传委员）

来自东西部教育扶贫协作的温暖阳光

王卫程

“治穷先治愚，扶贫先扶智。”教育扶贫在脱贫攻坚大决战中有着至关重要的作用。2016 年，教育部、国务院扶贫办联合印发了《职业教育东西协作行动计划（2016—2020 年）》，把职业教育扶贫推向了教育扶贫的最前沿。该行动计划以职业教育和培训为重点，以就业脱贫为导向，瞄准建档立卡贫困人口精准发力，实施结对帮扶全覆盖、东部地区兜底式招生、职业院校参与东西劳务协作三大行动，对推动西部贫困地区与全国一道迈入小康社会具有划时代意义。

行动计划实施以来，广东省东莞市、中山市对口帮扶昭通市，其中东部地区兜底式招生成效尤为显著，深度贫困大县镇雄受益更多，这为镇雄完成“发展教育脱贫一批”重要任务、打好教育脱贫攻坚战奠定了坚实基础。春风化雨育桃李，职教脱贫建奇功。职业教育东西扶贫犹如和煦的阳光，照耀到镇雄的每个乡镇、村落，温暖着无数的家庭和学生。

拨开乌云见青天

尽管职业教育与普通教育是两种不同类型的教育，具有同等重要地位，但受传统观念影响，整个社会对职业教育认识有偏差、认同度不高，家长和学生“功利”心切，存在“成绩优上高中，成绩差去打工”的思想。每年中考成绩一公布，普通高中招生门庭若市，职业学校招生一人难求，尤其是东莞、中山的职业学校，因距离镇雄远、气候炎热、消费水平高，家长和学生更为反感和排斥，招生工作举步维艰。

传统保守的就学观、急功近利的就业观，就像漫天阴霾、层层乌云，遮挡住人们的视野，禁锢着人们的思想，大家都不愿尝试创新，通过职业教育摆脱贫困，也不敢另辟蹊径，通过东西部扶贫协作发家致富。

为完成招生任务，县委、县政府高度重视、高位统领，县教体局精心谋划、多方协调，各生源学校凝心聚力、真抓实干，把做家长和学生的工作列为重中之重。每年暑假，老师们不惜牺牲休息时间，驾车或步行，走遍千山万水、走进千家万户、道尽千言万语，大力宣传职业教育东西部扶贫协作的各项优惠政策和就读优势，耐心细致地做家长和学生的思想工作。尽管有时会遭遇尴尬、白眼甚至嘲讽，但老师们仍要三番五次、不厌其烦、苦口婆心地宣传动员，不达目的不罢休。老师们的苦心和韧劲，总能驱散阴霾、冲开乌云，让湛蓝的天空映照镇雄大地，让明媚的阳光温暖莘莘学子，一个个、一批批学生走进了东部职业学校。

洒向孩子都是爱

就读东部职业学校学生的学习与成长，凝聚着三市政府和教育主管部门、扶贫部门、各级学校的深切关怀和殷切厚望，牵动着各级领导和老师们的心，每一项政策、每一次看望，点点滴滴总关情，洒向孩子都是爱。

为使贫困家庭的孩子能上学、上好学，东西部扶贫协作为孩子们提供了各项优惠政策。镇雄扶贫部门负责学生学前培训费、首次到校的车旅费、行李费；国家免除三年学费，前两年给予每生每年2000元助学金补助；东部学校给予每生每年1200元车旅费，免除住宿费、教材费；建档立卡户学生，除享受以上政策外，镇雄扶贫部门再给予每生每年3000元“雨露计划”资助；成绩优秀的学生还可以获得省政府、学校的奖学金。

领导和老师多次看望、慰问学生，深切传递家乡关怀与期望。2017年9月20日，学生入学还不到一个月，镇雄县委翟玉龙书记便率县教体局彭高敏局长和县扶贫办领导一行，带着家乡的苹果和月饼，前往中德技工学校看望学生，翟书记给同学们讲了话，对同学们提出希望和要求，也给予同学们很多关心和勉励，当大家齐声高唱《我是镇雄人》后，所有孩子都感动得热泪盈眶。2017年国庆长假期间，镇雄县教体局老师放心不下在广东省东莞市、中山市就读职业学校的孩子们，不惜牺牲休假时间，不顾舟车劳顿，组队前往两地，回访、看望孩子们，详细了解他们的学习生活情况，并亲手将“雨露计划”补助资金发放到孩子们手中，给孩子们送去无限温暖、关爱和激励，解除了孩子们他乡求学的后顾之忧，情真意切系学子，殷殷希望盼成才。2019年1月9日，团昭通市委王启仁书记一行前往东莞理工学校看望昭通籍学生，给学生作报告，对学生提出更高要求，希望每一位孩子都能学有所成，将来成为祖国建设的中坚力量。

各项助学优惠政策，领导和老师们的关心帮助，是播撒在孩子们心田的爱的种子，是激励孩子们奋发向上的力量源泉。盛世享温暖，勤奋早成材，就读东部职业学校的镇雄孩子是幸运的，幸福的！

说走就走的旅行

跟岗管理镇雄就读东部职业学校的孩子，既是上级要求，也是现实所需。2017 年，被镇雄县教体局派往东莞、中山跟岗管理的干沟中学的王智老师，一接到通知，便毫不犹豫地抛妻别子、背井离乡，开始了一场说走就走的“旅行”，一晃就是三年。

王老师生长、工作于农村，家乡贫穷落后的面貌和寒门学子求学的艰辛，常使他心酸难过，能为家乡脱贫攻坚尽一份力是他的夙愿，2017 年县教体局的派遣，终于使他如愿以偿。三年来，王老师奔波于镇雄和东莞、中山之间，坚持着这场旷日持久的辛苦“旅行”，但他不曾怨、不曾悔。

在东部，王老师与学生同吃同住，经常与学生进行沟通交流，尽可能了解每位学生的家庭情况，掌握每位学生面临的各种困难，并给予力所能及的帮助。管理学生、稳控学生、服务学生，是王老师的“家常便饭”，偶尔有“问题”学生，那就是王老师别样的“加餐”。2019 年 3 月 29 日，王老师突然接到东莞经济贸易学校易副校长的电话，说有个叫魏建云的同学要退学，情绪比较激动，不同意退学就要跳楼自杀。当时王老师正在东莞理工学校和学生座谈，得知情况后，他火速赶往经济贸易学校，通过近两小时的沟通交流、深情开导，魏建云同学的情绪渐渐得以平复，最后决定留下来安心读书。期末的时候，她把全班第八名的优异成绩第一个告诉了王老师，还说：“老师，我这次考得不好，下次一定会有更大进步！”

在镇雄，王老师常对学生进行家访，深入了解学生家庭状况，结合实际对学生进行鞭策鼓励和励志教育，使学生更加昂扬进取。2019 年，坡头的李旭东、芒部的向建国被同学刺伤回家疗养期间，王老师就不止一次到过他们家，给家长和学生开导、安抚和关怀。他还参与发动学生、培训学生工作，以自己的亲历、亲见、亲闻为素材，对学生进行有效的教育和激励，使学生口服心服。每学期开学，王老师主要负责学生输送工作，他组织有方、指挥若定，总能带领护送的老师将全部学生按时、安全送达各校。

孩子们能安心求学、快乐生活、健康成长，王老师功不可没。拳拳游子心，浓浓桑梓情。王老师扎根东莞、中山，无数次梦里回故乡，可醒来天空却是他乡的月。

阳光下的脱贫梦

职业教育东西部扶贫协作的和煦阳光，照亮了镇雄无数贫困家庭孩子的前程，点燃了无数孩子的希望，他们挺起脊梁，走出大山求学业，放飞梦想谋脱贫。现状令人欣慰，未来倍加期待。

2017 年以来，东莞、中山相关扶贫协作职业学校在镇雄招收大量建档立卡贫困户学生（2017 年 755 人、2018 年 601 人、2019 年 784 人、2020 年预计 780 人），为补齐镇雄职业教育短板、助力镇雄学生成长成材、助推镇雄决胜脱贫摘帽提供了巨大支援。

职业教育东西扶贫协作招生困难，留住学生更难，但只要是留得下来的，都能学有所成。2017 级的 755 名学生，有 474 名于 2020 年 7 月毕业，其中有 120 人回镇雄参加“三校生”高考，成绩优秀，专科上线率 100%，其余同学大多留在广东，根据所学专业，到中国平安保险、大地保险、时捷物流有限公司等单位工作，月平均工资在 4000 元以上，他们正用勤劳的双手创造着价值，改变着家庭，书写着未来。

在东部地区的带动下，滇川渝的许多优质职业学校也纷纷加入职业教育扶贫的行列，为镇雄培养了大量优秀人才，内江市泰来职业学校就是优秀的代表之一。

林口乡阳光少女王玉兰，带着梦想与期待，2018 年走进内江市泰来职业学校，学习学前教育专业。两年来，她坚韧不拔，锐意进取，三次取得期末考试第一名，三次被评为“三好学生”，2019 年 12 月获得国家奖学金 6000 元，前途一片大好。盐源乡精神小伙周增广，就读泰来职业学校机械加工制造专业期间，励志上进，勤奋好学，文化知识优秀，专业技能过硬，2019 年 3 月成功入职华为技术有限公司，月薪 8000 元以上，工作上吃苦耐劳，善于将专业知识与工作岗位技能融合，成绩突出，2019 年 12 月被评为优秀员工。牛场镇帅气男孩王江，2014 年中考失利后，坚定选择就读泰来职业学校，主攻数控技术操作，品学兼优，专业技能一直名列前茅，2017 年 6 月通过双向选择，进入华为技术有限公司工作，月薪 11000 元左右，一技之长，使他走上了成功路。

改变一个孩子的决定，就是改变一个孩子的未来，或许也是改变一个家庭的未来。职业教育东西扶贫的温暖阳光，照亮了镇雄数以千计的孩子前行的道路，开启了孩子们崭新的人生征程。他们以顽强的意志立足他乡，以坚韧的精神打动他乡，用勤奋锻造自我，用智慧创造财富。他们学有所成，现在或将来凭借过硬的本领立足社会，努力工作，一定能成就自己精彩的人生，书写家庭美好的未来，也一定能为镇雄的跨越发展作出应有的贡献。

（作者系镇雄县教体局职工）

教育帮扶情谊深　助学育人硕果丰

——东莞新中德教育集团·以古中心小学协作教育扶贫纪实

李和友

东西部教育扶贫协作工作开展以来，东莞市清溪镇充分利用资源优势和人才优势，决定东莞新中德教育集团结对帮扶以古中心小学，着力构建教育帮扶深度合作机制，不断拓展教育扶贫协作的深度和广度，优质教育资源持续不断注入，助力以古镇教育“提质增速”，托起山区孩子美好未来。

东莞新中德教育集团携手以古中心小学实施教育扶贫三年来，以古中心小学教育管理水平、教育教学质量迈上了新台阶。2017年，学生陶富玉美术作品《携手共建地球村》在2017年云南省学校民族团结经典文化教育活动比赛中，荣获绘画比赛小学组二等奖。2018年，六年级18名优秀学生参加镇雄县重点中学小升初考试，有10名学生被录取，创下该校历史最好成绩。2019年，该校被评为镇雄县示范学校，实现了从薄弱学校到优质学校的蜕变。

融合联动　精心做好顶层设计

为切实推进教育扶贫，东莞市清溪镇、镇雄县两地坚持把教育作为阻断贫困代际传递的治本之策，切实增强教育扶贫顶层设计，全力推动以古镇教育工作开创新局面。

共签合作协议。2017 年 7 月 5 日，东莞新中德教育集团与镇雄县签订“援建 · 托管 · 帮扶”教育扶贫合作协议，高位对接、选好人员、组建团队、建好机制、整合资源、搭建平台，全面推动教育扶贫各项任务落细落小、落地落实。

构建协同机制。两地教育主管部门领导、企业学校负责人建立常态化对接沟通机制，本着观念互通、资源互享、教学互研、思路互动的原则，统筹谋划阶段性工作，高效率交流协调事项，解决合作难点，全力推动教育扶贫工作向纵深发展。

明确办学目标。坚持“规范、和谐、质量、品牌”办学理念，提升师资队伍建设水平，加强教学教研能力建设，全面提高教育教学质量，在三年内把以古中心小学打造成为教学质量过硬、有管理特色和艺术特色的乡村学校，并创建为“镇雄县示范学校”。

投入拉动　精准补齐教育短板

由于历史和其他客观原因，以古中心小学基础设施较为薄弱，教学设施设备短缺，学校没有学生宿舍，教育的短板是学校设施设备落后，设施设备落后的症结说到底是资金的匮乏，贫困山区教育精准脱贫，该用什么样的方式？这道教育扶贫面临的资金难题，因为有了东莞新中德教育集团的倾力帮扶而破解。

东莞新中德教育集团结对帮扶以古中心小学以来，以改善学校办学设施为突破口，加大资金投入，配套完善教学设施设备，全面改善学校办学条件，全力保障学生有学上、上好学。同时，多方争取企业捐资捐物，向学生献爱心。

三年来，东莞新中德教育集团投资580余万元，完成以古中心小学校舍、食堂扩建和装修，为学校配备办公用品、更换食堂厨具设备等；捐资100余万元，用于教学设施设备补充配齐和校舍维护，添置多媒体15套、课桌椅700套、教学电脑75台、铁架床200张，并维护修缮监控、围墙等校园设施；大力开展捐赠助学活动，积极组织企业踊跃参与，实实在在把温暖送到以古中心小学学生的心坎里。新中德教育集团捐赠校服1216套、泉州市聪业服装有限公司捐赠运动鞋608双、东莞市明峰建筑装饰有限公司捐赠书包608个、江苏省龙之情爱心协会捐赠学习用品6416套，价值22.5万元。募集善款7万余元，为以古中心小学安装热水系统，让学生们温暖过冬。

“在以古中心小学挂职期间，我逐渐变成了‘化缘校长’，看到以古中心小学物资缺乏，便忍不住要向每一个前来的领导‘化缘’，大到教学器具，小到学生的鞋子、水杯，没有我不‘化’的。”校长李君丽风趣地说。

以古中心小学基础设施的改善，让全校学生从破旧老校区搬迁到漂亮新校区，远离以古集镇3000米之外的田坝分校点57个复式班学生搬迁到新校区就读，260名寄宿学生入住学生宿舍……

如今，以古镇中心小学校园面貌焕然一新，校舍美丽漂亮，操场平坦开阔，教学设备设施完善，学生食堂宽敞明亮，环境卫生整洁干净，文化艺术气息浓厚，办学条件得到巨大改善，为学龄儿童接受良好教育提供了优质教学环境，成为办人民群众满意教育的民心工程、阳光工程。

创新驱动　精细抓好学校管理

转变学校管理理念、提升学校管理水平是抓好以古中心小学教育扶贫的当务之急。广东作为改革开放的排头兵、创新发展的先行者，具有全国最先进的学校管理理念、最优质的教育管理资源。东莞新中德教育集团开展教育扶贫以来，按照协议要求，对以古中心小学进行托管，选派行政管理与学科教学“双料骨干”组成管理团队，李君丽老师担任挂职校长，周建年老师担任校长助理，结合学校实际，创新管理方式，认真践行“规范、和谐、质量、品牌”的办学理念，让先进管理理念和科学管理方法的种子在以古的教育土壤中生根发芽，枝繁叶茂。

为了培养以古中心小学孩子们按时上学、见到老师问好、离校说再见等好习惯，李君丽校长坚持每天早上 7 时到学校门口迎接学生进校，下午放学在校门口护送孩子们离校，寒来暑往，坚持不懈，固化成为学校行政值日管理模式；针对学校教学成绩排位全县倒数、教师斗志不高的现状，深刻分析研判教师们存在的学校地处偏远、乡下孩子不如城里孩子聪颖、教学成绩差理所应当等错误认识的原因，通过狠抓教研活动、开展互听互评、组织优质课比赛、加强师德师风建设等途径，切实转变教师们的思想观念，推动学校管理取得显著成效，促进学校教育教学水平迈上新台阶。经过一年的实践，以古中心学校将以古中心小学的管理方法向全镇推广；提出“偏远山区小学如何推行艺术教育”的构想并付诸实践，校长与教师们分享个人经验与心得，带领教师们共同探讨，大家积极参与，畅所欲言，形成齐抓共识，学校开设了合唱队、书法、作文、简笔画 4 个艺术兴趣班。同时，李君丽还推出“教师学徒制帮教帮学”的教研模式，学校推选教学经验丰富教师当师傅，号召年轻教师拜师学艺，并签订“师徒协议”，行拜师礼，通过传帮带，加快了年轻教师的成长步伐。

示范带动　精当开展教学帮扶

在落实东西部扶贫协作上，新中德教育集团围绕把以古中心小学打造成“镇雄县示范学校”的目标，聚焦优质教学资源输入、先进教学理念植入、先进教学方法生根“三个关键环节”，高位推动教育扶贫协作，全方位释放出教育帮扶效应，走出一条深度融合与协作双赢的山区学校教育发展新路，推动贫困地区基础教育办学品质提升，实现当地教育内涵式高质量有特色发展。

三年来，赴以古中心小学支教的教师，不仅将先进的、具有时代特点的教学理念带进学校，更推动了教师间的互助与发展，让每一位学生都享受到了优质、创新、均衡的教育资源。

围绕抓优质教学资源输入，新中德教育集团把选派优秀管理团队和骨干教师作为“重头戏”，按照教学理念先进、业务能力突出、授课经验丰富的标准，精心选派具有丰富管理和教学经验的教师承担支教任务，对受援学校的内涵建设进行全方位悉心指导和示范引领。开展教育帮扶以来，新中德教育集团选派到以古中心小学管理团队有挂职校长 1 名、校长助理 1 名；选派到以古中心小学支教教师团队有周建年、周荣华、李文等 20 名教师；先后选派肖艺华、姚锦洪、徐永常、张永青等优秀教师到镇雄县以古中心小学及以古镇辖区其他学校支教上示范课。这些专家、教师发挥专长，在学校管理、课堂教学、教研能力、教学方法等方面给予帮助与指导，将传帮带落到实处，助推本地学校管理人员、教师拔节成长，助力以古教育提速发展。

围绕抓先进教学理念植入，新中德教育集团充分利用优质教育资源，通过选派骨干教师实地支教的方式，传授先进教学理念，推动教师间互助与发展，强化造血功能，受援学校教师的教学理念和素质得以迅速提升，切实增强以古教育发展后劲，助推以古教育更上一层楼。三年来，李君丽校长与其他支教教师一道，为以古中心小学注入先进教学理念，推进学校持续快速发展；在以古中心学校的组织下，李君丽校长偕同支教教师姚锦洪、徐永常、张永青到以古镇辖区内其他学校传授东部沿海地区先进教学理念，开展交流、讲学 9 场次，培训教师 100 余人。支教教师姚锦洪促成东莞星光小学与以古中心小学建立互动帮扶机制，构建网络远程教学传输平台，通过网络将东莞的先进教学理念传播到千里之外的以古中心小学，让以古中心小学学生足不出户就能享受到优质教学资源。

围绕抓先进教学方法生根，以课堂教学为平台，支教教师们面向全体老师开放自己的课堂，欢迎老师们随时听课，课后他们立即与听课老师共同研讨，为老师们答疑解惑，甚至深入每一个例题、每一道练习的出题意图。以校本教研为重点，支教教师积极指导并参与学校教研活动，坚持主题引领，开展专题讲座、教学研讨、好文赏析、技能竞赛等活动，让教师掌握行之有效的教学方法，有力推动以古中心学校教育教学质量的全面提高，辐射带动辖区内其他学校教育教学质量的整体进步。

三年来，支教专家、教师克服种种困难，战胜高寒气候，适应饮食差异，团结一致，精诚合作，牢记使命，忠诚履职，在教育精准扶贫的道路上，按下了边远山区学校发展的快进键。

“感谢我的单位和我的家人，给予我最好的工作历练，让我的光和热能够在这里绽放！让我能代表中德人做有意义的公益事业，把大爱无私的教育情怀洒向乌蒙山！”这是李君丽校长在笔记本上写下的话。

成绩浸润汗水，坚韧铸就不凡。三年来，新中德教育集团倾力帮扶，以实际行动帮助山区学校，以真诚爱心助力脱贫攻坚，帮扶工作成效显著，谱写了精彩的教育扶贫协作新篇章。

（作者时任镇雄县以古镇中心学校副校长）

悲痛，终结在昨天

——镇雄支医记

罗润发

2018 年，响应党中央东西部扶贫协作号召，我在桥头医院第一个报名参加镇雄县的支医工作，希望借此机会让我代表东莞市桥头镇回报云南、昭通人民，在东西部帮扶的政策框架下完成桥头镇政府与桥头医院领导交予的支医使命，在东西部医学领域交流学习中起桥梁作用，在我个人行医执业生涯中增添光辉的一笔。

滇东北的冬天来得特别早，2018 年国庆第三天，夜间县城气温已低于 10℃了，云贵高原乌蒙山区经常都是湿冷的雨雾天气，正是交通事故频发的时候。

这一夜又是我带应届毕业的医生值夜班。23 点 34 分，我刚做完清创缝合手术，正打算给家人打个电话聊聊天，以解思乡之愁，突然听到急诊科门外有人大声呼喊：“医生，快点来，救命啊，救救我小孩！”多年的急诊工作经历告诉我自己，这肯定又是一危重病人，又得抢救了！抬头往急诊科门口一看，已见到一位看似 40 多岁的农村妇女，衣着沾满污泥、表情惊恐万分，正抱着一个五六岁、一动不动的小孩冲进急诊大厅。我与分诊护士迅速上前接过小孩送入抢救室，立即进行抢救。检查发现患儿无任何反应，瞳孔散大、角膜干燥、肢体冰冷，心电监护无心电波形，诊断：呼吸循环骤停。几人各自分工进行各种操作：胸外心脏按压、呼吸球囊辅助呼吸，建立静脉通道，静推肾上腺素、气管插管、上呼吸机等抢救……在抢救间隙，我扫视一下这位中年妇女，发现她目光紧盯着抢救床上的小孩，惊恐的表情好像略为好转，对我们充满着期待，在她的眼里，小孩仍未死亡，还有机会好起来。通过询问，知道她是小孩母亲。她曾有两个儿子，大儿子在四岁时不慎从山上坠落摔死，这是她现在唯一的儿子了，名叫苏俊阳，于五小时前在远离县城约 15 公里的地方被三轮车撞伤，当时还清醒，能站起来，前额少许皮肤挫裂伤，少量出血，身上其他地方没有见到出血，只是说腹痛，她当时以为伤得不严重，没及时送医院检查。她丈夫在成贵高铁工地务工，很少回家，她认为小孩不会有什么大事，送医院检查又是笔不少的费用，于是没过多在意小孩，继续在家忙活。据我所知，大山里的农村进城非常困难，雨雾天路上都是泥泞，而且能见度非常低，公路一侧是悬崖，另一侧则随时有石块落下的可能，驾车行驶盘山公路极其危险，晚上根本不会有出租车，当地卫生院没有相应检查设备，有些卫生院甚至晚上无医务人员值班；要是呼县 120 接诊，来到现场也至少得三至五小时，而且费用相当昂贵，农村建档立卡户不到危重濒死的地步几乎都不会呼叫 120 接送。大概在受伤一小时后，小孩腹痛剧烈，面色变苍白，此时她才开始紧张，哀求附近有车的邻居帮忙送到当地卫生院就诊，当地卫生院不敢接诊，叫她转送县医院，送院途中小孩慢慢“睡着了”，快进城的时候，已叫不醒。

经询问病史，大概可判断小孩是创伤致腹腔脏器破裂出血，引致失血性休克，心肺骤停；脾脏破裂可能性最大。虽然明知抢救成功可能性极微，但看着幼小的生命与可怜的女人，我们依然尽全力抢救。经过近十分钟的抢救，心跳恢复，使用血管活性药维持血压，无自主呼吸。持续约五分钟，心率变快 120 次 / 分，140 次 / 分，160 次 / 分，175 次 / 分……室颤，第一次除颤，心脏按压，第二次除颤，反复推肾上腺素……60 分钟过去了，心电呈一直线，瞳孔散大，对光无反应，向这位可怜的母亲宣布死亡。她绝望的眼神凝视着她儿子的遗体，双下肢软瘫靠着墙壁而坐，一动不动，对我们的话无任何反应，这种状态一直持续着很久。当我与护士撤离各种设备，用白床单覆盖孩子到颈部时，她突然站起，冲过来抱着孩子撕心裂肺地痛哭，哭喊声响彻医院，惊醒多个住院病人。

夜深了，哭声沙哑了，声音渐弱了，泪哭干了，女人仍然紧抱孩子遗体。天刚亮时，她面容异常憔悴，面部清晰可见泪水被吹干的痕迹。她过来有气无力地跟我说，来得太匆忙，没带钱，医院的费用只能等她丈夫回来再结算。我看着这位悲伤、可怜、无助、凄惨的女人，医者本身的恻隐之心更加强烈。其实，像她这样的遭遇，在急诊科经常可遇到，我甚至可以断定她连回家的车费都不够，我就借口说要登记小孩个人信息以开死亡证明，带她来另一办公室，把身上仅有的400元现金塞在她手里，让她租车回去，再给她递过一瓶牛奶，顿时她干涸的泪痕又湿润了，她只说声“谢谢，我们要回家了”就转身离开。

我再走到抢救室门口时，看她右手轻抚小孩前额，躬身轻轻地靠在她儿子耳边说：“宝贝，妈带你回家，你靠我的肩膀继续睡觉，乖孩子！”然后，慢慢抱起她被白床单包裹的儿子，让头轻轻贴在她的肩膀，右手给小孩拍拍背，自言自语：“阳阳不怕，不怕，妈妈在这，咱们回家继续睡。”她很快就消失在湿冷的雨雾中。

三天后，我在检查抢救记录时，那令人唏嘘的一幕情景再次浮现我眼前。虽然我们无法改变最终结果，但是可以提出很多假设：假如此事发生在交通发达和医疗水平较高的东莞，相同程度的病情就是另一种结局；假如这位母亲有一定的常识，当意外发生时立即送院检查而不消极地认为不严重，这小孩很可能得到及时医治而不至于死亡；假如她的家庭环境不是太差，把健康安全放于首位，而不是首先考虑费用问题；如果在送院途中能识别呼吸心搏骤停并给予心肺复苏……一切假设在贫穷、落后、交通极不便利的云南山区里，都是奢望。在感慨生命脆弱的同时，多日来我总在思考，作为来自东部发达地区的支医人员，在有限的支医工作期间，能否做点什么事情可以给当地人提供更多一点帮助，以不负我支医的初心。

我把想法付之行动，主动加入镇雄蓝豹救援队，发挥专业技术特长，实现更广泛支医帮扶。2018 年 12 月中旬，我加入救援队，义务提供急救课程培训，跟队外出演练、参与现场救援。数月来，已在镇雄十余所边远乡镇中学给教职工现场提供心肺复苏急救培训、创伤包扎、气道异物急救、危重病人识别。在交通不便利的落后山区，普及一定急救知识与技能，老师与学生作为第一响应人，能及时采取基本急救措施，为患者转送提供基本生命支持，为挽救生命提供更多可能。加入蓝豹救援队的半年里，我做到了把急救知识与技能带到镇雄多所乡镇学校，通过参加救援行动，有机会在第一时间给受伤的患者进行及时、有效的处理。3 月 27 日，在赶赴牛场中学演练的途中救助了一名因车祸致伤的患者；4 月 28 日，参加溺水学生遗体打捞行动；6 月 18 日，参加宜宾市长宁县地震救灾行动；7 月 3 日，联合宜宾蓝豹救援队给五粮液集团中层干部进行地震应急培训。

用对社会的正能量行动影响身边的同事，促使更多医疗专业人员加入，方便院前救援与院内急诊协同。医生利用业余时间参与救援行动，让患者第一时间接受正规医疗处置，为挽救生命提供有力支持，避免更多上述类似事件发生。

苏俊阳只是我们急诊科抢救病人中普通的一个，但就这一个普通的生命逝去，给肩负支医使命的我感触甚多，东莞与镇雄山海相连，守望相助。伴随着脱贫攻坚的滚滚洪流，我选择了跟随救援队到乡镇基层救援、讲授急救知识，用有效的、可持续的行动来改善当地的医疗救助状况，让悲痛终结在昨天的烟云里，这是我们支医人起码的担当！

（作者系东莞市桥头医院支援镇雄医生）

第八编　组织保障

创新举措抓党建　凝聚合力促脱贫

——镇雄县抓党建促脱贫攻坚工作概述

中共镇雄县委组织部

历史悠久的镇雄，是南广置郡的磅礴之地，自 1936 年在母享游击队中建立第一个党支部，发展至今已有基层党组织 1903 个，党员 36807 人。镇雄作为革命老区县、云南省第一人口大县和深度贫困县，截至 2020 年，有贫困村 235 个、建档立卡贫困人口 117732 户 565800 人，贫困面广，贫困程度深，贫困发生率高，是典型的贫中之贫、困中之困、坚中之坚。为啃下脱贫攻坚"硬骨头"，镇雄县委坚决贯彻中央和省委省政府、市委市政府关于精准脱贫的决策部署，坚定不移把脱贫攻坚作为最大的政治任务、最大的民生工程，不断创新党建工作载体，抓党建促脱贫攻坚、抓党建促乡村振兴、抓党建促基层治理，盯准盯住"两不愁、三保障"和贫困退出"571"标准，向全县干部群众发出了"敢拼敢干敢担当、不负良心不负党"的有力号召，形成了"汇聚正能量、镇雄更向上"的高度共识，吹响了"心动不如行动、实干才能干实"的嘹亮号角，整合一切力量、一切资源，战天斗地、砥砺奋进，全力推进贫困村基础设施、基础产业、基本民生建设，大幅度改善贫困群众生产条件、生存环境、生活质量，全力打好打赢脱贫攻坚战，确保镇雄如期高质量完成脱贫攻坚目标任务、同步全面建成小康社会。

强化组织领导，凝心聚力挑起脱贫攻坚“担子”

镇雄县委认真贯彻落实党中央国务院和省委省政府、市委市政府关于脱贫攻坚的系列安排部署，强化组织领导，汇聚各方能量，动员全县各级党员干部和群众勇挑重担、勇争先锋，脱贫攻坚实现破题破局。

夯实基层筑堡垒。以打造“作为基层组织”为载体，狠抓软弱涣散基层党组织整顿提升，按照“五个标准化”要求规范化创建达标党支部，紧扣工作形势设定目标任务，充分发挥全县基层党组织在脱贫攻坚等重点工作落实中的一线战斗堡垒作用。结合“户户清村村清”行动开展，各村级组织对标对表脱贫出列摘帽标准，在吃透村情贫情的基础上，逐户逐项补齐脱贫出列短板。围绕规范基层治理工作，制订并落实在脱贫攻坚中强化村（社区）建设30条措施，深入推行村级事务综合“开放式”服务，实行“一站式”办理，有效提高群众满意度。

尽锐出征强队伍。坚持尽锐出征，2018年7月，县委决定选派县处级领导担任乡镇（街道）“党委第一书记”，推动乡镇（街道）党委履行脱贫攻坚主体责任。2019年年初，省委下派昭通市镇雄县帮助脱贫攻坚工作队队员50名；2020年年初，市委下派脱贫攻坚督战小分队队员202名。在此基础上，县委精心选派235支工作队793名驻村扶贫工作队队员和41名帮助脱贫攻坚工作队队员认真履职尽责，奋战脱贫攻坚一线。通过“四个一批”（从现任村干部中择优挑选一批、从乡镇干部中择优选派一批、从挂钩部门干部中择优下派一批、从退伍军人或返乡创业人员中择优选任一批）途径，选优配强村党组织“领头雁”。2019年以来，累计撤换不胜任的村级党组织书记84名，选派28名乡镇干部担任村“两委”负责人，不断充实脱贫攻坚一线力量。

社会扶贫聚合力。针对镇雄籍在外企业家和公职人员较多的潜在优势，镇雄积极打好“老乡牌”“亲情牌”，采取广泛梳理镇雄籍在外企业家和能人、全面梳理上级暂无计划的建设项目，动员企业为脱贫攻坚出财力、聘请能人为家乡发展出智力的“两梳理、两出力”思路，县委、县政府每年前往镇雄籍在外人士较为集中的昆明、浙江、深圳、上海等地开展社会扶贫暨招商引资座谈会，各乡镇（街道）每年利用节假日外出人员返乡之机以乡为单位召开企业家和能人座谈会、以村为单位召开返乡务工人员座谈会、以村级党组织为单位召开党员座谈会，动员镇雄老乡帮老乡、建设美丽新家乡。截至2020年10月，全县已签订帮扶协议1000余份，落实无偿帮扶资金4.7亿元，引回创业投资资金11.5亿余元，启动建设社会扶贫项目438个；370位能人被聘为家乡村级经济发展顾问。同时，积极用好用活各种挂钩帮扶和对口帮扶资源，争取中央和省市52家单位直接投入资金5830万元、引进资金9200万元。

发动群众争先锋。大力开展“自强、诚信、感恩”教育，切实将“三会一课”“支部主题党日”等与群众工作深度融合，由乡镇挂村干部和村组干部、驻村工作队结合“三讲三评”每季度地毯式召开一轮群众会，宣讲扶贫政策、宣传正面典型，回应群众合理诉求、疏导群众无理诉求，激发群众内生动力。以农村党支部为单元，健全党组织领导下的农村妇女协会、老年人协会、青少年协会等群众性组织，深入开展“385499”行动，破解人居环境卫生、群众操家理屋、矛盾纠纷调处及村民小组公共事务管理等方面的“老大难”问题，切实提高农村群众的自我管理能力。

狠抓工作落实，千方百计铺就脱贫攻坚“路子”

镇雄县委深入学习贯彻习近平总书记在解决“两不愁、三保障”突出问题座谈会上的重要讲话精神，狠抓工作落实，为全面夺取脱贫攻坚伟大胜利“开山架桥”。

开展基础扶贫破瓶颈。坚持把以交通为重点的基础设施改善作为脱贫攻坚最急的事来抓，紧紧围绕贫困村水、电、路、房等到村到户基础设施建设，创新机制开展项目前期工作，依法有力抓好施工保障，多方筹措破解资金难题，全面开展基础设施建设大会战，以基础设施全面改善来增强摆脱区域性整体贫困的内生动力。

开展就业扶贫促增收。针对农村富余劳动力有60余万人的实际，镇雄县按照“一户一人、一人一技、一技促脱贫”的思路，采取“五精准五解决”（精准摸底，解决“底数不清”的问题；精准培训，解决“实效性不强”的问题；精准转移，解决“组织化不高”的问题；精准服务，解决“就业不稳定”的问题；精准推动，解决“作风不实”的问题）的工作方法，大力开展劳动力技能培训和转移就业，切实减轻脱贫压力。围绕拓宽定向输出渠道、提高劳务输出质量，先后成立镇雄驻昆明和浙江永康、广东东莞、安徽芜湖、浙江浦江5个劳务输出工作站，在县外成立3个党工委、36个外出务工党组织，为镇雄籍务工人员提供就业、帮困、维权等服务。

开展产业扶贫增后劲。积极采取“党支部＋能人＋群众”“党支部＋合作社＋群众”等组织化模式，按照“1＋3＋N”布局，把竹子作为“一县一业”大力发展，集中发展壮大马铃薯、生猪、蔬菜3大产业，因地制宜发展板栗、养牛、养蜂等特色产业确保贫困群众稳定增收。“产业发展组织化模式的有益探索，有力促进镇雄农村产业结构调整和农业产业化、规模化经营，推动村集体经济组织与党员群众抱团发展，实现村集体经济和农民‘双增收’。”县委组织部副部长成斌坦言。截至2020年10月，全县累计引进和培育农业龙头企业42家、组建各类专合组织1047个，新型经营模式全覆盖建档立卡贫困户，促进建档立卡贫困人口持续增收。

开展健康扶贫脱穷境。针对全县因病致贫、因病返贫人口多，群众因县级医疗服务水平落后每年县外就医支出高达4亿元等问题，镇雄县成功争取四川大学华西医院对口帮扶，创办了四川大学华西医院区域联盟中心医院，并于2018年9月正式运营，让群众在县内就能享受到优质医疗资源和服务，切实减轻因外出就医产生的额外负担。高标准高质量完成 27 个乡镇卫生院业务用房达标建设、239 个村级标准化卫生室建设，推行县级医疗卫生机构托管乡镇卫生院、乡镇卫生院医生定期轮岗到村卫生室坐诊模式，切实提高乡村医疗服务水平、减轻群众看病负担。抓好基本医疗保险、大病保险、医疗救助、医疗费用兜底“四重保障”，全县贫困人口已全部参加基本医疗保险、大病保险，贫困人口家庭医生签约实现全覆盖。

开展教育扶贫斩贫根。坚持把打造优质教育作为教育扶贫的突破口，千方百计加大教育投入，对标对表统筹推进义务教育均衡发展，多方发力推进控辍保学。2016 年以来，先后成功与云南师范大学合作创办了云师大附属镇雄中学、与西南大学合作创办了西南大学镇雄第一中学、与浙江外国语学院合作创办了浙江外国语学院附属镇雄中学、与云南长水教育集团合作创办了云南衡水镇雄中学，发挥“鲶鱼效应”、带动整体提质，在 2019 年全县教育事业取得巨大突破的基础上，2020 年全县中高考又取得喜人成绩，中考得分率 90% 以上的考生占全市 46.3%、位列第一，高考一本上线人数 1187 人、总上线率 98.4%、7 人分数达清华和北大录取线（4 人分别被清华大学、北京大学录取），在每年为群众减少额外教育支出 2 亿元以上的同时，更多家庭实现了“一人考上大学、改变一家命运”的教育脱贫目标。

压实工作责任，从严从实扣好脱贫攻坚“扣子”

为压紧压实脱贫攻坚工作责任，镇雄县委把开展“不忘初心、牢记使命”主题教育与推动脱贫攻坚工作紧密结合起来，以查找问题、检视问题为契机，着力补齐农村危房改造、控辍保学、饮水安全、产业培育、就业保障、人居环境等短板，用脱贫攻坚成果来检验主题教育成效。

健全激励机制。积极探索从脱贫攻坚一线培养选拔干部的途径和方法，出台《镇雄县关于在脱贫攻坚一线大力培养选拔干部的实施办法（试行）》，把选人用人的目光聚焦脱贫攻坚一线，树立起从脱贫攻坚一线选拔干部的用人导向，激励各级干部在脱贫攻坚战场担当作为、干事创业，选拔了33名党性强、素质优、干劲足的“三类人员”进入乡镇领导班子，为基层班子注入强劲活力。2017年起，县委制订落实村（社区）干部绩效考核办法，县财政每年安排1000万元脱贫攻坚专项奖励金，对干得好的大张旗鼓予以表彰奖励；每年预算100万元，为所有村（社区）干部岗位购买意外伤害保险，调动基层干部积极性，解决他们的后顾之忧；在此基础上，2020年县委、县政府决定再单独拿出4000万元对全县263个村（社区）进行全覆盖督查考评并兑现绩效奖励，最高每村可奖励15万元，全部用于提高村干部待遇。

完善惩治办法。探索制订脱贫攻坚“一票否决”制、领导干部提醒召回管理办法等系列制度，细化对脱贫攻坚一线干部的刚性约束。制发加强驻村工作管理的通知文件，明确驻村工作队队员、乡镇（街道）、派出单位谁必须干什么、干到什么样，像纳“千层底”一样，层层理顺、压紧、扣实工作责任，确保把驻村工作责任具体化为每一件办得到的事情、抓得到的东西、看得到的成果。同时，厘清各责任主体违规违纪的惩治清单，为打赢全县脱贫攻坚战奠定坚实基础。

严肃追责问责。从严从实完成五轮脱贫攻坚专项巡察，坚决纠正、严肃查处党员干部在抓脱贫攻坚工作中存在的“四风”问题，推进党风政风持续改进。

打赢打好脱贫攻坚战，关键在党，关键在人。立足全市、全省乃至全国脱贫攻坚主战场的实际，镇雄县把最能打硬仗的精锐力量派到一线全力攻坚，以拼搏诠释信仰，以奋斗回应嘱托，用汗水、用青春、用生命谱写着一曲曲战斗壮歌，为按时高质量打赢脱贫攻坚战提供坚强组织保障。

抓实干部队伍建设　锻造脱贫攻坚铁军

谭　磊

农村富不富，关键看干部。推进脱贫攻坚行动高质量完成，干部是决定因素。1000 多个日日夜夜的攻坚冲刺，镇雄县如期实现脱贫摘帽，成绩的取得，离不开全县各级领导干部的辛苦付出、齐心协力、攻坚克难。

脱贫攻坚战打响以来，镇雄县各级干部始终坚持以习近平新时代中国特色社会主义思想为指引，认真学习贯彻习近平总书记关于扶贫工作的重要论述，把脱贫攻坚作为最大的政治任务、最大的民生工程，时时牢记“让广大镇雄百姓早日过上幸福而又有尊严的美好生活”这一庄严承诺，始终保持高质量干事的敬业之心，用辛勤汗水描绘当今镇雄日新月异的变化，用坚毅刚强诠释古邦儿女敢拼敢干的担当。1000 余名帮扶干部，50 名云南省委下派镇雄帮助脱贫攻坚工作队队员，202 名昭通市委派出督战员，793 名驻村扶贫工作队队员，41 名县委下派帮助脱贫攻坚工作队队员，共同用实际行动抒写了无愧于党、无愧于民、无愧于心、无愧于组织、无愧于镇雄的脱贫攻坚历史答卷。

以鲜明用人导向指引干部主攻方向

镇雄县委始终坚持以选人用人导向促进营造干事创业氛围，将脱贫攻坚一线作为培养选拔使用干部的主渠道，激励更多干部投身脱贫攻坚主战场，以鲜明的用人导向汇聚干事创业正能量。

突出政治标准，选用信念坚定的干部。深入贯彻落实习近平总书记关于“政治把关和政治素质考察是第一位的”重要指示要求，把政治素质考察作为考察干部的重中之重，在干部考察中，将政治忠诚、政治定力、政治担当、政治能力、政治自律5个方面内容具体量化逐项测评，谈话了解时注重听取干部政治思想上的表现情况，对政治上不合格的干部坚决不予使用。

突出一线导向，选用实绩突出的干部。坚持以制度为保障，制订出台《镇雄县关于在脱贫攻坚一线大力培养选拔干部的实施办法（试行）》《关于进一步明确在脱贫攻坚一线大力培养选拔干部有关事项的通知》，坚持以实绩论英雄、从实绩看德才、凭实绩用干部，把脱贫攻坚一线作为发现、培养、选拔优秀干部的主阵地，树立才华在一线展示、成绩在一线检验、干部在一线选拔的鲜明导向，激励各级干部把作风坠到底，把工作干上来，做工作上的“明白人”。在脱贫攻坚期间，镇雄县委每年在脱贫攻坚一线提拔重用的干部，占比均超过80%。

突出“能上能下”，调整不胜任现职的干部。干部能上能下，关键在“下”。只有让庸者挪位置、劣者腾位置，才能给优者建平台、搭梯子。在脱贫攻坚工作中，镇雄县委在保持贫困乡镇党政正职稳定的基础上，不断加强“下”的力度，强化“下”的震慑作用，以坚决的态度、有力的措施，把作风漂浮、热衷搞花拳绣腿的干部，消极懈怠、萎靡不振的干部，不愿负责、不敢碰硬的干部，果断调整下去。2017年以来，调整了22名不胜任现职的干部。

以强化教育培训补齐干部短板弱项

加强教育培训是提升干部脱贫攻坚实战能力的基础。镇雄要脱贫，干部能力素质必须过硬。镇雄县委始终坚持干部教育培训作为抓党建促脱贫攻坚的重要举措，着力提升干部抓脱贫攻坚能力。

强化理论武装和党性教育。严格抓好理论教育和党性教育，将习近平新时代中国特色社会主义思想和党的十九大精神纳入各级各类培训班，依托红军长征两次途经镇雄史实，组织参训党员干部到烈士陵园、贺龙指挥部等地接受党性教育。通过学习进一步统一思想、提高认识，推动习近平新时代中国特色社会主义思想入脑入心，提升党员干部政治觉悟和思想境界，增强贯彻落实习近平总书记重要指示批示和党中央决策部署的自觉性和坚定性。

强化内外结合和精准培训。加大“请进来”与“走出去”力度，举办“镇雄讲坛”系列讲座和配合省市做好干部调训工作，针对不同岗位、不同层次、不同类别干部的差异化特点，科学设置“镇雄讲坛”和干部调训需求计划，紧贴培训需求变化及时开展专题培训。按照“缺什么、补什么”的原则，科学设置全年培训计划，切实解决“大水漫灌”的教育培训模式。2014 年以来，先后举办集中轮训 79 期，轮训干部 27000 余人次。

强化业务知识和实践锻炼。紧紧围绕脱贫攻坚工作，下大力气抓实基层党建、产业发展、劳务输出等重点工作的培训。把脱贫攻坚和群众工作一线作为干部砥砺品格、磨炼意志、积累经验、增长才干的“炼钢炉”，注重选派吃得苦、有闯劲、愿作为的干部到脱贫攻坚一线培养锻炼，让干部在脱贫攻坚实践中砥砺品质、增长才干。2017 年，从县直部门选派 126 名公务员充实到乡镇（街道），2019 年，选派了 41 名干部作为县委下派帮助脱贫攻坚工作队队员到深度贫困村工作。

以组织担当带动干部担当作为

在脱贫攻坚期间，每前进一步都是一场硬仗，每一次探索都需要敢于亮剑、无私忘我的精神。锻造镇雄脱贫攻坚铁军，需要干部为事业担当，更离不开组织为干部担当。

用好容错“定心丸”。2019 年 5 月，出台《镇雄县关于建立容错纠错机制的实施办法（试行）》，严格按照“三个区分开来”的要求，对纳入容错纠错范围的失误和错误，进行免责处理，不让干事者受委屈、不让改革者背包袱，不让干事创业的“领头羊”成为失误的“替罪羊”，着力保护改革者、鼓励探索者、宽容失误者，真正让吃苦者不吃亏、流汗者不流泪、担当者不担心，营造良好的干事创业氛围，充分调动和保护干部队伍干事创业的积极性主动性创造性，为干部排除阻力、消除顾虑。2018 年，对 8 名敢闯敢试的干部启用容错纠错免于处分。

挥好考核“指挥棒”。科学考核是察识干部实绩、鞭策干部作为的有效机制。实行领导班子和领导干部分析研判，每年至少开展 1 次领导班子和领导干部全覆盖分析研判，准确了解全县领导班子运行情况和领导干部履职情况。实行领导干部日常考核制度，采取“一季一评价、半年一测评、一年一考核”的方式，围绕干部政治品质、担当精神、工作状态、履职成效、廉洁自律等方面开展干部日常考核，将考核结果作为干部奖惩激励、选拔任用、问责追责的重要依据。出台《镇雄县脱贫攻坚帮扶工作绩效考核办法》《镇雄县村（社区）脱贫攻坚专项督查考评办法》，全县帮扶干部和村（社区）干部绩效奖励与脱贫攻坚工作成效挂钩，进一步压实脱贫攻坚责任，从源头上解决“干与不干、干多干少、干好干坏一个样”的问题。

注入关爱“催化剂”。好干部是锻炼出来的，也是组织关心出来的。镇雄县委把党中央关心爱护激励干部的各项措施要求落实到具体人、具体事、具体工作之中，让组织的关怀照亮干部担当干事的奋进之路。坚持在政治上多引导、工作上多支持，在身心上多照顾、生活上多帮助，为干部做雪中送炭的好事、办解除后顾之忧的难事，严格落实谈心谈话制度，每年对干部进行谈话全覆盖，全面了解干部的工作生活状态，耐心倾听诉求，充分考虑乡镇干部面临婚恋、家庭“两地分居”、照顾老人小孩等诸多难题，拿出关爱的真情实举，尽力帮助，最大限度帮助他们解除后顾之忧，充分调动基层干部的工作积极性，推动脱贫攻坚各项工作落实。

以严格管理倒逼干部实干履职

好的干部队伍作风，能不断提升工作效率和质量，为镇雄县高质量脱贫提供坚强保障。镇雄县委坚持以“激励”强化干部干事创业内在动力，以“约束”引导干部正确作为，以严的标准要求干部、以严的措施管理干部、以严的纪律约束干部，着力打造忠诚干净担当的高素质干部队伍，确保脱贫攻坚一线干部个个在状态、时时有激情、人人在攻坚。

坚持预防在先。信任不能代替监督，严管就是厚爱。镇雄县委对干部的管理坚持做到抓早抓小、防微杜渐，进行日常了解和平时考察，通过信访、巡察、党内集中教育活动、民主生活会等方式，及时发现干部倾向性、苗头性问题，加大对干部提醒、函询、诫勉力度，把干部置于党组织的有效管理之中。

抓好作风建设。针对日常监督管理重点难点问题，出台《镇雄县领导干部提醒、召回管理办法（试行）》，从思想政治、工作落实、日常管理、干部作风等方面，细化干部提醒 14 种情形，召回管理 15 种情形，大力整治部分领导干部存在的“慵、懒、散、慢、浮”等问题。县纪委、县委组织部定期不定期开展纪律作风明察暗访，倒逼干部转作风提效能，进一步促进干部担当尽责、干净干事。

从严督查问责。县委组织部、县委宣传部、县扶贫办抽调专人组成脱贫攻坚专项督查组，围绕“两不愁、三保障”、脱贫攻坚发现问题整改落实情况、上级巡视巡察反馈问题开展全覆盖督查检查。坚持失责必问，问责必严，对脱贫攻坚中履行主体责任和监督责任不力、弄虚作假、敷衍应付、失职失责的责任单位和责任人员，从严从快进行问责。

（作者时任中共镇雄县委组织部干部股长）

强化村级组织建设　提升基层治理能力

——镇雄县抓村级治理工作纪实

赵　平

脱贫攻坚是一项宏大的系统工程，村级治理是其中的重要一环，关系脱贫攻坚成败。镇雄县坚持把加强村级治理作为基层党建的重要内容，不断优化村级干部队伍，提高村级干部待遇，狠抓干部作风整顿，通过推行“两项清单”、开展“双向承诺”、建立“两项机制”、实施“三项举措”，不断夯实基层战斗堡垒，有效激发村（社区）干部干事创业活力，为决战决胜脱贫攻坚战提供了坚强组织保障。

推行“两项清单”，实现职权有度

推行年度目标任务和小微权力“两项清单”，紧扣村（社区）干部“做什么”“怎么做”给出标准、立下规矩，让村级权力运行更加规范。近年来，镇雄县坚持“两聚焦两精准”思路，对标对表，持续发力，高位推动，在推行“两项清单”落实落细上深谋划、出实招、见成效。

聚焦“做什么”，精准把握尺度。年初，乡镇（街道）结合工作实际，围绕产业发展、脱贫攻坚、基层党建等重点工作，与村（社区）干部签订年度目标责任书，明确工作任务、完成时限等内容，厘清村（社区）干部权责范围，让村（社区）干部干事有目标有方向。

聚焦“怎么做”，精准选择角度。全面推行“小微权力”清单制度，列出包括重大决策、招投标管理、村级资产资源处置、财务管理、阳光村务、计划生育、社会救助保障、农业服务、其他服务九大类38项“小微权力”进行公布，为村级干部行使权力制订固定的“路线图”，真正把“小微权力”晒在“阳光”下，装进“笼子”里。

“‘两项清单’的推行，让我们村干部知道工作具体要抓什么、如何抓，目标明了，方向清了，规矩严了，干工作不迷糊了、劲头足了。”罗坎镇茶蔚村党总支书记李宏信心满满地说。

开展“双向承诺”，做到监督有序

深入开展“双向承诺”，围绕“两项清单”，村（社区）班子和个人分别向乡镇（街道）党委书面承诺、向群众公开承诺，主动接受监督。在推进村级治理中，镇雄县坚持“承诺”“监督”双管齐下，盯人促事，驰而不息推动村级班子和个人奋进担当。

公开化承诺。村（社区）党组织围绕年度目标任务清单和“小微权力”清单向乡镇（街道）党委书面承诺，通过党务村务公开专栏、召开党员群众大会等方式，对承诺事项、履行责任人、完成时限、完成进度等内容进行公开，主动接受群众监督。

全方位监督。县纪委监委、县委组织部、县民政局等部门和乡镇（街道）党委围绕村（社区）干部工作要求、履职情况、完成进度等重点，定期不定期开展随机调研和专项检查，针对调研中发现的突出问题，采取点名通报、约谈、问责等方式进行严肃处理，切实把全面从严治党的要求落实到最基层。

建立“两项机制”，确保奖惩有据

建立完善村（社区）干部考核激励、职务退出“两项机制”，对干得好的大张旗鼓予以表彰奖励，对不作为、乱作为或有违纪违法行为的坚决清除出村（社区）干部队伍。近年来，镇雄县严格执行“两项机制”，建立完善正向激励机制，树立担当作为鲜明导向，真正打破干与不干一个样、干多干少一个样、干好干坏一个样的局面，最大限度地调动村级干部干事创业积极性。

建立考核激励机制。制订出台《镇雄县村（社区）干部绩效考核办法（试行）》，每年预算 1000 余万元对村（社区）干部进行绩效奖励，由乡镇（街道）党委年终对村（社区）干部进行一次全面系统的考核，评出不超过 25% 的“优秀”、不超过 65% 的“称职”、不低于 10% 的“不称职”名额，对考核结果为“优秀”“称职”等次的村（社区）干部发给 8400 元到 1200 元不等的绩效奖励金。为进一步加大激励力度，在此基础上制订了《镇雄县村（社区）脱贫攻坚专项督查考评办法》《镇雄县 2020 年易地扶贫搬迁集中安置点社区重点工作督查评分奖励办法》“两个办法”，根据各村（社区）全年脱贫攻坚和重点工作督查考评情况，分档次对村（社区）实施绩效奖励，奖励金最高可达 15 万元，大大调动了村级干部决战决胜脱贫攻坚的积极性。同时，每年预算 100 万元为全县村（社区）干部购买意外伤害保险，并适时组织村（社区）干部进行健康体检。

建立职务退出机制。制订出台《镇雄县村（社区）干部职务退出办法（试行）》，对脱贫攻坚工作中作风不实、阳奉阴违、弄虚作假等 16 种情形，严格按照主动辞职、劝退或罢免、组织处理 3 种形式进行职务退出，形成能者上、庸者下、劣者汰的用人导向。

“通过建立完善‘两项机制’，树立鲜明用人导向，关心关爱埋头苦干村干部，让干事者有舞台、有激情，全县村干部干事创业气顺劲足。”县委组织部有关负责人强调。

实施“三项举措”，夯实基层堡垒

大力实施“三项举措”，进一步加强村（社区）建设，持续整顿提升“软弱涣散”基层党组织，不断选优配强村（社区）党组织书记，培养储备村级后备力量，着力夯实基层战斗堡垒。坚强有力的基层党组织是实施精准扶贫、实现精准脱贫的重要基础。近年来，镇雄县紧紧围绕村（社区）党支部这个核心战斗堡垒，全面落实“三个强化”，构建基层党建与脱贫攻坚同频共振新格局。

强化村（社区）建设。制订下发《镇雄县在脱贫攻坚中强化村（社区）建设的若干规定》，深入推行村级事务综合“开放式”服务，实行“一站式”办理，就村（社区）建设提出合理规划布局、规范服务大厅、简化上墙内容、规范档案材料、加强队伍管理、坚持严管厚爱和抓实教育管理 7 个方面 30 条措施，不断夯实基层基础，有效提高群众认可度。

强化整瘫治软。重点瞄准班子运行不正常、党组织政治功能弱化，矛盾纠纷突出、信访多发，村干部受过刑事处罚、涉黑涉恶，工作推进迟缓等方面进行综合研判，全面梳理存在问题，形成“一村一策”整顿方案，提出整顿措施，明确问题清单、措施清单、时限清单、责任清单“四个清单”，严格落实“四个一”整顿帮扶措施（1 名县领导联村、1 名乡镇街道领导包村、1 名第一书记驻村、1 个县以上机关单位结对帮扶），对软弱涣散村（社区）党组织实行县级挂图作战、销号管理，实现软弱涣散党组织整顿提升。2018 年以来，全县累计整顿软弱涣散村（社区）党组织 80 个，其中：2018 年整顿提升 38 个，2019 年整顿提升 35 个，2020 年整顿提升 7 个。

强化专项行动。着力开展选优配强村（社区）党组织书记和实施农村优秀人才回引计划专项行动，制订印发《镇雄县深化农村“领头雁”培养工程发挥乡镇青年人才党支部作用实施农村优秀人才回引计划实施方案》，通过民主测评、个别谈话、查阅资料等方式，充分听取乡镇（街道）党委和挂村干部、驻村第一书记、工作队队员、村组干部、党员群众代表的意见，对全县村（社区）班子运行情况和村（社区）干部履职胜任情况全覆盖开展分析研判。2018 年以来，累计调整撤换村（社区）党组织书记 124 人，其中：2018 年 40 人，2019 年 62 人，2020 年 22 人，有效加强村级“带头人”队伍建设；选派 28 名乡镇干部担任村党组织负责人，进一步充实脱贫攻坚力量。发挥乡镇青年人才党支部作用，充分摸排掌握农村优秀人才队伍现状，建立农村优秀人才信息台账。以农村致富带头人、外出经商和务工人员、高校毕业生、退役军人、农村实用人才为主体，以村（社区）为单位建立农村优秀人才信息台账，将 897 人纳入优秀人才库进行跟踪培养，拟重点回引对象 407 人，已将 86 名优秀人才培养成村级干部，为储备村级后备力量奠定基础。

（作者系中共镇雄县委组织部工作人员）

“督”出成效　“战”出成果

周美昆

为圆满完成脱贫任务，昭通市委决定选派脱贫摘帽督导员进驻贫困村，全力冲刺、合力攻坚。2018 年 11 月，昭通市委印发《昭通市选派脱贫摘帽督导员全力攻克贫困堡垒切实扣好精准扶贫第三粒扣子的工作方案》，选派 66 名脱贫攻坚督导员到镇雄县开展工作。2020 年 3 月，市委一声令下，202 名督战小分队（后更名作战小分队）队员进驻镇雄县 101 个 2020 年拟脱贫出列村。两年来，全体督导员和作战小分队队员既督又战，真正做到“督”出成效、“战”出成果，为镇雄脱贫攻坚贡献力量。

勇敢的“逆行者”

响应号召，主动参战。2018 年年底，昭通市委决定对 2019 年拟脱贫出列村选派脱贫摘帽督导员时，从市直部门选派督导员的任务压力较大，因镇雄县不属于 2019 年脱贫摘帽县，最终决定在镇雄县科级及以上干部中选派 66 名督导员，在昭通市委和镇雄县委的号召下，不少退居“二线”的老干部积极响应、主动上前，镇雄县委组织部整合县委下派帮助脱贫攻坚工作队队员和2019年拟脱贫出列村驻村工作队中科级及以上干部，择优整合督导员66名，为全县2019年实现计划出列村顺利脱贫出列打下坚实基础。

闻令而动，遵令而行。2020年，一场新冠肺炎疫情的突袭，让全国陷入一场疫情防控的严峻斗争，而这场疫情防控阻击战在扶贫工作关键阶段打响。镇雄县作为昭通市唯一没有脱贫摘帽的贫困县，面临的脱贫攻坚任务繁重而艰巨。2月28日晚，202名作战小分队队员接到昭通市委组织部通知，要求两天内赶到镇雄报到，这202名同志中，有很大一部分是2019年在其他各县区抽调出来的优秀督导员，而他们更是在春节假期还没结束的时候，就已经奔赴疫情一线开展疫情防控工作，一个多月连续作战，还没来得及回家看望一下家人，在接到通知的那一刻，没有任何抱怨，便迅速联系车辆，迅速交接好手中的工作，毅然奔赴镇雄101个尚未出列的贫困村，开展疫情防控和脱贫攻坚工作。艰难时刻，不管是退居“二线”响应组织号召主动到一线的老干部，还是全体作战小分队队员，都勇敢地选择了“逆行”，成为镇雄脱贫攻坚一线一道亮丽的风景线。

一线的“监督员”

督导员和作战小分队队员派驻前，全县脱贫攻坚工作有序有效推进中，但也存在一定问题：少数乡镇（街道）、村（社区）存在盲目乐观和松懈现象；各乡镇（街道）、相关部门工作推进不平衡，差距较大；部分乡镇、部门对问题整改不深入、不细致、不到位；一些贫困村责任和政策落实不到位，办法措施不精准，工作存在短板和弱项等等。推动上述问题得到及时有效解决，督导员和作战小分队功不可没。

“作为脱贫摘帽督导员，不能只看纸上数据、仅听口头文章，而要深入一线，沉下基层，查实情、纠差错，建立起自己的‘数据库’‘档案库’。”

这是芒部镇关口村督导员陈绍才的督导宣言。这是两年来全县督导员和作战小分队队员一线督导的一个缩影！

两年来，督导员和作战小分队队员组织乡村两级干部、驻村工作队队员、县委下派帮助脱贫攻坚工作队队员等力量，全面分析研判，摸清村情、民情、贫情，梳理存在问题，建立任务清单，制订整改措施，明确整改时限。针对突出问题挂牌督查督办，明确整改时限，实行销号管理。坚持把问题列入督战台账，深入攻坚第一线，采用实地调查、入户走访等形式，了解各级部门推动责任落实、返岗就业、发展产业等情况，通过督战调动和激发各级党组织和社会力量的积极性和创造性，凝心聚力，形成合力。

两年来，督导员和作战小分队队员坚持严格执纪，对不敢担当、不愿负责、敷衍应付、畏首畏尾、临阵脱逃的驻村干部及村（社区）干部进行批评并督促及时整改，形成真抓实干、干事创业的良好工作格局，确保党员干部走在前列、干在实处。

扶贫的“战斗员”

“当困难群众日子一天天好起来，山村环境一天天美丽起来，你会觉得一切的付出都是值得的……”坡头镇毫都村作战小分队队长张荣炯说道。

当然，这也是所有督导员和作战小分队队员的共同心声。他们不仅在一线开展督促指导，更在一线苦干实干，成为脱贫攻坚一线的“战斗员”。

“立志不坚，终不济事。”两年来，督导员和作战小分队队员始终不忘初心，牢记使命担当，时刻以全面建成小康镇雄为宗旨，以帮助困难群众脱贫增收致富为目的，争当战贫路上的“战斗员”，全力以赴、扑下身子、苦干实干，在脱贫攻坚战场建功立业、彰显风采。

工作中，督战队靠前研判，精准发力，切实做到“七个聚焦”：聚焦贫困群众年人均纯收入达标，因村因户因人施策，督促推进就业扶贫、产业扶贫、保障兜底等扶持政策落实，实现户户持续增收，夯实贫困群众脱贫收入支撑，确保收入稳定达到扶贫标准线；聚焦易地扶贫搬迁和农村危房改造，扎实开展查缺补漏工作，确保所有贫困群众如期实现住房安全有保障的目标，达到户户安居标准；聚焦饮水安全保障，全面开展问题排查核实，督促指导健全完善长效管护机制，确保群众用水的水量、水质、取水方便程度、供水保证率全面达到饮水安全标准；聚焦教育、健康扶贫政策落实，强力推进控辍保学工作，加大医疗帮扶力度，补齐教育医疗基础短板，防止因学、因病致贫返贫，适龄贫困学生实现失学辍学“清零”，建档立卡贫困人口100%参加基本医疗和大病保险；聚焦夯实脱贫出列基础，全力推动道路、网络宽带、动力电和户表安装、村级活动场所、广播电视等基础设施短板补齐，确保达到贫困村退出标准；聚焦人居环境提升，通过全民总动员、全域大整治，建立村庄保洁长效机制，农村群众生产生活方式持续转变，生活质量和精神面貌显著改观，达到人居环境1档标准；聚焦扶贫扶志，坚持党建引领，充分发挥党组织的战斗堡垒作用，注重在组织群众、教育群众、宣传群众中下足“绣花”功夫，以开展“三讲三评”“自强、诚信、感恩”等活动为载体，大力宣传脱贫攻坚成功经验，注重“典型引领”，摒弃贫困群众“等靠要”思想，激发贫困群众脱贫内生动力，形成“我想脱贫、我要脱贫、我能脱贫”的良好氛围，从思想上拔除穷根。

“其作始也简，其将毕也必巨。”脱贫攻坚越到最后，越要加强和改善党的领导，越要发挥党组织在脱贫攻坚中的战斗堡垒作用。镇雄督导员和市委派出作战小分队队员严格开展督战，与脱贫攻坚一线的党员干部保持上下同心、协同作战、勇于担当、埋头苦干的工作激情，为全县高质量打赢脱贫攻坚战，为党和人民递交一份合格的“镇雄答卷”付出了艰辛努力、做出了巨大贡献。

（作者系中共镇雄县委组织部工作人员）

利剑指一线　铁纪护脱贫

——镇雄县强化监督执纪问责护航脱贫攻坚工作概述

中共镇雄县纪律检查委员会

2016年以来，镇雄县纪委监委深入学习贯彻习近平总书记关于脱贫攻坚重要论述以及中央和省、市、县脱贫攻坚工作决策部署，紧紧围绕中纪委、省纪委、市纪委和县委关于扶贫领域监督执纪问责的要求，聚焦全县脱贫攻坚大局，强化监督执纪问责，深入开展扶贫领域腐败和作风问题专项治理，以坚强的纪律保障，保证扶贫政策落地、扶贫资金和项目高效，切实为全县高质量打赢脱贫攻坚战保驾护航。

领导带头抓督查，脱贫攻坚决策部署落实落地

党的十八大特别是深入实施脱贫攻坚以来，镇雄县委高度重视扶贫领域监督执纪问责工作，坚持以脱贫攻坚统揽全县经济社会发展全局，认真落实党委主体责任，深化干部作风建设，县委主要领导带头深入调研，主动听取纪检监察工作汇报，召开常委会专题研究扶贫领域监督执纪问责重大问题，大力支持纪检监察机关履行党章赋予的职责。县委书记翟玉龙同志带头到脱贫攻坚一线开展明察暗访和随机调研，并组建县委脱贫攻坚工作督

查组，采取不发通知、不打招呼、不听汇报、不安排陪同和直奔基层、直插现场、直指问题的“四不三直”方法，坚持问题导向，聚焦关键环节，对脱贫攻坚责任主体履责情况进行常态化、全覆盖督查，狠抓整改落实、政策落实、工作落实，高质量推进脱贫攻坚决策部署落实落地。

专项检查严问责，党员干部作风持续向上向善

始终坚持把维护党的政治纪律放在首位，以加强对党的十八大、十九大精神贯彻落实情况的监督检查为主线，突出对习近平总书记关于脱贫攻坚重要论述和中央、省委、市委、县委脱贫攻坚决策部署落实情况的监督检查，县委制订《镇雄县加强机关党建改进工作作风决胜脱贫攻坚实施方案》，加强和改进新形势下全县机关党建工作，切实转变机关工作作风，推动以脱贫攻坚为统领的各项工作扎实开展。县纪委监委紧扣县委、县政府脱贫攻坚阶段工作部署，先后制订扶贫领域、精准识别摸底调查、扶贫资金监管使用、扶贫项目建设、作风建设等专项纪律检查工作方案，成立专项纪律检查组，围绕资金监管使用、项目落实、精准识别及干部作风开展专项督查检查，加大对扶贫领域责任部门、乡镇（街道）、驻村扶贫工作队和村“三委”履行职责情况的监督问责力度，督促各级党委（党组）切实履行主体责任和监督责任，强力整治扶贫领域不作为、乱作为、慢作为等突出问题，截至 2020 年 8 月，共问责相关人员 260 人次。2020 年以来，坚持疫情防控和脱贫攻坚“两手抓、两手硬”，制订《镇雄县纪委监委决战决胜脱贫攻坚监督执纪问责工作方案》，组建 6 个专项监督检查组，围绕脱贫摘帽目标任务推进情况，聚焦 101 个未出列村，针对党员干部中仍然存在的观望心理、畏难情绪、“混日子”思想，紧盯形式主义、官僚主义等问题开展重点抽查和日常监督，共发现和反馈整改问题 219 个，并对易地搬迁

工作滞后、脱贫攻坚工作推进缓慢的18个乡镇（街道）党政主要领导进行集体谈话，有力推动脱贫攻坚领域干部作风进一步向上向善。

强化监督促落实，推动重点工作项目见行见效

坚持“脱贫攻坚工作开展到哪里、监督检查工作就聚焦到哪里”的工作思路，聚焦精准监督、精准靶向、精准执纪，扎实推进脱贫攻坚工作。2019年5月，针对坡头镇落实脱贫攻坚主体责任不到位、“农危改”工作推进滞后的突出问题，县纪委监委组织12名纪检监察干部到坡头镇12个村开展为期50天的“蹲点式”驻村监督，帮助村组查找工作中存在的突出问题和工作短板，深入村组农户、田间地头做深做细做实群众工作，切实加强干部作风和工作落实监督。蹲点监督期间，发现并移交坡头镇党委、政府整改问题5个，帮助指导1400余户贫困户按时按质完成农村危房改造，有力推动坡头镇农村危房改造如期实现“清零”。坚持把如期实现脱贫摘帽目标作为监督工作的首要任务，奔着问题去、盯着实效改，确保脱贫“摘帽”成效。2020年3月，由1名县纪委监委班子成员带队进驻坡头镇开展脱贫摘帽“蹲点式”督查，重点围绕“两不愁、三保障”任务落实、县委“6+1”查缺补漏专项行动方案落实和扶贫干部履职尽责情况开展督查，对建档立卡贫困户逐户进行入户核查，切实帮助和督促镇村解决工作中的存在问题，不脱贫不脱钩、不摘帽不撤兵，共发现和督促整改问题41个。

政治巡察强震慑，管党治党责任落实更深更细

自2016年建立县委巡察制度以来，成立县委巡察办作为县委工作部门，组建8个固定巡察组，分7轮开展常规巡察和脱贫攻坚专项巡察，巡察覆盖30个乡镇（街道）、43家县直部门和234个村（社区），将脱贫攻坚任务落实情况纳入县委巡察工作必查范围，采取脱贫攻坚专项巡察、“点穴式巡察”、村级全覆盖巡察等方式，突出对脱贫攻坚责任落实、扶贫政策落实和资金使用等工作情况开展巡察。加大巡察反馈和整改落实公开力度，督促被巡察单位主动认领责任，做到条条整改、件件落实。通过开展巡察工作，发现各类问题1057个，其中立行立改问题307个、反馈限时整改问题750个；梳理问题线索247条，提出意见建议485条。开展的7轮巡察，脱贫攻坚专项巡察3次（第五轮至第七轮），涉及29个乡镇（街道）和19家县直部门，发现各类问题1706个，其中立行立改问题1045个、反馈限时整改问题661个；梳理问题线索158条，提出整改意见建议327条，着力发现问题、解决问题，形成震慑。同时，针对巡察发现问题和日常监督管理中存在的薄弱环节，督促被巡察单位建章立制、堵塞漏洞，扎紧织密制度“笼子”，巩固和拓展政治巡察效果，为打赢脱贫攻坚战提供坚强政治保障。

严格执纪零容忍，扶贫领域正风肃纪从重从严

县委高度重视扶贫领域监督执纪问责工作，印发《关于在全县深入开展扶贫领域腐败和作风问题专项治理的工作方案》，由县纪委监委牵头开展专项治理工作，严肃查处一批对扶贫款动歪脑筋、伸黑手，作风不实、敷衍塞责，侵害群众利益、损害党的形象等问题，有力推动全县脱贫攻坚各

项任务落实。

畅通群众信访渠道。紧盯贫困户识别、项目建设、资金管理等重点环节，在各乡镇（街道）、部门设置举报箱，公布举报电话、电子邮箱，进一步畅通诉求反映和信访举报渠道。2016年以来，共接受扶贫领域群众信访举报和来信来访251件，通过“五级联动”平台受理扶贫领域群众合理诉求7569件，办结7527件。

拓宽线索收集渠道。县纪委监委坚持把多渠道收集扶贫领域问题线索作为基础性工作紧抓不放，切实发挥信访举报的“千里眼”“顺风耳”作用，通过上级纪委转办信访件、本级受理信访件、巡视巡察移交信访件、网络舆情和脱贫攻坚专项检查等各种渠道，共排查处置扶贫领域问题线索564件，办结527件，确保问题线索快收快阅快办，及时回应群众诉求，解决群众反映强烈的突出问题。

加大执纪审查力度。紧盯扶贫领域发现的苗头性、倾向性问题，切实运用执纪监督“四种形态”，教育警醒“大多数”；对群众反映强烈的问题，认真开展排查，直查快办排查出的脱贫攻坚中吃拿卡要、弄虚作假、优亲厚友、与民争利等违法违纪违规问题，严惩“极少数”。2016年以来，共立案查处并给予党纪政务处分303人次。

通报曝光典型案例。强化警示教育，加大典型案例通报曝光力度，共点名道姓通报65批135个问题211人次，切实增强查办扶贫领域违规违纪问题的震慑力和影响力，达到“查处一起，教育一片，威慑一方”的效果。

村级权力全公开，群众合理诉求解决有力有效

针对全县村级干部“不作为、乱作为”“慵懒散浮拖”等问题突出的现状，县委高度重视，完善措施，重拳整治。2016年4月，县委书记翟玉

龙同志带领县直相关部门到安徽芜湖考察，认真学习芜湖县在小微权力清单工作方面的先进经验和成功做法，并根据县情实际在全县范围内进行推广。2016 年 6 月，由县纪委牵头，组织相关部门从规范村级组织该“做什么”“怎么做”“做得怎么样”的问题入手，认真梳理包括招投标管理、财务管理、脱贫攻坚等 9 类 38 项“小微权力”清单，全面厘清村级“小微权力”，绘制“小微权力”运行流程图，明确办理步骤、程序和时限，实行清单内容、办理事项、运行过程、办理结果“四公开”，并采用 LED 显示屏进行滚动公示，把村级权力晒在群众“眼皮”底下，让村级“小微权力”在阳光下运行。2016 年 7 月以来，全县累计公示农村低保申请、新农合费用免交或少交、惠农资金发放、建档立卡贫困户申报等对象 380 万余人次，公示易地搬迁、农危改等安居工程享受对象 8.08 万余户，公示村级财务收支、农村社保低保、惠农资金发放、农危改等涉农资金 110 亿元使用情况，实现村级组织和村干部行使村务权力监督全覆盖，有效规范村级“小微权力”运行，全县纪检监察机关受理群众信访量逐年下降，有力有效推动矛盾在基层化解、群众合理诉求在基层解决。

筑牢“篱笆”强约束，监督监管制度笼子越扎越紧

以制订并推行脱贫攻坚“一票否决”制度为核心，根据各脱贫攻坚责任主体的职责任务，对在脱贫攻坚中工作不力、进度迟缓、问题突出的，实行“一票否决”，并按照否决情形，分别对责任主体给予调整工作岗位、免职等组织处理和降级、撤职、开除等纪律处分。以健全资金监督检查办法为关键，制订出台《扶贫领域资金监督检查办法》，对虚报冒领、挤占挪用、截留私分、骗取套取等情形，严肃追责问责。以严明脱贫攻坚纪律要求为抓手，制订脱贫攻坚精准识别摸底调查“八要八严禁”（要严守政治纪

律，严禁贯彻落实搞变通、做选择、打折扣，搞上有政策、下有对策；要严格政策标准，严禁不符合客观实际大增大减、大进大出；要坚持实事求是，严禁核查工作失真失实，报送材料弄虚作假；要改进工作作风，严禁擅离职守、推诿扯皮、工作不实、作风漂浮，不作为、慢作为、乱作为；要严肃工作纪律，严禁责任不落实、失职失责、工作脱节、任务层层转包、工作悬空；要严守廉洁纪律，严禁利用职权收受礼品礼金、索要财物，违规收取费用，侵害群众利益；要强化督查检查，严禁发现违反脱贫攻坚工作纪律行为不报告、不制止；要严格“一票否决”，严禁出现不精准问题）工作纪律，进一步压实脱贫攻坚精准识别主体责任，落实精准识别督查检查监督责任。以严格落实五项工作机制为重点，按照省纪委统一部署，认真贯彻落实线索排查、线索移交、线索处置、问责追责、报告通报五项工作机制，推进扶贫领域监督执纪问责工作制度化、科学化、规范化，切实为实现高质量脱贫摘帽提供坚强纪律作风保障。

透明运行抓公开　管住微权促脱贫

刘兴孟

“杨同志，我要和你反映事情，今天我看了村里‘小微权力’清单公示的低保名单，里面有我家名字，为什么我家一直没有领到过低保金。”2017年3月，赤水源镇螳螂村委会将低保享受对象花名册在“小微权力”清单运行公开专栏进行公开，该村群众胡某发现自己名下有低保指标，但自己实际未得到享受，于是胡某便向赤水源镇纪委反映此事。纪检监察机关立即介入调查，发现赤水源镇螳螂村委会原副主任罗某某曾私自持有螳螂村田坝村民小组村民胡某的低保银行卡。随后，罗某某被严肃查处。

这是镇雄县深入推进村级“小微权力”清单制度规范运行的一个缩影。近年来，镇雄县纪委监委围绕决战决胜脱贫攻坚目标，持续深化扶贫领域腐败和作风问题专项治理，通过紧盯基层“小微权力”，严惩基层“微腐败”，强化基层权力“末梢”的监督管理，以强力监督执纪问责助力脱贫攻坚。

抓启动　部署到位

为切实加强对村级权力的监督，着力推动村级组织权力运行清单化、阳光化，促进基层组织事务办理更加科学、规范、透明，以从严从实的办法和举措，强力整治村级组织办事不公开、运行不规范，村级干部不作为、乱作为的不良现象，保证党的路线方针政策有效落实，镇雄县在借鉴外地先进经验做法基础上，立足县情实际，以深化村务公开、规范村干部用权、强化权力监督为重点，全面推行“村级事务规范化、小微权力阳光化”工作。

2016年4月，县委书记翟玉龙带领县直相关部门到安徽芜湖考察，认真学习芜湖县在小微权力清单工作方面的先进经验和成功做法，并根据县情实际在全县范围内进行推广。

2016年7月，镇雄县全面推行村级“小微权力”清单运行监督制度，对村级干部行使“小微权力”制订固定的“路线图”，规范30个乡镇（街道）254个村（社区）组织及村（社区）和村（居）民小组干部决策、执行、管理、服务工作流程，切实保障群众合法权益，真正把“小微权力”晒在“阳光”下、关进制度“笼子”里，有力保障脱贫攻坚各项政策落实落地。

抓厘权 清单到位

全面梳理村级组织的权力清单，绘制权力运行流程图，对必须做和不能做的事严格界定，做到清单之外无权力。

厘清权力清单。依据相关党纪法规，围绕小微权力运行中违规违纪问题易发多发等关键环节，对村级组织的权力进行梳理、归纳、审核，拟定了包括重大决策、招投标管理、村级资产资源处置、财务管理、阳光村务、计划生育、社会救助保障、农业服务、其他服务等9类村级“小微权力”清单，并根据形势变化，动态调整充实和丰富拓展清单内容，真正让清单符合实际、全面透明。

规范运行流程。围绕“谁来办”“怎么办”，聚焦村务、党务、财务、强农惠农政策、具体业务办理等日常运行频繁、群众普遍关心的内容，科学设计每项权力运行的最佳路径，制订“小微权力运行流程图”，明确权力事项的来由依据、权力运行的操作流程、运行过程的公开公示等，切实做到“工作有程序、程序有规范、规范有依据、办理有结果”。

抓公开　晾晒到位

围绕扶贫项目、支农惠农资金、土地征收等重点领域，从决策、预算、实施过程到办理结果全程公开，充分保障群众参与权、知情权和监督权，解决暗箱操作问题。

实行透明公开。实行权力清单内容、年度办理事项、运行过程、运行结果“四公开”工作机制，凡是群众关心的、凡是涉及群众利益的、凡是群众有疑虑的都要向群众公开，严防“藏着掖着”“盖着捂着”。

创新公开方式。采取设置固定“公开专栏”、发放明白卡、利用 LED 显示屏、微信平台等定期发布、推送“小微权力”清单内容。全县 254 个村（社区）设置了固定“公开专栏”、发放了“小微权力”清单明白卡，92 个村利用 LED 显示屏进行滚动公示。

严格公开时限。对相对固定的内容要求长期公开，每年更换一次；对常规性工作和财务收支要定期公开，每季度至少更换一次；对重大的决策事项以及其他临时性工作，7 天内必须公开；对 10 名以上村民或 5 名以上党员联合申请、点名要求公开的其他事项，在接到申请后 5 天内必须公开，用“真公开”换取“真实效”，坚决杜绝走过场、走形式。

“以前总有个别群众喜欢到村里吵，不是说低保评定不合理，就是说村里建房修路资金不对，村里干什么都不支持，我们村干部是有苦难说。但是现在不一样了，哪家申请了低保，哪户申请了临时救助，项目进展怎么样，都能在公开专栏、明白卡上看得一清二楚，干群关系明显融洽多了！”中屯镇郭家河村党委书记谢燕说道。

抓示范　落实到位

镇雄县将创建“小微权力”清单运行示范点作为助推脱贫攻坚工作的重要抓手，界定示范重点，提升示范效果，努力构建按清单用权、按制度管人、按流程办事的工作格局。

界定示范重点。镇雄县把县处级领导挂联村作为“小微权力”清单运行示范点，强化“小微权力”清单运行工作指导，既将其打造成脱贫攻坚示范村，又打造成“小微权力”清单运行示范点。县纪委、县委组织部结合镇彝威革命老区镇雄党建示范长廊建设、服务型党组织示范点创建等，选取部分村作为重点，加强业务指导，统一工作模式，打造一批县级示范样板。县直各部门结合“双联系一共建双推进”活动，把“小微权力”清单制度推行工作作为挂钩帮扶的重要内容，尽力给予挂联村必要的物力、财力支持。各乡镇（街道）选取党组织凝聚力强、村干部素质好、服务群众意识强的村作为重点，加强督促指导，提供财物保障，打造乡级示范点。

提升示范效果。通过示范带动，镇雄县先后成功打造了赤水源镇螳螂村和银厂村、雨河镇乐利村和龙井村、罗坎镇凤翥村和落尾坝村、木卓镇六井村、坡头镇新场村等“小微权力”清单运行示范点。2016 年 8 月，云南电视台采访报道了坡头镇新场村示范点“小微权力”清单运行情况，全县村级“小微权力”清单运行示范带动作用明显。

全县推行村级“小微权力”清单运行制度以来，坚持强化不能腐的约束、提升不敢腐的自觉、营造不想腐的氛围，提升了群众对正风反腐的满意度和获得感。截至 2020 年 8 月，全县 254 个村（社区）累计公示农村低保申请、新农合报销、惠农资金发放等对象 380 万余人次，公示易地搬迁、农危改等安居工程 8.08 万余户，公示村级财务收支、农村低保、惠农资金发放、易地搬迁、农危改等涉农资金 110 余亿元使用情况；受理群众诉求 7819 件，解决合理诉求 7624 件，发现并纠正突出问题 634 个。通过推行村级“小微权力”清单运行监督，充分保障了群众的知情权、参与权和监督权，群众合理诉求基本在村（社区）得到有效解决。

“扶贫领域的腐败行为比一般的贪腐更为恶劣，它直接损害的是贫困群众最切身的利益。通过严肃查处基层‘蝇腐’，就是要让大家看到我们惩治扶贫领域‘微腐败’，管住基层‘微权力’的决心和力度。在惩处和警示的双重作用下，切实为脱贫攻坚提供坚强的纪律保证。”县纪委监委艾星表示。

如今，一项项微权力被画上硬杠杠、晒在阳光下，一个个微探头被架设、擦亮，既让基层干部省心清白，又让群众看到变化、得到实惠。

（作者系镇雄县纪委监委工作人员）

《昭通市脱贫攻坚大决战实录》后记

经过半年的筹划，历时一年的编撰，《昭通市脱贫攻坚大决战实录》〔全套书共 19 卷，其中市级 8 卷、县（市、区）11 卷〕终于在党的百年华诞之际与广大读者见面了。这既是政协昭通市第四届委员会文史工作的成果展示，又是对我市脱贫攻坚工作客观真实的记录，更是用真实的故事展示历史资料的大胆尝试。

反贫困是世界性难题，也是现代国家面临的迫切任务。党的十八大以来，以习近平同志为核心的党中央把扶贫开发摆到治国理政的重要位置，提升到事关全面建成小康社会、实现第一个百年奋斗目标的新高度，纳入“五位一体”总体布局和“四个全面”战略布局进行决策部署，加大扶贫投入，创新扶贫方式，出台系列重大政策措施，扶贫开发取得巨大成就。

昭通作为全国、全省脱贫攻坚的主战场，是最难啃的“硬骨头”。2015 年习近平总书记首次离京考察就到昭通，对昭通脱贫攻坚工作提出了“三个更加”的重要指示要求。昭通全市上下牢记习近平总书记的殷切嘱托，坚持把脱贫攻坚作为全市工作的主题主线，坚持“双统领”“双保障”“双推进”，践行“133”工作思路，汇聚中央和省定点单位、东西部扶贫协作、社会扶贫和各族干部群众磅礴力量，在昭通脱贫攻坚主战场上打响了一场史无前例的脱贫攻坚大决战，长期困扰昭通发展的主要“瓶颈”得以突破，实现根本性跨越，全市185.07万贫困人口全部脱贫、1235个贫困村全部出列、10个贫困县（区）全部摘帽，昭通大地发生了翻天覆地的变化，困扰昭通千百年的绝对贫困得到历史性解决。

为充分发挥政协文史资料“存史、资政、团结、育人”功能，客观、真实地记录昭通市在脱贫攻坚中各项建设和群众生活发生的变化，记述各级干部群众在脱贫攻坚工作中可歌可泣的感人故事，市政协党组拟组织相关部门、专家对2015—2020年我市开展脱贫攻坚的重大事件、典型故事进行搜集整理，编撰《昭通市脱贫攻坚大决战实录》丛书。

在市政协成联远主席亲自关心和指导下，编委会拟订了编撰工作的初步方案和《昭通市脱贫攻坚大决战实录》的整体框架，并于2019年8月7日向市委报送了关于编撰《昭通市脱贫攻坚大决战实录》的请示，市委杨亚林书记批示“此项工作很有意义，同意组织编写，请联远主席牵头负责”。按照市委的批示，市政协党组迅速行动，成联远主席亲自安排、统一部署，及时组织专家拟出了《昭通市脱贫攻坚大决战实录》编撰任务分解方案，经反复讨论、多次修改后，于2020年3月30日上报市委，市委杨亚林书记批示“同意所报方案，客观精准务实地做好工作”。

2020年4月14日，市政协组织召开了《昭通市脱贫攻坚大决战实录》专题会议，市委副书记朱家伟出席会议并作动员讲话，编撰工作在全市正式启动，会议统一了认识、明确了要求。为进一步细化任务、落实责任，编委会于2020年4月23日印发了《昭通市脱贫攻坚大决战实录》编撰任务分解方案的通知，加强对市级单位和县区市编撰工作的指导。随后，市政协副主席陶仁带领专家对11个县（市、区）的编撰工作进行了调研、培训、指导、督促，推动各县（市、区）编撰工作有效开展。针对全市编撰工作存在的问题，编委会经反复研究，统一思想，召开了由40多个市级部门参加的征求意见协商座谈会，在此基础上，进一步完善了编撰任务细化量化分解方案，印发到各县市区加强指导，并于2020年7月16日召开了《昭通市脱贫攻坚大决战实录》编撰工作推进暨培训会议，推进编撰进度，提升编撰水平。

为把《昭通市脱贫攻坚大决战实录》打造成“建党一百周年特别献礼工程”“昭通脱贫攻坚工作特别纪念”，市政协抢抓时间，及时出台系列配套文件，明确了市政协机关各委室联系各单位、部门及市政协委员，专门负责催稿工作，2020 年 10 月底稿件收集基本结束。为使编辑审稿工作有序推进，落到实处，市政协从昭通学院和市委党史研究室聘请专家对编辑工作进行审稿（其中，昭通学院教授唐靖负责市级篇章《综合卷》和《巧家卷》，市政协原经农委主任王华国负责市级篇章《产业就业扶贫卷》和《鲁甸卷》，昭通学院教授傅奠基负责市级篇章《基础设施建设卷》和《盐津卷》《大关卷》，昭通学院教授陈玥负责市级篇章《易地搬迁扶贫卷》和《永善卷》，昭通学院教授王琼负责《民生扶贫卷》和《镇雄卷》，昭通学院教授任继敏负责市级篇章《挂钩帮扶及社会扶贫卷》和《水富卷》，昭通学院教授周玲负责市级篇章《扶贫协作卷》和《彝良卷》《威信卷》，市委党史研究室副主任翟昭明负责市级篇章《组织保障卷》和《昭阳卷》《绥江卷》）。2020 年 11 月 18 日，市政协陶仁副主席主持召开《昭通市脱贫攻坚大决战实录》统稿工作会，统一了丛书形式和内容、结构和逻辑框架。

在市政协党组的坚强领导下，在各位编撰专家、市直各单位、市政协机关各委室、各县市区政协以及编撰办公室成员的大力支持和共同努力下，经夏历冬，数易其稿，2021 年 3 月初，《昭通市脱贫攻坚大决战实录》样书基本成型。2021 年 3 月 17 日，市政协副主席陶仁主持召开《昭通市脱贫攻坚大决战实录》样稿讨论会，进一步推动《昭通市脱贫攻坚大决战实录》编辑出版工作。

首先，本丛书的编撰出版得益于各级领导的正确领导，特别是市委杨亚林书记、市政府郭大进市长、市委朱家伟副书记的指导和支持。其次，本丛书的编撰出版得益于市政协党组的坚强领导，特别是成联远主席亲自指挥，亲自督战，亲自修订纲要，并亲自撰写总序和文章。第三，本丛书的编撰出版得益于全市 200 余家单位和部门的积极参与，全市领导干部，基层工作人员，脱贫攻坚督导员、驻村工作队员，政协委员，他们不仅是脱贫攻坚一线指战员，同时还撰写亲身经历脱贫攻坚工作的真实故事。据统计，全市共有1700余人参与《昭通市脱贫攻坚大决战实录》撰稿工作中，收到初稿2526篇。应该说，本丛书的编撰工作是我市脱贫攻坚工作的有机组成部分，同样也凝聚着全市干部群众的智慧和心血，是集体智慧的结晶。最后，特别要提的是昭通学院对本丛书编撰工作的支持和帮助。昭通学院党委大力支持《昭通市脱贫攻坚大决战实录》的编撰工作，在师资紧缺的情况下，委派出周玲、傅奠基、唐靖、陈玥、任继敏、王琼等六位教授参与编撰工作中，为编撰工作注入了智慧和力量。

在编撰《昭通市脱贫攻坚大决战实录》时，编撰专家精心筛选、整理、提炼，力求将那些散落于基层的珍珠捡拾起来，洗尽铅华，还原本真，形成真实的历史故事。这套书注重文史资料“亲历、亲见、亲闻”原则，以第一人称行文，部分新闻通讯、消息类稿件，在公开媒体上发表过，体现新闻的真实性，也作为资料收录，补充《昭通市脱贫攻坚大决战实录》内容。编者旨在通过真实、感人的故事让脱贫攻坚工作在时代的聚光灯下接受检阅，给过往和经历者以心灵的依稀穿越，获取一种灵魂的战栗和反思。同时，给不曾经历，甚至不曾听闻过的后人以另一种历史的演绎，告诉他们当年自己的祖先那段荡气回肠、可歌可泣的脱贫史。

虽说《昭通市脱贫攻坚大决战实录》丛书已呈现在读者面前，但由于编撰时间紧迫、人手不够、水平有限，不免存在内容欠全面、认知不到位、归类难把握等问题和瑕疵，恳请各位方家在阅读过程中批评指正，不吝赐教，我们定当虚心接受意见建议，进一步加以修改完善，以遗后人，真正达到“存史、资政、团结、育人”之目的。

编委会办公室